九江学院社会系统学研究中心项目成果

弱势劳工系统保护研究
——立法的视角

张晓明／著

知识产权出版社
全国百佳图书出版单位

图书在版编目（CIP）数据

弱势劳工系统保护研究：立法的视角／张晓明著 .—北京：知识产权出版社，2018.11
ISBN 978-7-5130-6025-7

Ⅰ.①弱… Ⅱ.①张… Ⅲ.①劳动保护—劳动法—立法—研究—中国 Ⅳ.①D922.540.4

中国版本图书馆 CIP 数据核字（2018）第 296627 号

责任编辑：雷春丽　　　　　　　　　　责任校对：王　岩
封面设计：SUN 工作室　韩建文　　　　责任印制：刘译文

弱势劳工系统保护研究
——立法的视角

张晓明　著

出版发行：	知识产权出版社 有限责任公司	网　址：	http://www.ipph.cn
社　　址：	北京市海淀区气象路 50 号院	邮　编：	100081
责编电话：	010-82000860 转 8004	责编邮箱：	leichunli@cnipr.com
发行电话：	010-82000860 转 8101/8102	发行传真：	010-82000893/82005070/82000270
印　　刷：	北京建宏印刷有限公司	经　销：	各大网上书店、新华书店及相关专业书店
开　　本：	720mm×1000mm　1/16	印　张：	20
版　　次：	2018 年 11 月第 1 版	印　次：	2018 年 11 月第 1 次印刷
字　　数：	293 千字	定　价：	75.00 元
ISBN 978-7-5130-6025-7			

出版权专有　侵权必究
如有印装质量问题，本社负责调换。

目 录
Contents

引 言 ……………………………………………………………… 001

第一章 弱势劳工群体的类型、构成及系统保护构想 ……………… 015
  第一节 弱势劳工系统保护的理论基础与分析框架 ……………… 015
    一、弱势劳工系统保护的相关概念与分析框架 ………………… 015
      （一）弱势劳工系统保护相关概念简析 ……………………… 015
      （二）弱势劳工系统保护的分析框架与研究方法 …………… 021
    二、弱势劳工系统保护的分析理论与路径选择 ………………… 030
      （一）弱势劳工与弱势群体的关联 …………………………… 030
      （二）弱势劳工群体的分析理论与路径选择 ………………… 033
  第二节 弱势劳工的范畴变迁与主要类型 ………………………… 039
    一、弱势劳工范畴的变迁 ………………………………………… 039
      （一）国内变迁 ………………………………………………… 039
      （二）国际变迁 ………………………………………………… 040
    二、弱势劳工群体的具体分类 …………………………………… 042
      （一）不同的分类标准 ………………………………………… 042
      （二）典型的具体分类 ………………………………………… 044
  第三节 弱势劳工群体的症状与失护的危害 ……………………… 058
    一、当代中国弱势劳工群体的症状诊定 ………………………… 058
    二、弱势劳工群体致弱的成因分析 ……………………………… 060
      （一）弱势劳工群体形成的文化根源 ………………………… 061

（二）弱势劳工群体形成的心理根源 …………………… 064
　　（三）弱势劳工群体形成的社会根源 …………………… 065
三、当代中国弱势劳工群体失护的危害 …………………… 066
　　（一）弱势劳工群体出现整体性的贫困 ………………… 066
　　（二）贫富差距扩大易损害社会的和谐稳定 …………… 069
四、弱势劳工失护的危害防止与路径选择 ………………… 071
　　（一）危害防止与风险预防 ……………………………… 072
　　（二）适当的路径选择 …………………………………… 075

第二章　弱势劳工系统保护与良好秩序的框定 …………… 082
第一节　秩序的含义与分类 ………………………………… 082
一、秩序的含义与秩序观的变迁 …………………………… 082
　　（一）秩序含义的变迁与现代发展趋向 ………………… 082
　　（二）典型秩序观的比较分析 …………………………… 083
二、秩序理论与秩序分类 …………………………………… 084
　　（一）典型秩序理论与现实秩序的变迁 ………………… 084
　　（二）社会秩序的分类与分类法 ………………………… 085
第二节　社会进化与良好秩序的形成 ……………………… 089
一、价值与良好秩序的形成 ………………………………… 089
　　（一）秩序的价值取向 …………………………………… 089
　　（二）良好保护秩序形成的重要性分析 ………………… 091
二、社会转型与良好保护秩序形成 ………………………… 095
　　（一）社会转型与秩序再造 ……………………………… 095
　　（二）秩序再造的典型路径选择 ………………………… 103
第三节　保障弱势劳工的良好秩序应该是什么 …………… 108
一、制度的确立和秩序的生成 ……………………………… 108
　　（一）制度与秩序的关系 ………………………………… 108
　　（二）制度正义与秩序的建立 …………………………… 112
二、劳动制度变迁与秩序持续 ……………………………… 114
　　（一）制度变迁与制度完善 ……………………………… 114

（二）秩序持续与社会稳定 …………………………………………… 118
第四节　良好社会秩序的具体化 …………………………………………… 122
　一、秩序良好社会的具体化 ………………………………………………… 122
　　（一）什么才是秩序良好社会 …………………………………………… 122
　　（二）和谐是秩序良好社会的重要表征 ………………………………… 123
　二、公平正义作为良好秩序的具体标准 …………………………………… 126
　　（一）公平的内涵与秩序的确立 ………………………………………… 126
　　（二）正义观念与良好秩序实现 ………………………………………… 135

第三章　弱势劳工系统保护机制的立法确立 …………………………… 142
　第一节　立法对弱势劳工良好保护秩序的影响与促进 …………………… 142
　　一、立法与弱势劳工良好保护秩序形成的关系 …………………………… 142
　　　（一）立法与弱势劳工系统保护的立法理想 …………………………… 142
　　　（二）弱势劳工系统保护立法理想的实现路径 ………………………… 156
　　二、弱势劳工保障的法律正义与良好保护秩序构建 ……………………… 162
　　　（一）法律正义与秩序的立法构建 ……………………………………… 162
　　　（二）公平正义的良好保护秩序之立法促进 …………………………… 168
　第二节　弱势劳工良好保护秩序建构的具体立法实践 …………………… 181
　　一、瑞典的立法保障实践 …………………………………………………… 181
　　　（一）集体协议与框架性立法的原则指导 ……………………………… 182
　　　（二）工作是福利国家的第一福利 ……………………………………… 183
　　　（三）增加弱势劳工的就业机会 ………………………………………… 185
　　二、法国的立法保障实践 …………………………………………………… 186
　　　（一）促进就业而消除贫困 ……………………………………………… 187
　　　（二）解雇保护和裁员安置 ……………………………………………… 187
　　　（三）补贴制度和居住退休的福利保障 ………………………………… 188
　　三、英国的立法保障实践 …………………………………………………… 190
　　　（一）从放任主义到适度法律干预 ……………………………………… 190
　　　（二）福利国家建设与最低生活标准保障 ……………………………… 191
　　　（三）最低收入的机制保障 ……………………………………………… 195

四、美国的立法保障实践 …………………………………… 197
　（一）从无为而治到立法介入 ……………………………… 197
　（二）平等就业与歧视禁止 ………………………………… 199
　（三）工业事故赔偿与职业安全保障 ……………………… 201

五、日本的立法保障实践 …………………………………… 203
　（一）国家义务与劳动法体系的构筑 ……………………… 203
　（二）雇用平等与促进女性劳动参与 ……………………… 205
　（三）非正规就业与冗员安置 ……………………………… 213

第三节　弱势劳工良好保障秩序法律建构的国际经验 ………… 218
一、弱势劳工的系统保护与欧盟的法治共同体建设 ……… 218
　（一）性别平等与弱势女工的平等就业权 ………………… 220
　（二）欧盟应对失业与失业劳工的保障 …………………… 222
二、非法移民潮与欧洲的应对与风险 ……………………… 225
三、弱势劳工系统保护的国际共识与典型表现 …………… 227
　（一）弱势劳工社会支持的宪法层级化 …………………… 227
　（二）弱势劳工日益保护趋向全面法治化 ………………… 228
　（三）弱势劳工保护的组织化维权与集体行动采取 ……… 228
　（四）弱势劳工群体法律保障的层次性和多元化 ………… 231
　（五）弱势劳工群体的法律倾斜性保障 …………………… 231
　（六）弱势劳工国际私法保护形式的确立 ………………… 233

第四章　弱势劳工系统保护立法的国内借鉴与创新建议 ………… 235
第一节　国内借鉴与立法完善 …………………………………… 235
一、弱势劳工保障立法的合宪性维持 ……………………… 236
二、国家角色的适度抉择 …………………………………… 238
第二节　弱势劳工保护实体法的完善 …………………………… 239
一、女职工权益的保障 ……………………………………… 240
二、童工的法律保护 ………………………………………… 241
三、老年劳工的法律制度的完善 …………………………… 241
四、残疾劳工权益的保障 …………………………………… 243

第三节　弱势劳工群体系统保护的程序法之完善 …… 243
一、建构面向弱势劳工更为完善的程序救济机制 …… 243
（一）建构更为完善的法律援助制度 …… 243
（二）落实适用于弱势劳工群体的司法救助 …… 244
二、建构针对弱势劳工保护立法的合宪性审查机制 …… 244
（一）部门法通过修宪建议影响宪法 …… 244
（二）我国合宪性审查机制的完善 …… 247

第四节　弱势劳工立法模式的转换与程序优化 …… 249
一、立法模式类型与转换趋势 …… 249
二、弱势劳工保护立法具体程序的优化 …… 252
（一）弱势劳工保护立法过程中的公众参与的完善 …… 253
（二）弱势劳工保护立法过程中的专家参与的完善 …… 258
（三）弱势劳工保护立法过程中利益集团参与的完善 …… 259
（四）现阶段立法参与制度的完善构想 …… 260

第五节　弱势劳工保障立法行使现状的实证分析 …… 263
一、农民工权益保障的法治化途径探索 …… 263
（一）农民工权益保障的现有途径及缺陷 …… 263
（二）农民工结社权行使的现状 …… 265
（三）农民工结社权正常行使的法律保障 …… 268
（四）农民工权益法治化保障途径的未来展望 …… 274
二、保护女职工的反"性骚扰"条款比较分析 …… 274
（一）问题引出 …… 275
（二）地方立法中的反"性骚扰"条款比较与评论 …… 275
（三）地方立法权的行使及对其的适度限制 …… 281
（四）反"性骚扰"立法要注意的问题 …… 285
三、弱势劳工职业培训的法源疏漏与修法填补 …… 286
（一）法源依据与职业培训的现状 …… 286
（二）职业培训合法性改革的出路与探索 …… 290

余论 劳动宪法引领弱势劳工保障立法走向系统化 …… 295
  第一节 系统、系统化和部门宪法的发展 …… 296
    一、部门宪法概念的提出 …… 299
    二、部门宪法的具体应用 …… 300
    三、为何要进行部门宪法建构 …… 301
  第二节 构建劳动宪法引领立法的系统化 …… 302

主要参考文献 …… 306

后　记 …… 309

引 言

"新时代属于每一个人,每一个人都是新时代的见证者、开创者、建设者。只要精诚团结、共同奋斗,就没有任何力量能够阻挡中国人民实现梦想的步伐!"[①]再次当选国家主席的习近平同志在十三届全国人大一次会议闭幕式上发表重要讲话时还指出:"一切国家机关工作人员,无论身居多高的职位,都必须牢记我们的共和国是中华人民共和国,始终要把人民放在心中最高的位置,始终全心全意为人民服务,始终为人民利益和幸福而努力工作。"[②]因为,"中国人民是具有伟大创造精神的人民""中国人民是具有伟大奋斗精神的人民""中国人民是具有伟大团结精神的人民""中国人民是具有伟大梦想精神的人民"。而且,只有"人民有信心,国家才有未来,国家才有力量"。[③]

中共中央总书记、国家主席习近平同志在2018年"五一"劳动节前夕给中国劳动关系学院劳模本科班学员的回信中强调,劳动最光荣、劳动最崇高、劳动最伟大、劳动最美丽。"社会主义是干出来的,新时代也是干出来的"[④]。新时代是属于每一个人的,应激励广大劳动群众争做新时代的奋斗者,让大家都可以在新起点开启新征程。新时代也是属于弱势劳工群体的。而弱势劳工群体有信心,国家才更有力量,国家才会有更好的未来。毕竟,

---

[①] 习近平:"在第十三届全国人民代表大会第一次会议上的讲话",http://www.xinhuanet.com/politics/2018lh/2018-03/20/c_1122566452.htm,2018年3月28日最终访问。

[②] 同上。

[③] 同上。

[④] "习近平给中国劳动关系学院劳模本科班学员的回信",载《人民日报》2018年5月1日,第1版。

我国目前也需要面对人口急速高龄化、劳动力数量减少和单个劳工将要抚养的年长者平均人数增加等因素所造成的对劳工个人、家庭和国家财政的压力。

国家主席习近平2017年11月10日在越南岘港出席亚太经合组织工商领导人峰会，在进行"抓住世界经济转型机遇谋求亚太更大发展"的主旨演讲时强调：我们要加大对弱势群体的扶持力度，改善中小微企业发展环境，增强劳动者适应产业变革的能力，让人人拥有机遇，享有成果。① 习近平同志在十九大报告中强调"弱有所扶"。显然，以此看来，劳动者自身要增强适应变革的能力。而国家要加大对弱势劳工等弱势群体的扶持力度，增强劳工适应产业变革以及社会经济形势的能力。

习近平总书记在2017年10月25日十九届中共中央政治局常委同中外记者见面时的讲话中指出："2020年，我们将全面建成小康社会。全面建成小康社会，一个不能少；共同富裕路上，一个不能掉队。我们将举全党全国之力，坚决完成脱贫攻坚任务，确保兑现我们的承诺。我们要牢记人民对美好生活的向往就是我们的奋斗目标，坚持以人民为中心的发展思想，努力抓好保障和改善民生各项工作，不断增强人民的获得感、幸福感、安全感，不断推进全体人民共同富裕。我坚信，中国人民生活一定会一年更比一年好。"②

始终为人民利益和人民幸福而努力工作，为全面建成小康社会而改善民生，不断增强包括弱势劳工在内的人民的获得感、幸福感、安全感。而注重和改善民生，则是一贯的持之以恒的做法。习近平同志2015年在庆祝"五一"国际劳动节暨表彰全国劳动模范和先进工作者大会上的讲话中强调："关注一线职工、农民工、困难职工等群体，完善制度，排除阻碍劳动者参与发展、分享发展成果的障碍，努力让劳动者实现体面劳动、全面发展。"③ 显然，习总书记不但要求关注一线职工以及农民工、困难职工等弱势劳工群

---

① 习近平："抓住世界经济转型机遇谋求亚太更大发展"，http://news.ifeng.com/a/20171111/53157861_0.shtml，2017年11月18日最终访问。

② http://www.china.com.cn/19da/2017-10/25/content_41790253.htm，2017年10月28日最终访问。

③ 习近平："在庆祝'五一'国际劳动节暨表彰全国劳动模范和先进工作者大会上的讲话"，qnzz.youth.cn/zhuanti/kszt/xzhd/08/xdemo_127402/08/201702/t201702，2017年8月28日最终访问。

体，还要努力让包括弱势劳工在内的劳动者实现体面劳动、全面发展。其中一个重要的原因在于,"中国共产党来自人民、植根人民、服务人民"。[①] 应该说,中国梦与世界各国人民的美好梦想相通深化。中国梦归根结底是人民的梦;而劳动者是人民的主体;故而,中国梦主要是劳动者的梦,也必须是弱势劳工的梦。"中国梦·劳动美"教育实践活动的开展,表明体面劳动是中国梦联系世界的一个重要环节,与"中国梦"中的人的因素紧密关联。因此,弱势劳工的体面劳动与中华民族伟大复兴、全面小康及中国梦是密切相关的。体面劳动促使中国走向世界的中心舞台,并实现话语体系的妥善对接。

确实,正如党的十九大报告所指出的:"人民生活不断改善。深入贯彻以人民为中心的发展思想,一大批惠民举措落地实施,人民获得感显著增强。"[②] 当然,弱势劳工群体的获得感也应显著增强。应该说,体面劳动是包括弱势劳工在内的劳动者的一个伟大梦想,我们应全面准确地理解体面劳动的基本观点及精神实质,通过理论创新为体面劳动实现机制立根固本,并在体面劳动的实现机制方面不断取得新成就,不断开创体面劳动的新局面。只有这样,才能促进就业状况持续改善,促动城镇新增就业年均稳定增长。城乡居民收入增速超过经济增速,中等收入群体持续扩大。覆盖城乡居民的社会保障体系基本建立……[③]最终,体面劳动使得公民与国家、弱势劳工与国家形成一个命运共同体。中共十九大报告再次提及人类命运共同体。实际上,构建人类命运共同体,已经从中国理念走向全球行动,既是中国的"世界梦",也是各国的"世界梦"。英国社会科学院院士马丁·阿尔布劳认为,世界其他国家应该接受这一真诚的提议。[④] 而且,因为欧美诸国对移民紧闭大门,国际移民潮涌向亚洲,也是自然而然的事情。这在一定意义上意味着"亚洲世纪"将很快到来。

美国学者福山在 2016 年美国总统大选之前发表的《衰败还是涅槃? 大选

---

① 马丁·阿尔布劳:"英国院士:习近平十九大报告的理论含义非常深",http://news.china.com.cn/2017-12/22/content_ 50120082.htm,2017 年 12 月 28 日最终访问。
② 参见十九报告《决胜全面建成小康社会 夺取新时代中国特色社会主义伟大胜利》。
③ 同上。
④ 马丁·阿尔布劳:"英国院士:习近平十九大报告的理论含义非常深",http://news.china.com.cn/2017-12/22/content_ 50120082.htm,2017 年 12 月 28 日最终访问。

决定美国政治的未来》一文中提及："美国民众的收入出现停滞性地增长……美国的劳工收入在下降,尤其是低学历群体的损失最为惨重。……20世纪80年代曾有一场对于下层阶级非裔美国人的全国性大讨论。他们失业率高、缺乏技能,这种贫穷似乎会自我复制,因为由此导致的破碎家庭无法传承在劳动市场上竞争所必需的社会准则和行为。今天的白人工人阶级实质上就位于当时黑人下层阶级的处境"。① 确实,体面劳动,也是一个难以绕过的具有世界性的话题。而"贫困的美国"被更多的人关注,美国该如何对待黑人劳工等弱势劳工群体?又该如何对待移民工人?学者亨廷顿在《谁是美国人?美国国民特性面临的挑战》一书中强调:"美国是一个移民国家,一直不断地吸纳外来移民"。两个多世纪以来,美国公民的社会传统和文化价值观作为人类的一座灯塔,曾吸引了数百万世界各地的移民来美国寻求更好的生活。② 2017年1月27日,美国政府发布行政命令,中止难民和一些伊斯兰居民入境,又称"穆斯林禁令","这是对特定信仰的人的一种不公正对待"。③ "禁穆令"的出台遭到一些世界著名企业的反对,主要是因为对美国如何保持充足劳动力的担忧。④ 毕竟,非法移民做的都是美国人不愿意干的工作。譬如,美国商会倡导其成员,大部分都是大公司,"在美国本土员工需求量低时,可以降低雇佣标准,充分利用移民劳工"。而美国餐馆协会则支持完全降低雇佣标准,部分原因就是"美国人不愿意做的工作太多了"。⑤ 美国的历史表

---

① 福山:"衰败还是涅槃?大选决定美国政治的未来",http://comment.cfisnet.com/2016/0706/1305224.html,2017年8月28日最终访问。

② [美]马克·莱文:《民主的假面 即将逝去的美国光环》,赖超伟译,中信出版集团2017年版,第91~92页。

③ "2017年美国的人权纪录和2017年美国侵犯人权事记",http://world.huanqiu.com/article/2018-04/11910418.html,2018年4月28日最终访问。"穆斯林禁令"俗称"禁穆令"。

④ 作为移民国家,美国曾被赞格威尔称为"大熔炉",也有人认为用"沙拉盘"比"大熔炉"更形象。移民是美国劳动力的重要来源,为美国经济的发展作出了巨大的贡献,但美国当前政要出于民粹主义或选票的考虑,出台限制移民的政策,招致企业巨头的反对,引发有识之士的担忧。[美]吉娜·蒂格、[英]艾伦·比奇:《这就是美国》,孟雪莲译,商务印书馆国际有限公司2016年版,第15页。

⑤ [美]马克·莱文:《民主的假面 即将逝去的美国光环》,赖超伟译,中信出版集团2017年版,第96页。

明，劳工只有在能够组织有力的工会时才能享受贸易政策改革带来的好处。不过，这只是一个陷阱和幻想，更不用说对全球经济具有破坏性。① 有识之士更是多次指出，贸易战只会导致两败俱伤。屈塞尔指出，自由贸易和保护政策之间的唯一区别是：在某些情况下，其中一种政策可能会差一点，但作为贫困的补救方法，它们都没有任何实际用途，原因很简单，因为它们都在回避贫穷的真正原因。② 美国有识之士已经发现，美国民众的处境变坏，根本不是受中国和其他国家的影响，而是美国社会自身的财富转移和分配模式出了大问题。据联合国 2018 年 5 月的统计数字，现在全美国有约 4000 万贫困人口（日均生活费不足 1.9 美元）。而且，美国一半人口实际上财富很少或者深陷债务之中，而贸易战会加大美国国内的贫富差距。

据美国员工福利研究院的最新研究显示，许多美国人之所以不得不选择延长工作年限，是因为要弥补养老金储备的不足。因此，有许多从事低收入的美国劳工不得不一直工作到七八十岁才退休。事实上，美国有很多低收入工作岗位，长期招不到美国人，只好把目光转向非法移民等愿意从事低收入工作的群体。而特朗普政府正在打算废除 H-4 护照持有者的合法工作权利。这让有识之士慨叹，工作机会是留下来了，但国内有足够的愿意从事这些工作的美国劳工吗？福山指出，美国有很多政治制度当前都在日渐衰败。因为思维僵化及政治再平衡的阻碍，制度改革已极难实现。③ 除美国之外，在其他国家，具体也有诸如"最低工资加剧了失业，到底是保护劳动者还是损害劳动者"的论断等。④

---

① 丹朱翰墨："中美贸易战：贸易保护真的能保护本国贸易吗"，http：//www.sohu.com/a/228233047_550943，2018 年 4 月 18 日最终访问。
② 同上。
③ 王长江主编：《2015 执政党建设研究年度报告》，江苏人民出版社 2015 年版，第 324 页。另外，牛津大学教授斯特恩·雷根提出：美国的民主制度在持续了 250 年后，可能正面临着与雅典民主一样的历史命运。参见田改伟：《党内民主与人民民主》，天津人民出版社 2015 年版，第 45 页。
④ [美] 凯斯·R. 桑斯坦：《权利革命之后：重塑规制国》，李洪雷、钟瑞华译，中国人民大学出版社 2008 年版，第 35 页。

本书为何选择弱势劳工的系统保护作为选题,是由诸多因素促成的。首先,众所周知,劳动对人以及整个国家和社会都非常重要。本来,劳动是人的本质,既是人类社会存在的基础,也是社会经济生活的重要内容;劳动的存在标志着人类社会的一切之存在。而这一切只有在弱势劳工群体等的劳动权得到切实保障的情况下才能真实实现。其次,我国现阶段的劳动问题确实值得关注。中国全面发展的首要问题,在一定意义上可以说是劳动与就业问题。有识之士纷纷提出,劳动与就业是影响中国政治、经济和社会向前全面发展的第一大难题,是发展过程中最为典型的"拦路虎",无论是过去,还是现在与将来,都应该将其作为第一国策来考量和进行相关制度设计。而任何具体主管部门的决策安排也都不能脱离劳动与就业这个核心命题。中国不但存在数目庞大的弱势劳工群体需要就业和获得工作的问题,而且存在"强资本、弱劳动"的劳资力量对比失衡的背景下凸显的弱势劳工的权益亟须妥善保障问题。总的说来,在我国现阶段,在弱势劳工的体面劳动领域,既存在制度性的缺陷;也存在对于劳动权该如何获得更好保护的颇具典型性的争议。弱势劳工的系统保护并不那么令人满意,值得有识之士倍加关注,并予以思考和精细研讨,找出良好的解决方案。毕竟,中国特色的社会主义法治建设,尽管是个宏大的工程,也是一个个细小的方面汇集而成的。而在习近平新时代中国特色主义思想的指引下,落实"就业是最大的民生"的理念,为弱势劳工提供系统保护,亟须推出一系列重大举措。弱势劳工权益保障问题,看起来是一个小问题,体现的则是法治的某个重要方面,汇集起来就是活生生的法治现实。

例如,在劳动权的重要构成部分——劳动报酬权的保护方面,我国既存在一些制度性的缺陷,也存在某些典型性争议。确实,中国部分劳工获得的劳动报酬严重偏低,有"地板工资""吃饭工资"的说法存在。而为数不少的劳工抱怨收入低,扛不住高房价、高物价的碾压。有人表示,目前劳动力成本的合理提高,有利于政府合理审视企业的经营环境。而工资水平提高则可以倒逼企业改变"血汗工资"的经营制度,促进劳动力企业技术进步,进而倒逼经济发展方式转型，并提升劳动就业质量。① 而且，"近20年来，不同行业、不同所有制的职工劳动收入差距显著拉大，中国企业普通职工的实际劳动报酬占GDP的比重大幅下降。提高劳动报酬的比重，政府可以有所作为，而且必须有所作为"②。而一些人为了维持我国对劳动密集型产业投资的吸引力，延长人口红利的存在时间，主张继续维持劳工低薪，甚至反对工资的适度增长。弱势劳工等劳动者的工资长期在低位徘徊的收入分配格局，即便在我国东部地区的"三资"企业中也十分普遍。而企业利润的大幅增加在相当程度上是以职工的低收入为代价的。③ 职工不甘于长期居于这样的低收入格局，采取了爆发群体性事件的方式或是用脚投票致使"用工荒"出现。习近平同志强调："人心是最大的政治。"④ 弱势劳工的人心该用什么样的措施去维系？目前的办法都有这样那样的问题，国家提供的比较容易实施而且既合法又有效的措施又在哪里？在党的十九大报告强调共同富裕及"劳有所得"后，又会对工资收入差距带来什么样的改变？企业在更好地履行社会责任的同时该如何去弱化或消除所存在的典型问题？⑤

再者，我国推行了最低工资制度，而农民工等弱势劳工群体，基本上拿的就是最低工资，即所谓的"地板工资"。⑥ 在2008年金融危机来临时，对于是否实施最低工资制度，学界实业界之间发生了争论。一些人建议取消最低工资制度，理由是最低工资应该由市场决定，否则的话会阻碍国家经济的

---

① "中国工资太高？宋晓梧：劳动力成本过低会阻碍经济进步"，https：//finance.sina.com.cn/meeting/2017-04-29/doc-ifyetwsm1，2017年8月28日最终访问。

② 参见中国经济体制改革研究会宋晓梧2010年在"收入分配制度改革与加快转变经济发展方式国际论坛"演讲时所发出的警告，载《京华时报》2010年12月6日。

③ "'本田罢工'的劳动权利启示"，http：//www.chinahrd.net/zhi_sk/jt_page.asp?articleID=205075，2017年12月8日最终访问。

④ "习近平：人心是最大的政治"。十八大以来，习近平总书记多次强调，"人心是最大的政治"。这一科学论断，总结了人类社会千百年来治国理政的宝贵经验，彰显着共产党人的使命意识、责任意识、担当意识。http：//www.rmlt.com.cn/2016/0628/430347.shtml，2017年10月28日最终访问。

⑤ "《企业社会责任蓝皮书（2017）》在京发布"一文指出：2009年，中国企业300强社会责任发展指数为15.2分，整体处于"旁观者"阶段。2012年，企业社会责任发展指数达到23.1分，整体从"旁观者"阶段进入"起步者"阶段。2017年，中国企业300强企业社会责任发展指数达到37.4分，同比2016年提升2.2分，整体仍处于"起步者"阶段。

⑥ 农民工的工资构成，综合资料和学者所述，基本上是最低工资与加班工资。为了多赚一点钱，就出现了"自愿加班"的现象。

恢复。而反对者则认为即便是金融危机也不能导致国家最低工资制度的取消，反而应更加强调最低工资制度的落实。在"二战"时期美国总统罗斯福的权利清单里包括人们有权获得足够的收入，以便得到充足的饮食和娱乐。[①] 显然，弱势劳工有权获得足够的收入。不可否认的是，我国一些地方在当年试图调整最低工资标准的努力在企业关厂撤资的威胁下被迫放弃或推迟。在这个过程中，弱势劳工等劳动者的声音似乎是微弱的，估计也没多少人去在意。当用脚投票的"用工荒"又出现时，争议似乎不再延续了。以农民工为主体的外来务工人员，以离开务工地退出劳动力市场的方式终结了这场争议。到2010年，各地纷纷宣布调高最低工资标准。而到2011年前后，我国一些地方政府不但主动调高最低工资标准，而且还加入了争抢农民工的行列。因此，农民工这样的弱势劳工群体，其劳动权得到了更好的保障。我们的问题是：有利于维持弱势劳工一定工资水准的最低工资制度，是国家能够随意放弃的？最低工资制度是一种强制性补贴？还是应该被认为是雇主或用人单位的先存义务？在国际上，经济学家关于最低工资的就业效应"共识"是，正如Brown、Gilroy和Kohen所总结的，"最低工资对年轻人（20—24岁）的就业效应为负，但这一效应小于青少年所受的影响""像理论分析的结果一样，在实证研究中最低工资对成年人的影响方向也是不确定的"。[②] 大多数针对最低工资的研究一直聚焦于它对就业的影响，但最低工资对通货膨胀、贫困与收入分配、人力资源积累的影响也应该纳入考察视野。[③]

目前，国内各省、自治区及直辖市的最低工资标准，基本上为两年一调整；呈现稳步上升态势。经过2017年的调整，上海、天津、北京的月最低工资标准超过了2000元。其中上海最高，每月2300元。[④] 进入2018年以来，

[①] [美] 凯斯·R. 桑斯坦：《权利革命之后：重塑规制国》，李洪雷、钟瑞华译，中国人民大学出版社2008年版，第23页。

[②] [美] 戴维·纽马克、威廉·沃斯切：《最低工资 政策效应与新共识》，王年咏等译，东北财经大学出版社2016年版，第31页。

[③] 同上书，第30页。

[④] "2017年全国18省上调最低工资标准 北京上海破2000元"，http：//life.hefei.cc/2017/1026/027625611.shtml，2017年10月26日最终访问。

江西、辽宁、西藏、广西等地先后上调了最低工资标准。其中,自 2018 年 2 月 1 日起,广西将对全区职工最低工资标准进行调整,增幅为 20%。相关主管部门则表示,要继续做好最低工资标准调整和评估工作。①

尽管一些省市纷纷调高最低工资标准,但离弱势劳工等底层劳动者的期望值还是存在差距,弱势劳工等觉得最低工资实在是有点低,甚至低于当地的最低生活水平而难以维持生存权,故而只有采取"用脚投票"的方式离开。实际上,在不少地方,用人单位按最低工资标准是难以聘请到劳工的,实践中的尴尬致使该制度的效用不能很好发挥。国家该怎样促动习惯于坐享外来人口"红利"的地方政府去适度提升最低工资标准,以便更好地保护外来劳工的权益?又该怎样将外来劳工这个弱势劳工类型与地方政府的义务积极履行联系在一起?新北京人、新上海人等新市民称谓与相关待遇能在多大程度上改变这一切?这靠近年来如火如荼的人才争夺战能否解决?诸如此类的问题,值得我们深度思考。

此外,在《中华人民共和国劳动合同法》(以下简称《劳动合同法》)出台之后,一些人士认为,《劳动合同法》的出台和实施,令用人单位用工成本攀升,利润受到侵蚀,而致使企业在金融危机中处于更为不利的地位。《劳动合同法》是压垮企业的"最后一根稻草"。② 另一些人认为,当初制定《劳动合同法》时,主要是从有利于社会公平正义、有利于保护劳工方面加以考虑,对经济效率、经济周期则考虑不周。③ 而所谓对经济效率考虑不周,大概是基本工资等劳动标准提高,使得企业对其主要是弱势劳工的劳动者支付的劳动成本上升而考虑关厂或迁移,使得国家或其部分区域失去人口红利优势。而更为重要的是,我们该如何校正这一切?十二届全国人大代表在第五次会议所提交的关于修改《劳动合同法》第 289 号、第 449 号议案建议修

---

① 李金磊:"2017 年共 20 个地区上调最低工资 上海 2300 元最高",http://www.xinhuanet.com/2018-01/26/c_1122320135.htm,2018 年 3 月 18 日最终访问。

② "劳动合同法实施珠三角万余港企面临关闭潮",http://finance.qq.com/a/20080122/001209.htm,2017 年 8 月 28 日最终访问。

③ 禅心云起:"《劳动合同法》还有存在必要吗:来自经济学与伦理学角度的分析",http://blog.sina.com.cn/s/blog_ab5cdad70102w5jf.html,2017 年 6 月 18 日最终访问。但笔者认为,我国早在前几年的转型升级就是在一定程度上去除对劳动力低成本的依赖。

改《劳动合同法》，具体修改经济补偿金部分条款、修改社会保险条款，加大欠薪保障等方面。譬如针对欠薪问题，除增加"拒不支付劳动报酬罪"外，将通过建立用人单位信用记录、工资支付监控和工资支付保障金、应急周转金等制度逐步建立长效机制。好消息则是《劳动法》《劳动合同法》将于近期修改。① 不过，十三届全国人大一次会议听取十二届全国人大常委会关于全国人民代表大会常务委员会工作的报告，谈到今后一年的立法工作时，并未提及《劳动合同法》修改。而全国人大常委会社会法室主任接受《新京报》采访时表示，应当充分肯定《劳动合同法》对维护和谐劳动关系的作用，《劳动合同法》关系到亿万劳动者的切身利益，修改法律还是要慎重。② 而修改《劳动合同法》背后的经济学逻辑是，中国经济高速发展多年来依赖的人口红利，到一定时间后会大幅消失。刘易斯拐点③，即劳动力无限供应趋于结束的状态，告诉我们人口红利不会永远存在。走向新时代的一个重要问题是，中国如何在缺乏人口红利的情况下，找到其经济下一轮持续高速发展的动力。而具体到底该怎么办？精英与大众之间存在着观念鸿沟。精英的观点和理念，未必能被大众接受。最关键的问题是，国家该怎么办？

弱势劳工等的任何权利的实现都有赖于适当的制度保障。这就是所谓的制度性保障功能，国家则对此负有制度性保障的义务。具体到我国，在走向新时代的征程中，"法治中国"建设是全体中国人民的共同事业。在全面推进依法治国的进程中，依宪治国、依宪执政持续推进的过程中完善可实现弱势劳工的权益保障。无疑，这更具有积极的意义。在《国家人权行动计划

---

① 第十二届全国人大第五次会议主席团交付财经委员会审议的91件议案中，关于修改《劳动合同法》的议案10件，关于开展《劳动合同法》《劳动法》执法检查的议案1件；且建议全国人大常委会适时组织对《劳动合同法》《劳动法》的执法检查。督促政府有关部门要加大执法力度，贯彻实施好劳动保障方面的有关法律，解决议案所提问题。参见"重磅！《劳动合同法》或将修改，最快2018年公布"，http://news.ifeng.com/a/20171115/53282356_0.shtml，2017年12月28日最终访问。

② 至于企业负担过重、用工灵活等是否成为修改《劳动合同法》理由的问题？有关部门认为：企业负担过重不仅是用工问题造成的负担，是多方面原因造成的；而用人单位解聘人方便就是灵活？这种考虑是片面的，有关部门跟工会之间相互看法不一致，国务院有关部门正在研究。所以现在还不适合对《劳动合同法》进行修改。王姝："权威回应：劳动合同法修改为何暂未提上日程"，载《新京报》2018年3月11日。

③ 刘易斯拐点（The Lewis turning point），即劳动力过剩向短缺的转折点，是指在工业化进程中，随着农村富余劳动力向非农产业的逐步转移，农村富余劳动力逐渐减少，最终达到瓶颈状态。

(2009—2010年)》《国家人权行动计划（2012—2015年)》都提出要"实施更加积极的就业政策，保障劳动者的工作权利"的基础上，《国家人权行动计划（2016—2020年)》则提出要"实现比较充分和高质量就业""进一步完善工资福利制度"。① 应该说，随着我国新时代法治建设进程的不断推进，作为人权重要内容的劳动权等已在我国的法律体系中得到普遍确认和良好保障。劳动者，特别是农民工等弱势劳工群体的人权保障问题持续引起学界的普遍关注。

当前，中国正处于全面建设小康社会、加快推进新时代中国特色社会主义现代化的关键阶段，改革、发展和维护稳定的任务依然繁重。受自然、历史、文化与经济社会发展水平等因素的影响和制约，我国弱势劳工的发展权还面临诸多挑战，弱势劳工的系统保护还需要不断深化与完善。故弱势劳工的保障，单纯从经济学或劳动法的角度来进行制度配置是不够的，还需要追溯至其源头，上升到宪法这个高级法的层面才能得到更好的解决。上升到宪法学的角度来进行弱势劳工系统保护的研究，研究作为宪法权利的劳动权等弱势劳工权益是有其必要性的。因为对劳动权的研究，旨在提供分析和理论的工具，借此从深度、影响的范围等方面来揭示劳动权等领域存在的对弱势劳工的不公平、不正义，并探讨如何妥善改正，以便探寻和构筑、完善中国特色的弱势劳工保护体系。

其实，进行这样的研究是有源头的。其源头可溯及狄骥的社会宪法学思想②，而且还要将其宪法学的研究路径运用到我国的社会实践中去。确实，21世纪甚至更远的未来的中国宪法学，应该实现从理论法学向实践法学的成功转移，将研究重点与核心放在中国宪法的适用研究上，③着眼于中国的弱

---

① 国家人权行动计划（2016—2020年），http：//www.gov.cn/xinwen/2016 - 09/29/content_5113376.htm，2017年6月18日最终访问。
② 社会宪法学是现代宪法基础理论的重要派别，以狄骥为中心形成了被称为"波尔多学派"的一个学术群体，曾统治法国近半个世纪，在西方也一度流传甚广。其突出特点是将宪法放在20世纪初新的资本主义社会现实中加以研究，扩大了宪法研究的视野，使宪法学与现实紧密结合，这是宪法学研究视角和研究方法的一种发展和进步。参见张军："狄骥宪法思想探析"，载《广西大学学报》2004年第6期，第24页。
③ 陆平辉：《宪法权利诉讼研究》，知识产权出版社2008版，第8页。

势劳工保障等实际的典型的问题，从中国劳动权的典型问题出发，并上升到具有新时代中国特色社会主义宪法理论的角度，只有这样才可构建彰显中国特色的真正意义上的"中国"的宪法学。实际上，党的十八届三中全会也确定了"坚持依法治国、依法执政和依法行政共同推进，坚持法治国家、法治政府与法治社会一体建设"的改革任务，并强调"要进一步健全宪法实施监督机制和程序"。① 故而，"依法治国首先是依宪治国"，"依宪治国、依宪执政要求全面实施宪法"。② 毕竟，"宪法的生命在于实施""保证宪法实施，就是保证人民根本利益的实现"。正如习近平总书记所强调的，要推进"法治中国"建设这个系统性工程，在千头万绪中必须做到提纲挈领，首先就要抓住宪法这个"纲"。③

笔者之所以这么做，其实是想避免自身的研究陷入尴尬的分裂状态。正如学者黄宗智所指出的，当前的法学研究显示的是一种认识上与精神上双重意义的分裂状态。占据主流的所谓"现代"法学，甚至把现代法律完全等同于西方法律；同时，研究法律史的不关心或放弃了对现代法律及对现实的发言权。④ 正因为如此，两者基本上互不对话，互不影响。在研究倾向上，两者同样倾向于偏重理论与制度，缺乏对实践与实际运作的关怀。⑤ 黄宗智还指出：在社会学领域，布迪厄提出了以实践为根据的理论的设想。它其实接近于中国革命过程中所形成的独特的认识方法：要求从实践的认识出发，进而提高到理论概念，再回到实践去检验。正是这个传统为我们指出了一个方向：走向从实践出发的社会科学和理论。⑥

---

① "中共中央关于全面深化改革若干重大问题的决定"，http：//cpc. people. com. cn/n/2013/1115/c64094 – 23559163. html，2017 年 6 月 18 日最终访问。
② 同上。
③ 李建广："习近平对宪法的四个说法"，http：//politics. people. com. cn/n/2014/1204/c1001 – 26150547. html，2017 年 6 月 18 日最终访问。
④ 笔者认为，把西方法律当成现代法律不利于中国特色社会主义法律体系的构建。
⑤ 黄宗智："法史与立法——从中国的离婚法谈起"，http：//www. law. ruc. edu. cn/research/ShowArticle. asp？ArticleID =20252，2017 年 6 月 18 日最终访问。
⑥ 正如黄宗智所倡导的，我们必须要超越西方化和本土化、理论和经验这两种对立，作出有目标的选择和融合，并建立符合中国实际的新理论。参见黄宗智："认识中国——走向从实践出发的社会科学"，载《中国社会科学》2005 年第 1 期。

本书在倡导宪法治理、全面推进"法治中国"建设的前提下，从鲜活的社会实践出发，开展作为弱势劳工的系统保护研究，努力触及劳动制度的顶层设计。弱势劳工系统保护的目的，就是要实现体面劳动。体面劳动实现机制在中国的系统化，应当坚持走中国道路、弘扬中国精神、凝聚包括弱势劳工在内的中国力量。首先把"法律"和"正义"理解为活生生的使用和转变中的体系；并从历史、现实以及前瞻的视角来设想中国应构建的正义体系，试图根据已有的成功经验及具体实例来初步勾勒出一个未来的图景；同时也检视反面的实例来进一步阐明正面实例的含义以及其对立法等制度构建方向的启示。[1]

那如何更好地对待弱势劳工群体？目前的路径是无差别对待的路径，是高于门槛水平对待的路径，还是主张最为恰当的对待？在制度构建上，无论是立法民主，还是其他的民主政治，主体既有包括弱势劳工在内的大众，也有精英。而精英和弱势劳工携手合作共进，达成最大程度的共识，才能推进民主政治的进一步发展。[2] 因此，我国应坚持"以人为本"，既尊重人权的普遍性原则；又应从国家现阶段的基本国情出发，切实把保障弱势劳工等的生存权、发展权放在人权保障的首要位置；真正落实"国家尊重和保障人权"的宪法原则，在推动经济又好又快可持续发展的基础上，依法保证包括弱势劳工在内的全体社会成员平等参与、平等发展的权利。中国的各级政府坚持和贯彻"发展依靠人民、发展为了人民、发展成果由人民共享"的理念，着力解决好弱势劳工最直接、最现实也是其最为关心的利益问题，提高弱势劳工等劳动者的地位，完善弱势劳工等分享社会成果的制度和机制，强化弱势劳工的职业培训，促进社会公平正义，努力保障弱势劳工各项权利的实现。在现代国家中，对弱势劳工等的基本权利之侵害主要来自国家权力的侵害，

---

[1] 黄宗智：《中国的正义体系的过去、现在与未来》，http://www.aisixiang.com/data/109265-2.html，2017年6月18日最终访问。

[2] 在任何给定时刻，所有文明当中，强者，同时也就是统治阶级，是最为富有且对立法最具影响力的人。我认为这一点是不言而喻的。弱者的日子会很难过，这跟他们的软弱乃是相对应的。这就是自然秩序。而合作治理或许可改变这种自然秩序。参见林国荣：《历史上的人权》，广西师范大学出版社2015年版，第202页。

国家权力的侵害典型表现为国家的不作为所造成的侵害。劳动权作为弱势劳工的一项基本权利，是其谋求对社会权获得救济的有效途径。故作为一个宪法学研究者要自觉地承担起社会责任，肩负起以宪法为后盾来排除国家权力对弱势劳工侵害的职责。这正是本书研究的初衷和出发点之所在。而弱势劳工保障的重要性需要多进行这方面的深度研究，本书只不过是抛砖引玉罢了。

第一章 弱势劳工群体的类型、构成及系统保护构想

第一节 弱势劳工系统保护的理论基础与分析框架

一、弱势劳工系统保护的相关概念与分析框架

(一) 弱势劳工系统保护相关概念简析

1. 弱势群体和弱势劳工之概念

弱势群体,又称脆弱群体、社会弱者群体,其英文通称为"vulnerable groups",主要是一个用来分析现代社会经济利益不合理、社会权力分配不公平、社会结构不协调的概念。[①] 而按照国际社会学界、社会工作和社会政策达成的基本共识,所谓社会弱势群体,就是那些由于某些障碍及缺乏经济、政治和社会机会而在社会上处在不利地位的人群。[②] 美国纽约大学的公共政策专家乔纳森·莫尔多克(Jonathan. Morduch)认为,弱势群体在面对风险和不确定情况的时候,缺乏有效的风险管理策略,无法保证稳定的收入来源。[③]

[①] 王广虎主编:《弱势群体参与全民健身的现状调查与对策研究》,四川大学出版社2005年版,第34页。

[②] 同上书,第35页。

[③] Morduch, J. 1994, "Poverty and Vulnerability," AEA Papers and Proceedings 84, pp. 221–225. 转引自钱再见:《失业弱势群体及其社会支持研究》,南京师范大学出版社2006年版,第16页。

如何准确界定弱势群体？学术界目前尚未形成一个统一的定义或看法。实际上，对于"弱势群体"这一概念本身也有不同的称法。学者们多从自己的具体研究内容出发，从不同的角度或是基于自身研究的需要对弱势群体进行了各自的界定。即便如此，这些界定中还是不乏真知灼见。

劳工，又称劳动主体，是整个劳动过程的出发点，是直接物质资料生产的发起者，是通过制造和使用工具改造自然界的积极的、主动的、能动的创造力量。① 社会科学上所说的劳动者，肯定都包括"从事直接物质资料生产的主体"的内容；不一致的地方在于，各门类的社会科学大都将"劳动者"与"生产者""工作者""雇员"等概念混同或交替使用。② 各国的劳动立法中，有将劳动者称为 labourer（劳动者、劳工）的，有称为 worker（工人）的，有称为 personnel（员工）的，有称为 employee（雇员）的，③ 等等。至于本书中所涉及的劳动者（劳工）的概念，作为一个法律概念有广义、狭义之分。其广义指具有劳动权利能力和劳动行为能力，但不一定已参与劳动关系的自然人④；其狭义仅指职工。职工还有广义与狭义之分。广义上的职工是指具有劳动权利能力与劳动行为能力且已依法参与劳动关系（但不一定参与劳动法律关系）的自然人，此即一般法律意义上的职工；狭义的职工是指具有劳动权利能力与劳动行为能力，且已依法参与劳动法律关系的自然人，此即劳动法意义上的职工。⑤ 有人认为，在我国，"劳动者"是为用人单位提供劳动的自然人，常常被称为"职工""工人"与"雇员"。劳动法律关系所涉及的劳动者，是指依据劳动法律与劳动合同的规定，在用人单位从事体力或脑力劳动，并获取劳动报酬的自然人。⑥

---

① 王江松：《劳动哲学概论》，上海交通大学出版社 2015 年版，第 38 页。
② 同上。
③ 常凯：《劳权论——当代中国劳动关系的法律调整研究》，中国劳动社会保障出版社 2004 年版，第 118 页。
④ 因移民劳工的存在，劳工不限于本国公民。故此处笔者认为应用自然人较为妥当。
⑤ 王全兴：《劳动法（第三版）》，法律出版社 2008 年版，第 78 页。此处用自然人替代公民。自《民法总则》使用自然人概念以后，学者们趋向于这种替代。
⑥ 黎建飞：《劳动与社会保障法教程（第二版）》，中国人民大学出版社 2010 年版，第 5 页。

作为劳动者（劳工），应当具备法律规定的年龄条件、劳动能力条件。而弱势劳工则是笔者在先贤的研究中摘取、凝练和突出而提出的一个概念，它并不是那种对应于强势用人单位而言处于弱势地位的劳工，而是劳动关系中那些相对而言处于弱势地位的劳动者类型。学者们在一些论著中提到了"弱势劳工"或"弱势的劳工"。"或是对于免缴保费的审核门槛过严，导致了就业地位不稳定弱势劳工的健康权可能因无力缴保费而被剥夺。"① "一旦因抬高劳动力成本破产，或者不得不通过裁员来维持低运行成本，弱势劳工就从倒霉走向更倒霉了。"② 但"人人都知道，它的背后却是政府是否有权干预劳资关系、保护一直处于弱势的劳工权利这样的根本性问题。"③ "要求弱势的劳工无偿为其原先之处于缔约优势的雇主'奉献牺牲'，而后者却不必因此付出相对的补偿，这种劫贫济富的做法与现今民法和劳动法上保护缔约弱势劳工的思想大相径庭。"④ 显然，这是把"弱势的劳工"与"弱势劳工"同时使用。但学界对弱势劳工进行专门研究的较为少见，对"弱势劳工"的概念进行界定的也极为少见。从笔者搜索的资料看来，只有寥寥一例。有学者认为："弱势劳工群体是指工人队伍中那些在就业和报酬待遇问题上，或者是遭受歧视和不公正对待，或者是竞争力不强的群体。"⑤ 而弱势劳工群体的构成类型，则有童工和未成年工，女工，残疾劳工，移民劳工，年龄较大劳工，非正式就业工人（包括非全日制工、家庭工、临时工和劳动承包工），非技术劳工，失业劳工，非正规经济部门劳工。而且这九类劳工在范畴和统属上是互有交叉的。⑥

弱势劳工都属于弱势群体，是侧重于劳动关系方面来予以描述的弱势群

---

① 郑功成主编：《社会保障研究（2006年第1辑）》，中国劳动出版社2006年版，第54页。
② 周永坤主编：《东吴法学（2011年春季卷）》，中国法制出版社2011年版，第189页。
③ 任东来、陈伟、白雪峰等：《美国宪政历程 影响美国的25个司法大案》，中国法制出版社2015年版，第161—162页。
④ 翟业虎：《竞业禁止法律问题研究》，中国政法大学出版社2013年版，第131页。
⑤ 高崇慧主编：《劳动与社会保障法学》，清华大学出版社2015年版，第97页。
⑥ 高崇慧主编：《劳动与社会保障法学》，清华大学出版社2015年版，第97页。较之"非正式部门"的用语，"非正规部门"用语使用得比较多。而较之"非规范用工"的用语，"非正式用工""非正规用工"用语的使用则比较多。而退休工人，按我国目前的劳动法律和司法解释，还不能包括在弱势劳工群体内。

体。弱势群体的概念或定义多如牛毛,而弱势劳工的概念或定义只需稍加前提限制,就可以相应得出。无论是弱势群体,还是弱势劳工,都是一个相对变化的概念,且弱势群体及弱势劳工自身也在不断发生变化。在本书中还用到一个"弱势劳工群体"的概念。尽管在引文中我们为尊重原文难以做到统一和一致,但我们始终遵循的处理方法是:将"弱势劳工"作为个体概念来使用,将"弱势劳工群体"作为集体概念来使用。而且,令人欣慰的是,近一个半世纪以来,劳工迎来了有史以来最好的发展时期,不仅在主体力量方面,而且在客观社会地位方面,劳动者所取得的成果,几乎超过了此前全部历史发展所取得的成果的总和。[①] 实际上,劳动者与雇主的内涵有一定变化的趋势,即存在所谓的概念分殊化。雇主方面因大幅法人化的结果,使得劳动契约上的雇主和实际执行指挥监督的雇主或雇主代理人可区分开来;而劳动者因技术和组织工作而使工作类型改变,劳动者也可能是股东,要强调统一的劳动者定义,与时俱进地受到挑战。[②]

2. 体面劳动、劳动权和宪法劳动权的概念

在民众的生活中,工作或劳动是他们的一个经济目标,也是一个社会目标。无疑,工作或劳动不仅是关于生产和收入的,还是关于社会整合和劳工个人的尊严与身份的。毕竟,并不是每一份工作都是好的工作。但劳动就业是减贫的关键。且只有体面劳动,才有可能使劳工完全行使权利,过上体面的生活。

在1999年6月召开的第87届国际劳工大会上,国际劳工局时任局长胡安·索马维亚向大会提交了题为"体面的劳动"(Decent Work)的主旨报告,首次提出了"体面劳动"的概念。国际劳工组织则认为,"体面劳动"意味着劳工者从事生产性的劳动,并且其权利得到保护,有足够的收入和充分的社会保护,包括享受自由、承认工作中的基本权利,保证劳工在工作中免受歧视或骚扰,保证劳工的收入能够满足基本经济、社会和家庭的需要和责任,保证工人及其家庭成员享受充分的社会保障,直接或间接地通过自己

---

① 王江松:《劳动哲学概论》,上海交通大学出版社2015年版,第46页。
② 刘士豪:"我国之'劳动宪法'",见苏永钦主编:《部门宪法》,元照出版公司2006年版,第432页。

选择的代表性的组织在工作中表达意愿和参与管理。① 国际劳工组织将"让所有人（包括妇女和青年）实现充分的生产性就业、获得体面劳动"纳入联合国新千年发展八大目标之"消灭贫穷饥饿"的分目标。国际劳工组织不但提出了"体面劳动"的理念，还采取了一系列具体措施，促使该理念在全世界范围内的实现。而联合国及其机构对"体面劳动"理念的积极认同则在很大程度上扩大了其影响力。2000 年，联合国召开的落实社会发展世界首脑会议精神的特别会议上，明确支持国际劳工组织实施"体面劳动"计划。2005年，联合国世界首脑会议又把推进实施"体面劳动"理念确定为国家和全球目标。2007 年 4 月，于日内瓦召开的联合国专门机构负责人委员会会议上，一致同意将就业和体面劳动问题纳入联合国的工作体系。由于联合国及其机构的推动，"体面劳动"现在不仅是国际劳工组织和其社会伙伴倡导的理念，而且已逐渐成为许多国家政府、联合国所属机构以及其他国际组织发展合作的中心目标。② 体面劳动理念反映了国际劳工组织、各成员国及国际社会在社会、经济等议程中的工作重点，即公平的全球化、减少贫困、社会保障、社会融合、劳工尊严和多样性等。它为我们提供了一个综合分析发展的社会目标和经济目标的框架。③ Richard Anker（2003）及 Daham Ghai（2003）在各自的研究中揭示了体面劳动的本质属性和指标构建问题。Steve Hughes 等（2011）探讨了体面劳动对消除贫困的作用。这显示出，在国际上，体面劳动理念的内涵在不断丰富和发展。

2008 年 1 月 7 日，时任中共中央总书记、国家主席胡锦涛在出席"2008 经济全球化与工会"国际论坛开幕式的致辞中指出："让各国广大劳动者实现体面劳动，是以人为本的要求，是时代精神的体现，也是尊重和保障人权的重要内容。"而且强调"让广大劳动者实现体面劳动，最根本的是要保障他们的权益。"他还要求："我们高度重视解决广大劳动者最关心、最直接、最现实的利益问题，努力改善广大劳动者劳动就业、收入分配、社会保障、

---

① 该书原文这一段中都用的是"体面的劳动"，我们认为宜精准为"体面劳动"。参见吴忠民主编：《新形势下中国重大社会矛盾问题分析》，中共中央党校出版社2014年版，第246页。

② 吴忠民主编：《新形势下中国重大社会矛盾问题分析》，中共中央党校出版社2014年版，第247页。

③ 丁开杰：《社会排斥与体面劳动问题研究》，中国社会出版社2012年版，第124页。

医疗卫生、劳动安全等方面的条件,维护社会性别平等和女工特殊权益,推动发展和谐劳动关系,促进社会公平正义。我们通过采取一系列举措,保障了广大劳动者的主人翁地位,发挥了广大劳动者在推动国家建设和社会进步中的主力军作用。"① 正如前文所述,现任中共中央总书记、国家主席、中央军委主席习近平在2013、2015两年的"五一"劳动节前夕,都对"体面劳动"予以了强调。大国复兴、中国的崛起将不允许在体面劳动等方面有明显的短板。故而应该用科学认识和改造现实劳动世界,更好地实现体面劳动,这是中国在国际治理体系中获得话语权的适当方式。而体面劳动的具体实现路径,可在中国发达地区乃至全国树立起尊重劳动的社会氛围;而发达地区率先实现体面劳动不但可吸引充足而优质的劳动力,而且可以引导未发达地区最终实现体面劳动。②

什么是基本权利?这不是容易解答的问题;原因在于,对基本权利的理解,常因时因地而不同。③ 学者们对基本权利的认识,自然也存在一定的差异。④ 有学者认为,公民的基本权利是指由宪法规定的,公民为实现自己必不可少的利益、主张和自由,从而为或不为某种行为的资格或可能性。⑤ 也有学者认为,基本权利是指"宪法赋予的、表明权利主体在权利体系中重要地位的权利"。⑥

---

① "2008经济全球化与工会"国际论坛以"可持续发展、体面劳动和工会的作用"为主题,围绕促进可持续发展、实现社会公平正义等人们普遍关心的问题进行研讨和交流,参见徐松:"胡锦涛出席'2008经济全球化与工会'国际论坛开幕式并致辞",http://cpc.people.com.cn/GB/64093/64094/6744913.html,2018年1月18日最终访问。

② 吴忠民主编:《新形势下中国重大社会矛盾问题分析》,中共中央党校出版社2014年版,第249页。

③ 吴庚:《宪法的解释与适用(第三版)》,三民书局2004年版,第85页。此处将"基本权"替换为基本权利。

④ 从自由主义的观点,也就是从西方传统而言,基本权利乃是先国家而存在,用来拘束政府权限的行使。而日本部分学者,很可能依实证的观点将基本权利解释为:宪法或基本法所保障的权利。不过当时宪法学者的通说都认为:基本权利只是一种方针规定,并不是真实的权利,也就不热衷于基本权利定义的明确化。而史密特对基本权利的界说是:在市民阶级的法治国中,基本权利仅指那些先国家及超越国家存在的权利,并非国家依照其制定的法律所赋予,而是对已有的加以承认及保障。基本权利从其本质而言,并不是一种法益,乃是一种广泛的自由,从而产生各种权利,特别是防御权。参见吴庚:《宪法的解释与适用(第三版)》,三民书局2004年版,第84—85页。

⑤ 周叶中主编:《宪法(第二版)》,高等教育出版社、北京大学出版社2005年版,第261页。

⑥ 董和平等:《宪法学》,法律出版社2000年版,第308—309页。

我们认为，宪法中的基本权利具有根本性、基础性与重要性，使得公民行使基本权利的正当性具有宪法基础，国家保障基本权利的义务也具有宪法义务的性质。[1] 基本权利还具有普遍适用的特征，并以国家强制力保障实施。在本书中，将基本权利性质的劳动权称为"宪法劳动权"。日本宪法中关于劳动权（工作权）的解释，即指"法律关于工资、就业时间、休息以及其他劳动条件的基准的规定"。[2] 我国台湾地区学者所确定的工作权概念，是从"自由权"的观点出发，指基本权利主体"以生活创造或维持之意思，在一定期间内，反复从事之作为"之基本权利。[3] 大陆地区宪法学者对劳动权的定义有："劳动权是指一切有劳动能力的公民，有劳动和取得劳动报酬的权利"。[4] 而为了与法律上的劳动权相区分，在本书中使用"宪法劳动权"[5] 的概念。之所以不用"劳动基本权"的概念，是为了不与日本宪法学者用以指代"劳动三权"的劳动基本权[6]相混淆。至于国内学界对劳动权的定义存在混乱，笔者推测主要是因为所给出定义的角度不同，而有所谓的完全意义、法条主义及法理意义的劳动权等不同认识存在。[7] 我国学界对劳动权的传统认识是：劳动权是指具有劳动能力的公民所享有的获得劳动就业机会并按劳动的数量和质量获得报酬的权利。[8]

（二）弱势劳工系统保护的分析框架与研究方法

1. 从公民—国家衍生出的弱势劳工—国家框架

公民身份，从其历史词源上看来，先是与城市，后则与国家相联系。国家与公民身份等是紧密相关的。公民一词，在不同历史类型的国家有不同的

---

[1] 周伟：《宪法基本权利司法救济研究》，中国人民公安大学出版社2003年版，第2页。
[2] ［日］判例六法编辑委员会编：《模范六法》，三省堂（日文）2001年版，第23页，转引自常凯：《劳权论》，中国劳动社会保障出版社2004年版，第10页。
[3] 李惠宗：《宪法要义》，元照出版公司2001年版，第223页。
[4] 胡锦光、韩大元：《中国宪法（第二版）》，法律出版社2007年版，第295页。
[5] 笔者以前在一些文章中用"劳动基本权利"来指代基本权利层次的劳动权，以便与"劳动基本权"相对应与区别，但还是觉得容易给行文带来混乱。在本书中还是使用一些学者用过的"宪法劳动权"概念，特此说明。
[6] "劳动三权"是团结权、团体交涉权、争议权。参见阿部照哉等：《宪法——基本人权篇（下册）》，周宗宪译，中国政法大学出版社2006年版，第269页。
[7] 南京大学法学院《人权法学》教材编写组：《人权法学》，科学出版社2005年版，第210页。
[8] 《中国大百科全书（法学卷）》，中国大百科全书出版社1993年版，第358页。

含义。① 从历史的角度观察，公民身份先是与作为社团的城市之发展历程相关，后又与民族国家的出现相关。古典的公民概念，是与城邦国家结合在一起的。在城邦国家崩解之后，公民概念则依附于自由城市，甚至是贵族封地里的城堡。一直到近代西方民族国家兴起之后，公民概念才再次与国家概念结合在一起。自此，公民概念的核心部分是指公民享有一种面对国家的资格、地位或权利。② 或者说，从反面去诠释公民权利，则是指国家对其成员所应尽的义务。公民身份是在维护权利的过程中被唤醒的，即存在一个所谓的"为承认而斗争"的过程。公民只能以权利的形式从国家这个共同体中拿走其以责任形式置入的东西。换句话说，近代以来的公民概念必须和国家概念结合在一起，两者之间存在相互依存的紧密关系。③ 因此，从权利内容扩充的角度来说，从自由权、政治权利到社会权利的演进进程，无疑体现出公民地位的提升。但在另一面，公民的自主和自由的空间，却也会因国家责任的加重而趋于萎缩。一旦国家无所不在而社会几无自治空间时，则自由事务的呼声再起，而公民地位的积极落实遂转趋和缓。国家角色固然会因公民概念的扩充而发生变化。但即使没有公民概念之传统，因科技文明而导致生活方式的改变，也会使现今国家之任务远较过去更为多样而复杂。④ 在当代社会，完整的公民身份必须包含人身权利、政治权利和社会权利，这已是理论界及绝大多数国家的宪法所形成的普遍共识。布莱恩·特纳（Brian Turner）运用另一种方法来分析公民身份的历史发展。特纳认为公民身份的特征取决于两个关键变量。第一，公民身份发展是自上而下的，即由政府推动；若是自下而上的，则由劳工运动推动。第二，公民身份是积极的、公共的，还是消极的、私人的。⑤ 布莱恩·特纳还认为由于迈克尔·曼（Michael Mann）把公民身份的起源看作调整阶级关系的一种策略，在这种关系中，国家在创造社会

---

① 周叶中主编：《宪法（第二版）》，高等教育出版社、北京大学出版社2005年版，第146页。
② 陈淳文：《公民、消费者、国家与市场》，见许纪霖主编：《公共性与公民观》，凤凰出版集团、江苏人民出版社2006年版，第258页。
③ 同上书，第257—258页。
④ 同上书，第263页。
⑤ 秦燕：《公民身份语境中的社会权利》，人民日报出版社2015年版，第3页。

稳定的过程中扮演了主要的角色。① 因而可说，自 16 世纪以来，"国家"与"公民"经常是一组连带的概念。脱离"国家"，"公民"即无所附丽。没有"公民"，则"国家"即不具有"近代性"的特征。当代国家隐约显现出一种逐步退出社会生活，日渐由"市场"的交易与竞争机制取代的趋势。在此趋势下，"公民"地位的象征意义，有绚烂转趋平淡。因两个概念存在密切关联，国家性质的改变，自然改变公民概念的内涵。亚里士多德曾指出，城邦国家或伙伴型社会的出现旨在保护生命，其存在目的在于保护正当的生活方式。虽然正当的标准是什么，从古至今依然存在激烈的争论。但可以确定的是，这昭示了城邦国家乃至现代国家的真正使命。② 也就是说，国家应当保护弱势劳工的正当的生活方式。弱势劳工等可以窥视到国家正在做什么，也理应关注国家应当做什么。因此，社会国家的理论基础在于，公民个体并非孤立的个人，而是在社会群体中生活的、与共同体存在强烈关联的个人，由此个人对于共同体以及他人当然须承担责任。综上，可将公民—国家框架具体化为劳工—国家之框架，再进一步具体化为弱势劳工—国家之框架。由于一个国家的弱势劳工通常也是公民③的一种具体类型，弱势劳工—国家这个框架也必须符合公民—国家框架的基本含义，当然也免不了有其自身的特色。

　　传统产业工人的数量在西方社会逐渐减少，工会组织逐步分裂，工会行动的影响力大幅度降低，劳工群体的组成不断扩充，工作性质、工作方式和工作时间也日趋多元化，工作机会和工作待遇在不同群体之中不平等的分配、国际移民工人的出现等问题推动了劳工研究的微观化、多元化和国际化。④ 在当下，资本主义组织生产的传统方式正日益衰落，工人的工作性质、工作场所和工作意义正发生变化。其中最明显的变化是工人参与管理。扩大工人

---

① 秦燕：《公民身份语境中的社会权利》，人民日报出版社 2015 年版，第 2 页。
② [英] 卡罗尔·哈洛、理查德·罗林斯：《法律与行政（上卷）》，杨伟东等译，商务印书馆 2004 年版，第 30 页。
③ 应该说，劳工可不限定为公民，弱势劳工并不局限于公民。对此前文已有说明。
④ 顾海良主编：《海外人文社会科学发展年度报告》，武汉大学出版社 2007 年版，第 786 页。

职责的原因主要是出于两方面考虑。一方面,全球经济压力要求工人介入持续发展的生产方式中;另一方面,模糊工人与管理层之间的界限,进而协调劳资关系。在这种新的雇佣关系下产生了一些有趣的问题。[①] 迪尔凯姆主义者则关注产生雇佣关系的一种共享理解的工作形式的重要性。从这种观点来看,参与管理的工人的身份与公司利益相联系。在一定程度上,管理层的行为由互惠、信任、意见一致、组织公正等形式组成。[②] 马克思主义者的一种观点认为,参与管理者的身份与管理层的利益联系在一起。参与管理是霸权控制的一种形式,在这种形式下,工人因为害怕工厂关门而同意自己来开拓。[③] 也就是说,工人参与企业管理,只不过是包括弱势劳工在内的工人促进企业存在从而保住其劳动权的一种模式。实际上,政治行动是在议会和各种委员会所采取的行动,而劳工行动则是为了改变社会状况在工作地点所采取的行动。[④] 在昔日的德国,俾斯麦政府在劳工政策方面的主动妥协和让步,把工人阶级从心理上拉向了"国家"一边。[⑤] 另外,在大多数工人已经经历实际工资的不断提高并且明显看出以后很有可能进一步提高的国家或者历史时期内,所提出的劳工运动理论便易于具有一种更实用主义和更保守的方向。[⑥] 大多数理论家也许会同意,工会主义和集体交涉远不是一种暂时的体制,而是要在工业社会中持续下去的一种体制。[⑦] 这是我们研究西方国家的弱势劳工保护时,不能忽略也不能忘却的一个前提。

2. 公民与国家的理论变迁及交互影响

国家角色在 20 世纪的变迁,不可避免地要影响到公民概念的固有地位。正如世界银行在其 1997 年的报告中所认为的,可依能力的不同建构三种国家类型。第一种称为"基本国"或"最小国"。此类国家的任务内容包含前述

---

① 顾海良主编:《海外人文社会科学发展年度报告》,武汉大学出版社2007年版,第784页。
② 同上书,第785页。
③ 同上。
④ [英]威廉斯·盖布尔:《希望的源泉 文化 民主 社会主义》,祁阿红、吴晓林译,译林出版社2014年版,第157页。
⑤ 曹长盛主编:《民主社会主义模式比较研究》,东北师范大学出版社1996年版,第357页。
⑥ [美] C. A. 摩尔根:《劳动经济学》,工人出版社1984年版,第352页。
⑦ 同上书,第355页。

的国家基本职能，包括维护整体经济平衡、财产权保护、国防、公共卫生和国民健康、灾害防治与对抗贫穷等。第二种称为"中间国"。其国家任务除前述"基本国"的任务外，还加上更精致的市场规制、教育、环保、社会保险和消费者保护等。第三种称为"积极国"。其国家任务还包括进一步的财经和工业政策的规划与制定、资本和资源的再分配等；不过，这些国家若进一步作为，皆必须遵守市场的竞争规则，以及以信赖私人部门的能力为基础。现今国家应扮演的角色应如此定位，虽不是"福利国家"，但也绝不仅止于"夜警国家"。此外，只要能力所企及，亦不需要反对国家适当地扩张其职能。① 当然，国家角色的转变，并不意味着国家将走上崩解与消失之途。反而，在另外一些目标上，我们会赫然发现国家的不可或缺性；国家角色的维持和重构，则又依赖公民精神的重整及重振。② 总之，从现今通用的或是广义的国家概念来说，国家概念不仅是一种历史产物，可能还是一种自然事实。在国家角色大幅变迁之际，公民概念若要续存，势必将改变其现有的内涵，除自由精神外，道德面向尤其不可偏废。③ 国家对公民身份的享有，在一段时间内还规定有一定的条件，而条件可能是性别、财产等门槛设置。国家对公民权的享有规定一定的条件，必须要拥有财产才拥有公民权的做法在一些国家废除的时间确实比较晚，澳大利亚是 1901 年，英国是 1918 年，加拿大是 1920 年。④

应该说，是宪法将公民和国家联系起来。在资产阶级革命胜利后所建立的新兴资产阶级国家中，势必要建立一种全新的国家与公民之间的关系，来取代先前封建君主与臣民之间的从属关系。也就是说，在宪法和法律中通过国家责任、公民的权利和义务等的设定，使得国家与公民连接成一个统一的

---

① 陈淳文："公民、消费者、国家与市场"，见许纪霖主编：《公共性与公民观》，凤凰出版集团、江苏人民出版社 2006 年版，第 278—279 页。
② 同上书，第 257—258 页。
③ 同上书，第 269 页。
④ [英] 奥辛·伊辛："公民权研究：导论"，见奥辛·伊辛等主编：《公民权研究手册》，王小章译，浙江人民出版社 2007 年版，第 5 页。

整体，进而实现国家、社会与公民的一体化。① 公民权是一个排斥性的范畴，只有确定了将谁排除在外，才能确定将谁包容在内。随着国家治理体系的发展完善，国家得以将公民权作为民族主义的一个方面加以动员。为了形成有效的治理技术，国家和公民权以必然的逻辑紧密联系在一起。②

因此，在主流理论和实践中，公民权被描绘为一种多维的复合体。而主流的公民权分析主要聚焦于国家层次上的公民权，这种分析为理解一般意义上的公民权及特定意义上的社会公民权的复合性和背景脉络关联性提供了某些关键的因素。而国家层次上的公民权从消极的角度来说，现代社会的权利发展是为了应对并最大限度地降低个体在面临社会问题时所遭遇的风险。从积极的角度来说，则意指一系列的积极权利，诸如拥有工作、获得足够的收入、获得健康服务。这些权利通常都被合理化为普遍人权在国家层面上的体现。而这些权利，对弱势劳工则是尤其重要的。

国家有从立法国家到行政国家，再到司法国家变迁的历程。而现今国家几乎同时扮演了守卫者、仲裁者、管制者与给付者等角色。且在未来更新社会权利的过程中，必须肯定和加强社会权利与社会义务之间原初的、基本的联系，社会权利与自由权利、文化权利之间的联系。而"社团主义"意味着权利控制在强大的精英手里。美国的社团国家可被视为单一的大型社团，每个人都是自然而然的成员和雇员。政府仅是国家的一部分，但政府会与国家相互配合，并提供各种所需的服务。是国家，而非市场或人民等决定要产生什么、怎样消费和如何分配等问题。社会中的工作和职业被严格限定、控制，并按照报酬、地位和权力登记安排。社团国家是对美国最初的理想和计划的彻底否定。③ 意大利式的社团国家是法西斯意大利的政治与经济制度的称呼。主张废除政治性的政府，而代以经济集团；而政府建筑在经济的基础上。在

---

① 陈云生："人权与公民权的司法保护"，载《广西政法管理干部学院学报》2005年第1期，第3页。
② [英]奥靳·伊辛："公民权研究：导论"，见奥靳·伊辛等主编：《公民权研究手册》，王小章译，浙江人民出版社2007年版，第8页。
③ [英]卡罗尔·哈洛、理查德·罗林斯：《法律与行政（上卷）》，杨伟东等译，商务印书馆2004年版，第52页。

政府中的代表并非以定居某一区域的公民身份，而系以生产者的身份参加政府。劳工与雇主发生冲突，雇主有最后加以干涉或裁决的权利。①

通常认为，公民与国家是宪法关系的基本主体；而宪法治理社会中最基本和最核心的政治关系就是公民与国家之间的关系。在宪治社会中，公民权利与国家权力在很大程度上决定了社会政治生活的基本秩序。公民与国家之间的关系，实质上就是权利—权力关系。②国家层次上的社会权利的工程必须考虑到超国家层次上的权利和义务的关联性。具体到劳动权，未来的人们更关注联合国、国际劳工组织这些全球性政策机构的影响，进而认识到在超国家层次上发展劳动权的可能性。③尤其是新的规范性和结构性社会背景以及全球化社会发展，导致学者们对全球化条件下的普遍的社会权利、全球公民和国际化的公民产生了兴趣。这些学者主要包括多亚尔（Doyal）、高夫（Gough）、迪肯（Deacon）、米什拉（Mishla）、德朗蒂（Delanty）以及福克（Falk）。④

在20世纪的最后20年里，后现代主义及全球化对确认公民权权威的民族国家提出了挑战。劳工移民的比例逐渐增加，劳工的移民运动、移民劳工对公民权的传统模式或者是民族国家模式提出了新的要求，也带来了新的冲突。各个社会均必须面对和处理文化的差异以及与此相联系的紧张和冲突。正如萨斯基亚·萨森（Saskia Sassen）所揭示的那样，公民身份通常与"客籍者与侨民"所构成的全球劳工市场的形成和维持紧密联系在一起。⑤欧盟的做法是适当地调整公民权，给那些定居的劳动者以一定程度的承认。在德国的土耳其人，虽然没被赋予完全的公民权，但享有一些权利。因此，各国分配公民权的方式或将发生重大的变化，而公民的范畴也可能随之发生变化。

---

① 蔡丁进主编：《欧洲史辞典（1789—1950年）》，中国文化学院1973年版，第88页。
② 周叶中主编：《宪法（第二版）》，高等教育出版社、北京大学出版社2005年版，第144—148页。"宪政社会"在此改为"宪治社会"。
③ 莫里斯·罗奇："社会公民权：社会变迁的基础"，见［英］恩斯·伊辛等主编：《公民权研究手册》，王小章译，浙江人民出版社2007年版，第113页。
④ 秦燕：《公民身份语境中的社会权利》，人民日报出版社2015年版，第4页。
⑤ ［英］恩斯·伊辛："公民权研究：导论"，见恩斯·伊辛等主编：《公民权研究手册》，王小章译，浙江人民出版社2007年版，第9页。

甚至可以说，对于任何全球治理问题的回答和政策来说，公民权问题必将是一个核心的成分。① 自"二战"后，全球性社会运动重新启用世界公民权来唤起和捍卫集体和个人对世界整体的强烈责任感。有识之士则在寻求一个将所有人民都结合在一个公正的世界秩序下的普世权利和义务。在此背景下，世界公民权被认为是一个关键的主题。世界公民权的第一个观念是强调对于那些非国民的同情……其第二个观念则始于一种普遍人权体系的发展形成。而通过体现和规定这种权利的世界法演进发展，"人类能够逐步地靠近于一部正式确立世界公民权的宪法"。② 在弱势劳工的劳动权等权利领域，国家劳工标准的出现和确立，以及发展、完善，那是符合期待的事情。国际劳工标准，狭义而言是国际劳工组织制定的一系列公约和建议书的总称，是国际法的重要组成部分，也是国际社会推动世界劳动权益保障发展的主要力量，它的产生对世界范围的人权保护和民主政治发挥了巨大的作用。近年来，随着国际劳工标准被广泛认同，呈现出在深度和广度上的多元发展态势。③

3. 研究方法

弱势劳工群体的研究涉及法学、经济学、社会学等多个学科领域，所涵盖的学科知识也较纷繁庞杂。本书在坚持唯物辩证法这一分析问题解决问题的基本方法之前提下，主要运用下述具体方法对论题展开探讨。

（1）系统研究方法。系统研究方法，一般是以对系统的基本认识为依据，通过应用系统思维、系统理论、系统科学、系统工程及系统分析等方法，来指导人们研究与处理科技问题的一种科学方法。系统研究方法的根本特征，在于从系统的整体性出发，把分解与协调、分析与综合、定性与定量的研究结合起来，来精确处理部分和整体的辩证关系，最终得以科学地把握系统，从而实现整体优化。系统研究方法在社会科学研究中得到广泛运用是有着充分理由和原因的。系统理论最有可能提供给我们一个，作为国家对弱势劳工

---

① ［英］恩靳·伊辛："公民权研究：导论"，见恩靳·伊辛等主编：《公民权研究手册》，王小章译，浙江人民出版社2007年版，第13页。

② ［英］安德鲁·林克莱特："世界公民权"，见恩靳·伊辛等主编：《公民权研究手册》，王小章译，浙江人民出版社2007年版，第434—451页。

③ 董保华：《社会法与法社会》，上海人民出版社2015年版，第348页。

的系统保护在职能上是如何与其他机构相联系的最简单,同时也是最有启发性的分析框架或模型。系统分析有助于将某一体制下行动者之间错综复杂的关系予以简单化。需要强调的是,这种系统研究方法非常好地强调了在某一制度下参与者之间的作用和关系。这种系统理论尤其适合于那些不研究系统行动者的静态行为,而只研究动态的和持续的行为的人们。我们应重视有点琐碎的弱势劳工保障制度的系统化研究,而且要正视系统理论对弱势劳工的系统保护的作用。

(2) 规范分析方法。所谓规范分析,在本书中是指通过历史梳理、语义分析以及体系的比较来明确法律规范的含义。法律规范的确切含义,可凭借语义分析、历史分析、目的分析等方法来确定。弱势劳工保障规范的特点亦是琐碎、变动快、强调操作性。故本书中的规范分析针对其特点进行。本书在对界定弱势、弱势劳工、弱势劳工群体等概念,并与相似概念进行比较以及分析弱势劳工的系统保护机制的过程中,运用了语义分析方法。当然,本书不仅是进行纯粹概念的演绎,而是尝试建构一种开放、灵动的认知体系来准确认定弱势劳工的概念和特征,以便准确确定其范畴,从而确切把握本选题。应该说,劳动和权利的结合不是从来就有的,而是存在一个从无到有、逐渐递进的过程,并伴随着劳工日益强化的权利意识而在权利位阶上有逐步递升的趋势。本书在弱势劳工系统保护机制的发展历程、逐步构建及完善的进程中,通过弱势劳工系统保护的轨迹分析来观察国家与社会发展以及历史变迁对弱势劳工系统保护的影响,剖析和找寻弱势劳工系统保护的制度更新、完善及系统化后面的历史脉动和相关轨迹。

(3) 比较分析方法。在事物之间进行比较,应是法学研究中惯常运用的方法。比较可具体化为规范比较、功能比较与文化比较。比较可以是横向的比较,也可以是纵向的比较,还可以是垂直的比较与水平的比较。在弱势劳工系统保护机制的研究过程中,既有不同保障制度的比较,也有不同救济方式的比较;也只有通过不同制度与方式的比较,才有可能分出制度的优劣乃至成败。通过对权利保障立法的比较,可发现我国弱势劳工系统保护机制存在的问题,并进行适当的借鉴和完善。

(4) 价值分析方法。价值分析方法通常是通过认知与评价社会现象的价值属性，从而揭示、确证抑或批判一定社会价值或理想的方法。价值分析方法被用来回答法应当是怎样的，即关于"法律应然"的问题。故而，价值分析方法是我们认识和探究法律制度要旨和精义的一把钥匙，也是寻求校正与完善法律制度的基本途径。因此，对弱势劳工的研究不只进行实证性的探索，还需进行理性的追问，需要对其科学精神和人文精神予以双重关照。本书在研究过程中，侧重从弱势劳工系统保护机制的内在属性入手，自觉地运用价值分析方法，以便真正参透与把握其本质规律及内在特点，为相应法律的修改完善并为弱势劳工系统保护的美好法律蓝图之设计奠定坚实的基础。

（5）实证分析方法。实证分析方法通常是通过社会调查方法对法律规范及其适用予以经验化和量化的研究。弱势劳工的保障与现实生活紧密相关，是极为重要的民生议题。实证分析有利于我们直面中国的劳动问题，也有利于找出真正解决中国的弱势劳工系统保护机制中所存在的问题的新时代特色方法，为全面建设小康社会添砖加瓦。

二、弱势劳工系统保护的分析理论与路径选择

（一）弱势劳工与弱势群体的关联

弱势群体的存在，无疑是一个长期性的、具有较大普遍性的社会现象。随着人类社会的现代化发展及后工业社会的到来，弱势群体的存在，这种与现代社会文明格格不入的现象，肯定会引起全球的高度重视和密切关注。

如何界定弱势群体？学界目前尚未形成一个统一的能为大多数人所接受的定义或看法。学者郑杭生在《走向更加公正的社会——中国人民大学社会发展研究报告（2002—2003年）》中，将弱势群体界定为："那些依靠自身的力量或能力无法保持个人及其家庭成员最基本的生活水准、需要国家和社会给予支持和帮助的社会群体。"[1] 显然，这是从弱势群体的风险抵御能力较弱的特性出发而给出的概念。也有学者直接从经济收入的角度，认为弱势群体"主要包括各种病、残及意外灾害和意外事故所导致的个人生存和劳动能

---

[1] 郑杭生等："全面建设小康社会与弱势群体的社会救助"，载《中国人民大学学报》2003年第1期。

力障碍者、过高赡养系数者以及市场竞争中的失败者"。① 这是从弱势群体因经济上的低收入导致的生存风险出发给出的界定。学者李强则认为"所谓社会脆弱群体，既包括由于收入不足而处于生活匮乏状态的人群，也包括由于个人或社会原因而造成心理失调、适应能力下降的人群"②。这是从社会生活和社会心理两个方面分析界定弱势群体的弱势性。也有人从更为一般的意义上认为，弱势群体"就是在社会各个群体中处于劣势的脆弱的一群"，且"弱势群体不是一个一成不变的概念，它的形成和演变轨迹是社会在一定的发展时期政治经济文化综合作用的结果"。③ 很明显，这一概念界定指出了弱势群体的动态性特征。虽然学者们对弱势群体的概念界定尚未达成统一，但对弱势群体的基本认识或特征的界定却具有较大的一致性。应该说，弱势群体最为突出的特征应是其弱势性（vulnerability）。弱势群体的弱势性，可以界定为受各种风险侵袭的概率较大，而自我保护的能力却较低。我国学者所界定的概念较为典型的有：弱势群体是因经济利益的贫困性所导致的、具有生活质量低层次性和承受力脆弱性特质的、需要国家和社会给予支持和帮助的特殊社会群体。④ 按照国际社会学界、社会工作和社会政策达成的基本共识，所谓社会弱势群体，就是那些由于某些障碍及缺乏经济、政治和社会机会而在社会上处在不利地位的人群。⑤

学者们在一些文献和研究成果中提到了弱势劳工。而弱势劳工群体是指工人队伍中那些在就业和报酬待遇问题上，或者是遭受歧视和不公正对待，或者是竞争力不强的群体。目前，构成弱势劳工群体的大体上有以下九类：童工和未成年工；女工；残疾工人；移民工人；年龄较大工人和退休工人；非规范就业工人，包括非全日制工、家庭工、临时工和劳动承包工；非技术工人；失业工人；非正规经济部门工人。以上这九类工人又互有交叉。⑥

---

① 杨宜勇等：《公平与效率——当代中国的收入分配问题》，今日中国出版社1997年版，第75页。
② 李强："社会支持与个体心理健康"，载《天津社会科学》1998年第1期。
③ 杨团："弱势群体及其保护性社会政策"，载《前线》2001年第5期。
④ 王广虎主编：《弱势群体参与全民健身的现状调查与对策研究》，四川大学出版社2005版，第36页。
⑤ 同上书，第35页。
⑥ 高崇慧主编：《劳动与社会保障法学》，清华大学出版社2015年版，第97页。但笔者认为目前不宜把退休工人包括在弱势劳工之内。我国目前在司法实务上将退休工人与用人单位建立的关系认定为劳务关系，而不是劳动关系。而"非规范就业""非正规经济部门"的使用还需要多斟酌。

弱势劳工群体作为一种特殊的社会群体，广泛地存在于社会发展的各个阶段。弱势劳工都属于弱势群体，是侧重于劳动关系方面来描述的弱势群体。一个较为确定的判断标准是整个群体生活水准低于社会公认的基本生活标准，在社会经济格局中处于底层，生存较为困难。应该说，无论是弱势群体，还是弱势劳工，都是一个相对变化的概念，且弱势群体及弱势劳工自身也在不断发生变化，随着社会流动而可能作出一定改变，但成为社会强势群体的概率则是微乎其微。弱势劳工，不但其实际的经济收入偏低，而且由于各种条件的限制，其未来发展一般而言也相当困难。他们往往面临着心理的和经济的双重困境。也可以说，弱势劳工的基本特征为具有经济上的低收入性、生活上的贫困性、政治上的低影响和心理上的高度敏感性，且存在失去工作的风险或是已经失去工作。经济上的低收入性是指其经济收入低于社会人均收入水平，甚至徘徊于贫困线边缘。经济上的低收入也造成了弱势劳工的生活脆弱性，一旦遭遇工伤或遭遇到其他工业灾害，他们很难具有足够的承受能力而难以在社会上生存。"经济利益上的贫困性是社会弱者的根本属性，决定着社会弱者在生活质量和承受力上的共同特征"。[1] 经济上的低收入性决定了弱势劳工在社会生活中的贫困性。在其消费结构中，基尼系数较高，绝大部分或全部的收入用于购买食品，几乎没有文化、娱乐消费，并有失学等后果。生活上的贫困性也是弱势群体的典型特征。

与此同时，弱势劳工在社会分层体系中处于底层，他们的政治参与机会少，对于政治生活的影响力低，在西方国家则被称为"沉默的大多数""远离社会权力中心"，较少参与社会政治活动。这意味着弱势劳工仅靠自身力量很难摆脱或者很难迅速摆脱自身的困境，解决其问题。弱势劳工问题的解决必须依靠国家和社会的力量，从各个方面为弱势劳工群体提供社会支持，保护弱势群体的权利，维护弱势劳工群体的利益。因为弱势劳工群体大多觉得自己是市场竞争中的失败者，或者感到自己为社会所抛弃，存在较为严重的相对剥夺感和较为强烈的受挫情绪。

---

[1] 陈成文：《社会弱者论——体制转换时期社会弱者的生活状况与社会支持》，时事出版社2000年版，第143页。

实际上，弱势劳工群体是一个包含范围极为广泛的概念。在社会生活中，与强势群体相对应的社会成员都属于广义上的弱势群体。从社会的阶层分化和流行的社会价值观来观察，弱势劳工通常是"经济收入偏低""有困难者""无法保持个人及其家庭成员最基本的生活水准"，从而导致"生活质量的低层次性和承受力的脆弱性"，面临"心理的和经济的双重困境"。我国弱势群体具有突出的同质性和群体性，即表现为群体性贫困。故我国的弱势群体主要是失业劳工、困难企业职工、城乡贫困劳工、体弱多病的离退休劳工、孤寡劳工、特困劳工、未成年劳工、伤残劳工等。贫困或处于经济窘境是他们的共同特征。并且，因为弱势群体中有很多劳工类型，而且占较大比例。故而，一些学者又称之为弱势劳工群体。[①] 确实，不少学者在研究中提出过弱势劳工群体这个概念，或尝试划定其大致范畴。譬如，英国政府相继颁布了《工厂法》《学徒健康法》和《劳工赔偿法》等，以限制资本的扩张，保护弱势劳工群体的利益。[②] "除了上述公约和建议书以外，在消除就业和职业歧视方面还有许多为弱势劳工群体谋求就业机会均等和待遇平等的公约"。[③] 学者中也有将弱势劳工群体和弱势群体并列论述的。譬如"在国际劳工组织的推动下，许多国家政府都把保护和扶持弱势劳工群体作为国内立法的重要内容，而保护弱势群体利益是当今各国法律发展的一个显著趋势"。[④]

（二）弱势劳工群体的分析理论与路径选择

一个社会对待弱势劳工群体的态度，也能反映出该社会的文明程度。实际上，一些社会科学学科的创立与形成，就是与对贫困群体、弱势群体的关注和研究密不可分的。而社会学等学科对于弱势劳工群体的研究，采用了一些自己特有的理论视角和概念框架，并且形成了若干基本的理论观点，这些理论观点为学者们研究弱势劳工群体的相关问题提供了一定的分析基础和理论支持。当然，它们也是后来者进行相关创新的基础。

[①] 有学者称之为弱势的劳工群体。参见王向民等：《公共事件 缘起与治理》，上海人民出版社2014年版，第46页。
[②] 余少祥：《弱者的正义 转型社会与社会法问题研究》，社会科学文献出版社2011年版，第76页。
[③] 李炳安主编：《劳动和社会保障法》，厦门大学出版社2007年版，第274页。
[④] 余少祥：《弱者的正义 转型社会与社会法问题研究》，社会科学文献出版社2011年版，第309页。

1. 社会分层与社会流动理论

西方学者从社会分层角度对弱势群体问题进行了大量的研究。社会分层（social stratification）的理论又可分为马克思主义学派与韦伯学派两大派别。马克思主要是根据对生产资料的占有来划分社会阶层，故马克思主义学派的社会分层理论强调：社会分层是一种历史现象；阶级分层反映了阶级社会里社会分层的本质特征；社会分层并不一定都是阶级分层，社会结构的复杂性自然决定了社会分层的复杂性；社会分层必然导致社会冲突等。

马克斯·韦伯则强调社会分层的多维性，即主张用经济标准、社会标准和政治标准来进行社会分层操作。而在其多指标体系社会分层研究中，包括了财富、声望和权力三个指标。韦伯的社会分层理论在一些西方国家得到了发展和运用，这对后来西方关于弱势群体问题的研究产生了重要的影响。美国社会中一种比较流行的阶级模式，即沃纳在韦伯的分层理论基础上，凭借财产和收入等组成的综合性指标为尺度，把人们分成上等阶级、中等阶级和下等阶级，又各自一分为二，从而划分为六个阶层。这六个阶层中，下下层是指那些没有技术专长、文化水平低，只能从事一些非熟练工作的人和那些没有固定收入、领取救济金的人。下下层，基本上就是典型的弱势劳工群体。总之，社会分层理论认为，社会差别是构成社会分层的直接根源，任何一个阶级社会都存在社会差别，因而也都存在弱势阶层或群体。应该说明的是，在欧美的研究文献中，关于弱势群体存在两个相似的概念，除了"弱势群体"外，还有"劣势群体"（disadvantaged groups）这个概念。当然，也可以相应地存在弱势劳工群体和劣势劳工群体。

社会分层现象表明了社会成员一定时间点上在社会结构中所处的位置，是一种静态的分析。实际上，社会成员在社会结构中的位置不是一成不变的，而是经常变动的。此种现象称之为社会流动（social mobility）。索罗金（Sorokin,）将社会流动定义为："社会流动是由人类活动所创造的或改变的一切事物从一个社会位置向其他的社会位置的移动。"社会流动两种基本的类型是垂直流动和水平流动。并且，社会流动与社会发展之间存在一种正相关关系，也就是说，社会越发展，社会流动率越高。帕累托（Pareto）所提出的精英理论是西方社会分层与社会流动理论的典型代表。帕累托的精英循环理论强调了社会流动对于社会结构稳定的重要性,为社会分层与社会流动关系的研究提供了新领域和新视角。① 与过去相比,今天的全球精英更具有流动性,更加开放,更容易接纳新成员。欲加入精英行列,需按照既定的路线攀升,在精英阶层中,流动性比过去任何时候都大。② 依循精英流动的路线,国家可网罗到国际人才,打赢国际人才争夺战。在社会分层结构中,弱势劳工群体处于社会的底层,但通过弱势劳工个人的努力和社会支持,也可以实现向上的社会流动。但生活在社会底层的失业劳工、低收入劳工、进城农民工等弱势劳工群体已是日趋定型,缺乏改变自己命运的渠道和机会,弱势劳工的代际继承效应明显增强,出现了阶层固化的现象。③ 甚至还出现知识也不能改变命运的结果,接受了高等教育也未必对弱势情形有确定的改变。而社会阶层的固化又堵塞了处于下层的弱势劳工向上流动的通道,社会结构开始出现板结、凝滞。"穷二代""蚁族"等称呼的出现和流行,就反映了前述问题。社会分层和社会流动的现实意义就在于,通过分层和流动,缓和社会阶级矛盾,在兼顾效率与公平的同时,起到稳定社会的作用。

2. 相对剥夺理论

"相对剥夺"(relative deprivation)的概念最早是由美国社会学家萨缪尔·斯托弗(Samuel Stouffer)等人在《美国士兵》一书中提出的,所得出的可行的解释是,使人们满足(或感到剥夺)的是与其同伴相比的"相对值",而不是物理上的绝对值。④ 这种"相对满足"和"相对剥夺"现象揭示了"参照群体"对个人态度和行为取向的影响作用。所谓相对剥夺,也叫"相对短绌"。个人之所以自认是短绌的,是因为将自己的地位与其群体和类别的人们的地位作了对比。根据被选作比较基础的类别或群体的不同,人们认为自己是短绌的程度也不同。⑤ 譬如弱势劳工相对于超级精英的相对短绌、相对

---

① 钱再见:《失业弱势群体及其社会支持研究》,南京师范大学出版社2006年版,第33页。
② [美]戴维·罗特科普夫:《超级精英 看6000人如何操控60亿人的世界》,南海出版公司2010年版,第380页。
③ 社会学上把各阶层之间流动受阻的情况称为阶层固化。
④ 陈丽华:《族群关系课程发展研究》,五南图书出版有限公司2000年版,第35页。
⑤ 李明文:《和谐社会语境下的弱势群体报道研究》,武汉理工大学出版社2013年版,第29页。

剥夺。超级精英之所以处在全球权力金字塔的顶尖，是因为他们同时也在机构权力金字塔内占据了一个高位，或者因为他们能够通过运用个人的资金、观点或网络来影响他人。① 虽然全球化可以略微提升穷苦人的相对地位，或者减少生活在绝对贫困线下的人数，但是这些人仍然处于权力链的底层，他们在影响力方面的相对地位丝毫没有改变。②

罗伯特·K. 默顿（Robert K. Merton）在《社会理论与社会结构》一书中对相对剥夺理论进行了进一步的阐释，并发展出一种关于参照群体的理论。该理论指出，人们对自己生活好坏的评价，并不是根据客观的条件，而是与周围的人进行比较。此时，人们"满足"的获得不是通过和周围的人比较产生的。当被比较的参照系发生变化的时候，人们的感受也会随之发生变化。满足来自比较，基于满足的快乐同样来自比较。根据被选作比较基础的类别或群体的不同，人们认定的自己被"剥夺"的程度也不同。英国著名学者彼德·汤森（Peter Townsend）在对贫困问题的研究过程中提出了"相对贫困"的概念，相对贫困意味着"相对剥夺"的存在。③

相对剥夺理论经常被用于解释社会中弱势劳工群体的越轨和犯罪现象。原因在于，在通常情况下自下而上的比较最容易产生被剥夺感，尤其在社会强势群体看来。弱势群体所处的低下的经济地位，导致其"看起来"是最容易产生被剥夺感的群体。相对剥夺理论对于弱势劳工群体的研究具有重要的理论意义，并且具有很强的诠释力。首先，相对剥夺感是以参照群体进行社会比较的结果，相对剥夺感还与社会整体特征和所属团体文化有关。相对剥夺感是任何社会中都普遍存在的社会现象，而它在改革时期可能表现得更为突出。在转型时期的中国，贫富差距的加大将导致相对剥夺感增加。而弱势劳工的相对剥夺感尤其值得关注。因为改革是一个利益重新分配的过程，弱势群体无论是在纵向或者是在横向的比较中，都有比较强烈的相对剥夺感，可能对剥夺他们利益的群体或社会整体怀有敌视或仇恨心。这从我国社会底

---

① ［美］戴维·罗特科普夫：《超级精英 看6000人如何操控60亿人的世界》，南海出版公司2010年版，第382页。
② 同上书，第378页。
③ 朱必祥：《人力资本理论与方法》，中国经济出版社2005年版，第218页。

层所普遍存在的"仇富""仇官"心理,可窥见一斑。当弱势劳工群体将自身的不如意归结为社会强势群体的剥夺时,就可能对强势群体产生不满情绪;并将自己的相对剥夺归结为社会,由此产生对社会规则的怀疑而产生"仇富""仇官"等心理。具有相对剥夺感的人数往往超过了实际的相对贫困人数,相对剥夺感表现出一种"晕轮效应"①。尤其在城市,这种情形更为明显,从而成为制约改革的社会承受力的重要因素。② 而社会就潜伏着冲突的危险。从弱势劳工群体的相对剥夺感出发,可认识弱势劳工群体的社会风险以及尽早化解风险,并为其进行社会心理调适,提供相应的社会支持。这些都具有较为重要的理论意义和现实意义。

3. 相对贫困理论

阿马蒂亚·森(Amartya Sen)等的研究反映出绝对贫困线不是"绝对"的,并且,也不可能被"绝对化",很难向一个"绝对标准"收敛。相对贫困线对应于相对贫困概念,用以确定相对贫困(relative poverty)。据此,相对贫困群体就是指收入水平低于相对贫困线的人群。③ 加尔布雷思给相对贫困下的著名定义是:即使一部分人的收入可以满足生存需要,但是明显低于当地其他人的收入时,他们仍会受到贫困的打击,因为他们得不到当地大部分人认可的体面生活所需要的起码条件。④ 阿马蒂亚·森则认为:"我们就可以在客观意义上用'相对贫困'来描述人们的处境,即与另一些人相比,一些人在某些方面的欲望得到了较少的满足,如收入、舒适的职业或权利。"⑤ 确实,正如阿马蒂亚·森所给出的定义性解释,贫困与相对贫困是有联系的,尤其是对于人这种社会动物来说,贫困的概念更是相对的。而相对贫困是一个具有相对性的概念。这种相对性导致对"相对贫困"很难作出一个准确、

---

① 所谓晕轮效应,通常认为是在人际交往中,人身上表现出的某一方面的特征,掩盖了其他特征,从而造成人际认知的障碍。"晕轮效应"往往在默默地影响着我们对他人的认知和评价。
② 李明文:《和谐社会语境下的弱势群体报道研究》,武汉理工大学出版社2013年版,第31页。
③ 郭小东:《社会保障 理论与实践》,广东经济出版社2014年版,第372页。
④ 转引自郭小东:《社会保障 理论与实践》,广东经济出版社2014年版,第372页。
⑤ [印]阿马蒂亚·森,《贫困与饥荒——论权利与剥夺》,王宇、王文玉译,商务印书馆2001年版,第25页。

统一的界定。① 但一般说来，相对贫困具有下述四个方面的特征：第一，贫困是相对的。它是与一定的变化着的参照系相比较而言的，比较的对象是处于相同社会经济环境下的其他社会成员。第二，贫困是动态的。贫困的标准随着经济的发展、收入水平的变化以及社会环境的变化而不断变化。第三，贫困的不平等性。它描述的是社会不同成员的收入差距和分配上的不均等。第四，贫困的主观性。绝对贫困的标准以维持体能最低限度的生活必需品为界线，它一般用于发展中国家贫困线的制定。

美国学者奥斯卡·刘易斯（Oscar Lewis）认为，穷人本身有一套代际延续的贫困亚文化。贫困文化的首要特点是穷人缺乏对大社会中架构有效的参与及整合。贫困文化理论是穷人已经内化了与大社会及主流文化格格不入的一整套价值观念，基本不能依靠自己的力量去利用机会摆脱贫困的命运。贫困亚文化圈的存在，一个原因是穷人在社会所强加的价值规范下无法获得成功，而采取的种种应对挫折和失望的不得已选择。迈克尔·哈灵顿（Michael Harrington）在1962年出版的《另一个美国》一书，引起了公众对贫穷会威胁社会稳定问题的重视。威廉·威尔逊（William Wilson）在1987年《真正的劣势群体：内城、下层和公共政策》一书中认为，伴随着美国的经济转型，许多重工业企业从城市迁往郊区，许多中产阶级与工作阶层因此也移出城市，都市内城因此成为穷人集合的领地；发生在美国工业中心城市的贫困急剧增加的现象，是都市内城各种经济变迁的必然结果。内城穷人的贫困是经济转型造成"社会孤立"的结果。因此，正是社会隔绝了穷人，抛弃了穷人。② 而该大国当前通过相应政策驱赶底层人士，加深了外界对其抛弃穷人的恶感。

依据贫困文化理论，贫困是一个永久的或较为长期的文化现象，是一种具有代际传递的、具有福利依赖的永久性事件。贫穷的家庭及社区产生和固化了贫穷文化，贫穷劳工在努力应付贫穷的同时也接纳了贫穷的状况和现实。因而导致贫穷的再生产，导致贫穷在家庭及社区的延续及循环。贫困的产生

---

① 郭小东：《社会保障 理论与实践》，广东经济出版社2014年版，第373页。
② 刘敏：《社会资本与多元化贫困治理》，社会科学文献出版社2013年版，第21页。

首先应归罪于社会、社会转型,然后才是贫穷劳工的适应能力差等原因。故应由社会和贫穷劳工共同分担贫穷的责任。贫困文化理论可用于考察弱势劳工群体的长期贫困现象,以及长期失业现象;弱势劳工群体所遭受的社会排斥以及所需要的社会支持,等等。

第二节 弱势劳工的范畴变迁与主要类型

一、弱势劳工范畴的变迁

弱势劳工群体作为一种特殊的社会群体,广泛地存在于社会发展的各个阶段。同时,弱势劳工群体又是一个动态的社会群体,在不同的社会发展阶段有不同的存在类型,其范畴也在不断变化中。

（一）国内变迁

2002年3月,时任国务院总理朱镕基在第九届全国人大第五次会议上所作的《政府工作报告》中指出:"对弱势群体要给予特殊的就业援助。"这是我国中央人民政府第一次使用"弱势群体"这一术语,也是"弱势群体"这一概念第一次在官方文件中正式出现。当然,"给予特殊的就业援助"也表达了当时的政府对待弱势群体的态度。"弱势群体"这个词由此引起了国内实践界和理论界的广泛关注。我国那些传统的弱势群体,是指在计划经济时期就存在的弱势群体,主要是老弱病残者,基本上可归为由生理性原因形成的弱势群体。而20世纪90年代的企业改制大潮,客观上形成了更为强势的企业主集团与更为弱势的劳工群体。[1] 有些研究者干脆缩写为弱势劳工群体。

国内学者认为,弱势群体是指创造财富、聚敛财富能力较弱,就业竞争能力、基本生活能力较差的人群。它包括残疾人、下岗失业人群、城镇贫困人群、部分老龄化人口、少数遭受灾祸的人群。[2] 我国当前所具有的相当规

---

[1] 王向民等:《公共事件 缘起与治理》,上海人民出版社2014年版,第46页。
[2] 邓伟志:《邓伟志全集 社会学卷（二）》,上海大学出版社2013年版,第194页。

模的弱势群体，其中大多数是劳工。故弱势劳工群体主要是在我国社会经济高速发展、经济转轨和社会转型的过程中出现的，具有不同于传统弱势群体的复杂社会背景和新特点，理应被社会高度关注。我国正处于社会转型期，弱势群体中，城市中部分趋于弱势的劳工及农民工社会经济地位在弱化，其生存竞争能力和职业发展能力也在削弱，向上层社会流动变得十分艰难。他们对政治社会事务的参与程度和影响也在降低。在各类资源的拥有量上，都处于弱势地位，很难有机会流入优势阶层。当然，在社会转型期，我国弱势群体的结构日益复杂化。进入劳动力大军的失地农民、拆迁户、水库移民、艾滋病患者等都容易成为弱势劳工群体。当前，失地农民、艾滋病患者问题的劳动问题越来越突出。近期在网上讨论得很多的是，艾滋病携带者去应聘教师，其平等就业权该被保障吗？在艾滋病携带者平等就业权与受教育者健康权可能发生冲突的时候，我们该如何处理才能消除冲突而达致新的平衡？正因为相关讨论而引起社会广泛关注，进入研究者和决策者视野的则是艾滋病携带者这个弱势劳工群体类型，因为社会观念等原因难以就业而导致他们的生存权保障堪忧。

（二）国际变迁

即便是在已走向普遍富裕的西方国家里，虽然人们已享有各种现代文明，但也存有贫富之别。美国学者们在争论和探讨的是贫困的美国的现象和问题以及解决途径。[①] 虽然强势弱势、富裕贫穷均是变动不居的，但具体构成人群是有差别的，身份地位和社会阶层、性别、年龄、教育程度、宗教信仰、种族、民族、肤色，甚至地理区域都是重要的影响因素和界定角度。弱势群体的根本属性之一可说是经济贫困性，因而学者们通常从贫困角度研究弱势群体问题。

---

① 随着经济逐步复苏，美国贫困率在 2015 年呈现 16 年以来的最大降幅。但美国的贫困问题依然令人震惊。《每日邮报》的报道还指出，美国有超过 4500 万人口生活在贫困线之下，占美国总人口近七分之一。这些处于贫困线下的民众与媒体中所展示的"美国梦"形成巨大反差，他们的辛酸鲜有人知。参见朱旌："报告显示美国贫困状况依然令人震惊"，http://finance.sina.com.cn/roll/2016-09-22/doc-ifxwevww1266920.shtml，2018 年 4 月 18 日最终访问。

欧美国家的福利服务对象包括两大类：弱势群体和劣势群体。① 弱势群体主要是指那些在社会生活中比较脆弱和易受伤害的群体，如儿童、老年人、残疾人、病患人士和精神病人；劣势群体主要是指那些在就业和社会生活中长期处于不利境况的群体，如失业者、贫困者、少数民族、黑人和有色人种、移民、妇女、流浪乞讨者、吸毒者、单亲父母以及有犯罪前科的人士。弱势群体与劣势群体是既有区别又有联系的两类群体。弱势劳工群体则是童工、老年劳工、残疾劳工、伤残劳工等；劣势劳工群体则是失业劳工、贫困劳工、少数民族劳工、黑人劳工、有色人种劳工、移民劳工、女工、单亲劳工以及有犯罪前科的劳工等。从产生背景看，弱势群体主要是在常态社会环境中产生的，劣势群体通常是在社会经济结构转型、社会变迁加快的环境和不同文化交流过程中产生的；从成员构成与数量规模看，弱势群体通常具有明显、清楚的生理特征，如残疾人、老人和儿童，其数量可以准确计算出来，并且相对固定。劣势群体通常是从文化和社会角度界定的，他们外表看来并无明显的生理疾病或残疾，绝大多数是普通的"正常人"，因此人数也随界定标准不同而有所不同；从界定角度来看，弱势群体主要是指那些丧失或缺乏劳动能力的群体，劣势群体主要是指那些在劳动力市场中竞争力较弱，或是综合能力较低而受到不平等对待的群体；从服务内容和方法看，弱势群体服务内容主要是收入保障和福利服务，服务方法主要是以个案（个人和家庭）工作为基础的面对面直接服务，而对劣势群体的服务内容主要是就业服务和支援性服务，服务采取市场与福利相结合的方法。弱势群体的概念可以包含劣势群体的含义，但是劣势群体的概念通常不包含弱势群体。② 所以，在此处用弱势劳工群体这个词时，其范畴也包括了失业劳工、贫困劳工、少数民族劳工、黑人劳工、有色人种劳工、移民劳工、女工、单亲劳工以及有犯罪前科的劳工等西方常说的劣势劳工类型。

---

① 郭桂英、张东辉编著：《公共图书馆弱势群体服务探析》，东北师范大学出版社2015年版，第50页。

② 张彩萍、高兴国：《弱势群体社会支持研究》，兰州大学出版社2008年版，第20—21页。

二、弱势劳工群体的具体分类

(一) 不同的分类标准

现有的研究已存在一些对弱势群体进行分类的方法,因分类的视角、标准不统一,对弱势群体的分类也显示出较大的差异。毕竟,任何分类都是相对的,存在一定局限性的。因为弱势劳工群体与弱势群体在范畴上有重合性,最直接最简单的就是用列举法来指定弱势群体。当时的劳动与社会保障部官员在解释2002年《政府工作报告》中提到的弱势群体时指出,弱势群体主要是指四类人:下岗职工、"体制外"的人、进城农民工、较早退休的"体制内"人员。当时把弱势群体划定为这四类人,是从我国的具体社会现实出发,以突出解决弱势群体问题的工作重点。也有从贫困人口角度对弱势群体进行具体的类别列举。如学者辜胜祖认为,目前我国城镇贫困人口主要由残疾人、鳏寡孤独者、登记失业人口、低收入企业职工、离退休者和城市农民工六部分人组成。显然,这六部分人都是城市的弱势群体。而这两种列举法所列举的弱势群体,基本上都属于劳工群体。所以,在我国将弱势群体限缩为弱势劳工群体,应该说不会引起什么大争议。

1. 两分法

有广义弱势群体和狭义弱势群体的分法。故而,也可有广义弱势劳工群体和狭义弱势劳工群体的分法。广义的弱势群体是针对"强势群体"而言,泛指所有在维护自己的正当权益方面处于"弱势"的社会群体。狭义的"弱势群体"则仅表示其收入和财产的贫乏及其在社会中的相对低下的位置。特指在社会的某一阶段由于社会结构急剧转型和社会关系的失调或自身的某种原因,在社会资源分配和市场竞争中处于不利地位,从而出现了生活困难的社会群体。一般学者着重研究的弱势群体是狭义上的,并且特指在我国社会转型加速期这个大背景下产生的社会性弱势群体。在我国,社会性弱势群体主要是指:国企的下岗职工、失去土地的农民、城镇的失业者和半失业者、从农村流向城市的农民工和无业者、农村的"五保户"和贫困户、城镇的无业者及依靠政府低保生活者、农村的辍学者及高中以上的在学贫困者。① 所以，相应的弱势劳工群体为下岗职工、城镇的失业劳工和半失业劳工、从农村流向城市的农民工和无业劳动者、城镇的无业者等。另有传统型弱势群体与新生型弱势群体的分法。有人认为，在传统意义上，弱势群体主要指老弱病残者和无劳动能力的依赖性人群（主要是儿童），但随着国家改革进程的不断深化，那些在劳动力市场和生活机会分配中竞争力比较弱、综合能力比较低而受到不平等对待的群体，如女性、非城市人口和失业、下岗人员等变成了这一群体的新成员。② 故而，弱势劳工群体的新成员有女工、非城市户口劳工和失业劳工、下岗劳工。

以弱势群体的成因为标准进行分类，学术界一般把社会弱势群体分为两大类，即生理性弱势群体和社会性弱势群体。生理性弱势群体，是有着明显的生理原因的弱势群体，如儿童、妇女、老年以及残疾人等弱势群体。故生理性弱势劳工群体有童工、女工、老年劳工以及残疾劳工等。尤其是丧失或部分丧失劳动力，甚至是丧失生理上的自主能力的老年劳工，不再是收入最高、家庭和社会地位最高的类型，加上工业化和都市化进程中的种种原因，老年劳工成为弱势劳工群体类型。社会性弱势群体是指由于失业等社会原因而导致的弱势群体。社会性弱势劳工群体的形成和出现，就失业劳工群体而言，原因是多方面的，往往是既有生理方面或个人能力不足的直接原因，也有社会制度不健全的深层原因。即便是诸如童工、女工、老年劳工以及残疾劳工等生理性弱势劳工群体，社会性因素即经济、政治和文化因素对他们的影响也是十分重要的，有时甚至是关键的。假若社会能对生理性弱势群体给予较多的经济支持和人文关怀，提供较宽松的就业机会和发展空间，生理性弱势群体的弱势处境将会得到很大程度的改善，他们中的一些人或许能成为生活的强者，甚至转变为社会强势群体，提供一种榜样性的改变。在我们生活中，不乏失业的残疾劳工自强不息的典型案例，他们不但能维持生存，还最终成为雇佣多名劳工的产业老板。

---

① 孔祥利：" 我国弱势群体诱发的危机类型与政府治理"，载《陕西师范大学学报报（哲学社会科学版）》2006 年第 1 期。

② 张彩萍、高兴国：《弱势群体社会支持研究》，兰州大学出版社 2008 年版，第 23 页。

2. 三分法

学者孙立平认为，弱势群体主要由三部分构成：贫困的农民、进入城市的农民工、城市中以下岗失业者为主体的贫困阶层。① 有人把弱势群体分为上、中、下层弱势群体。也有人在"生理性社会弱势群体""社会性社会弱势群体"之外，补充了主要包括生态脆弱地区的人口、自然灾害的灾民的"自然性社会弱势群体"②。从成因的角度对弱势劳工群体进行分类，可有生理性弱势劳工群体、社会性弱势劳工群体与自然性社会弱势劳工群体；生理弱势劳工群体、生活弱势劳工群体和就业弱势劳工群体。目前，学术界研究得比较多的类型为生理弱势劳工群体、生活弱势劳工群体和就业弱势群体。

（二）典型的具体分类

应该说，弱势劳工群体的具体类型很多。限于篇幅，在此只描述农民工、失业劳工群体以及女职工群体。

1. 农民工群体

农民工，一般而言，是指在城镇中被雇用，提供劳动而又具有农民身份的劳动者。③ 由于农村劳动力严重过剩与经济上的相对贫困，使得成千上万的农民进入城市寻找就业机会。农民工是改革开放后在工业化与城镇化进程中涌现的一支新型劳动大军。他们的户籍仍在农村，有部分亦工亦农，在城市劳动是工人，回家种地时则是农民；他们的流动性强；有的长期在城市就业，已成为城市产业工人的重要组成部分。农民工这词恰当地表达了这一群体所处的过渡状态。④

我国农民工数量还在持续增加。据《2017 年农民工监测调查报告》统计，

---

① 孙立平：《断裂：20 世纪 90 年代以来的中国社会》，社会科学文献出版社 2003 年版，第 64 页。
② 杜倩萍：《草根非政府组织扶助弱势群体功能探究》，社会科学文献出版社 2013 年版，第 46 页。
③ 刘大洪、张晓明："农民工权益保护的法治化途径探索"，载《湖南工程学院学报》2006 年第 3 期。
④ 王华：《门槛之外 城市劳务市场中的底边人群》，知识产权出版社 2016 年版，第 19 页。

2017年全国农民工总量达28652万人，比上年增加481万人，增长1.7%。① 有人按农民工是否离开家乡为标准，分为"离土不离乡""离土又离乡"两种类型。有人认为，20世纪80年代末90年代初出生的农民工具有特殊性和成长性，命名为"90后"农民工或新生代农民工。2017年，新生代农民工占比首次过半。1980年后出生的新生代农民工逐渐成为农民工主体，占全国农民工总量的50.5%，比上年提高0.8个百分点。② 上亿的新生代农民工群体已经成为中国产业工人的主力军。若新生代农民工既不能融入城市，又无法退回农村，他们长期的"城乡漂移"必将带来严重的社会问题。③ 新生代农民工希望与城市户籍劳工一样平等就业、平等享受公共服务，甚至要求得到平等的政治权利，并以融入城镇作为最终归宿。故国务院2010年1月所发布的中央"一号文件"中首次使用了"新生代农民工"的提法，还明确要求"采取有针对性的措施，着力解决新生代农民工问题"。④ 随着新型城镇化的推进，农民工，特别是新生代农民工，成为新市民和产业新工人的步伐在加快。

实际上，农民工市民化已成为国家公共政策的基本取向，但在此问题上，仍存在某些认识偏差和实践误区。譬如只强调农民工市民化的成本，而忽视其进城务工的贡献；只强调中小城市农民工的市民化，而忽视特大城市农民工的市民化；忽视农民和农民工意愿，强制推行农民工市民化。没有现代公平正义的制度支撑，城乡一体化不会在城市化进程中自动实现。而法治型的城市化，需要致力于在推进新型城市化和城乡一体化中尊重包括农民工在内的所有人的基本价值和实现人的全面发展，在城市化进程中规范和约束公共

---

① 庞无忌："2017年中国农民工总量近2.87亿'80后'占比首次过半"，http：//finance.workercn.cn/526/201804/27/180427205503448.shtml，2018年4月28日最终访问。也有说农民工总量达到2.87亿人，数据稍有差别。参见叶昊鸣、刘巍巍："人社部：2017年全国农民工总量达到2.87亿人"，http：//society.people.com.cn/n1/2018/0413/c1008-29923068.html，2018年4月18日最终访问。

② 庞无忌："2017年中国农民工总量近2.87亿'80后'占比首次过半"，http：//finance.workercn.cn/526/201804/27/180427205503448.shtml，2018年4月28日最终访问。

③ 于建嵘："新生代农民工的社会诉求与社会稳定研究"，载《学习与探索》2014年第11期。

④ 赵银红：《自媒体时代农民工维权表达研究》，经济日报出版社2016年版，第87页。

权力，尊重和保障市民权利，维护和促进社会公平正义与文明进步。① 故而，走新型城市化道路，维护和发展农民财产权，切实实现农民市民化，构建平等、开放、互利、共赢的新型城乡关系，促进城乡融合发展，促进乡村振兴。

《2017年农民工监测调查报告》指出，农民工月均收入保持平稳增长。2017年农民工月均收入3485元，比上年增加210元，增长6.4%，增速比上年回落0.2个百分点。② 农民工群体从事极度危险缺乏劳动保护的职业，拿的是比较低的工资，干的是比较苦比较累的活，劳动安全事故时有发生，一些人因此丧失了劳动能力甚至丧失了生命。确实，农民工从事的是劳动强度大、危险程度高、工作环境恶劣的工作，在收益分配上却是收益最少的群体。农民工群体的基本权利保障不佳，经常遭遇强制加班，欠薪，劳动保护条件差，甚至生命健康权得不到保障。农民工为经济发展和城市建设作出了很大贡献，在一些移民城市已成为主要的居住者，但并没有在很大程度上被城市实际接纳，一些城市或明或暗的"底层驱赶"措施显示了这一点。他们得到的是制度性的歧视、地位上的落差、收入分配上的不平等和生活水平上的巨大反差。③ 农民工的权益保护窘境早就到了该改变的时候了。④ 早在2006年，国务院为统筹城乡发展，保障农民工合法权益，特别制定了《国务院关于解决农民工问题的若干意见》，制定了一系列保障农民工权益和改善农民工就业环境的政策措施。⑤

《2017年农民工监测调查报告》显示，2017年从事制造业和建筑业的农民工比重继续下降。从事第三产业的农民工比重为48%，比上年提高1.3个百分点。⑥《国家人权行动计划（2016—2020年）》提出：推行劳动者终身职

---

① 张英洪："为城乡融合与乡村振兴提供智力支持"，http：//www.aisixiang.com/data/109289.html，2018年4月18日最终访问。
② 庞无忌："2017年中国农民工总量近2.87亿'80后'占比首次过半"，http：//finance.workercn.cn/526/201804/27/180427205503448.shtml，2018年4月28日最终访问。
③ 刘大洪、张晓明："农民工权益保护的法治化途径探索"，载人大报刊复印资料《工会工作》2007年第1期。
④ 同上。
⑤ 同上。
⑥ 庞无忌："2017年中国农民工总量近2.87亿'80后'占比首次过半"，http：//finance.workercn.cn/526/201804/27/180427205503448.shtml，2018年4月28日最终访问。

业技能培训制度。开展贫困家庭子女、未升学初高中毕业生、农民工、失业人员和转岗职工、退役军人和残疾人免费接受职业培训行动。到2020年，累计培训农民工4000万人次，基本消除劳动者无技能从业现象。[1] 这是在强化面向农民工的职业培训活动，也是促进农民工向技工转型，提高农民工的就业能力，助益面向农民工的精准扶贫。党的十九大报告指出：坚持在发展中保障和改善民生。增进民生福祉是发展的根本目的。必须多谋民生之利、多解民生之忧，在发展中补齐民生短板、促进社会公平正义。[2] 因此，必须坚持在发展中保障和改善农民工的民生福祉。农民工群体的境遇有所改善，并且还在持续改善中。这是我国推进改善民生活动的重要环节。

2. 失业劳工群体

失业是市场经济国家普遍存在的社会经济现象。在劳动力市场里，劳工对就业岗位的竞争是实现劳动力资源优化配置的必要前提。而竞争的结果是必然会有一部分劳动力因各种原因暂时不能实现就业。

按照国际劳工组织规定，失业是指在一定年龄之上、在参考时间内（如4周或3个月），那些没有工作，目前可以工作而且正在寻找工作的人。[3] 一般意义上的失业是指具有就业能力和就业要求但未能获得就业岗位的适龄劳动人口。"下岗"和"下岗职工"[4] 是我国过去频繁使用的概念。下岗职工通常是指"三没有"的职工：其一是没有与企业等用人单位解除劳动关系，仍然是单位职工；其二是在用人单位已没有工作岗位；其三是有就业要求但还没有找到适当的工作岗位。而企业等用人单位内部退养、停薪留职、轮岗培训、劳务输出、通过自办经济实体转岗的职工，属于用人单位内部分流的职工，不作为下岗职工对待。过去的下岗和现在的失业不同，下岗职工与原企业的劳动关系没有解除，下岗是处于就业与失业之间的一种状态，是一种特殊形态的失业。应该说，过去我国企业的下岗劳工并没有被完全推向市场，

---

[1] "国家人权行动计划（2016—2020年）"，http：//www.gov.cn/xinwen/2016-09/29/content_5113376.htm，2017年8月28日最终访问。
[2] 参见十九大报告《决胜全面建成小康社会　夺取新时代中国特色社会主义伟大胜利》原文。
[3] 胡鞍钢："中国城镇失业状况分析"，载《管理世界》1998年第4期。
[4] 相应的英文译法有"Laid-Off""off-duty""Laid-Off Workers"。

在一定程度上还与原用人单位保留一定的关系，诸如医疗、养老保险等关系；借用公式可表示为"下岗=失业+传统体制下的各种保障"①，具有明显的特殊性和阶段性特点。随着我国市场经济体制的日趋发展和逐步成熟，尤其是就业制度和社会保障制度的不断完善，下岗必然逐步向显性失业过渡。特别是中国在加入世界贸易组织以后，与国际接轨的客观要求统一使用失业，这使得下岗与下岗职工最终成为历史名词。失业是全球范围内的社会问题。失业分为摩擦性失业、结构性失业及周期性失业。② 失业是普遍存在的问题，就是美国也不例外。美国劳工统计局数据显示，2015年11月白人失业率为4.3%，非洲裔为9.4%，拉美裔为6.4%。非洲裔失业率是白人失业率的两倍以上，拉美裔失业率比白人高出近50%。③

未来可能有数目庞大的劳工因工作岗位被自动化取代而导致失业。一项研究显示，在即将到来的岗位革命中，英国1/5的工作岗位将受到自动化发展的影响，未来至少有1/5工作岗位面临被自动化取代的高风险。基于普华永道在2017年年初的分析，全英将有超过1000万名员工面临这种风险。尤其在伦敦西区的海耶斯和哈林顿选区，这种被取代的风险甚至接近40%。④随着人工智能的快速发展，越来越智能的计算机和机器人正在将人类从工作岗位上排挤出去。《人类简史》作者耶路撒冷大学历史系教授赫拉利由此引入了一个严峻的问题：人们会不会失去他们的"经济价值"？⑤ 应该说，技术会带来众多进步，人工智能确实可能取代一部分工作，这是技术带来的新的挑战。人工智能时代的到来，在世界范围内掀起了新一轮的产业变革。麦肯锡公司2017年11月所发表的报告说，2030年全球将有8亿个工作被机器取代。即便人类社会放慢接受人工智能的脚步，也有4亿人将失业。而学习新

---

① 钱再见：《失业弱势群体及其社会支持研究》，南京师范大学出版社2006年版，第7页。
② 李治国主编：《西方经济学概论》，清华大学出版社2016年版，第258页。
③ 美国劳工统计局2015年12月4日报告，见www.bls.gov。转引自"2015年美国人权记录"，载《人民日报》2016年4月15日，第21、22版。
④ "报告：英国1/5的工作岗位未来或被自动化取代"，http://www.chinanews.com/gj/2017/10-19/8356252.shtml，2017年11月28日最终访问。
⑤ 尤瓦尔·赫拉利："21世纪是史上最不平等的时期吗"，http://www.aisixiang.com/data/106198.html，2018年4月18日最终访问。

技能是唯一的自保方式。在人们的三大类工作中，根据人工智能目前的能力，除了需要发挥个人创意、沟通能力和情感表达的高技能工作，多半的中等技能以及低技能工作都将逐步被机器取代。人工智能可以轻易取代重复性高的低技能工作，如接待员、接线员、保安人员、司机、快递员。人工智能也可以取代占社会大多数的中等技能工作。[1] 而这些类型的工作，多是弱势劳工从事的工作。毋庸讳言，机器人和人工智能技术在未来5年内将会让上千万人失业。在陕西和浙江，无人飞行器充当快递员，已在物流领域被大规模运用。确实，依据"世界经济论坛"2016年年会所发布的报告称，未来5年因机器人和人工智能技术的冲击，全球劳动力市场将发生颠覆性变革。[2] 而对人工智能的悲观论者则认为，人工智能之所以不同，是因为新的机器将能够智能地工作，完成和人类一样的工作。[3] 对人工智能持乐观态度者多认为，人工智能等新技术会导致一些传统的岗位消失，但新技术无疑会创造出一些新的岗位。但不可否认的是，人工智能确实让民众陷入传统岗位失业的担忧。

同时，缺乏职业培训也造成或加剧失业。欧洲央行行长德拉吉2017年11月底表示，对人力资本投资不足是致使意大利等欧洲国家青年人高失业的原因之一。实际上，2017年以来，欧洲经济开始发力，失业率继续回落。但一些欧洲国家严重的结构性失业问题仍未见改善，年轻人失业问题成为经济复苏的巨大拖累。[4] 在一个时期内，我国对失业的认定还带有明显的传统计划经济的特色，强调"非农业户口"和"在当地就业机构登记"。《失业保险条例》所指失业人员只限定为就业转失业的人员。根据我国劳动保障行政部门的界定，失业人员是指在法定劳动年龄内有劳动能力，目前无工作，并以适当方式正在寻找工作的人员，包括就业转失业的人员和新生劳动力中未实

---

[1] 周雁冰："第四次工业革命革谁的命"，http://www.zaobao.com/news/singapore/story20180429-854638，2018年4月29日最终访问。
[2] 韦康博：《人工智能 比你想象的更具颠覆性的智能革命》，现代出版社2016年版，第220页。
[3] "报告：英国1/5的工作岗位未来或被自动化取代"，http://www.chinanews.com/gj/2017/10-19/8356252.shtml，2017年11月28日最终访问。
[4] "欧洲央行：缺乏职业培训造成青年高失业"，http://career.eol.cn/news/201711/t20171124_1569147.shtml，2017年11月28日最终访问。

现就业的人员。即在法定劳动年龄内，有工作能力，无业且要求就业而未能就业的人员。所谓"有劳动能力"，是指失业人员具有从事正常社会劳动的行为能力。而在法定劳动年龄内的精神病人、完全伤残等人员，不具备相应的劳动能力，不能视为失业人员。失业人员还需有工作要求，但受客观因素的制约尚未实现就业。对那些目前虽无工作，但没有工作要求的人，这部分人自愿放弃就业权利，已经退出了劳动力的队伍，不能视为失业人员。故失业是指有就业能力和就业意愿但是未能实现就业的劳动力人口，所以，失业人口的计算应该在全部非就业人口中扣除自愿失业或无就业意愿的劳动力人口，以及非劳动力人口。这与西方发达国家的统计口径是吻合的。

近年来因国际债务危机，世界就业形势还在持续恶化中，并且经济复苏前景不明朗，使得劳动者的就业预期下降。保罗·克鲁格曼指出：美国经济正在制造一个永久性失业群体。长期失业，对失业劳工本身而言是一个悲剧，也可能是一场影响范围更广泛的经济浩劫。现在的问题是：空缺职位的增加似乎并没有对减少失业劳工人数起到多大作用。问题的关键是：那些长期未被雇佣的劳工最后是否会被雇主认为是不值得雇佣的。更令人恐慌的是，政策和决策机制造就了长期失业的群体。[①] 不仅美国如此，西方国家在全球化布局中，把蓝领工作转移到发展中国家之后，剩下的主要就是市场营销、媒体、医疗卫生、金融等服务行业的高收入白领工作。而白领工作被永久取代导致失业率持续上升，给西方国家带来了高失业率、高通胀和财政紧缩的危机。

中国是一个劳动力资源十分丰富的国家，中国的劳动力总数占世界劳动力总数的 1/4 以上。但中国的自然资源却相对贫乏，生产力发展比较落后。所以，中国劳动力失业问题不仅不可避免，而且必然是十分重要的经济社会问题。在中国经济结构调整过程中，失业群体因年龄相对偏大、知识技能相对较低、家庭经济条件相对较差、就业竞争能力弱等原因，在整体上实际处于就业竞争的不利地位，而且事实上处于社会生活的不利地位，大部分在客

---

① 保罗·克鲁格曼："美国经济正在制造一个永久性失业群体"，http://www.aisixiang.com/data/63342.html，2018 年 4 月 18 日最终访问。

观上沦为社会的弱势群体，即失业劳工。学者厉以宁认为，中国目前的第一种失业类型为总量失业，即由于就业机会不足、岗位不足引起的失业；第二种失业类型为结构性失业，即有的岗位人供过于求、有的岗位又缺人这两种情况并存下的失业；第三种失业类型为个人职业选择性失业，即因找不到愿意从事的工作岗位、宁肯等待机会而造成的失业。① 在我国，结构性失业是一种典型的失业现象。结构性失业是因为劳动力的供求结构不一致而导致的失业，也是一种自然失业。② 中国所面临的失业问题，不但是历史上前所未有的，而且也是世界上独具特色的，譬如失业的农民工。我国的选择性失业所带来的"啃老"问题，可说是失业的衍生问题。③ 中国还存在较为严重的隐性失业④现象。学者于建嵘认为，我国三类隐性失业人口为城镇职工、农村剩余劳动力和大学毕业生。国家需要针对不同的失业类型，采取相应的对策。

在我国，享受失业保险待遇是有一定期限的，失业人员要想从根本上解决生活保障问题，应在政府和社会的帮助下，依靠自己的努力，提高自身的劳动职业技能素质，创造就业条件，积极、主动地寻找或开辟新的就业岗位，抓住所有就业机会，尽快实现再就业，靠劳动收入的获得才能从根本上解决问题。我国面临的就业整体形势在未来几年将会更加严峻。国家要大力解决失业问题，但不是要完全去消除失业现象，那是几乎不可能完成的任务。故而，专家学者还建议，我们不仅要将存在失业视为正常现象，而且应不再把失业率略微升高视为政府的耻辱。国际经济形势的重大变化所带来的失业增加，以及就业观念变化造成的"摩擦性失业"等，都是常见现象。国家当然要重视失业劳工和失业率，更要重视就业质量。故应通过发展创造就业岗位，

---

① 厉以宁："不同的失业类型和不同的对策"，http://www.aisixiang.com/data/73623.html，2018 年 4 月 18 日最终访问。
② 范一青编著：《经济学基础（第 3 版）》，北京理工大学出版社 2016 年版，第 209 页。
③ 那些可以工作而又愿意工作的年轻人群体，找不到自己愿意接受的待遇或薪酬，也不愿意独自生产，从父母等亲朋好友那里获得生活来源，俗称"啃老"。
④ 隐性失业，这一概念是经济学家琼·罗宾逊首先提出来的，其内容是针对发达国家经济大萧条时期，大批熟练工人不得不从事非熟练工作，生产率远低于潜在的生产率，因而存在一个隐蔽的劳动潜力的现象。其典型特征是：劳动者在其工作岗位上要么待岗，要么无充足的工作可做，名义上就业了，实际上却处于一种失业或半失业状态。

通过职业培训提高劳动者的素质和技能，把失业人员的数量控制在社会可以承受的范围内。数据显示，近年来，我国失业率连年保持低位运行，2012年以来全国城镇登记失业率始终保持在4.1%以下的较低水平，31个大城市调查失业率基本稳定在5%左右，去年底两项失业率均回落到金融危机后的最低点。① 虽然登记失业率在下降，但是登记失业人员的数量仍然保持在1000万人左右，每年大概还有300多万农村富余劳动力需要转移就业，总量压力仍然不小。2018年中央政府工作报告首次把城镇调查失业率列入预期目标，就是为了更加充分地反映城乡就业状况，也可以说是国务院自加压力。②

对此，《国家人权行动计划（2016—2020年）》提出：推行劳动者终身职业技能培训制度。开展贫困家庭子女、未升学初高中毕业生、农民工、失业人员和转岗职工、退役军人和残疾人免费接受职业培训行动。③ 而作为中国未来发展的新蓝图，中共十九大报告发出了实现更高质量和更充分就业的"动员令"，包括大规模开展职业技能培训，提供全方位公共就业服务，破除妨碍劳动力、人才社会性流动的体制机制弊端，人人都有通过辛勤劳动实现自身发展的机会等。④ 显然，党的十九大报告是走向新时代征程中增进中国就业的"动员令"。同时，通过实施失业保险对暂时不能实现就业的劳动者给予一定的帮助，保障他们的基本生活，提供再就业服务，把失业造成的消极影响尽可能地降到最低限度。

无论是在发达国家，还是发展中国家，都存在以失业者等为主体的社会性脆弱群体。失业劳工是一种典型的弱势群体。对于失业弱势群体，国家与社会的支持，要注重提高失业劳工的能力，保护失业劳工的利益。总的说来，国家的失业治理，分为主动的失业治理政策和被动的失业治理政策。⑤ 各国

---

① 尹蔚民："大力支持创业创新 促进就业改善民生"，http://news.xinhuanet.com/fortune/2017-09/19/c_129707774.htm，2017年10月28日最终访问。
② "李克强总理会见中外记者并答记者问（全文实录）"，http://www.gov.cn/xinwen/2018-03/20/content_5275962.htm#1，2018年3月28日最终访问。
③ "国家人权行动计划（2016—2020年）"，http://www.gov.cn/xinwen/2016-09/29/content_5113376.htm，2017年8月28日最终访问。
④ 李晓喻："增色中国就业的'动员令'"，http://www.china.com.cn/19da/2017-10/19/content_41760579.htm，2017年10月28日最终访问。
⑤ 袁志刚：《失业经济学》，格致出版社、上海人民出版社2016年版，第158页。

一般采取强制性措施限制劳工失业率的进一步增加，但措施未必完全一致。有的国家实行反解雇政策，即限制雇主解雇劳工的政策。有的国家则是采取一定的财政补贴政策，维持一部分用人单位不致解雇人员和破产。在特殊情况下，尤其是经济恶化时，还需要寻找更高层次的对策。具体说来，既要通过立法和政策途径提供正式的社会支持，也要提倡社会成员间的相互关爱和互助互信，防止社会排斥和社会歧视，发挥非正式支持力量的作用。尤其是社会救助，使劳工弱势群体摆脱生存危机，以维护社会秩序的稳定。毕竟，"就业是民生之本"，直接维系着人民群众的生活来源。[1] 党的十九大报告指出，"就业是最大的民生"，要坚持就业优先战略和积极就业政策，实现更高质量和更充分就业。扩大就业是我国当前和今后长时期重大而艰巨的任务。国家应实行促进就业的长期战略和政策。各级党委和政府必须把改善创业环境和增加就业岗位作为重要职责。广开就业门路，仍需积极发展劳动密集型产业。对提供新就业岗位和吸纳失业下岗人员再就业的企业给予政策支持。引导全社会转变就业观念，推行灵活多样的就业形式，鼓励自谋职业和自主创业。完善就业培训和服务体系，提高劳动者就业技能。依法加强劳动用工管理，保障劳动者的合法权益。这是以后我国相关部门进行劳动保障工作的重点。在具体政策与法律制度方面，国务院在1999年颁布《失业保险条例》和《城市居民最低生活保障条例》，中国的失业保险和城市居民最低生活保障从制度象征变成了一项真正有效的、制度化的社会保障。2013—2016年，31个大城市城镇调查失业率基本稳定在5%左右，2016年9月为4.83%，为2012年以来最低。[2] 2017年以来，全国城镇登记失业率一直保持在4%以内，三季度末为3.95%，是金融危机以来最低点。[3] 城镇登记失业率时隔10年再次降入3时代。作为发展中的人口大国，能够保持比较充分的就业，将

---

[1] 习近平编：《干在实处 走在前列 推进浙江新发展的思考与实践》，中央党校出版社2014年版，第240页。

[2] 国新办："2013至2016年我国GDP年均增7.2% 综合国力显著增强"，载《北京周报》，http://www.beijingreview.com.cn/shishi/201710/t20171010_800106444.html，2017年10月10日最终访问。

[3] 白天亮、赵兵："全国城镇登记失业率近十年来最低"，http://finance.sina.com.cn/china/2017-11-02/doc-ifynmzrs5983267.shtml，2017年11月28日最终访问。

失业维持在一个较低的水平，实属不易。这表明，我国的就业情形一直在好转。

3. 女职工群体

近年来，为了更好地保护女性的合法权益，我国专门制定了大量法律、法规，保障不分男女享有平等的权益。但侵犯妇女权益的现象仍然十分严重，妇女权益保障形式堪忧，较大比例的女性在公共场合被性骚扰，女职工来自家庭、社会等多方面不公正待遇往往更多。《国家人权行动计划（2016—2020年）》提出："努力消除在就业、薪酬、职业发展方面的性别歧视。将女职工特殊劳动保护作为劳动保障监察和劳动安全监督的重要内容，实行年度考核。"[①] 而女职工的权利贫困[②]是现实存在且是国际上颇受关注的现象之一。具体表现为女职工在文化、就业权利、社会资本以及社会网络支持等方面的权利缺乏。就美国而言，据2017年12月13日的半岛电视台网站报道，在全美国数十万的女性农场工人中，性骚扰、殴打和暴力非常普遍。更多的女性说出在媒体、政治、体育和其他领域的有权势的男性手下遭遇性虐待的事情。许多女性因在美国没有合法身份，没有办法举报虐待行为，也没有办法寻求法律或者其他任何形式的帮助。她们所从事的季节性、临时性和低工资性质的工作也妨碍了她们的举报。在低薪行业，工作中的性骚扰和虐待现象十分普遍。[③] 还有，女性收入大幅低于男性，纽约市公共部门的性别薪资差距达18%；据全国妇女法律中心对美国联邦劳动统计数据的分析，加利福尼亚州薪酬等于或低于最低工资的劳工六成是妇女。[④] 如此种种，权利贫困也是由于制度、资源、环境、生理等因素引起的物质贫困以及由此滋生的人文贫困所导致的。

[①] "国家人权行动计划（2016—2020年）"，http://www.gov.cn/xinwen/2016-09/29/content_5113376.htm，2017年8月28日最终访问。

[②] 阿马蒂亚·森从权利的视角论述贫困问题，认为贫困不只是收入低下的外在表现，而且是权利缺失的结果。也就是说，权利贫困才是贫困（饥饿）的本质。参见余宗良：《中国开发区模式的法治化研究》，中国政法大学出版社2016年版，第164页。

[③] "2017年美国的人权纪录和2017年美国侵犯人权事记"，http://www.xinhuanet.com/world/2018-04/24/c_1122736180_8.htm，2018年4月28日最终访问。

[④] 《圣迭戈联合论坛报》网站（http://www.sandiegouniontribune.com），2016年4月10日。转引自"2016年美国人权记录"，载《人民日报》2017年3月10日，第13版。

2015年12月11日,联合国在法律和实践中歧视妇女问题专家组结束对美国访问时指出,美国政府在2010年和2015年两次承诺批准《消除对妇女一切形式歧视公约》,但这一承诺至今尚未兑现。美国在保障妇女权利方面落后于国际人权标准。据国际劳工组织发布的数据,美国是世界上仅有的3个不提供带薪休产假的国家之一,[①] 而且美国是唯一没有立法明确规定妇女带薪产假的工业化国家。确实,美国妇女在公共和政治领域的任职率、经济与社会权利保障、健康和安全保护等方面低于国际标准。[②] 而女性劳工遭受职场歧视情况严重,平均年薪大幅低于男性。据美国人口普查局2015年9月所发布的数据显示,2014年全职女性比全职男性的平均年薪少10762美元,两者的平均年薪收入比为79∶100。[③] 2016年,在工作量同等的情况下,美国女性的平均薪资仍然大幅低于男性。[④] 纽约市公共部门的性别薪资差距达18%。据全国妇女法律中心对联邦劳动统计数据的分析,加利福尼亚州薪酬等于或低于最低工资的劳工六成是妇女。[⑤] 根据单身母亲指南2016年9月17日发布的统计数据,在被解雇或正在找工作的单身母亲中,只有22.4%能够领到失业救济金。[⑥] 在2017年,美国女性面临着明显的就业和职场歧视。美国劳工统计局发布的就业报告显示,2016年10月至2017年10月,美国零售业岗位共减少54300个,但男性和女性的遭遇却截然不同:女性失去了超过16万个职位,而男性却增加了10.6万个职位。[⑦] 实际上,在美国,劳动者的工作权利未能得到有效保障。据半岛电视台美国频道网站2015年10月6日报道,美国4400万受雇于私人部门的劳动者无法享受带薪病假的权利,占私人部门劳动者总数的40%。很多行业出现了大规模的罢工。[⑧] 这里面有为数不少的女职工。

---

① "2015年美国侵犯人权事记",载《人民日报》2016年4月15日,第22版。
② "2015年美国人权记录",载《人民日报》2016年4月15日,第21版、第22版。
③ 同上。
④ 《华盛顿邮报》网站https://www.washingtonpost.com,2016年3月8日最终访问。
⑤ 《圣迭戈联合论坛报》网站http://www.sandiegouniontribune.com,2016年4月10日最终访问。
⑥ "2016年美国人权记录",载《人民日报》2017年3月10日,第13版。
⑦ "2017年美国人权记录",载《人民日报》2018年4月25日,第21版。
⑧ "2015年美国人权记录",载《人民日报》2016年4月15日,第21版、第22版。

性别歧视主要是针对妇女的性别不平等对待,主要原因是妇女没有被当作平等的"人"来看待,妇女的权利没有被当作人权。联合国《消除对妇女一切形式歧视公约》第一次给性别歧视下了定义:"'对妇女的歧视'一词指基于性别而作的任何区别、排斥或限制,其作用或其目的是要妨碍或否认妇女不论已婚未婚在男女平等的基础上认识、享有或行使在政治、经济、社会、文化、公民或任何其他方面的人权和基本自由。"该定义指出了性别歧视的目的是否定妇女的人权和自由。歧视,是指不合理的差别对待。性别歧视和就业歧视是歧视的不同类型。性别歧视,是一个全球性的难题,是发达国家反歧视法所普遍禁止的歧视种类之一,通常是指因性别因素而遭受的不平等对待。而就业歧视,《就业和职业反歧视公约》将其定义为:"基于种族、肤色、性别、宗教、政治见解、民族血统或社会出身等原因,具有取消或损害就业或职业机会均等或待遇平等作用的任何区别和排斥。"所谓性别就业歧视,是指在就业过程中基于性别原因而给予的不平等对待。性别就业歧视是性别歧视的一种类型,也是就业歧视的一种类型,是性别歧视在劳动就业方面的具体表现,是因为性别因素而在劳动就业方面遭受歧视。譬如在美国,性别歧视仍很严重,在该国平等就业机会委员会①的申诉案件中,性别歧视是排名靠前的歧视种类。近年来,美国的性别歧视案件有沃尔玛被女职工控告性别歧视,波音公司的性别歧视案等。因此,美国的性别歧视之规制,反对歧视妇女是其强调的重点,但反对歧视男性也是其应有之义。而在我国,性别就业歧视最为常见的是对女性的就业歧视。一般而言,对女性的就业歧视,源于传统劳动分工的影响、对女性就业的偏见以及女性劳动者相对于男性的弱势地位等因素。

反对性别歧视是国际社会重点关注的一个议题,也是我国人权行动计划重要的目标。《中华人民共和国宪法》(以下简称《宪法》)第 48 条规定:

---

① 美国平等就业机会委员会的职责努力执法并教育大众消除歧视,是平等就业机会委员会工作的重要内容,其参与除了政府是被告之外的其他就业歧视争议的民事诉讼、与其他部门合作进行反就业歧视的教育和倡导工作。委员会在一定范围内有权解释有关法律。参见刘利群:《性别向度的美国社会观察女性话题美国访谈录》,中国传媒大学出版社 2014 年版,第 5 页;王丽平:《我国平等就业机会保障研究》,中央民族大学出版社 2013 年版,第 149 页。

"中华人民共和国妇女在政治的、经济的、文化的、社会的和家庭的生活等方面享有同男子平等的权利。国家保护妇女的权利和利益，实行同工同酬，培养和选拔妇女干部。"宪法还确立了平等和不歧视原则，我国政府一贯反对性别歧视。我国积极实施国际人权标准，立法中既有禁止性别歧视的规范，也有采取积极行动的规范。总的说来，立法禁止性别歧视的范围在扩大，立法反性别歧视的力度在加强，同时，针对妇女的性骚扰也在立法禁止之列。《国家人权行动计划（2016—2020年）》提出：预防和制止针对妇女的性骚扰。[1] 有人曾建议针对城市地铁中对女性劳工等常见的性骚扰，设置女性地铁专用车厢，事实上我国的一些城市已经设置女性车厢。深圳的叫"女性优先车厢"，广州的则直接叫"女性车厢"。在国际上，韩国首尔、日本东京、大阪、名古屋，巴西里约，伊朗德黑兰，埃及开罗，马来西亚吉隆坡，印尼雅加达等多个城市，都先后推行了地铁女性车厢。[2] 至于女性车厢能不能起到作用，社会舆论及网络投票上，支持、反对的声音都有。除了设立女性车厢，一些地方选择了其他做法，譬如上海等城市选择加强对性骚扰事件的监管和宣传教育。那到底该如何反对性骚扰？2014年，国际调查机构面向全球16个大城市开展调研，纽约地铁被评为全球女性安全感最高的地铁。据悉，纽约大都会运输管理局采取了一系列措施，其中有投放反性骚扰教育和求助广告、设置随处可见的乘客求助对讲设备、针对地铁工作人员和警察开展反性骚扰教育等。[3]

性别歧视是人类历史上长期存在的顽症，很难一下子完全消除。在我国社会的转型中，性别歧视现象仍相当严重，尤其是在劳动领域特别突出。女性弱势群体就业受到性别歧视主要表现为：其一是招工中拒绝录用女性，压低女性录用比例或者提高对女性的录用标准，导致女性平等择业机会的丧失；其二是让女性职工先解除劳动合同，一些用人单位把降低妇女就业率作为缓

---

[1] "国家人权行动计划（2016—2020年）"，http://www.gov.cn/xinwen/2016-09/29/content_5113376.htm，2017年8月28日最终访问。

[2] 那五："推行地铁女性车厢，这个制度只是'看上去很美'"，http://cul.qq.com/a/20170629/031028.htm，2017年12月28日最终访问。

[3] 李天研："广州地铁：十三号线将设女性车厢规定和一号线相同"，http://gd.sina.com.cn/news/b/2017-12-12/detail-ifypnyqi3909771.shtml，2017年12月26日最终访问。

解就业压力的对策；其三是就业的妇女遭遇了职业歧视，获得的工资低，进入高层管理职位难，女职工平均收入低于男职工，不能保障同工同酬。女性在就业中遭遇不平等对待是一个相当普遍的现象。据相关问卷调查的结果显示，我国就业和工作中歧视最严重的领域是身份歧视，其次是性别歧视，然后是残疾、年龄、健康和身体特征的歧视。①

我国的就业歧视现象是较为严重的。具体就性别歧视而言，据相关调查，女大学毕业生求职时为数不少的遭受过性别歧视。在职场的性别平等实际情形并不乐观，性别歧视现象依旧十分严重。25—35岁是女性职工事业发展的黄金期也是生育高峰期，处于这个时期的女职工在就业过程中感受到的性别歧视最为明显。② 用人单位的社会责任履行情形不太好，在招聘过程中表现得非常"现实"。一些用人单位在劳动合同中写上要求女职工一段时间内"不结婚""不生育"条款，还是较为常见。在劳动就业过程中遭遇性别歧视后，大多数人选择无奈接受或是逃避，极少有人会选择诉讼。有人将其归结于民众的反歧视和维权意识比较低，立法的不完善等因素的影响。实际上，很少见离职劳工维权，这表明关键的保护条款还没到位，相关法律法规中多是宣示性条款，操作性还有待加强。

第三节　弱势劳工群体的症状与失护的危害

一、当代中国弱势劳工群体的症状诊定

当代中国弱势劳工群体的症状，从一些学者对弱势劳工群体的描述可以显现出来。

有学者则直接从经济收入的角度将弱势劳工群体看作低收入群体中的一部分，认为弱势劳工群体主要包括"各种病、残及意外灾害和意外事故所导致的

---

① 筱祖："我国就业歧视现状调查及分析"，载《法制日报》2009年3月23日。
② 傅洋："'二孩时代'新歧视困扰女性就业　从'已婚已育'到'已生二胎'"，http://www.takefoto.cn/viewnews-1354443.html，2017年8月28日最终访问。

个人生存和劳动能力障碍者、过高赡养系数者以及市场竞争中的失败者"。① 故而可以认为，弱势劳工群体被界定为在社会中处于不利地位的群体，认为"在具有可比性的前提下，一部分人群（通常是少数）比另一部分人群（通常是多数）在经济、文化、体能、智能、处境等方面处于一种相对不利的地位"。② 应该说，弱势劳工群体就是在社会各个群体中处于劣势的脆弱的一群，常见的弱势劳工群体是指缺乏资源控制权、裁决权以及话语权的群体，一切无权无势、无钱无位等边缘群体，主要有以下群体：下岗再就业职工、困难企业职工、城乡贫困劳工、孤寡老年劳工、伤残劳工等。

通常说来，弱势劳工群体有以下特点：弱势劳工群体常常是在某种特定时空条件和社会环境下使用的，即其经常是在有一个相对的"强势群体"的情况下使用的。弱势劳工群体的弱势主要体现在如下一些方面：其一是身心方面的弱势或者匮乏，诸如高龄劳工、女工、童工，需要提供救助和相应的福利资源。其二是经济资源的弱势或匮乏，没有稳定的经济收入，或者收入微薄；财产贫乏的弱势劳工群体，最为典型的是失业劳工群体及非全日制劳工群体。其三是社会权力资源弱势或匮乏，是指在社会生活中处于远离权力中心的社会边缘劳工群体，或处于无权或少权地位，或是应有的权益得不到保障。其四是社会关系资源弱势或匮乏，人以群分，与弱势劳工群体有紧密关系的人，大多也处于相对弱势的地位，难以对弱势劳工群体提供足够的资金援助他们。其五是社会声望和职业地位弱势或者匮乏。社会各种信息和传媒舆论渠道，为弱势劳工群体处境发声的较为微弱，得不到反映的情形较为常见。作为一个整体的弱势劳工群体，并没有得到社会应有关注和有效援助。其六是教育和培训资源弱势或者匮乏。弱势劳工群体中的青少年劳工获得的教育资源匮乏，失业劳工获得职业技术和技能的培训资源匮乏，导致他们的人力资本在劳动市场上缺乏竞争力，不断贬值，甚至丧失了竞争价值，进而导致其发展机会匮乏。③ 党的十九大报告提出要大规模开展职业技能培训。

---

① 杨宜勇等：《公平与效率——当代中国的收入分配问题》，今日中国出版社1997年版，第75页。
② 李林："法治社会与弱势群体的人权保障"，载《前线》2001年第5期。
③ 此处参考了周长时：《中国城市弱势群体思想意识研究》，四川大学出版社2005年版，第5—6页。关于弱势群体的主要表现之描述。周长时先生所描述的城市弱势群体主要是城市下岗工人和农民工，其实就是弱势劳工群体。

职业技能培训是包括弱势劳工在内的产业工人提高业务水平的重要手段，劳工要不断提高自己的业务技能，才能紧跟时代不落伍。党的十九大后预计国家会出台更多关于职业技能培训的政策，激励包括弱势劳工在内的更多劳工成才。

弱势劳工群体的基本症状，主要表现为经济上的贫困性、社会权利的贫困性、心理上的高度敏感和脆弱性，以及社会境况的同质性。[1] 经济上的贫困性是弱势劳工群体最明显的最典型的特征。弱势劳工群体基本上都是经济上的低收入者，其经济收入低于社会人均收入水平，甚至徘徊于贫困线边缘。低收入也造成了弱势劳工群体的生活脆弱性。在社会和政治层面，大多生活在城市的弱势劳工群体也往往处于弱势的地位。这主要表现在他们表达和追求自己利益的能力上。弱势劳工群体在社会分层体系中处于底层，他们的政治参与机会少，对于政治生活的影响力低。经济上的低收入性和社会生活中的贫困性，使得弱势劳工群体在社会中的心理压力高于一般社会群体，对生活前途感到悲观，心理压力巨大。社会境况的同质性是目前我国弱势劳工群体的一个很重要的特征。弱势劳工群体的贫困经历、特征都比较类似；也往往居住在一起，"蚁族"等研究发掘出他们具有很强的同质性、集中性和群体性。催生"蚁族"的原因有经济发展不平衡、劳动力市场分割、大学生就业观念偏差等原因。[2] 同质性特征可能带来两方面的影响：一方面，使他们表达和追求自己利益的能力更强；另一个方面，他们追求自己利益的时候，可能带来更多的社会动荡的因素。[3]

二、弱势劳工群体致弱的成因分析

弱势劳工群体，有其产生的社会、经济等背景。社会群体之间的相互作用有竞争与共生两种形式。当社会资源相对缺乏，各社会群体为了各自的利益而相互竞争时，那些由于自身或社会原因常处于不利地位的社会群体被称

---

[1] 周长时：《中国城市弱势群体思想意识研究》，四川大学出版社2005年版，第9页。
[2] 何仕：《当代中国大学生就业的经济学研究：以福建省高校毕业生就业为例》，浙江大学出版社2015年版，第115页。
[3] 周长时：《中国城市弱势群体思想意识研究》，四川大学出版社2005年版，第9—12页。

为弱势劳工群体。弱势主要表现为经济力量、政治力量的低下。弱势劳工群体大多收入较低，经济力量低下是不争的事实。当前中国社会正处于一个被称为"两个转变"的特殊的历史时期，处于既要从计划经济向市场经济转轨，又要从传统社会向现代社会转型的非常复杂的社会经济大环境下。就业问题将成为21世纪初中国最大的社会问题，城镇失业人员，城镇贫困劳工和进城打工的农民工是当前最主要的三个弱势劳工群体，都在顺利就业方面存在一定的困难。这也表明在党的十九大召开后继续落实"就业是最大的民生"理念确实有其必要性。

应该说，弱势劳工群体出现既有传统的原因，地理资源环境的原因，还有政策方面的原因，也有转轨时期体制不完善导致的诸多原因。具体而言，包括就业市场机制形成不到位、社会保障制度不到位、收入分配机制不规范、弱势劳工个人综合素质较低，深层次的原因则是社会结构的缺陷。应该说，弱势群体的形成有其文化根源、心理根源和制度根源，弱势劳工群体的形成也有其文化根源、心理根源和制度根源。

（一）弱势劳工群体形成的文化根源

当然，弱势劳工群体产生的深层次原因，必定和文化有关。钱穆曾精辟地指出："一切问题，由文化问题产生；一切问题，由文化问题解决。"[1] 弱势劳工系统性法律保护的问题，肯定会关联到文化问题。

什么是文化？英国学者泰勒认为："文化乃是包括知识、信仰、艺术、道德、法律、习惯以及其他人类作为社会成员而获得的种种能力、习性在内的一种复合整体。"[2] 美国人类文化学家露丝·本尼迪克特则首次指明了文化的"民族精神"内涵。[3] 这有助于统一人们对文化的认识。法理名家博登海默则指出："法律是一个民族文化的重要部分。"[4] 而且，美国法学家弗里德

---

[1] 王娜娜、高健主编：《法律文化通识读本（第2版）》，南京大学出版社2016年版，第23页。
[2] Edward Burnett Tylor (1958), The Origins of Culture, Harper and Row Publishers, New York, p.1. 转引自黄忠敬：《知识·权力·控制：基础教育课程文化研究》，复旦大学出版社2003年版，第33页。
[3] [美] 露丝·本尼迪克特：《文化模式》，王炜等译，浙江人民出版社1987年版，第218—219页。
[4] [美] E.博登海默：《法理学：法律哲学与法律方法》，邓正来等译，华夏出版社1987年版，"中文版前言"，第1页。

曼1969年发表在《法律与社会发展》杂志上的一篇名为《法律文化与社会发展》的文章指出：法律制度是由三块构成的，第一是法律结构，第二是实体，第三便是法律文化，即影响法律机制运作的各种"软"因素。① 法律文化如同政治文化、宗教文化、伦理文化等一样，是构成人类整体文化大系统的一个子系统，是受整体文化影响的一种亚文化，或者说是文化现象中的一种特殊形态。② 弱势劳工既有享受文化成果的权利，也有参与文化活动的权利，还有开展文化创造的权利。尽管如此，文化作为一种社会的或群体、家庭、个人的价值观，早已通过社会化过程内化于弱势劳工的心灵深处，又遍布在其生存环境的各个角落。这使得弱势劳工行为的方方面面都涉及和反映着其个体文化特征。中国特有的文化因子中的一些落后的观念对当今社会仍有着极大的负面影响，是使社会部分人群沦落为弱势劳工群体的一个重要因素。

　　文化不仅是技术进步之事，而且还是道德问题。文化有多样性，也可能有多元。一些弱势劳工群体之所以陷入困境，有些原因也是社会造成的，诸如制度的变革与完善、技术的发展与创新等因素；还有些是个人和社会原因共同造成的，譬如我国转型时期部分弱势劳工群体的失业现象。中国历史悠久的户籍管理制度造成了城乡分治的二元社会结构，分割了城乡劳动力市场，限制了劳动力的自由流动，造成了城乡的身份差别。故"农民地位低下"的观念已成为一种社会文化心理。尽管国家已经着力推进新型城镇化，推动城乡一体化建设，但这种心理意识的残留在很大程度上仍然影响着人们的某些决策，从而产生了文化氛围与价值观念的偏离，为中国农民弱势地位的形成埋下了伏笔。③ 自然，也为农民工的弱势地位的形成埋下了伏笔。

　　农民工这个弱势劳工群体有其长远的历史根底，这是中国的现实国情使然，故落后文化是造就农民工这个弱势劳工群体的根本原因之所在。奥斯卡·

---

①　王娜娜、高健主编：《法律文化通识读本（第2版）》，南京大学出版社2016年版，第17页。
②　夏新华、丁峰：《借鉴与移植　外来宪法文化与中国宪制发展》，中国政法大学出版社2016年版，第7页。
③　李学林主编：《社会转型与中国社会弱势群体》，西南交通大学出版社2005年版，第53页。

刘易斯提出，"贫困文化是穷人对社会中主要制度的背离和失调"。[①] 故弱势劳工群体与强势群体的区别之一就是是否拥有先进文化。弱势劳工群体的贫困是非常严重的，而造就这种贫困现象的原因——贫困文化的沉淀与影响是相当深厚的。落后文化阻碍了社会的全面进步。同样，文化影响着中国治理贫穷等诸项工作的成效，也影响着对弱势劳工群体进行精准扶贫的效果。在20世纪50年代初期建立的二元户籍制度，是为了在国家工业化初期避免过多农村人口流向城市而造成的城市膨胀问题。现在种种社会现象已经表明，二元户籍制度早已不适应社会发展，新型城镇化、城乡一体化是正确发展方向。但封建官僚习气、小农心理、平均主义都深深地烙在我们的文化里，不是说声"去掉"就没有的。传统文化遗留下来的义务本位观念、重义务轻权利、重集体轻个人、重人治轻法治等观念，影响了弱势劳工群体权利获得良好保障。这种文化的影响依然是不可忽视的。总之，由于受历史文化的影响，中国的整个社会制度和广大的劳动人民都刻上了历史的印记，弱势劳工群体的行为习惯、思维方式都受到传统文化的束缚，如不加以适当改造，势必造成文化的贫穷和权利的弱势。目前，中国社会的弱势劳工群体，最为典型的是在城市的农民工，长期处于社会的边缘，带有深度被边缘化的特征，享有低于社会认可的一般生活水平。中国弱势劳工群体普遍只有较低程度的文化，部分人甚至没有接受完整的义务教育，普遍被排挤于主流文化之外。故社会文化又存在着严重的弊病——歧视文化依然严重存在。

依据《（就业与职业）歧视公约》的歧视定义，[②] 歧视是基于身份、性别、种族、语言、社会出身等因素对社会成员的有区别的对待，结果是妨碍或否定人的基本权利和自由。当前，弱势劳工群体遭到歧视现象较为突出，具体有身份歧视、户籍歧视、性别歧视、教育歧视、年龄歧视等。各种歧视都是没有把弱势劳工当成有同等尊严和价值的人看待。

歧视现象的形成根源与残留的中国封建文化糟粕有关。在某些领域，歧

---

① 周长时：《中国城市弱势群体思想意识研究》，四川大学出版社2005年版，第161页。
② 国际劳工组织的《（就业与职业）歧视公约》把歧视定义为："基于种族、肤色、性别、宗教、政治见解、民族血统或社会出身的任何区别、排斥或特惠，其结果为取消或损害就业或职业方面的机会平等或待遇平等"。

视甚至是被阶层或等级文化所认可和鼓励的，甚至可以说某些歧视来自我们制度建设方面的某种安排。① 制度性歧视可以看起来是对某确定群体持中立态度然而在事实上有歧视性后果。制度中的个人做的是歧视行为却未意识到这一点。他们做的决定会使某确定群体受到严密检查或审视，即使他们不是刻意要这样做。② 身份歧视主要包括户籍歧视和地域歧视。弱势劳工群体中的农民工因此受到的伤害最大。

应该说，弱势劳工群体既需要文化自觉，也需要文化自强，最根本的还是文化自信；以便回应"世界怎么了，我们怎么办"之问，且一并讲好弱势劳工的"中国故事"。

（二）弱势劳工群体形成的心理根源

随着社会的向前发展以及现代化程度的提高，人们的心理困扰日益加剧，心理疾病的发病率呈上升趋势。社会心理失衡与个体心理健康状况恶化，已经成为一个严重的社会问题，这是在社会转型时期都难以避免的现象，也是导致弱势劳工群体形成及弱势地位加深的重要原因。

弱势劳工群体在心理上通常也是弱势的。所谓心理弱势，主要是指弱势劳工个体在心理上的亚健康或不健康状态。弱势劳工的弱势心态或弱势心理是值得关注的。扛着编织袋进城的农民工等弱势劳工，有很大比例的人把自己归入弱势群体，给自己贴上"弱势"标签，并且这种心态仍在不断蔓延。很有可能，弱势劳工最为痛恨和不满的，不是其自身素质和技能的"无能为力"，而是在不公平、不公正环境下的"回天乏力"，从而陷入一种心理困境。可以说，弱势劳工群体的"弱势"已经深入到精神领域，甚至可以用"精神贫困"来解释弱势劳工群体的本质特征。"精神贫困"意味着前进动力不足，乃至于陷入颓废不前的状态。

弱势劳工群体的心理弱势致使其长期处于弱势状态，难以转变。亟须得到外力救助予以改变。我国以往在解决弱势劳工群体问题的过程中，重视政

---

① 李学林主编：《社会转型与中国社会弱势群体》，西南交通大学出版社2005年版，第64页。

② Steven E. Barkan, Sociology: Understanding and Changing the Social World, Brief edition, p. 166. 转引自平苹：《这也是美国 我的观察与随想》，广东人民出版社2016年版，第111页。

策扶持和经济援助，却忽略了弱势劳工群体的心理需求，即忽视了研究和了解弱势劳工群体的心理状态和内心世界，以及积极开展相应的心理救助工作。[1] 确实，弱势劳工的心理困境背后，有着错综复杂的社会现实根源，而更关键的是归因偏差所造成的。弱势劳工群体的归因偏差也会导致其认知与行为出现偏差。归因偏差是导致弱势劳工群体形成心理问题的根源之所在。那消除归因偏差，则是学界所注意的，因而需要对弱势劳工进行精神援助。值得注意的是，精神援助绝不仅是一种教育，而是一种精神建设，甚至可以是"精神照顾"。

（三）弱势劳工群体形成的社会根源

我国弱势劳工群体形成的社会原因在我国弱势劳工群体的产生及其面临的权利问题，是由多方面的复杂因素造成的，但主要是由社会因素造成的，诸如经济体制转轨、不合理的城乡二元结构、不统一的就业制度、不同的身份制度和不完善的公共服务制度等。弱势劳工群体主要是弱在权利，不能完全享受平等的劳动权、社会保障权、迁徙自由权、教育权等，本质上就是一种权利贫困，也是其陷于弱势的根本原因。

弱势劳工群体是经济转轨和社会转型的产物。社会转型使得弱势劳工群体现象更加严重，弱势程度加深了，弱势劳工群体规模变大了，这种情况是在社会转型中多种因素相互作用的结果。社会转型是社会的一种整体性变动。社会转型致使我国的经济体制、产业结构、就业制度、分配制度发生了巨大的变化，这种变化会对不同的群体产生不同的影响。社会阶层结构发生了深刻的变化：一些阶层发生分化，也产生了一些新阶层。一些社会阶层在经济、政治和文化生活中的影响力相对下降，成为"弱势阶层"，即弱势劳工群体。我国庞大的弱势劳工群体的出现和所面临的贫困问题反映了在我国经济高速发展中，一部分人没有很好地共享到经济和社会发展成果。发生经济社会成果和资源享有上的不公正现象的深层原因是弱势劳工等群体在权利的分配和实际享有上受到了不公平的对待。城镇的失业劳工、患病劳工、庞大的农民工群体，他们成为社会弱势劳工群体的主要组成部分。以农民工为例，在很

---

[1] 李学林主编：《社会转型与中国社会弱势群体》，西南交通大学出版社2005年版，第78页。

长时期里，农民工为城市的发展作出了很大的贡献，但依然受到城市的排挤和歧视。城市的制度或规则在排斥着农民工，不但附加在户籍上的福利难以获得；还存在诸如"严禁民工上厕所"的规定、提出设"农民工车站"的建议。尽管中央几乎每年都要强调重视农民和农村问题，但对农民工的不平等的对待还是主要反映在一些地方政府的政策上，使得农民工在同城市劳动者竞争中遭遇行政性和市场性的双重歧视。故农民工在城市主要从事苦、脏、累、险、毒的工作，在劳动报酬方面则普遍较低，工资增长缓慢，且多处于同工不同酬境地。有一些城市提出新市民的概念，有新北京人、新上海人、新广州人等，试图消除城市的外来农民工所处的不利境遇，为他们争取一定程度的平等待遇。应该说，这还是取得了一定的进展。但存在的问题是，我们意识到，很多弱势劳工并不想去质问那些让他们备感压力的观念或信念，多是坦然接受。他们希望看到世界变化，却又不知道自己的观念在变化中起到了什么样的作用。正因为弱势劳工群体存在前述的"精神贫困"，导致了从"精神贫困"反作用于物质，加剧了物质贫困，使自己陷入更为艰苦的境地，以至于弱势劳工群体已经陷入"经济贫困——权利贫困——精神贫困"的窠臼，无法从"弱势"向"强势"逆转。①

三、当代中国弱势劳工群体失护的危害

（一）弱势劳工群体出现整体性的贫困

贫困是一个较为常见又非常复杂的问题。阿玛蒂亚·森在1981年所提出的权利贫困理论认为，造成贫困的根源在于人们基本能力被剥夺和机会的丧失。胡鞍钢指出，贫困的核心是能力和福利的被剥夺。② 弱势劳工中有部分劳动力，由于缺乏正常的智力、体力以及必要的技能而引发的贫困现象，则可称为能力约束型贫困，这通常是一种个体贫困。而弱势劳工因资金、基础设施和发展环境方面的制约从而导致的贫困，则可称为资源约束型贫困或条

---

① 国家社科基金重大项目课题组：《当代中国公民道德发展（上册）》，江苏人民出版社2015年版，第182页。

② 任登魁：《全球价值链视角贫困地区产业集聚发展研究》，北京经济出版社2016年版，第23页。

件约束型贫困。简单说来，一种贫困是因为不劳动而导致的贫困，还有一种则是工作贫穷。

应该说，贫困并无公认的定义或测量标准。贫困主要分绝对贫困和相对贫困两种。绝对贫困又称生存贫困，指缺乏维持生存的最低需求品，不能维持最基本的生存需求。相对贫困也叫相对低收入型贫困，是指虽基本上解决了温饱问题，但不同社会成员和不同地区之间，可能存在明显的收入差异，低收入的个人、家庭、地区相对于全社会而言，处于贫困状态。相对贫困是指相对社会平均水平的贫困，通常表现为社会平均收入的某一百分比。不同国家和地区由于经济社会发展水平不同，贫困的界定标准大相径庭。对贫困群体规模的计量往往是通过一定的计算标准和方法取得的。通常说来，界定贫困的通行做法是根据当地经济社会发展水平制定一条"贫困线"，把生活在贫困线以下的人界定为贫困人口。制定贫困线的方法有家庭开支法、市场菜篮法、恩格尔系数法和国际贫困线法等。[①] 当然，贫困标准的确定具有明显的主观偏好。实际上，关于贫困的两种划分以及孰是孰非的争论已整整持续了一个世纪。其实，绝对贫困和相对贫困并非固定的概念，它们的内涵或外延，随着不同学者的研究兴趣和时代的变迁而有所不同。[②] 在我国香港特别行政区，社会服务联会将收入少于或等于当年全港相同人数住户收入中位数50%的住户定义为贫困户，计算出贫困户占总住户的比例即贫困率。相关的统计结果显示，近十年来，香港的贫困率明显提高。我国弱势劳工群体面临的最紧迫的问题是生存权问题。弱势劳工群体生存权问题的突出表现，就是经济上的贫困，致使生存权问题实现窘迫。

国际贫困线标准在近三十年来存在一个大幅调高的过程。1990年，世界银行选取当时一组最贫穷国家的贫困线，采用购买力平价将它们换算成美元，通过计算出平均值将贫困线设定在人日均1美元左右。2005年，世界银行进行了新一轮更大规模的国际可比性价格数据收集，并根据新的购买力平价数据和当时15个最贫穷国家贫困线的平均值，将国际贫困线上调到人日均

[①] 刘祖云主编：《弱势群体的社会支持　香港模式及其对内地的启示》，社会科学文献出版社2011年版，第3页。
[②] 陈鹏忠：《转型中国农村弱势群体犯罪问题透析》，浙江大学出版社2010年版，第16页。

1.25美元。① 世界银行于2015年10月4日宣布，按照购买力平价②计算，将国际贫困线标准从此前的每人每天生活支出1.25美元上调为1.9美元。此次大幅上调会导致全球贫困人口数量大量增加。③ 我国的贫困线标准也存在一个调整变迁的过程。2008年，我国绝对贫困线标准为年人均纯收入785元人民币以下，低收入贫困线标准为年人均纯收入786—1067元人民币，并没有达到人均消费1美元的国际标准。国家统计局当时公布的数据显示，截至2007年年底，全国农村贫困人口存量为4320万人，其中绝对贫困人口1479万，低收入人口2841万。④ 因较大数量的弱势劳工等流动人口存在，对于中国城市绝对贫困人口数量，到目前为止没有见到国家权威部门发布的统计数据，但城市绝对贫困人口以一定数量存在无疑是一个事实。后来，不少专家建议我国提高贫困线标准。2011年，中央决定将农民年人均纯收入2300元（2010年不变价）作为新的国家扶贫标准，这个标准比2009年提高了92%，比2010年提高了80%。按照当时汇率计算，中国新的国家扶贫标准大致相当于每日1美元。⑤ 据专家解释，新的贫困线将不仅关注贫困人口维持基本生存所需要的收入，还考虑了其在教育、医疗保障方面的支付能力。贫困已经超越了人们通常认为的收入不足问题，已是一个多方位的、动态性的、复杂性的概念，其实质更着重强调人们发展所必需的最基本的机会和选择权的被排斥。⑥ 总的说来，我国绝对贫困人口的数量仍然庞大，尤其是城市的贫困弱势劳工，他们的生存质量和生存尊严面临严峻的挑战。而弱势劳工群体的相对贫困呈进一步发展的趋势。近年来，我国的收入差距扩大的幅度过大、

---

① "世界银行上调国际贫困线标准"，http：//news.xinhuanet.com/world/2015-10/05/c_1116739916.htm，2017年11月28日最终访问。

② 购买力平价（Purchasing Power Parity），简称PPP，由瑞典经济学家古斯塔夫·卡塞尔提出。在经济学上，是一种根据各国不同的价格水平计算出来的货币之间的等值系数，以对各国的国内生产总值进行合理比较。参见曹立主编：《新理念引领新发展"十三五"中国经济大趋势》，新华出版社2016年版，第181页。

③ 曹立主编：《新理念引领新发展"十三五"中国经济大趋势》，新华出版社2016年版，第181页。

④ "我国拟将贫困线提高至年收入1300元"，载新华网2008年4月13日。

⑤ 曹立主编：《新理念引领新发展"十三五"中国经济大趋势》，新华出版社2016年版，第182页。

⑥ 邓小海：《旅游精准扶贫理论与实践》，知识产权出版社2016年版，第31页。

速度过快，是收入差距超过国际警戒线的国家。低收入劳工群体的相对贫困在近些年来却加大了，"富人更富，穷人更穷"已经成为值得警惕和担忧的一个新的社会现象。并且，贫困现象在城市有逐渐扩大的趋势，而近年来日益膨胀的房地产泡沫助推了这一点。从先前的"提高扶贫的精准度"到2013年国家领导人提出"精准扶贫"概念，是针对我国扶贫实践工作中长期存在的"扶贫对象不明、贫困原因不清、扶贫资金与项目指向不准、扶贫措施针对性不强"等问题，为进一步推进扶贫工作而提出的。[1] 国家审计署2017年12月宣布，截至2017年10月底，各地通过追回、盘活或避免损失等方式整改扶贫资金32.68亿元，有970人被追责问责，93%的问题得到整改。被审计的各县共剔除和清退不符合建档立卡贫困人口10.18万人，重新识别补录贫困人口9.51万人，完善建档立卡数据信息21.68万人。[2]

现在城市相当数量贫困人口的出现是一个确定的现象，城市贫困劳工群体主要包括国有企业改革和调整导致失业的群体；资源枯竭型城市里闲置了大量具有正常劳动能力的城市居民；流入城市，成为城市新贫困阶层的数目较大的农民工。并且由于社会保障体系等制度机制上的缺位与失效，也在随时随地制造和产生着新的城市贫困劳动人口。应该说，弱势劳工的贫困和饥饿，皆是人权问题。而美国的贫困问题位居西方工业化国家之首。[3] 在当代，人们越来越重视从人权的角度来认识贫困。联合国计划开发署1997年《人类发展报告》提出，"人类贫困指数"包括短命、缺乏基本教育、不能获得公共资源和私人资源。[4] 而消除贫困，促进社会和谐必然要求加强对弱势劳工群体等基本人权的保障。

(二) 贫富差距扩大易损害社会的和谐稳定

国外的研究关于经济发展对犯罪的影响因素中，经常被讨论的是收入差

---

[1] 邓小海：《旅游精准扶贫理论与实践》，知识产权出版社2016年版，第32页。
[2] 刘红霞："审计署：970人因扶贫问题被追责问责"，http://news.ifeng.com/a/20171223/54444457_0.shtml，2017年12月28日最终访问。
[3] 朱穆之等：《中国人权年鉴》，当代世界出版社2000年版，第1113页。另贫困失业等因素致使美国特朗普总统在2018年联合国大会上强调美国是"发展中国家"，差点跌破全世界民众的眼镜。
[4] 张晓玲主编：《社会弱势群体权利的法律保障研究》，中共中央党校出版社2009年版，第16页。

距和贫穷，而收入差距和贫穷的产生是因为其所处社会环境中的多种因素的影响。我国在过去的二十多年里，已从一个收入分配较为平均的国家，迅速成为贫富差距之大位居世界前列的国家。国内外众多学者的研究结果认为，贫困和经济不平等是促使弱势劳工群体犯罪高发的主要影响因素。故目前贫富差距过大是我国社会存在的不和谐因素之一，埋藏了我国潜在的社会风险。

和谐理念是中华民族的基本精神和基本价值取向，和谐是中国传统文化的最佳意境，也是中华古典哲学的核心范畴，更是西方文明的重要内容。中共中央在十六届四中全会上郑重提出构建"社会主义和谐社会"的战略任务，《中共中央关于构建社会主义和谐社会若干重大问题的决定》开宗明义地提出了科学论断："社会和谐是中国特色社会主义的本质属性"。而"我们所要建设的社会主义和谐社会，应该是民主法治、公平正义、诚信友爱、充满活力、安定有序、人与自然和谐相处的社会"。[1] 这是对社会主义和谐社会基本特征的科学描述。党的十九大报告强调，全党要牢牢把握社会主义初级阶段这个基本国情，"为把我国建设成为富强民主文明和谐美丽的社会主义现代化强国而奋斗"。2018年修宪通过的宪法修正案明确提出：把我国建设成为富强民主文明和谐美丽的社会主义现代化强国，实现中华民族伟大复兴。即将"和谐美丽"写入宪法。"和谐中国"无疑是社会主义现代化强国建设的一个面向。无论是建设"和谐中国"，还是构建社会主义和谐社会，都需要建设和谐家庭、和谐校园、和谐企业、和谐村镇、和谐城市，都需要资源分配公平、群体利益均衡、人际关系协调、生命财产得到良好安全的保障。若是弱势劳工群体权益受损严重，造成弱势劳工群体与强势群体严重对立，都是不利于社会和谐的。故无论从"增促社会进步，减缩社会代价"的社会学视角，还是从"维护社会稳定，摆脱发展困境"的现实意义；无论从社会主义的"共同富裕、共同发展"的社会追求，还是"以人为本"的人文关怀，都要求全社会高度重视和关心弱势劳工群体。

2017年11月，第72届联合国大会第一委员会即"裁军与国际安全委员

---

[1] "中共中央关于构建社会主义和谐社会若干重大问题的决定"，http://politics.people.com.cn/GB/1026/4932440.html，2017年12月28日最终访问。

会"会议的两份决议,都写入了"构建人类命运共同体"这一重要理念。中国外交部发言人对此表示:"这表明构建人类命运共同体理念反映了大多数国家的普遍期待,符合国际社会的共同利益,体现出中国理念在国际上得到越来越多的支持,在联合国议程中越来越多得到反映,也展现了中国的大国担当。"有人认为,构建"人类命运共同体"是"人与自然和谐共生"思想的逻辑延伸和历史展开,"人与自然和谐共生"是构建"人类命运共同体"的哲学基础和本质属性。"人类命运共同体"的构建需要包括弱势劳工在内的所有人与自然和谐共生。①

确实,"共同富裕才是社会主义的本质特征",而缩小贫富差距则是实现社会和谐的重要因素,也是实现社会包容性增长的重要内容。故而,消除贫困、改善民生、实现共同富裕,则是社会主义的本质要求。所以,缩小收入差距,推进共同富裕,是使包括弱势劳工在内的全体人民具有更多获得感的重要内容。

四、弱势劳工失护的危害防止与路径选择

40来年的改革开放,给我国各个方面带来的巨大变化已为世人所瞩目。为改革开放承担代价的社会弱势劳工群体日益扩大,也成了社会各界普遍关注的问题。认真解决弱势劳工等弱势群体问题,保障好弱势劳工群体权益,已成了深化改革,维护社会安定,加快经济发展的不容回避的重要任务。

改革开放以来,我国经济增长速度较快,使得相当规模的人群摆脱了贫弱的地位,生活水平有了相当程度的提高。但是,目前我国以城市失业职工为主体的弱势劳工群体规模依然庞大,并在数量上有增长的趋势,一些弱势劳工群体的弱势程度还存在继续深化的趋势。应该说,弱势劳工群体以如此规模和比例存在,已经构成了对我国改革、发展与稳定的严重威胁。而对弱势劳工群体进行系统化的良好保护,关系到我国的改革、发展和稳定大局,也是影响我国大国崛起的重要因素。

---

① 钱宏:"构建人类命运共同体与坚持人与自然和谐共生",http://www.aisixiang.com/data/106760.html,2017年11月28日最终访问。

（一）危害防止与风险预防

1. 有利于减少继续坚持改革的阻力

弱势劳工群体的出现，是改革过程中积累的一些矛盾的集中显示。故关注弱势劳工群体，有利于减少是否要坚持改革的阻力，减少改革推进过程中的阻力。因为，必须要坚持改革，而且要全面深化改革。党的十九大报告作出坚持全面深化改革的明确宣示，明确提出：全面深化改革总目标是完善和发展中国特色社会主义制度、推进国家治理体系和治理能力现代化。[①]

对此，应该坚持辩证的眼光，用发展的眼光看待问题。但必须要关注弱势劳工群体分享改革开放成果的问题。在改革进程中，弱势劳工群体的问题显得较为突出，但不能因噎废食而停止改革。众多政治人物和学者都强调了"不能停止改革"，但也强调必须坚持改革的社会主义方向。改革不会是永远一帆风顺的，除了让我们深刻感受到改革的艰难外，我们还要密切关注弱势劳工群体等对改革的反应。

自20世纪80年代中期以来，国有企业工人以及广大中西部地区的农民都认为自己在改革中相对利益受损。学者何清涟曾就中国的社会结构现状作过一个描述，社会下等阶层和被边缘化了的阶层占了人口的83%以上。[②] 而这些人，就是失业劳工和农民工这些弱势劳工群体的主要构成者。具体就城市而言，逐步边缘化的城市弱势劳工群体是蚁族、廉租房家庭与宿舍劳工。[③] 弱势劳工群体在中国所占的人口比例太大，他们对待改革的态度是改革受到公众支持与否的风向标。近年来，中国的高层领导在公众场合大力倡导要坚持改革。2018年3月公布的《深化党和国家机构改革方案》中，在党中央决策议事协调机构方面，新组建中央全面依法治国委员会（办公室设在司法部）。全国人大新组建名为"社会建设委员会"的专门委员会，主管劳动就

[①] 李劲峰等："十九大报告透露的八大改革着力点"，http://news.xinhuanet.com/politics/19cpcnc/2017-10/22/c_1121838914.htm，2017年11月28日最终访问。
[②] 何清涟："当前中国社会结构演变的总体性分析"，载《当代中国研究》2000年第3期。
[③] 魏万青：《社会转型背景下的城市居民住房问题研究住房阶层理论的视角》，华中科技大学出版社2015年版，第125页。

业、社保、民政、群团、安全生产方面的立法监督。[①] 弱势劳工群体承担了改革的代价，若不能很好地共享到改革的成果，则可能不能认同和支持改革方案。而如何在改革进程中妥善保障利益受到波及的弱势劳工群体，这是坚持继续改革的关键点。

2. 维护社会稳定与协调社会发展的必然要求

关注弱势劳工群体，保障好弱势劳工群体权益，是维护社会稳定的必然要求。社会显然是由不同的利益群体组成的，而其中强势群体与弱势劳工群体的关系是最为敏感的一对关系，作为一对矛盾相互依赖而"共生"存在。这种相互依赖的关系，应是一种平等的正依赖关系，是一种"共生"合作的关系。[②] 若强势群体与弱势劳工群体是尖锐对立的关系，结果可能是两败俱伤。

正是由于弱势劳工群体与强势群体的良好合作，这个社会才得以存在并健康和谐地向前发展。我国目前正在加速推进改革的进程，从历史经验教训出发，只有维持强势群体与弱势劳工群体的双赢，才能维护社会稳定。假若弱势劳工群体的权益保障得不太好，而当弱势劳工群体将自己的不如意境遇归结为改革中获益群体的剥夺时，社会中就潜伏着冲突的危险，而不同群体之间的敌视和仇视指向也可能扩散，[③] 从而构成危及社会稳定、影响社会发展的一个巨大社会隐患。一个弱势劳工群体得不到适当保障的社会，一个强势群体受到较大敌视的社会，不可能是一个稳定与得到协调发展的和谐社会。而所谓协调发展，就是不同利益群体，尤其是强势群体与弱势劳工群体利益之间的协调发展，达致合理的平衡。故关注弱势劳工群体，保障好弱势劳工群体权益，是协调社会良性发展的必然要求。

[①] 新华社："《深化党和国家机构改革方案》全文发布（上）"，https://item.btime.com/36jiq7olru380lqlook0gl74anr，2018 年 3 月 28 日最终访问。

[②] 所谓"共生"（symbiosis），是生物科学中的一个基本概念。而共生论将生物学的共生学说创新为一种社会哲学的共生理论，主要研究共生关系产生和发展的条件和规律，共生主体与资源要素的相互作用，以及共生约束对共生主体进化与创新的作用等。参见李琼：《和谐共生社会秩序的团体构成》，岳麓书社 2011 版，第 33 页。

[③] 在社会部分人群中，包括部分弱势劳工群体中，存在着仇富、仇官、仇法治的心理。这被称之为公共受虐型巨婴的心理。

3. 弥补社会代价与实现社会和谐

关注弱势劳工群体，是弥补社会代价的必然要求。应该说，改革的社会代价应当由全体社会成员来共同承担，但在具体改革过程中，因为"马太效应"①，社会继续发展的代价主要是由社会弱势劳工群体来承担的。故关注弱势劳工群体，保障好弱势劳工群体权益，是弥补社会代价的必然要求。

保障弱势劳工群体权利是实现社会公正的要求。弱势劳工群体在为社会发展贡献了力量的同时，却无法享受到社会改革发展带来的成果和效益，反倒成为社会发展、转型代价的主要承担者。故让弱势劳工群体更好地共享改革和发展的成果，实现社会的稳定与和谐，是我们当前必须面对和解决的重大课题。保障弱势劳工群体权利也是实现社会公正的要求。

关注弱势劳工群体，是摆脱发展困境的必然要求。发展的目标毫无疑问是共同富裕。走向共同富裕就意味着弱势劳工群体的数量减少和规模缩小。发展不单纯是国家经济 GDP 的增长，而是社会幸福指数②的提高。若发展的结果反而是社会弱势劳工群体的不同程度扩大，这种"发展的实际结果与发展的预定目标正好相反的趋势"叫作"发展困境"。我们应关注弱势劳工的幸福指数，坚持走向共同富裕的目标，摆脱发展的困境。2016 年"幸福中国白皮书"发布，清华大学研究团队利用大数据手段，对 279 个城市的居民幸福感和人均 GDP 数据进行分析，发现幸福感与人均 GDP 呈现明显的倒 U 曲线。③ 而党的十九大报告，让全世界媒体和民众深刻感知中国共产党"为人民谋幸福、为民族谋复兴"的初心与使命。毋庸置疑，中国已进入"日益走进世界舞台中央、不断为人类作出更大贡献的时代"，世界对中国的期待也比以

---

① 马太效应（Matthew Effect），指强者愈强、弱者愈弱的现象，广泛应用于社会心理学、教育、金融以及科学等众多领域。

② 社会幸福指数通常是衡量一个社会中人们对自身生存和发展状况的感受和体验，即人们的幸福感的一种指数。此处定义的幸福不仅是主观幸福感，即快乐的心情、良好的感觉，而是积极心理学上所定义的人生蓬勃状态，是一种包括了快乐、投入、关爱、意义和成就的、全面的、可持续的，包括了主观和客观的幸福。

③ 即以人均 GDP 每年 4.5 万元人民币为拐点，在此之前幸福指数随人均 GDP 增加而增加，超过该拐点后，幸福指数反而随人均 GDP 增加而减少。而快乐、关爱和成就与人均 GDP 也呈倒 U 形曲线。参见《清华幸福科技实验室发布 2016 年度〈幸福中国白皮书〉》，http：//www.sohu.com/a/168524213_601578，2017 年 10 月 28 日最终访问。

往更加深切。而继续发挥负责任大国作用,为中国人民谋幸福,为人类进步事业而奋斗,我们必将为人类文明进步提供更多的中国智慧和中国方案。[①]

(二)适当的路径选择

1. 全面建设小康社会的加速推进

弱势劳工群体问题的关注是应对现阶段我国社会转型期产生的社会矛盾的需要。在我国现阶段的社会转型中,由社会分化所导致的弱势劳工群体的规模和弱势程度可以说是前所未有的。我国现阶段正处于黄金发展期,也是一个矛盾凸显期。社会矛盾不但在量上增长较快,并且复杂程度加大。经济运行的矛盾、社会运行的矛盾、文化建设中的矛盾等,都需要妥善推进社会化转型予以解决。

关注弱势劳工群体,保障弱势劳工群体权益,是全面建设小康社会的内在需要。全面建设小康社会是党和国家到2020年的奋斗目标,是包括弱势劳工群体在内的全国各族人民的根本利益所在。我们已经实现了现代化建设"三步走"战略的第一步、第二步目标,人民生活总体上接近小康水平。党的十六大提出,要在现有总体小康的基础上,全面建设小康社会,使经济更加发展、民主更加健全、科教更加进步、文化更加繁荣、社会更加和谐、人民生活更加宽裕。党的十七大提出,要在十六大确立的全面建设小康社会目标的基础上对我国发展提出新的更高要求。而今后五年是全面建设小康社会的关键时期。我们要为全面建成惠及十几亿人口的更高水平的小康社会打下更加牢固的基础。在党的十六大、十七大提出的"全面建设小康社会"目标要求基础上,党的十八大在报告主题中鲜明作出"全面建成小康社会"的新部署——从"建设"到"建成",这是共产党人作出的郑重承诺![②] 即"坚定不移沿着中国特色社会主义道路前进,为全面建成小康社会而奋斗"。这也是伟大的中国共产党所执政的国家作出的郑重承诺!党的十九大,则是站在党和国家事业发展全局的高度,对实现"两个一百年"的奋斗目标作出了

---

① 吕晓勋:"盛会说:托起幸福中国的情怀与气魄",http://cpc.people.com.cn/19th/n1/2017/1023/c414305-29602177.html,2017年10月28日最终访问。

② 李勇等:"十八大评述:从十八大看全面建成小康社会",http://news.xinhuanet.com/18cpcnc/2012-11/11/c_113660430_3.htm,2017年8月16日最终访问。

新的战略安排，要求在决胜全面建成小康社会的基础上，乘势而上，开启全面建设社会主义现代化国家的新征程。

因此，关注和支持弱势劳工群体，逐步提高所有社会成员的社会经济地位，既是全面建设小康社会的应有之义，又是推进全面小康社会建设的重要途径。

2. 全面推进"法治中国"建设及人权保障进程

关注弱势劳工群体、保障弱势劳工群体权益，是依法治国建设推进的需要。法治国家是以人人能够享受到平等保护、享受到社会进步与发展的成果为前提和基础的。在我国的法律系统中，若弱势劳工群体权利保障体系是不健全的，法治就不可以说是真正的良法之治。

党的十八届三中全会的报告《中共中央关于全面深化改革若干重大问题的决定》提出"建立平安中国，法治中国""坚持法治国家、法治政府、法治社会一体建设"等命题。其中"法治中国"等则是当时提出的崭新概念和目标。应该说"法治中国"是一个更广袤的概念：它涵盖法治国家、法治政府与法治社会，是一个与"法治世界"相对应、相衔接的大概念。而"法治中国"则不仅着眼于对内关系，更着重于国际关系，标示"法治中国"是"法治世界"的重要一员。[①] 该说，在时间的维度上，"法治中国"作为一个目标，意味着当下的中国社会正处于从人治走向法治的历史转型进程中，而法治主义的观念、行为和制度安排正在逐步替代原有的体系并生成新的体系。尽管这个复杂而艰难的过程，应该说是螺旋形前进的，但还是有可能会出现曲折甚至倒退，且在相关博弈过程中定会长期持续下去。在空间的维度上，"法治中国"应该是一个具有国际比较意义的概念，与其他法治国家的建设既存在共同性，也蕴涵了特殊性问题。"法治中国"毫无疑问应具有自己的个性，也与世界上其他法治国家之间存在一定的共性。[②]

因此，《中共中央关于全面深化改革若干重大问题的决定》所提出的"推进法治中国建设"的战略构想，标志着中国的法治实践迈入崭新的征程。

[①] 郭道晖："全面理解'法治中国'"，载《检察日报》2013年12月4日，第3版。
[②] 郑成良："法治中国的时空维度"，载《法制与社会发展》2013年第4期。

"法治中国"作为全体中国人民的高度共识和行动宣言,是有着丰富内涵的现实目标。"法治中国"是人类法治文明的"继承版",是法治国家建设的"中国版",是依法治国实践的"升级版"。① 法治中国战略的推进,意味着无论是在物理空间意义上的"中国",还是在主权存在意义上的"中国",都必须全面、完整、永续地实现法治的统制。具体来说,法治中国的核心要素由四个部分构成:依法执政,建设法治政党是前提;依法治国,建设法治国家是基础;依法行政,建设法治政府是关键;依法治理,建设法治社会是目标。②

习近平总书记曾指出,"人类社会发展的事实证明,依法治理是最可靠、最稳定的治理"。党的十九大报告强调,"全面依法治国是国家治理的一场深刻革命,必须坚持厉行法治"。应该说,在依法治国发展战略研究中,仅有法治目标的论证和理想法治国的特征描述是远远不够的。学者们认为,一个更重要的问题是如何合理规划法治发展的路线图,把对法治发展的当下定位与未来进程的预测结合起来,并把现阶段的法治工作布局与远期行动规划结合起来。而法治建设的宏伟图景则是以全面实现社会的良性治理、切实落实社会自治和推进民主化建设为核心目标。进而随着我国国家治理现代化的初步实现和政治体制改革全面良性有序地推进,一个具有现代政治文明的大国形象有望展现于国际社会。

党的十九大报告中指出,"全面依法治国是中国特色社会主义的本质要求和重要保障"。所以,新时代国家全面推进法治建设的未来之路,应稳妥推进"四个全面"工作,应将法治发展的当前定位与未来进程的展望紧密结合起来,分步有序推进法治建设。为此,应切实落实十八届四中全会提出的"发展符合中国实际、具有中国特色、体现社会发展规律的社会主义法治理论"的要求,为法治建设提供具体实践的支撑。

习近平同志还指出,"我们要坚持走中国特色社会主义法治道路,加快构建中国特色社会主义法治体系,建设社会主义法治国家"。实际上,习近平总

---

① 江必新:"法治中国,通往良法善治之路",载《人民日报》2013年7月12日,第5版。
② 章志远:"推进法治中国需从四方面入手",载《检察日报》2014年3月31日,第6版。

书记近年来在关于法治建设的多篇重要讲话中提出了关于法治建设的重要的关键的方向性、论断性、指导性的思想和论述，形成了一个主题和主线集中鲜明、内容和内涵丰富深邃的法治思想体系，构成习近平新时代中国特色社会主义思想的重要组成部分，即专家学者所简称的习近平法治思想。确实，习近平同志先后多次就"为什么要依法治国、要走什么样的法治之路以及怎样建设法治中国"等重大问题作出了系统阐述，是对马克思主义法治思想的崭新全面发展，也是对我国特色社会主义法治理论的重大系统创新，为"法治中国"建设的推进提供了强大的理论指导，为全面推进依法治国提供了根本性的遵循。"法治兴则国家兴"。2018年的此次修宪，将"习近平新时代中国特色社会主义思想"写入宪法，将大力推进中国特色社会主义法治理论的深度贯彻，标志着社会主义法治国家建设又进入一个新的历史阶段；有利于完备的法律规范体系、高效的法治实施体系和严密的法治监督体系及有力的法治保障体系的最终形成。[①]

"法治中国"建设首先强调依宪治国。党的十八届四中全会的相关决定提出，依法治国首先要坚持依宪治国，依法执政首先要坚持依宪执政。要真正树立宪法权威，就要树立"宪法至上"的理念。故在十八届四中全会后，宪法在国家生活中的作用愈发重要，人们逐渐认识到宪法对社会发展和国家生活的价值。而全面实施宪法，建立有效的宪法保障制度，启动宪法解释机制将成为四中全会后法治建设最重要、最核心的内容。从国家层面而言，过去一直没有努力解决的宪法保障的问题，没有受到重视的宪法价值，肯定将会得到重视。而按照十八届四中全会设定的目标和部署，我们将从"摸着石头过河"转换到"摸着宪法过河"，宪法将成为国家生活、执政党活动和经济社会发展的坚实基础和坚强后盾。[②] 毫无疑问，宪法是重要的。宪法之所以重要，是因为它保护着我们的基本权利，或是因为它为我们的政治提供了一种结构。而真正的问题不在于宪法为何重要，在于宪法如何重要。宪法的重要体现在：其一是因为政治重要。宪法在许多方面影响着政治，其中大部

[①] 此处对习近平法治思想的描述，综合了杨小军、朱景文、李林等学者的观点。
[②] 韩大元、汪仲启："法治中国的根本要义在于树立宪法权威"，载《社会科学报》2014年10月30日，第1版。

分影响是间接的。其二是民众的权利保障重要，宪法在更多方面影响着政治，其中大部分影响是直接的。也就是说，宪法影响了弱势劳工的权利保障。故全面推进依法治国，通过确立宪法权威而促进法治权威的确立。那该如何树立宪法权威？一条基本的路径是：要突出依宪治国在国家全局部署中的优先性。因此，依宪治国，现在应理所当然地成为社会共识，不但使依法治国的地位更加突出，也使依法治国的实现水平提高了层次。故强调依宪治国，有利于国家从法律大国向法治强国迈进。

我国有着相当庞大数目的弱势劳工群体。为了切实解决弱势劳工群体的问题，一方面，要本着全面推进依法治国的路径，建立和完善弱势劳工系统保护的法律体系，维护和增进他们的合法权益，以法律的形式体现出国家和政府对社会弱势劳工群体的关怀；另一方面，要加大适合我国国情的社会保障体系的建设力度，扩大社会保障的覆盖面，尽可能将更多的弱势劳工更好地纳入社会的保障范围，建立一个社会稳定、发展、和谐的发展机制。在此进程中，妥善解决弱势劳工保障立法领域一些亟待解决的问题，突破弱势劳工行政保障、司法救济方面的重大法治改革措施的体制机制障碍，改善国家法治建设与改革的系统性、整体性、协同性所存在的不足。只有如此，我们才能实现高质量的社会发展。自改革开放以来，我国在妇女权益、未成年人权益、老年人权益、残疾劳工权益、农民工权益等弱势劳工群体的保障立法方面取得了巨大进步，但尚缺乏一个稳固的社会弱势群体权利保障理论基础。因此，继续研究弱势劳工群体的保障问题，可以为我国的民主与法治进步提供正义性的法理根据。

推进"法治中国"建设，也是关注弱势劳工群体人权发展的需要。毋庸讳言，建立一个和谐有序、自由富足、文明正义的社会成就了人类梦寐以求的理想。在当今世界，人权观念早已深入人心，人权事业也得到蓬勃发展。但就全世界看来，弱势劳工群体的人权保障状况依然十分严峻，严重影响和制约了整个社会人权状况的普遍改善与提高。故而可以说，当前世界最严重的人权问题主要地存在于弱势群体，尤其是弱势劳工群体当中。因此，对弱势劳工群体的权利予以特别的关注，帮助改善和提高其经济、政治、社会、文化等方面的地位，将极大地促进整个社会人权状况的改善。没有弱势劳工群体人权状况的改善，则整个人类社会人权事业的进步是不可以想象的。党的十九大报告提出，"加强人权法治保障，保证人民依法享有广泛权利和自由"。我国不仅是国际人权宪章的坚定支持者，而且也是一系列国际人权法律文件的签署国或批准国。近年来，我国参与国际事务的广度和深度正在日益拓展，而且也正式表明"将参与国际秩序的建设"。《中国人权法治化保障的新进展》白皮书在其第八部分总结了中国促进全球人权法治建设的经验与取得的进展，显示了人权法治建设的全球视野。中国倡导构建"人类命运共同体"，参与国际人权法治体系构建，认真履行国际人权义务，大力推进了且正在努力推进全球人权事业的发展。这也要求我们国家在弱势劳工群体人权保障的理论研究方面以及实践方面要作出应有的贡献，大力推进弱势劳工群体的人权保障进程。

3. 落实治国理政新理念并彰显"人民至上"情怀

关注弱势劳工群体问题是落实"以人为本"、实现可持续发展的需要。党的十七大报告强调："使人民在良好生态环境中生产生活，实现经济社会永续发展。坚持以人为本，发展经济、保护环境，都要着眼于提高人民生活水平和质量，着眼于人的全面发展和长远发展。"故也应包括弱势劳工群体在内的所有人的发展。可持续发展是指既满足现代人的要求，又不能损害后代人满足需求的能力，强调代际公平。可持续发展应坚持经济发展与资源、环境保护相协调，应在可持续发展进程中，社会发展追求的是以人为中心的全面发展，因为一个国家的真正财富是它的人民，当然也包括弱势劳工群体，他们是宝贵的人力资源。

党的十九大报告提出"全体人民共同富裕基本实现"，还力求"我国人民将享有更加幸福安康的生活"。不论是其所提出的"两个一百年"目标还是其他阶段性目标，都凸显出坚持走共同富裕道路、追求造福人民的全面发展，彰显"人民至上"情怀。

人类发展的能力建设在个体层面上，表现为自身能力的提高过程；自身能力包括健康程度、就业能力、适应能力等方面。在群体层面上，则表现为互助能力、关爱能力、生活质量、人口素质的整体提高。因此，践行"以人为本"，落实"以人民为中心"，社会应该保障每一个人都有机会施展自己的能力，对于个人提供比较均等的参与政治、经济、文化等方面的机会，保障社会的公平。由于弱势劳工群体在我国占到了很大数目，他们对我国实现可持续发展具有决定性的影响。我国社会的发展，经济的繁荣，都离不开弱势劳工群体的参与、支持。因此，对弱势劳工群体的权利进行特别保障，促进弱势劳工群体状况的改善，提高弱势劳工群体的经济、社会地位，对实现可持续发展具有十分重要的意义。

第二章 弱势劳工系统保护与良好秩序的框定

第一节 秩序的含义与分类

一、秩序的含义与秩序观的变迁

(一) 秩序含义的变迁与现代发展趋向

秩序，在本原的意义上，"是指事件的发生多少具有规律的顺序和模式"①。而按博登海默的说法："秩序概念，意指在自然界与社会运转中存在某种程度的一致性、连续性和确定性。"② 哈贝马斯把秩序阐释为一种主体间所共享的一系列有意义的、有效的和有约束力的规范，秩序由生活世界的共同体日复一日地创造和再造出来，并通过合理的对话加以改变。吉登斯则把秩序理解为植根于传统的一种正在运行的社会实践，并且反映着实践中人们的普遍认识；秩序是通过那些知识丰富的行动者持续地参与其中，并对已经证明是切实可行的因素进行更新而被创造和再造的。卢曼则把秩序描绘为在系统和环境之间截然分明的区分；这种区分根据如正确与错误或者遵守规范

---

① [美] 亚历克斯·英克尔斯：《社会学是什么》，陈观胜、李培茱译，中国社会科学出版社1981年版，第36页。

② 何勤华主编：《西方法学名著述评》，武汉大学出版社2007年版，第342页。

与违反规范这样的二元符码由系统的运行进行生产和再生产。① 故秩序,依中国的传统解释,是指人或事物所处的位置,含有整齐划一守规则的意思。而依照现代的解释,秩序是指人和事物存在和运转中具有一定一致性、连续性和确定性的结构、过程和模式等。②

秩序总是意味着在社会中存在某种程度的关系的稳定性、进程的连续性、行为的规则性以及财产和心理的安全性。故秩序总是意味着某种程度的关系的稳定性、结构的一致性、行为的规则性、进程的连续性、事件的可预测性。总的来说,自然界中的秩序更具有普遍性,秩序压倒了无序,规则压倒了偏差,规律压倒了例外。③

(二) 典型秩序观的比较分析

人们出于时代和阶级背景的差异,对秩序有着不同的界说。若是以历史阶段为线索,大致可归纳出以下四种秩序观:等级结构秩序观、自由平等秩序观、"社会本位"秩序观、历史唯物主义秩序观。由于前三种秩序观不能深刻地揭示秩序的本质,这一任务只能由历史唯物主义秩序观来完成。历史唯物主义秩序观主要有以下几点主要内容。

应该说,秩序的特殊性质取决于生产方式的历史个性。从最根本的意义上说,秩序社会生产方式摆脱了偶然性和任意性而表现出来的形式,生产方式的历史个性决定了社会生活的基本面貌,也决定着秩序的社会性质。法律制度的原则和基本内容等是形成社会秩序的一切最基本的因素,都首先要立足于此才能得到合理的解释。当生产力的发展而导致生产关系的历史合理性日渐丧失,则国家和法律的强制便难以压抑对秩序的颠覆,而旧秩序的崩溃和新秩序的形成便同样不可避免。④

---

① [德] 沃尔克玛·金斯纳等编:《欧洲法律之路:欧洲法律社会学视角》,高鸿钧等译,清华大学出版社2010年版,第175页。
② 李龙主编:《法理学》,人民法院出版社、中国社会科学出版社2003年版,第198—199页。
③ 同上书,第204页。
④ 秩序的力量最终来源于生产关系的历史合理性。但从终极的意义上说,现行秩序能否维持以及国家机构体系和法律规范体系能否有效工作,这要以现行生产关系是否仍然具有历史合理性为决定性条件。生产关系的历史合理总是能够赋予秩序以力量,使它能够在动乱之后获得再生。参见李龙主编:《法理学》,人民法院出版社、中国社会科学出版社2003年版,第201—202页。

我国为了保护好弱势劳工等民众，理应在历史唯物主义秩序观的框架下，形成良好的能引领大众的秩序观，并在此秩序观中实现社会的良性发展。

二、秩序理论与秩序分类

（一）典型秩序理论与现实秩序的变迁

1. 典型秩序理论与弱势劳工系统保护的秩序基础

应该说，哈耶克的秩序理论是一种最为典型的秩序理论。哈耶克根据"进化论的理性主义"与"建构论的唯理主义"认识论框架，把所有结社、制度和其他社会型构的社会秩序分为生成的或是建构的秩序。其一是"自生自发的秩序"，其二则是"组织"或者"人造的秩序"。而在多数民主式的"议会至上论"的推动下，建构论唯理主义者最终确立起了以理性设计的立法为唯一法律的"社会秩序规则一元观"。[1]

这种自生自发的秩序有别于另一种由某人通过把一系列要素各置其位且指导或控制其运动的方式而确立起来的秩序。[2] 自生自发的秩序未必都是复杂的，对于我们成功地追求各种各样的目的来说也许有着极为重要的意义。而我们要面对的问题是，自生自发的秩序是否适用于弱势劳工的系统保障？

首先，自生自发秩序与组织在各个方面都存在差异，而这意味着任何个人都不知道他的行动与其他人的行动相结合会产生什么结果。然而，组织中的有序性却是一致行动的结果，因为组织中的合作与和谐乃是集中指导的结果。[3] 这也许为我们在构建和完善弱势劳工的系统化保护机制中该如何发展合作，并促进与实现和谐，提供了一种路径。

其次，在任何一个规模较大的群体中，人们之间的合作都始终是以自生

---

[1] 邓正来：《自由主义社会理论 解读哈耶克〈自由秩序原理〉》，山东人民出版社 2003 年版，第 130 页。

[2] 邓正来主编：《哈耶克读本》，北京大学出版社 2010 年版，第 141 页。

[3] 然而，组织中的有序性却是一致行动的结果，首先，组织中的合作与和谐乃是集中指导的结果；其次，这两种社会秩序类型所依赖的协调手段不同。哈耶克认为，导向自生自发秩序的协调和谐，必定涉及一般性规则的问题。参见邓正来主编：《哈耶克读本》，北京大学出版社 2010 年版，第 137 页。

自发的秩序和刻意建构的组织为基础的。毋庸置疑，对于诸多内容明确的任务来说，组织乃是促使我们进行有效合作的最有力量的手段，因为它能够使那种作为结果的秩序更符合我们的愿望；而在另一些情形中，亦即在我们因所需考虑的情势极为复杂而必须依赖那些有助益于自生自发秩序的力量的情形中，我们对这种秩序的特定内容所拥有的控制力量则必定会受到限制。一般说来，上述两种秩序会共存于任何一个复杂的社会之中，而不论其复杂程度如何。而各式各样的组织，反过来又会被整合进一种更为宽泛的自生自发秩序之中。① 对于弱势劳工的保护，通过自生自发秩序而促使社会协调，或许也是一条不可忽视的路径。

2. 秩序的变迁与弱势劳工的系统保护机制构建

人类社会秩序的演变发展经历了复杂的过程，形成普遍共识的是经历了由传统社会秩序向现代社会秩序的历史变迁。传统社会秩序向现代社会秩序的历史变迁首先表现为构序方式的转换，即师法自然到效率优先。现代社会秩序的构序方式则是建构在以现代工业为基础的效率优先。效率是现代社会构序的基本原则，一切社会要素的运转都服从于效率优先的原则，其后果是社会的运行系统化、制度化，由此构建出现代社会秩序。因此，现代社会的秩序是理性的社会秩序，与传统社会的秩序相比，具有较大的活力和变异性，在其自身的发展过程中不断变化。② 而为了形成理性的社会秩序，需要对弱势劳工的保护制度化、系统化，形成对弱势劳工的系统保护机制，而前提则是更好地处理效率与公平的问题，处理好是否可为了公平而牺牲效率的问题。

（二）社会秩序的分类与分类法

1. 社会秩序的分类与类型

自然秩序和社会秩序是在整个既定世间存在的两种秩序。自然秩序是自然法则的体现，是指自然物的位置特征、结构模式或变化动态等相对固定的

---

① 邓正来主编：《哈耶克读本》，北京大学出版社2010年版，第148—149页。
② 刘秀华：《转型期人的个性与社会秩序关系研究》，天津人民出版社2008年版，第176—179页。

规则，由自然法则、自然规律、自然定律等构成。而社会秩序，简单地说，就是"社会得以聚结在一起的方式"。① 社会秩序是指人类社会运行中存在的基本架构、变化过程等的大致稳定的层次和连续性，是人在社会生活的相互交往中依据一定的社会规范形成的，主要体现为一定的政治秩序、经济秩序、社会生活秩序等。

　　社会秩序作为人的秩序，需要通过人的行为外化出来，也与人的意识，人的世界观、价值观有着密切的联系。规则是秩序的实际内容，是秩序的中间环节。社会权威是指在某种范围内被公认为最有影响力或具有使人信服的力量与威望的人或物。权威是维系社会各要素有机联系和相互协调的无形纽带，是构成人类社会秩序的内在结构性要素。实际上，包括制度权威在内的社会权威、权利、公共性以及弱势劳工主体性人格的构建对走出现代社会人的个性与社会秩序困境，实现人的个性与社会秩序和谐具有重要协调功能。② 社会秩序形态具有多样性，可分为不同的类型，有助于我们分析当前我国社会秩序的性质和历史形态，从而有利于弱势劳工这个具体个人与社会秩序和谐的良好社会形态。

　　若按所竞取社会资源的类型不同，在历史上不同社会形态中，不同社会规则形成不同社会秩序，之后产生了不同的社会秩序类型，即习俗秩序、道德秩序、制度秩序、法律秩序。③ 其中的制度秩序是人的社会关系和社会生活发展的必然产物。随着社会关系和社会生活的发展，产生了具有特定目的和功能的社会组织实体。各种社会组织实体不仅存在一定的分工和权力结构关系，也有着清晰的组织边界，而且有着明确和正式的规章制度。这种规章制度制约着组织中每一个人的行为及其相互关系，使组织进入一种特定的有序状态。此即为"制度秩序"。它是使人们的行为有序化、规范化更为完善的秩序模式。因此，各类组织的稳定运行都离不开制度秩序的建构，组织结构越复杂、规模越庞大，对制度秩序的依赖性就越强。国家是最大的社会组织，一国的制度体系从根本上制约着该国经济、政治、文化以及其他各个领

---

① ［美］李普塞特：《一致与冲突》，张华青等译，上海人民出版社1995年版，第12页。
② 刘秀华：《转型期人的个性与社会秩序关系研究》，天津人民出版社2008年版，第34页。
③ 朱力宇主编：《法理学案例教程》，知识产权出版社2006年版，第59页。

域的运行状态，并对各类微观组织实体制度秩序的建立产生直接或间接的影响。法律秩序是在各种秩序形态中最为发达的形态。法律秩序的核心是法律规范。法律秩序是维护社会秩序的强制手段，确立明确的权利和义务关系影响人们的社会生活。应该说，社会秩序的四大形态并不存在互斥性，或者说一种秩序形态并不能取代或取消其他秩序形态。历史上尽管四大秩序形态的产生是前后相继的，但是产生之后它们却是共存于同一社会形态之中。同时，四大秩序形态还存在互通的关系。习俗秩序一经国家认可，转变为国家意志，便构成法律秩序；各种社会组织实体在制定规章制度时，不得不考虑到它所面临的道德约束和法律要求。现代社会所需要的社会秩序是四大社会秩序的统一体，片面强调哪一个方面都会对社会造成混乱。[1]

等级秩序与多元秩序这种分类类型，是按照性质这个标准进行的分类。并且，在西方理论中，橄榄型的社会分层是较为合理的社会分层，能够形成稳定的社会秩序。社会等级秩序对社会是必要的，"社会制度运行的关键条件之一在于一个相对稳定的社会等级秩序"[2]。而多元社会秩序，是指相对独立且不可化约的社会主体或社会实体这些"元"，即身份自由的个人和具有独立人格特征的社会组织或团体之间形成的秩序。多元论者坚持认为，社会秩序在本质上应当是多元的，社会秩序只能是一种多元秩序。托克维尔认为，在一切民主社会中，社会秩序应当是一种在自由基础上的多元秩序，是由各种独立的、自主的社团相互制衡并以此有效制约权力的多元秩序，只有在这种秩序下，按其本性容易被滥用的权力，才能够得到有效的限制。而在20世纪60年代以后，随着后现代主义、文化多元主义的兴起，多元民主和多元秩序观念深入人心，在西方世界和第三世界国家中成为合法性的"政治认同"的理论依据。

等级秩序和多元秩序是历史上形成的两种不同的秩序类型。等级秩序和多元秩序是人类历史上不同社会历史阶段的产物，等级秩序产生于传统社会，多元秩序产生于现代社会。等级性和多元性是社会秩序的不同方面，不能片

---

[1] 刘秀华：《转型期人的个性与社会秩序关系研究》，天津人民出版社2008版，第171—172页。

[2] [美]李普赛特：《一致与冲突》，张华青等译，上海人民出版社1995版，第73页。

面强调哪一个方面，否则会带来理论的误区。故社会秩序是纵向分层的等级秩序与横向分化的多元秩序的有机统一。故社会秩序的模式不是等级模式，而应当是多元模式。只有在多元模式之下，弱势劳工等才具有个性自由的平等权利，并不妨碍多元秩序应当是现代社会秩序的基本方面。我国社会秩序的转型是由传统的等级秩序向现代多元秩序的转型，也只有实现了这一转型才能走出人的个性与社会秩序的困境，才能够建立真正的和谐社会。①

2. 社会秩序的分类法

在社会秩序的分类法上，有社会秩序规则一元观与社会秩序规则二元观的区分。

古希腊的社会秩序规则一元观，也就是"自然"与"人为"二分观，由公元前5世纪古希腊的智者们所提出。哈耶克批判现代"社会秩序规则一元观"过程中的一个核心问题，也是他整体建构其法律理论之重心的"社会秩序规则二元观"的逻辑展开。当然，哈耶克对"社会秩序规则二元观"的阐发不仅是以他对社会秩序的认识为基础的，而且其最终目的是透过对自生自发秩序的捍卫而确立社会秩序的自由主义分类观，正如哈耶克所言，"自生自发秩序乃是以那些允许个人自由地运用他们自己的知识去实现自己的目的的抽象规则为基础的，而组织或安排则是以命令为基础的。对这两种秩序进行明确的界分，对于我们理解自由社会诸原则来说有着特别重要的意义"。

哈耶克强调，自生自发秩序完全区别于组织或外部秩序，而内部规则与外部规则在一些极为重要的方面存在差异。任何性质的行为规则都会导向稳定或整体的社会秩序，因为哈耶克认为一些调整个人行为的规则会使整体秩序的型构变得完全不可能，甚至有可能会导向失序和混乱。因此，弱势劳工个人行动经整合而成的秩序，是产生于他们对规则的遵循。任何性质的行为规则都会导向稳定或整体的社会秩序。而注重适当的制度和规则，则是我们探讨弱势劳工的系统保护的应有之义。有学者从制度的秩序性角度，去解构

---

① 刘秀华：《转型期人的个性与社会秩序关系研究》，天津人民出版社2008年版，第173—176页。

我国在深化改革过程如何产生了劳工与国家之间原有社会契约的中断，导致产生大量的劳动冲突；并分析了国家如何通过正式制度去缓和社会冲突，以及目前存在的非正式制度又起到了怎样的冲突缓解功能。①

第二节 社会进化与良好秩序的形成

一、价值与良好秩序的形成

（一）秩序的价值取向

1. 秩序对弱势劳工的价值

秩序对人而言具有极其普遍和广泛的意义。毕竟人在任何场所内都是依据一定秩序而行为的。在某种意义上可说秩序是无处不在，无时不有的。无序则意味着无连续性、无规律性和不可预测性，混乱则是不可避免的。正是由于秩序是人之必需，也是弱势劳工群体之必需。而秩序又常会遭受人的破坏，所以弱势劳工才对秩序的价值倍加青睐。简单说来，秩序对人的价值主要表现在以下几个方面。

第一，秩序是人生存的必需条件，也是弱势劳工生存的必需条件。人的生存之先决条件是有一定物质生活资料的获得，而这要靠人的劳动来达到。舍弃秩序将难以维持劳动，更谈不上获得生活资料了。并且，人是人与人相结合的产物，人的传承、繁衍需有相对他人的出现和存在。这要求有相应秩序，也就是社会人伦秩序的存在。而这种社会人伦秩序是人之所以为人而区别于动物的显著标志。人作为群体动物，必须在群体中共同生活。而群体中必有利益的差异和冲突，因而需有秩序提供屏障。无秩序就没有个人的安全和尊严，也没有弱势劳工的安全和尊严，更没有群体稳定和发展的可能，因此，一定秩序是人生存之必需。

---

① 苗红娜：《制度变迁与工人行动选择：中国转型期国家—企业—工人关系研究》，江苏人民出版社 2015 年版，第 346 页。

第二，秩序是人发展的必需条件，也是弱势劳工发展的必需条件。秩序是人生存的必需条件，也是人发展的必需条件。人的发展是在人生存基础上的进一步拓展，人的发展更离不开秩序。弱势劳工的发展，也会对社会提出一定的秩序要求。弱势劳工的发展进步是不能离开相应的社会环境支撑的。在社会无序时，人连生存都相当困难，发展就更是难以顾及了。也就是说，若群众觉得不守秩序地生活比有节制地生活更舒适，那会"加剧了国家的失序"。① 因此，相对的稳定有序的社会是人的发展的客观必需。一定的社会秩序保障着人的生存，也保障着人的发展。当然，一定的社会秩序同样保障着弱势劳工的生存，也保障着弱势劳工的发展。

2. 秩序是弱势劳工保障立法的基本价值之一

为了维护正常的秩序，人类必须采取措施消除无序状态或预防其发生。在文明的社会中，法律是消除无序状态或预防无序状态的首要、经常起作用的手段。法律制度若要恰当地完成其职能，就不仅要力求实现正义，而且还须致力于创造秩序。应该说，法律旨在创设一种正义的秩序。② 法律也具有秩序性，法律还有秩序之美。如果在一个国家的体系里甚至连最低限度的有序常规性都没有，那么人们可认为这个国家没有正常的法律。

秩序是法律的价值，是法律的基本价值之一。但秩序并不是法律的唯一价值，也不是法律的终极价值。秩序是法律的直接追求，其他价值是以秩序价值为基础的法律企望；没有秩序价值的存在，就没有法律的其他价值。秩序之所以是法律的基础价值，首先是由法律的本质决定的，其次是由秩序本身的性质所决定的，最后是由法律的其他价值所要求的。故法律的秩序价值与法律的其他价值之间，前者是后者的前提和基础，后者是前者的目的和发展。法律的秩序价值是连接法律与法律其他价值的中介，法律的秩序价值是法律的基础性价值。法律追求价值又不满足于秩序，才能获得真正的秩序并有可能实现法律的其他价值。③

---

① [法] 雅克琳娜·罗米伊：《希腊民主的问题》，高煜译，译林出版社 2015 年版，第 123 页。
② 葛洪义主编：《法理学教程》，中国政法大学出版社 2004 年版，第 345 页。
③ 李龙主编：《法理学》，人民法院出版社、中国社会科学出版社 2003 年版，第 206—207 页。

3. 秩序与其他价值的关系

法律价值除了秩序之外，还有安全、公平、正义等价值。在法律价值体系中，秩序的价值具有工具性和非实质性的性质，与其他价值的关系如同形式与内容的关系。公平、正义等价值都以秩序为基础。一方面，秩序离不开实质性的价值追求，法律所追求的总是某种具体秩序，如公平的秩序、安全的秩序、正义的秩序等；另一方面，公平、正义等实质性的价值目标也只有在一定的秩序中才能得以实现。法律的各种实质性价值目标都不能孤立地、单独地表现为绝对的、排他的价值目的，而只能相互协调一致，构成一个统一的，前后一贯的价值体系，即具有外在的秩序，才能得到实现。

正义可以说是法律追求的最高的实质性价值目标，那法律所追求的就是正义的秩序。公平也是法律所看重的，法律也在追求公平的秩序。公平正义秩序是社会的理想。在其他秩序中，秩序常与安全相混淆。当然，秩序与安全确实具有密切的关系，在一些方面极为类似。在一定意义上，秩序意味着安全。秩序和安全都反对任意性，都与连续性和确定性有关。而安全总是存在于一定的社会秩序之中。没有秩序，也就谈不上安全。秩序与安全也存在一定的区别，两者的价值取向是不同的。秩序是非实质性的，它只对规则的存在、确定性、连续性有所要求，安全则是实质性的，它对规则本身的内容提出了要求。安全的目的是使人们尽可能持久的稳定和使人们享有其他价值。在这个意义上，安全在法律价值体系中具有从属性与派生性。

（二）良好保护秩序形成的重要性分析

就任何一种复杂现象而言，秩序都是一个不可或缺的概念，或者说，在复杂现象的讨论中，秩序概念肯定会在很大程度上发挥规律概念在分析较为简单的现象中所具有的那种作用。[1]"历史表明，凡是在人类建立了政治或社会组织单位的地方，他们都曾力图防止不可控制的混乱现象，也曾试图确立某种适于生存的秩序形式。这种要求确立社会生活有序模式的倾向，绝不是人类所作的一种任意专断或违背自然的努力。"[2] 而哈耶克因此将认定和重构

---

[1] 邓正来主编：《哈耶克读本》，北京大学出版社2010年版，第138页。
[2] ［美］博登海默：《法理学——法律哲学与法律方法》，邓正来译，华夏出版社1987年版，第207页。

事实秩序的过程，也即将事实秩序转换为抽象秩序的理论过程称为"秩序化"。"秩序化是从划分客体和事件的意义上说，主动对可感觉的事实上的秩序格局重新加以安排，使其产生可取的结果"①。而秩序化的一个结果就是形成良好秩序。每个社会都必定拥有一种秩序。

1. 有利于弱势劳工个体的发展

"显然，在社会生活中存有某种秩序、某种一致性和某种恒久性。如果社会生活中不存在这样一种有序性的东西，那么任何人都不可能有能力做好自己的事情或满足自己最基本的需求"②。这显示了良好秩序的重要性。只有在社会形成良好秩序的前提下，人才有可能有能力做好自己的事情或满足自己最基本的需求。而按罗尔斯的论述，一个秩序良好的社会的条件是不仅促进其成员的利益，而且由一种共同的正义概念有效地支配着。故秩序良好的社会使得每个人接受并知道其他人也接受同样的正义原则，各种基本的社会机制普遍符合并普遍为人所知地符合这些原则。在这种情况下，人们也许会产生不同的目的和要求，但共同的正义概念架起了友好的桥梁。我们不但发现，在秩序良好的社会状态下，基本的社会机制普遍符合正义原则，而社会上的弱势劳工个体均应遵循同样的正义原则。

实际上，没有社会秩序，无论是强势主体还是弱势劳工群体，都不可能生存和发展，更谈不上任何自由和个性的展示。就弱势劳工群体而言，只能在社会秩序中求得生存，只能通过社会秩序来发展自己的自由和个性。"脱离了社会秩序就没有人的存在，人只能通过社会秩序来发展自己的个性，并通过社会的发展而发展"③。当然，社会秩序应是充分注意到弱势劳工群体权利与自由的保障的。因为，"只有糟糕的社会秩序才是与自由对立的。自由只有通过社会秩序或在社会秩序中才能存在，而且只有当社会秩序得到健康的发展，自由才可能成长。只有在构造较为全面和较为复杂的社会秩序中，

---

① [英] 哈耶克：《致命的自负》，冯克利等译，中国社会科学出版社 2000 年版，第 12 页。
② [英] 哈耶克：《致命的自负》，冯克利等译，中国社会科学出版社 2000 年版，第 139 页。
③ [美] 查尔斯·霍顿·库利：《人类本性和社会秩序》，包凡一等译，华夏出版社 1999 年版，第 298 页。

较高层次的自由才有可能实现,因为没有别的途径为众多的人提供选择有利于自己和谐发展的机会"①。并且,法律和秩序"总的来说有助于维护我们的真实自我或共同的自我,与此同时也以令我们憎恶甚至诅咒的方式限制我们特有的个人意志。这种靠强力维持的法律和秩序,乃是一种权利的制度……"②

秩序是对客观事物发展规律的反映,客观地体现了事物运动的必然性。社会秩序是社会发展规律的恰当表现形式,客观上反映社会运动的必然性。因此,社会秩序是包括弱势劳工群体在内的所有主体的个性生成、存在和自由发展的前提和基础。包含着人的个性的社会秩序是通过诉诸人的理性、良心和自尊心而对个人起控制作用的。

2. 有力地推进了社会改革

改革与秩序的关系十分密切。我们应在良好社会秩序下实现社会改革,在社会改革中推进良好秩序的构建,维持良好秩序的运转。

良好秩序促进社会改革的发展。首先,良好秩序是启动社会改革的先导。社会改革往往都是由统治者及其国家运用良好秩序作为基础来启动的。国家把良好秩序的改革作为社会改革的重要组成部分,在社会改革之初就首先创设新的秩序,然后运用新的秩序来促进整个社会的改革。而处于良好状态的秩序不断地确认社会改革的成果,巩固社会改革的成果,就能使社会改革始终不渝地坚持既定的方向,沿着正确的道路发展,使社会改革不断地在新的基础上向新的目标迈进。而秩序就能在社会改革的过程中得到更新,变得更好。社会改革就能在良好秩序的基础上进一步得到推进。我国进一步继续推动财税改革,是为了凸出惠及民生的实践意义。研究推进个人所得税改革,可更好地保障弱势劳工的生存权。③

确实,"通过全面深化改革,我们已经在加强党的领导、推进依法治国、理顺政府和市场关系、健全国家治理体系、提高治理能力等方面及若干重要

---

① [美] 查尔斯·霍顿·库利:《人类本性和社会秩序》,包凡一等译,华夏出版社1999年版,第300—301页。
② [英] 鲍桑葵:《关于国家的哲学理论》,汪淑钧译,商务印书馆1995年版,第144页。
③ 肖捷:"将继续推动财税体制改革深化",http://news.ifeng.com/a/20170829/51799822_0.shtml,2017年9月18日最终访问。

领域和关键环节取得重大突破"。深化党和国家机构改革,是推进党和国家事业发展的必然选择。而这次深化机构改革是一场系统性、整体性、重构性的变革,具有系统设计、问题导向及重点突出的鲜明特征,需要充分彰显科学性、民主性和法治性。因为,我们坚持以问题为导向,即"这次深化党和国家机构改革坚持问题导向,聚焦一批长期想解决而没有解决的重大问题,既推动中央层面的改革又促进地方和基层的改革"。因此,深化党和国家机构改革,需要有秩序的推动,目的最终在于形成更好的秩序。

故而,在社会改革中,良好秩序确认、维护、推进着社会改革,而社会改革的发展又将秩序的发展带入一个新境界。社会改革可以使秩序获得新的形式和新的内容,良好秩序可以使社会改革获得制度的及时认可和有力保障。

3. 有利于社会和谐程度的进一步提升

维护弱势劳工群体的权益有助于保持社会的安定有序。社会主义和谐社会是安定有序的社会。安定有序就是社会组织机制健全,社会管理完善,社会秩序良好,人民群众安居乐业,社会保持安定团结。"和谐社会"的重要表现之一就是社会矛盾与社会冲突处于一个较为缓和的状态。[①] 在涉及弱势劳工的劳动权、享受公正和良好的劳动条件权、社会保障权等领域,矛盾较大,纠纷较多。故而,维护弱势劳工群体权益,是实现社会安定有序的客观需要。而良好的社会秩序则显示出社会的安定有序。而如何维护社会的安定有序,必须正视弱势劳工群体,关注弱势劳工群体,急他们之所急,想他们之所想,切实解决他们的实际问题,将一切有可能危及社会安定的因素消灭在萌芽状态,这样才能实现社会的长治久安。推动和谐社会的进一步构建。在我国现阶段,结构转型与体制转轨在同步进行,秩序规范和机制的并存交替局面还会持续一个较长时期,由此产生的各种摩擦、矛盾和冲突会在一定时期内表现得异常激烈。[②] 因此,弱势劳工群体等此时更是期待一个良好保护秩序的形成。

[①] 李环主编:《和谐社会与中国劳动关系》,中国政法大学出版社2007年版,第366页。
[②] 杨晓东:《城乡接合部地区一体化发展新思路》,中国农业科学技术出版社2015年版,第5页。

二、社会转型与良好保护秩序形成

(一) 社会转型与秩序再造

1. 社会转型与社会失衡

社会转型就是人类社会由一种存在类型向另一种存在类型的转变,从经济、政治到文化、社会各个领域,到人们的日常生活习惯以至社会心理结构,发生全方位的、深刻的变迁。[1] 社会转型常被用来表示一个社会正在经历的深刻变革;是社会结构的整体性、根本性的变迁,社会生活具体结构形式和发展形式的整体性变迁,包括结构转换、机制转轨、利益调整和观念转变。[2] 社会转型是一种社会发展变化的状态;是一个历史阶段,一个动态的过程。

2004年问世的"北京共识"提出:"对于转型国家,不仅要解决体制问题,更要解决发展问题,转型中的路径选择对于这两个问题的解决至关重要,各国应该结合各自的国情,走适合自己的发展道路。"[3] 转型社会这个概念,特指发生结构性调整转变的特定状态下的社会。因此,转型社会就是一个发生着社会转型的社会。社会转型,本质上就是由传统社会向现代社会变迁的过程,或者说社会逐渐由特殊主义向普遍主义转化的过程。[4] 社会转型是指社会发生了结构性变化,由一种结构方式向另外一种结构方式转变的过程,它所表现出来的基本内容是社会分化与社会整合,基本特征是社会的冲突性与不稳定性。[5] 社会转型既包括了社会系统内部各个层面的变化,又涉及社会与自然相互关系的整体性的社会发展过程。在我国,对于社会转型,有学者认为,中国已进入一个新的社会转型时期,转型的主体是社会结构。[6] 转型的主要内容和标志是:中国正从自给半自给的产品经济社会向社会主义市场经济社会转型,从农业社会向工业社会转型,从乡村社会向城镇社会转型,

---

[1] 张朋智:《转型与引导 转型期思想政治工作创新发展研究》,人民日报出版社2016年版,第9页。
[2] 同上书,第8页。
[3] 曲亮等:《嵌入视角下独立董事尽责机理研究》,浙江工商大学出版社2014年版,第64页。
[4] 周建国:《社会转型与社会问题》,甘肃人民出版社2008年版,第41页。
[5] 张咏梅、宋超英:《社会学概论》,兰州大学出版社2007年版,第54页。
[6] 周建国:《社会转型与社会问题》,甘肃人民出版社2008年版,第45页。

从封闭半封闭社会向开放社会转型,从同质的单一性社会向异质的多样性社会转型,从伦理社会向法理社会转型。① 有人干脆提出,社会转型就是城市化。而中国社会转型的微观机理则是转型阶段论。② "四个全面"理论是以习近平为总书记的新一届中央领导集体上任两年后提出来的,具有强烈的时代背景。"四个全面"即是一种转型理论[3],可用来破解中国转型的难题。

  社会转型是一个整体性的社会发展过程,这是世界各国社会现代化过程通过实践所得出的结论。也就是说,社会转型实际上是传统因素与现代因素此消彼长的进化过程。也有学者认为,社会转型起步较晚、它的最初动力来源于其社会外部的迟发外生型国家来说,社会转型的过程往往还表现为现代因素由外到内、由表及里和由名到实的生成和发展过程。④ 由外到内是迟发外生型国家社会转型过程中现代因素生成和发展的一个主要途径,是一种表现形式或发展途径。由表及里则揭示了社会转型中现代性因素生成和发展程度。我国社会转型表现为由器物层面到制度层面再到文化层面的一个由表及里、逐渐向深度发展的过程。迟发展国家的社会转型还显露出现代因素生成和发展的过程,是一个由名到实的过程。在国家的发展与转型过程中,国家为追求片面经济增长,诸如社会福利、社会公平等因素往往被当作经济增长的代价而被牺牲掉,而经济增长也因受到非经济因素的制约而出现困难局面。此种情形下的弱势劳工群体则是其中的典型困难代表。人们将此种经济增长状态精辟地描述为"无发展的增长",并对此种发展模式提出了种种质疑。于是,单纯的经济发展模式为经济与社会协调发展模式所取代。此时的社会转型变化为经济增长与社会变革的综合。而在当前的世界,因为环境保护问题极为突出,若不实现生态平衡,社会现代化与发展就是不可能持续的。故此时要求经济、社会、环境三者的协调,故社会转型=经济增长+社会变革+环境保护。⑤ 而对弱势劳工群体而言,经济增长有利于其工作机会的获得或提

---

① 周建国:《社会转型与社会问题》,甘肃人民出版社2008年版,第45页。
② 曲亮:《嵌入视角下独立董事尽责机理研究》,浙江工商大学出版社2014年版,第63页。
③ 陈剑:《国家重构 中国全方位改革路线图》,中国发展出版社2015年版,第36页。
④ 刘祖云主编:《社会转型解读》,武汉大学出版社2005年版,第6页。
⑤ 周建国:《社会转型与社会问题》,甘肃人民出版社2008年版,第48页。

升工作机会的概率；而社会变革，则有利于一个公平正义的社会秩序形成。

作为一个发展中国家，中国社会转型还具有一些独特性，而这些独特性对中国社会转型具有更为重要的意义。中国社会转型始于19世纪中期，且是被迫开始的。而自改革开放以来，中国社会才真正变被动为主动，开始了前所未有的快速社会转型。因为，在从传统社会向现代社会转型过程中，所有"早发"国家的社会转型或者说现代化的主要推动力量几乎都是来自"市民社会"，市场是经济发展的主要动力机制。与此相反，几乎所有"后发"国家的社会转型都是在强大政府推动下启动和发展的。中国社会转型模式的选择是在总结历史经验教训基础上所作出的正确选择。当代中国的社会转型既吸收了前者的经验，也结合了后者的特色，选择了政府主导下的政府与市场双重力量来推动社会转型的模式。[1] 我们认为，这也是我国强调坚持法治国家、法治社会、法治政府一体建设的原因之所在。虽然市场在资源配置中起基础性作用，但不管怎么说，把社会转型的推动力量完全归结为市场是不太符合世界各国的实际情况的。无论是早发国家还是后发国家，政府在社会转型过程中都不同程度地发挥着作用。[2] 政府在社会转型尤其是后发国家的社会转型过程中的地位和作用是极为重要的。在我国，政府主导下政府力量和市场力量的巧妙结合是中国共产党人总结历史经验后的成功创举，是中国社会转型顺利进行的制度保证。"在中国社会转型过程中，政府与市场表现为两种不同的推动力量，但是这两种力量的巧妙结合，的确是世界现代化过程中的一个范例。"[3] "在中国社会转型过程中，政府力量和市场力量的巧妙结合，得益于三个方面的条件：其一是顺乎民心民意，改革开放从根本上说是反映了广大人民群众的实际要求；其二是使大多数人获益的原则……从而使经济改革获得广泛的支持，也大大增强了人们对结构转型和体制变动的经济承受能力和心理承受能力；其三是顺应结构转型的历史潮流……政府干预不再是

---

[1] 周建国：《社会转型与社会问题》，甘肃人民出版社2008年版，第69页。
[2] 同上书，第70—71页。
[3] 杨晓东：《城乡接合部地区一体化发展新思路》，中国农业科学技术出版社2015年版，第5页。

一种超经济的强制力量,而是作为对市场的有效补缺。"① 显然,中国的转型,要顺应包括弱势劳工在内的广大人民群众的实际要求,要符合包括弱势劳工在内大多数人获益的原则,防止出现贫困的恶性循环,不能让弱势劳工"穷就是因为穷"②;还要顺应历史潮流,不能开历史倒车。

然而,国际社会上有人在搞逆全球化,试图开历史倒车。美国现任总统特朗普为了保住一些煤矿工人的工作,废除了一些环保法案,还决定退出巴黎协定;③ 此举引起外界广泛批评,被质疑是逆潮流的行动;导致全世界都在讨论特朗普能保住煤矿工人的饭碗吗?而特朗普以所谓的"美国优先"为口号,为了保住国内钢铁企业工人的工作机会,通过加征惩罚性关税展开贸易战,是在搞贸易保护主义。媒体认为,美国农民和沃尔玛购物顾客可能在这场斗争中感到痛苦,他们中的很多人都曾在大选时投票给特朗普。实际上,为了追求利润最大化,美国将众多低端制造业转移到发展中国家,而把研发中心和高端制造业、高端服务业留在本国。美国的资本在与发展中国家的廉价劳动力形成了一种新的结合,美国的金融科技精英与其他国家的蓝领劳工形成了一个链条。这种经济结构使美国稳居全球价值链高端,成为全球利润分配中的最大获利者,同时也必然催生美国对中国等发展中国家物美价廉商品的旺盛需求,巨额贸易逆差由此产生。多年来,美国按自己的意愿进行经济布局,既赚取了巨额利润,又尽情消费中国等发展中国家提供的大量物美价廉商品,可以说是占尽便宜。④ 认清美国对华贸易逆差产生的根源就可以知道,解决美国对华贸易逆差问题其实很简单:美国应根据国内需求调整产业结构,多生产本国人民需要的产品以减少进口;同时,放开对中国等国家的高科技产品出口限制,扩大出口。不理智地强迫别的国家与自己打贸易战,

---

① 陆学艺、景天魁主编:《转型中的中国社会》,黑龙江人民出版社1994年版,第46—47页。
② 哥伦比亚大学的罗格纳·纳克斯(Ragnar Nurkse)在《不发达国家的资本形成》一书中提出了贫困恶性循环理论。贫困恶性循环理论被纳克斯总结成一句话"一国穷是因为它穷",或者翻译为"穷就是因为它穷"。
③ "美国总统特朗普:正在筹划采取行动拯救煤矿就业岗位",http://finance.sina.com.cn/stock/usstock/c/2017-03-21/doc-ifycnpit2464638.shtml,2017年12月28日最终访问。
④ 周世俭:"美国对华贸易逆差根源在其自身",http://baijiahao.baidu.com/s?id=1597902179559198473&wfr=spider&for=pc,2018年4月16日最终访问。

并非解决贸易逆差问题的有效途径。① 有识之士进而指出，美国靠搞保护主义无济于事，关键要找准自身的问题，并且予以对症下药。自己有病要他国吃药，那估计最终是于事无补，解决不了什么问题。

中国在社会转型过程中，不可避免地要借鉴发达国家的经验，但绝不能照抄照搬。西方发达国家现代化已经发展到了较高水平，这给中国社会转型提供了一定的示范效应。中国政府可以利用这种示范效应来充分调动社会各阶层参与社会变革的积极性，加速社会转型的快速推进。

当然，社会在转型过程中，会发生社会分化与整合。社会结构系统不断分解成新的社会要素，各种社会关系经过分割重组最终形成新的结构及功能专门化的过程和现象。在分化与整合的历程，国家在社会转型过程中也可能出现一定的问题。20 世纪七八十年代，人们认为西方已经演变为工会强势、高福利、低基尼系数，既自由又平等、既有竞争又有社会保障的一种社会。但现在皮凯蒂的著作《21 世纪资本论》指出，西方内部的不平等、两极分化又开始趋向严重。也就是说，西方的贫富分化在重新加剧。② 而美国跨国转移和改变生产布局，对外输出投资致使蓝领劳工被甩出，成为断裂社会的一极。而支持特朗普当选总统的美国人的确主要是蓝领白人。

中国在社会转型过程中出现了社会失衡、社会失调和社会失序等问题。所谓社会失衡，是指社会系统的各个组成部分之间出现的发展程度高低不同的状况。在当代中国社会转型过程中，社会失衡问题已经越来越凸显出来，成为我们不得不应对的重大课题。有学者把当代中国社会转型过程中出现的社会失衡现象概括为地区间发展失衡、行业间发展失衡、单位间发展失衡和个体间发展失衡等几个方面。自 20 世纪 90 年代以来，中国的社会结构已经发生了相当程度的变化，社会分化日益加剧，社会贫富差距加大，成为社会失衡的重要表征。而社会失衡更突出的一个表征是，一个具有相当规模的社会弱势群体产生了，其中含有大量弱势劳工群体。20 世纪 90 年代，在社会

---

① 周世俭："美国对华贸易逆差根源在其自身"，http：//baijiahao. baidu. com/s? id = 1597902179559198473&wfr = spider&for = pc，2018 年 4 月 16 日最终访问。

② 秦晖："21 世纪的全球化危机"，http：//www. aisixiang. com/data/109469. html，2018 年 4 月 18 日最终访问。

资源重新积聚的条件下，中国社会开始形成一个具有相当规模的社会弱势群体。实际上，前面所说的贫富差距加大，也是弱势群体扩容的一个原因。有学者解释了其中的深层次背景。我国在 20 世纪 90 年代初以前改革的路径呈现的是社会资源呈一种扩散的趋势，这使得社会弱势群体和边缘群体能够享受到改革所带来的成果，整个社会在朝着"共同富裕"的目标迈进。而 20 世纪 90 年代初以后，中国社会结构转型发生了一定的变化，即有学者所概括的"从资源扩散到资源重新积聚"的变化，[1] 直接后果之一就是中国社会开始形成一个具有相当规模的社会弱势群体，他们被抛到了社会结构之外，形成一个底层社会阶层，与主流社会失去正常的联系，整个社会出现一种"断裂"现象。从社会有机体的角度来看，所谓"断裂社会"其实就是一种严重的社会失衡现象，这是中国社会转型时期尤其是 20 世纪 90 年代以后出现的一种令人担忧的社会问题。[2]

这些弱势劳工群体的类型，主要包括进入城市的农民工以及城市中以下岗失业为主体的贫困阶层。弱势劳工群体的贫困程度也是让人惊心的。而中国的贫富差距在扩大，使得有识之士在担忧中国走向"拉美化"的风险在加剧。[3] 在中国农村，那些进城寻找机会的农村富余劳动人员，进城务工后，因身份限制难以享受城市的福利。并且因为利益表达机制的欠缺，他们每月收入也较低，在最低工资左右徘徊，俗称"地板工资"[4]。这是一个规模异常庞大的社会弱势劳工群体，人数高达 1 亿以上，处于不"犯法"的"地板工资"困境之中。另外，在城市经济体制改革的过程中，一部分素质和能力不高的工人开始因失业而逐渐沦为城市贫民。他们大多数年龄在 40—50 岁，基本上没有接受过良好的教育，在市场竞争过程中难以重新获得就业机会，这

---

[1] 孙立平：《断裂——20 世纪 90 年代以来的中国社会》，社会科学文献出版社 2003 年版，第 61 页。

[2] 周建国：《社会转型与社会问题》，甘肃人民出版社 2008 年版，第 72—73 页。

[3] 学界一直在辩论中国社会是否走向拉美化的辩题，一些学者认为高房价加剧了中国的拉美化进程，而另一些学者则认为中国耕者有田居，有屋不会走向拉美化。

[4] "地板工资"指企业等用人单位按照当地最低工资标准向职工发放的基本工资。面对资方的优势地位，农民工等弱势劳工群体力量分散，缺少表达合理诉求、维护自身权利的渠道，不具备利益博弈特别是工资议价能力。

使他们极有可能长期生活在贫困之中。以上这些弱势劳工群体应该说已被甩到了社会轨道之外，成为目前中国社会的边缘劳工群体。一个如此庞大的社会弱势劳工群体的存在，足以说明中国社会失衡问题的严重性。[1] 因"社会结构的断裂"，且缺乏合理有效的整合机制，社会阶层已逐渐固化。在弱势劳工群体中，城市中谋生的农民工群体和市民群体之间确实存在巨大的社会鸿沟，由于制度障碍存在，从农民工群体进入市民群体是相当困难的。这就需要为断裂社会重新续上新的连接，故而需要对弱势劳工群体实行精准扶贫。而国家跨入新时代，贯彻新发展理念的重要表征是：既要继续解放和发展社会生产力，又要保护好生态环境，还要坚决打赢艰巨的脱贫攻坚战。应该说，环保和扶贫是中国经济增长的新秘方。而统筹推进环境保护、精准扶贫和经济增长，助推创新驱动转型发展的积极作用，为中国跨越"中等收入陷阱"提供了重要保障。对于一些学者所认为的，全球化在西方那里造成了社会不平等的加剧，甚至全球化在全球造成了社会不平等的加剧。[2] 那中国在走向新时代，理应完善精准扶贫等再增加社会平等的一些功能。

2. 秩序该如何再造

古往今来，公平正义一直是善良人们所孜孜追求的目标。公平正义是衡量一个社会和谐与否的重要尺度，它要求协调好社会各方面的利益关系，是"和谐中国"建设的内在要求。公平正义的实现程度越高，社会和谐的实现程度也就会越高。而只有正确处理社会发展中的各种矛盾，以此来维护社会公平和正义，才能实现秩序再造。而正在转型过程中的中国，应针对社会失衡的主要情况，提出针对性的解决方案，才能实现秩序再造，维持社会的稳定。

贫富差距则是我国当前不稳定的根源。当务之急就是缩小贫富差距，合理分配社会财富，给弱势劳工群体以生存和发展的机会。故应消减不适当的贫富差距。而以人为本要求把最广大人民群众的根本利益放在首位，正确反映和兼顾不同方面的群众利益，高度重视和维护弱势劳工群体等人民群众最现实、最关心、最直接的利益，坚决纠正各种损害群众利益的行为，特别要

---

[1] 周建国：《社会转型与社会问题》，甘肃人民出版社2008年版，第76页。
[2] 秦晖："21世纪的全球化危机"，http://www.aisixiang.com/data/109469.html，2018年4月18日最终访问。

保护好低收入劳工等弱势劳工群体的根本利益。保障好弱势劳工群体的利益，才能建构相应的秩序。

实现共同富裕是实现社会公平公正的物质基础，也是社会主义政治体制的基本理念。要实现国家长治久安，就必须缩小贫富差距，走共同富裕之路。是否走共同富裕的道路关系到党和政府的生死存亡。现代世界各国的经验表明，任何执政党要实现其合法性统治，都必须获得民众的支持。要求共同分享社会进步和经济发展的新成果，要求缩小贫富差距，要求实现绝大多数人民的共同富裕，已经成为当今时代的主流。缩小贫富差距，实现共同富裕，已经成为执政党能否实现政权稳定的重要因素，成为一个国家政权在政党更迭时的决定性的力量。而中国共产党的性质决定了她是人民群众利益的根本代表，为人民谋利益是其义不容辞的责任。总之，"中国共产党是当代中国的领导核心"。实现共同富裕之所以受到党和国家如此高度重视，是因为它既关系到13亿人民的生存与发展，也关系到执政党的生死存亡，更关系到国家的长治久安。只有实现共同富裕，人民才能安居乐业，国家才能兴旺发达，党和政府才会受到人民的拥护和支持。而实现共享发展，是走向共同富裕的最适合的道路。在一段时间里，我国的收入分配发生了相对的负向转移，即劳动者的份额下降，资本拥有者的份额上升。这种趋势不利于共同富裕的实现。习近平同志指出："国家建设是全体人民共同的事业，国家发展过程也是全体人民共享成果的过程。""中国执政者的首要使命就是集中力量提高人民生活水平，逐步实现共同富裕。"这便是人民至上、共建共享的科学发展理念。或许，"贫富差距过大致使社会难以建立社会信任"。随着对经济增长没能带来贫困人口减少这一现象的反思，国际上提出了"基础广泛的增长""分享型增长""亲穷人的增长""包容性增长"等理念。这些理念及其实践，在提高人民生活水平、促进社会公平正义方面取得一定成效。共享发展理念，正是对这些经验教训的借鉴和超越。坚持共享发展，我们的国家就会安定、民族就会团结、人民就会满意；我国发展就能顺应时代发展潮流、引领时代发展潮流。①

(二) 秩序再造的典型路径选择

1. 通过谈判协商形成再造的秩序

对施特劳斯而言，秩序从根本上来说并非是一劳永逸生成的，而是日复一日地经过谈判而形成的。秩序的每一个新的变化，都意味着需要针对既定的秩序以及其变化趋势进行谈判和新的评估。而谈判的结果又取决于下述结构性背景，即和谁谈判、何时以及对什么问题进行谈判。② 毕竟，谈判都是发生于某个给定的结构背景之下，而这个结构背景又是植根于基本的制度结构中的。施特劳斯的谈判秩序模式是如何反映出决策的过程的。决策是一个在持续进行着的过程，并产生各种不确定的和不圆满的结果。在这种决策的模式中，主导性合作行为形式，是多元的利益集团在这一程序的最后结果的形成方面展开的竞争。各个利益集团都想使其效用最大化，并且为达到此目的，都通过灵活多样的方式来结成各种联盟。沟通需要一个理想情境，协商谈判则需要进行理性沟通。谈判模式有利于特别受到关注的以及组织良好的利益群体，而将更为普通的和缺乏组织性的利益群体置于不利境地。形式上的机会平等导致了实质上的决策结果的不平等。因此，一部分群体的被剥夺感消解了政策过程的正当性，这些群体由于形式上的机会平等与实质上的结果不平等之间的不一致性而受到伤害。③

劳资之间的协商、谈判有利于在收入分配领域再造一个新秩序。国家发展和改革委员会宏观经济研究院某教授做客人民网理论频道时表示，收入分配领域，可以分成两个层次：第一个层面是劳动者的收入分配问题，属于初次分配领域；这些年总的是什么态势、什么样的格局？简单说就是劳动者的报酬在初次分配中所占的比重呈下降趋势。用六个字概括，叫作"利润蚕食工资"，或者叫"利润侵蚀工资"。用网民朋友经常说的话，就是利润吃了劳

---

① 任理轩："坚持共享发展——'五大发展理念'解读之五"，载《人民日报》，http://theory.people.com.cn/n1/2015/1224/c40531-27969090.html，2017年8月28日最终访问。

② [德] 沃尔克玛·金斯纳等编：《欧洲法律之路——欧洲法律社会学视角》，高鸿钧等译，清华大学出版社2010年版，第176页。

③ 同上书，第178—181页。

动者工资的一部分。所以，它的比重才逐步缩小。解决劳动者的初次分配问题，需要解决好劳资双方的谈判协商机制。我们现在缺乏一个劳资双方谈判协商的良好机制。在一个比较完善的成熟的社会里面，它有这么一种机制，叫作"金三角"的机制。① 故在弱势劳工的保护方面，可发展完善现有的集体协商机制，通过协商谈判来维护弱势劳工权益。

2. 通过社会实践演化形成再造的秩序

在安东尼·吉登斯看来，对社会秩序的任何解释，都必须要考虑某些社会实践的基本要素：客观存在的社会结构与人们的行动的二元性使人们意识到，结构具有抑制和促进行动发挥作用的特点；而结构又可以通过人们的行动得以建立和再造。见多识广的行动者是社会实践的基本特色。社会实践的进行在日复一日的社会实践、对实践的监控、反映那种对变化的可能性持开放态度的实践行动这三个层面上都会体现出来。在社会实践中，建立结构是一个持续进行的过程，而社会结构正是这一过程的起点，并不断因此而得以重构。秩序是从已确立的各种传统中演化而来的，这些传统是那些知识丰富的行动者为了在社会上实现公平分配而斗争的社会实践中确立起来的。而这些行动者的知识，是在持续存在的或发生转化的结构中，将既定的结构、社会实践以及行为后果相互连接起来的一个核心性的工具。因此，人类的单个个体所具有的丰富知识及其在社会实践中的应用，决定着结构是持续存在还是发生了转型。对那种实践活动的文化形式的正当性给予证明，是表明相信代议制民主政府会按照通常的情理和共同利益来制定法律，并且相信以实践经验为基础的社会实践，会逐步得到改善的。②

弱势劳工中的农民工在农村依然拥有土地承包权，而农民工通过一种可说是具有中国特色的"以代际分工为基础的半工半耕结构"，获得了在城乡之间进退往返的自由空间，保持了中国社会结构的弹性。③ 一个社会的结构

---

① 陈叶军："常修泽：解决劳动者收入分配问题要有劳资协商机制"，http://theory.people.com.cn/GB/11265232.html，2017 年 9 月 18 日最终访问。
② [德] 沃尔克玛·金斯纳等编：《欧洲法律之路——欧洲法律社会学视角》，高鸿钧等译，清华大学出版社 2010 年版，第 181—183 页。
③ 贺雪峰："珍视中国社会结构弹性"，http://www.aisixiang.com/data/98610.html，2018 年 3 月 28 日最终访问。

与产业结构紧密相连。中国通过弱势劳工等劳工的转型、人才技术的转型以及资本的转型，顺利实现产业转型并最终跨越中等收入陷阱，形成良性社会秩序。

3. 通过生活系统相互渗透而进行的秩序生产

对哈贝马斯而言，社会秩序由权力演化而来。话语开始于在无可置疑的传统之下沟通失败之时，则能使神圣的东西转化为语言的方式。任何社会秩序都是由一些神圣的未经触碰的真理所组成，在规制人们的行为方面，这些真理确保社会秩序能承受约束性的权力。新的经验越多，越能招致批评和回应，就越少有社会秩序能够从实体性的神圣真理的核心获得约束力。神圣的东西就由实体转化到程序，也即是从实体性规则到程序性规则的转化，这种转化担任着发现真实和非真实、正确与错误的行为准则的作用。这种过程在一个被视为当然的生活世界里超越了日常交往，从而形成理性的话语；这种话语是人们之间在平等的条件下通过自由和公开论证，由建构主体间共识的法律所引导。建立在共识基础上的关于陈述的秩序（规范的和认知的陈述）被认为是正当的。[①] 从受到歪曲的交往而不是根据理想的言谈情境演化而来的秩序，在规范的意义上是不正当的，在事实的意义上则是不稳定的。现代社会中的秩序出现于传统上和话语上已存有的生活世界与功能上已形成的经济、政治、法律和科学系统之间的相互渗透。将这些系统与生活世界之间的相互渗透并取而代之的是形成如下这种发展趋势，即生活世界为这些系统所殖民化，因此使得社会秩序的建构变成适应各种实用性命令的问题，以至于它被认为是不正当的和不稳定的。[②]

弱势劳工群体同样有着对美好生活的向往，美好生活要求成就、美德以及具有一定超验性的精神的维度。当然，这里面也蕴含着一定的生活理性。在劳工的生活世界与系统的沟通过程中，学界或政府要避免出现的错误是将美好生活的标准定得过高或者过低，也要注意区分理想生活与幸福生活，以便形成一种稳定秩序。系统，作为社会的制度和组织无疑影响着人类的生活。

---

① ［德］沃尔克玛·金斯纳等编：《欧洲法律之路——欧洲法律社会学视角》，高鸿钧等译，清华大学出版社2010年版，第191页

② 同上书，第190—191页。

故而，与弱势劳工保障相关的系统机制的产生必须以其生活世界的合理化达到相应程度为条件。毕竟，系统产生的目的是服务于生活世界的。从范式的相应转变，譬如从历史的范式到进化的范式的转变，其操纵者是将生活的"功能"、功能的发展变成种种社会制度的功能主义。[①] 而作为人类"生活世界"中的社会实存方面的"生活形式"的社会制度，可以经由自生自发的路径产生、发展及演进而来，也可以经由刻意地整体设计与建构而来。

4. 由复杂性化约生产和再生产的社会秩序

对卢曼而言，社会秩序来自通过在系统和环境之间划出一条分界线（区分）的复杂性化约所带来的混乱。[②] 在人类生活中，因行为和表达所具有的广泛可能性而出现了复杂性问题。而所谓复杂性，就是"可能性总是多于可实现性"。故在实践中，复杂性就意味着强迫选择。[③] 复杂性化约，用社会学的术语来描述，就是那种"双重偶连性"的化约。在环境和系统之间进行区别则是复杂性化约的一种基本形式。自我指涉则是对环境和系统进行区分的基本运作方式。

关于法律，确切地说，就是用法律术语来说明什么是合法的、什么又是非法的。法律的功能指向社会的预期，而法律作为功能系统必须保持运转；法律系统的分化就是为了完成某些功能。用实践性的术语来说，秩序的生产和再生产依赖于通过自我指涉的方式而连续性地区分系统和环境。它必须根据自身来产生自己的正当性，也就是说，作出决定的程序即在合法与非法之间进行明确的区分。这种区分意味着，完全吸收通过对这种情况下为系统和自我指涉的过程而斗争的团体之间的冲突。历史上的路径依赖缩小了改进作出决定的方向。法律的功能指向社会的预期，而法律作为功能系统必须保持运转；法律系统的分化就是为了完成某些功能。卢曼还强调，法律仅实现一个功能才导致明确的结果。法律功能的实现不需要依靠强制和制裁。若法律

---

① [法] 雅克·比岱、厄斯塔什·库维拉基斯主编：《当代马克思辞典》，许国艳等译，社会科学文献出版社2011年版，第505页。

② [德] 沃尔克玛·金斯纳等编：《欧洲法律之路——欧洲法律社会学视角》，高鸿钧等译，清华大学出版社2010年版，第191页。

③ Niklas Luhmann: A Sociological Theory of Law, Routledge & Kegan Paul, 1985, p. 25.

功能的实现要依靠强制权力、制裁、实际的审判时，法律就变得低效率了。①而程序能准确地勾画出反对法庭决定的方式，与这些方式不一致的抗议被排斥为是特殊的不满和不正当。所有这些有目的的判决，都必然是个别化的及不稳定的。而对于任何一个给定的目的而言，实现它的最有效的手段会随着情况的不同而改变，而这些目的本身很可能是复杂的。② 条件纲领保证在特定条件下源于规则的决定是完全中立的过程。对于免于任何特殊影响的正当性程序而言，作为其不可避免的结果，决定的作出应呈献给公众，由此而成功地主张正当性。③

5. 通过掌控话语权而创立秩序

米歇尔·福柯曾提出，话语是以行使权力的方式创立和再创立秩序的一种手段。④ 而话语具有三个外在的限制性程序，即关于目标、时代和人员的禁令；疯癫与理智的分界线；真实与不真实的分界线。话语还具有三个内在的限制性程序：评论；对作者而言文本之归属；以及各种规训中知识的组织化。进入话语要受到仪式、运用话语的团体、原则这些限制性因素的规制。⑤社会秩序的创造和再创造就是一个行使权力的问题，这种权力体现在已有之知识秩序中，并由代表那种知识秩序的角色，即科学家和以官方知识表达意见的行政官员来执行。政府和行政机构越使用无效率的权力，他们在公众心目中就越缺少信任。公众从政治中退出，致使政府与以前相比，由于缺乏普遍获得的支持而更加缺少权力。在这种情况下，通胀性的螺旋式发展过程就变成了紧缩性的了。而话语之秩序在真实和非真实之间勾勒出一条清晰之界限。然而，这种秩序产生了意想不到之效果。⑥

---

① 罗文波："预期的稳定化——卢曼的法律功能思想探析"，载《环球法律评论》2007年第4期。
② 卢曼："法律的自我复制及其限制"，韩旭译，http://www.aisixiang.com/data/10861.html，2018年4月18日最终访问。
③ [法] 雅克·比岱、厄斯塔什·库维拉基斯主编：《当代马克思辞典》，许国艳等译，社会科学文献出版社2011年版，第191—192页。
④ [德] 沃尔克玛·金斯纳等编：《欧洲法律之路——欧洲法律社会学视角》，高鸿钧等译，清华大学出版社2010年版，第186页。
⑤ 同上。
⑥ 同上书，第186—188页。

中国之经济实力尽管已位于世界前列，但"制度性话语权"还是严重匮乏，与其大国地位及对世界之应有贡献不大相称。中国 2018 年宣布在海南省建设自由贸易试验区和中国特色自由贸易港，推动海南成为新时代全面深化改革开放之新标杆。正如习近平总书记指出的，"变革创新是推动人类社会向前发展的根本动力，谁再排斥变革，谁拒绝创新，谁就会落后于时代，谁就会被历史无情淘汰。海南全面深化改革开放，再次向世人昭示了中国人民勇于自我革命、自我革新之精神，必将成为这个伟大新时代之新标杆"。但中国构建"制度性话语权"之努力不能仅着眼于"对外开放"之维度，同时还不能忽视或迟滞"对内改革"之维度。中国"制度性话语权"之真正基础不是国家经济资本，不是自筹体系内的暂时性支配权，而是内部治理上促动优良政体与民主法治的结构性生成。[①] 显然，国家应在弱势劳工保护国际体系中掌握适度的话语权，而弱势劳工自己也应在弱势劳工保护法治体系中掌握适度的话语权。

第三节　保障弱势劳工的良好秩序应该是什么

一、制度的确立和秩序的生成

（一）制度与秩序的关系

1. 制度及其范式设想

制度，通常就是一系列影响人类行为的规则或规范。制度的含义，就是"秩序性"。[②] 新制度主义学派的主要代表诺斯说："制度是一个社会的游戏规则，更规范地说，它们是决定人们的相互关系的系列约束。制度是由非正式约束（道德的约束、禁忌、习惯、传统和行为准则）和正式的法规（宪法、法

[①] 田飞龙："大国崛起之制度话语权内涵"，http://www.aisixiang.com/data/105030.html，2018 年 4 月 18 日最终访问。

[②] 苗红娜：《制度变迁与工人行动选择：中国转型期国家—企业—工人关系研究》，江苏人民出版社 2015 版，第 346 页。

令、产权）组成的。"① 确实，诺斯认为，制度是社会中博弈的规则，是人为设定的影响人类社会互动关系和行为的约束。② 新制度主义派的学者们通常强调建构的秩序，认为制度可以控制个人的集体行动，可以是社会系统外强加的秩序。博弈论的学者认为，制度是博弈的均衡解，因而也是内生的和可以实施的。③

构成制度的行为规则，既可以是成文的规范性文件，也可以是不成文的规定；既包括得到权威机关认可并要求强制服从的法律制度，也包括未经任何权威机构发布但潜在地制约人们行为的非正式规则，也就是人们通常所说的"潜规则"。④ 法律制度是最为常见，也是大家最为看重的制度。法律制度通常是制约人们行为的一系列规则，是人类法律生活的行为准则。法律制度通常由国家制定，体现了统治阶级的根本利益和价值取向，政府当局借此来约束弱势劳工等的行为。因此，与其他制度相比，法律制度的约束力和强制性较强，当发生冲突时，其他制度通常要让位于它。而法律规则，是业已成型的行为准则，它具有相对的稳定性和长效性。

制度在国家里到底会发生一个什么样的作用？所谓制度，是指涉国家及其代理人所构建的各种社会管理制度等"制度丛"；而生活，则是指社会人的日常的生产生活活动以及在这个过程中所生产出来的互动空间。制度体现的是主体的间断在"话语意识"层面的工具理性；生活虽然没有拒绝工具理性，但大多是以实践意识甚至是以"无意识"的方式发生作用，并因为行动者的群体属性以及群体的记忆性而弥漫在这个群体的生命中。故而我们可说，弱势劳工群体与强势群体的生活是存在较大区别的。毕竟，制度构建的目的就是影响和规训生活及其主体的自主性，让生活符合理性主义的逻辑和预设，满足特定社会中特定主体的秩序追求。

---

① [美]诺斯：《经济史中的结构与变迁》，陈郁、罗华平译，上海三联书店、上海人民出版社1994年版，第3页。
② [美]诺斯：《制度、制度变迁与经济绩效》，杭行译，上海人民出版社2008年版，第3页。
③ 苗红娜：《制度变迁与工人行动选择：中国转型期国家—企业—工人关系研究》，江苏人民出版社2015年版，第51—52页。
④ 职场上的弱势劳工除了遵守成文的规章制度，也不得不遵守那些不成文的职场"潜规则"。这被一些人认为是职场上必备的职业素质和道德水准。笔者认为，正是被迫要遵守"潜规则"，更能凸显出弱势劳工之弱。

虽然国家层面的制度同公民日常社会生活相距遥远，但制度和生活之间始终是相互渗透的，没有不受生活影响而完全独立运作的制度，同样也不存在不受制度作用而纯粹自发与自然的生活，生活领域所形成的非正式制度在某些时候会转化为正式制度的内容，反之亦然。应该说，制度是多样化的，生活则是高度弥散的和地方性的。[1] 在具体的社会背景下，制度与生活之间存在既相互渗透、相互建构又相互矛盾的动态关系，而不是绝对的二元论关系。而且具体在某地会体现了本土性适应性的特点。在转型中国这样一个背景下，弱势劳工群体的权利意识和法治观念是如何进入到制度与生活的互动关系之中，如何促进弱势劳工群体生活领域的自主性的增长，如何推动弱势劳工群体的"自主性"从传统的反抗性行动向现代的捍卫公民权的理性行动转变，并如何反过来改变制度与生活之间的关系。若是把握了制度与生活之间的动态互动关系，我们就可以更容易地发掘出暗含市民社会特质的社会生活领域在我国的生长过程及其间关系的协调方式。

制度的合法性基础是规训生活，但制度也不能完全限定生活。[2] 尽管随着理性主义的成长，已似乎呈现出在现代社会制度将要完全控制生活的趋势。但在现实的社会生活中，理性的制度设计却难以完全地限定生活。在制度与生活的关系上，制度试图完全控制生活的企图最终都会走向失败。即使制度系统对于日常生活领域施加了重要的甚至是破坏性的影响，但制度没能彻底地改变生活，或者没有达到完全规训生活中行动者的自主性的目的，生活并没有完全按照制度的逻辑运转和生长。但制度与生活之间并不具有直接的映射关系，制度所内在的静态化、抽象化、简单化和线性化特征，很难与生活本身具有的不可化约的流动性、日常性、复杂性、悖论性完全对接起来。此即为制度的逻辑和生活的逻辑之间存在的难以克服的不可通约性。在"制度与生活"范式下，制度与生活之间的辩证关系还表现为两者之间的互构。制度与生活之间存在多层次与不可完全消解的张力，但并没有否认这样一个现实：现实生活中，制度还是在不断地构筑着生活并为生活所建构。并且，我

---

[1] 邓正来主编：《上海学术报告（2011）》，上海人民出版社2012年版，第417页。
[2] 熊万胜：《农民合作的新前景》，中国政法大学出版社2013年版，第162页。

们还可以寻找到一条通往美好生活的途径：在今天不断变动的现实社会生活中，在哈贝马斯所倡导的交往行动的指引下，制度与生活之间可以通过持续的理性沟通、抗衡，在两者互动的实践过程中，不断实现生产与再生产。进入 21 世纪以来，伟大的中国共产党带领人民进行秩序重建，而目前我们已走向新时代。而对弱势劳工而言，应该尝试的是，如何用法律制度构筑更为美好的生活。

2. 制度与秩序的关系

一定的社会制度规则决定着一定的社会秩序，我们甚至可以说，有什么样的社会具体制度规则就有什么样的社会秩序。人类社会是个人、社会群体、社会集团等社会实体构成的。包括弱势劳工群体在内的社会实体之间具有利益、权力、地位等的分歧，只有在具体制度所规定的明确、恰当的条件下，各种社会实体才不致陷入各行其道或无所适从的困境，才能避免摩擦和碰撞，使社会或集体进入有序的状态。弱势劳工群体等社会实体之间的利益、地位的协调抑或冲突，源自其所遵循的社会关系准则，出于他们所维护的行为规范。具体制度存在于社会生活的各个方面，"无论这些规则存在着怎样的不完善之处，但从整体上看，它们构成了社会生活的必不可少的基础"。[①] 因而可说，没有制度，没有规则；便没有秩序，更没有社会稳定。

并且，制度的性质决定着社会秩序的性质。社会制度的形成和发展本质上是一个社会过程，影响它的最根本的因素则是一定时代的社会关系，特别是那个时代的社会生产关系。作为社会精华及有价值的社会具体准则，最终来源于社会存在，也就是社会物质生活过程。因此，一定社会的生产关系决定了一定社会规则的性质，而由此形成一定的社会秩序，社会秩序表现为一种有序的社会状态。人类社会秩序在形成、演变和发展的过程中，制度的发展决定着社会秩序的转换。社会具体制度规则作为社会秩序的内核，对于社会秩序的形成、发展及变化起主导的作用。具体制度规则的遵守，会在人们中间形成一定的秩序。具体到弱势劳工群体保障和公平正义秩序形成方面，虽然在我国已形成一定的秩序，但与公平正义秩序的实现，还有一定的差距。

[①] ［美］库利：《人类本性和社会秩序》，包凡一等译，华夏出版社 1989 年版，第 189 页。

在此方面，法律制度的剩余与制度的匮乏可以说是同时存在的。法律制度剩余也未必增强政府对弱势劳工群体的保障和良好秩序的形成，相反，往往会导致法律冲突而削弱其效应。在制度设计的初衷上，保障职责的交叉重复导致相互推卸责任，以至于出现制度保障漏洞的情形。在走向新时代的征程中，我们应堵住制度漏洞，防止制度冲突，更好地实现对弱势劳工的保障。

（二）制度正义与秩序的建立

正义是一种公正的体制，是对社会关系的良性调整和对社会行为的合理安排。[1] 对制度来说，正义原则是首位的、前提性的价值。[2] 正义原则的价值诉求，使得社会要依据正义的原则来构建分配权利义务的制度机制。民众对制度机制产生信任和依赖，安心按制度要求追求美好生活。

至于制度正义的内涵，通常理解是将正义的理念贯彻和融入制度之中；可说是正义制度化、制度正义化。而正义可增强制度的生命力，也可拉近宏大理想与现实生活的差距。制度正义可是国家治理体系走向现代化的重要任务。制度正义作为调适社会各主体基本经济利益与政治权利关系的规则框架，不仅可以有效预防社会成员不满情绪的堆积，特别是弱势劳工群体的不满情绪的堆积，有效地防止群体性事件的发生；而且可改善社会的基本结构，合理调整社会利益关系，促进社会的和谐稳定。制度正义是正义的重要内容，也可分为形式正义和程序正义。制度正义主要是指社会制度的正义[3]，着重表现为自然资源和社会财富分配、公民权利与义务配置，以及制度规则体系的公平性与正当性。制度正义理应是最根本的社会正义，是人类政治价值体系的核心构成要件。制度正义依赖于一个国家的基本制度体系中如何分配基本的权利义务，以及在社会的不同阶层中存在的经济机会和社会条件。那到底什么样的制度才是正义的？一个衡量标准是，若社会制度对公民的基本权利和义务的分配基于普遍主义的民主法治、自由平等和公平正义原则[4]，并

---

[1] 北京日报理论部编：《书林新话》，北京日报出版社2016年版，第340页。
[2] 王明霞：《和谐社会视阈中的制度正义与公民美德互动研究》，社会科学出版社2014年版，第42页。
[3] 夏锦文主编：《法治思维》，江苏人民出版社2015年版，第220页。
[4] 同上。

且各种制度规范能够有效平衡强势群体和弱势群体之间的价值和利益冲突，那么这些制度就是正义的。而制度形成过程中的程序公正则是确保制度正义的重要前提。

制度正义可分为制度本身的正义和制度运行的正义两层内涵。制度本身的正义称为理论正义，制度运行的正义则相应称为实践正义。[①] 因而，正义不仅是一种背景性的制度安排，而且也可是一种渗透性的生活实践，通过对话沟通、合理妥协、有机互动实现多元利益的均衡、多种诉求的整合。制度正义可说是人类政治发展的基本价值诉求，其对于同时处于社会主义初级阶段和社会转型期的中国而言，具有重要的价值意义那是不言而喻的。社会主义作为对资本主义社会运行逻辑的批判与超越，其核心价值秉承对公平正义的强烈诉求。故而，社会主义与公平正义具有天然的亲和性。国家和社会整体制度的正义，是其具体制度正义的重要前提。当然，在基本制度精神和原则，以及整体制度框架呈现出基本正义的一个政治体系中，常常也会或多或少地存在一些具有明显正义性缺陷的具体制度安排。而人类政治文明的发展，正是在不断纠正具体制度的缺陷中促使制度的正义性得到整体性完善和推进的过程。在转型中国的社会生活实践中，日益凸显的弱势劳工群体与强势群体之间的利益矛盾与社会冲突，极易导致大规模的群体性事件。这不仅折射了当前中国严重失衡的社会利益格局，而且反映出转型中国的制度正义存在一定程度缺失的现实。我国的制度体系存在不完善性与不公正性，日益加剧现行治理体系的结构性缺陷，耗损了党和政府的政治合法性资源，对中国社会的长治久安具有较大的消极负面影响。

通过什么样的途径来构建正义的制度？通过什么样的措施和手段来确保强势群体得到有效制约？应该说，制度正义是一种终极状态，关键的问题不是这种状态的要素与结构，而是实现制度正义的政治过程，即在这个过程中各种权力和利益主体之间博弈实现妥协和均衡的过程。在形成和实现制度正义的过程中，制衡国家权力与规制强势群体利益是一个典型的社会政治过程，是一个现代社会发育与成长并对国家权力与强势群体加以有效制衡的过程，

[①] 王明霞：《和谐社会视阈中的制度正义与公民美德互动研究》，社会科学出版社2014年版，第43—44页。

是一个多元社会力量之间利益与权力不断获得均衡的过程，也是一个现代意义上的多元社会发育与成长的过程。

自改革开放以来，中国社会经济发展取得了令人瞩目的成绩。但随着社会财富的增加，社会的贫富差距逐渐扩大，主要表现为城乡之间、地区之间、阶层之间收入差别不断扩大。虽说社会利益分化是市场经济发展的必然后果，但贫富差距过大影响社会的稳定。在弱势劳工群体保障方面，强势群体与权力的非法结盟是损害制度正义的罪魁祸首，社会转型期权力与资本的合谋与勾结现象比较严重，严重侵蚀了国家的政治合法性基础。在此情形下，我们该如何发现新的制度正义？我们又该如何维持已有的制度正义？制度正义是中国政治发展的基本价值取向，必须由国家给权力及法律制度以边界，必须仰赖于现代公民社会的成长为制衡权力与资本提供动力源泉。寻找、发现、颁布和实施正义制度规则的过程，是一个开放制度条件下，多方主体共同参与、利益博弈、权力制衡、理性商谈、宽容妥协的渐进过程，这个过程可能永无止境。一个社会不断向制度正义状态穷尽的过程就是一个从野蛮不断走向文明的过程，是一个社会不断走向和谐与协调发展的过程。我们要借助社会的组织化力量，对国家权力进行有效的制衡与规训，以确保相对公平正义的制度体系实施于人间。纵观世界各国政治发展的成败得失，我们可以得出的认识是，一个强大的执政党只有通过为社会供给正义的制度，实现有效的国家治理，才有可能长期维持社会的和谐稳定，才能够长久执政。故转型时期的中国，执政者只有主动顺应民众对秩序正义、制度正义的社会需求和政治期望，才能稳定人心与社会秩序，真正实现社会的长治久安。因此，正本清源，均衡弱势劳工群体与强势群体之间的利益，稳步调整失衡的社会利益格局，不断增强制度体系的正义性。这不但可实现党和政府的有效执政，增强其公共治理能力，而且已成为转型中国极其重大的历史命题。

二、劳动制度变迁与秩序持续

（一）制度变迁与制度完善

1. 制度变迁的路径和规律

在中国的转型过程中，社会利益结构发生了根本性变化，而利益格局调整已成为能否进一步深化改革的重要环节。利益格局调整，具体到弱势劳工群体保障方面，主要是弱势劳工群体与强势群体之间的利益合理分割，以及弱势劳工群体特殊利益的保障。我国在积极稳妥地进行利益格局调整的过程中，应注意到利益的双重性格，在制度路径下展开。当然，在制度的调整与变迁过程中，不能忽视文化的进路，应注重文化对制度形成与变迁的影响。

利益的制度调整路径依赖于制度的形成过程，无论是通过市场还是政府，具体的制度安排都能影响物质利益分配，导致整个社会利益格局的形成或变动。因此，制度变革与变迁是利益格局调整的重要渠道。在利益格局的形成过程中，弱势劳工群体与强势群体会作为行动主体在市场与政府之间参与利益格局的调整。这些利益群体参与调整时所具有的能动性来自文化，即弱势劳工群体等利益群体的制度预期等因素将唤醒他们的理念利益，驱动他们通过利益表达影响利益格局的调整。我们不能忽视利益格局调整的文化进路的影响，而这种影响又是主要通过在制度的形成和变迁过程中进行相应发力而出现的。

应该说，任何一种制度和由制度构成的制度环境都不会是永恒不变的。制度在历史的发展过程中嬗变，逐渐失去其合法性与合道德性的一面。制度的理性到最后甚至会表现为统治者追求自身利益最大化的极端功利性。在财政压力与财政危机下，统治阶级顽固地坚持那些实现其自身利益最大化的"自杀性"制度，而最终会不可避免地导致国家的崩溃和政权的更迭。在整个社会制度环境业已崩溃的情况下，社会秩序与政治合法性的确立就必须通过新的更具有共容利益的统治集团上台来为各种社会主体提供他们大体都能接受的制度安排。由于新的制度安排及其由此构成的制度环境具有了利益的共容性与正当性，国家政权及其财政税收也就具有了合法性。若听任统治者共容利益狭隘化导致的国家财政问题，并进一步引起国家制度环境崩溃的结果与表现。[①] 美国的减税法案可体现这一点。美国国会参议院于 2017 年 12 月投票通过大规模减税法案，这意味着特朗普政府和共和党离完成美国三十年

---

① 史云贵："共容利益狭隘化：破解国家荣衰兴亡周期律的一种新解释"，载《政治学文摘》2012 年第 4 期。

来最大规模减税计划更近一步。一些议员和民众认为，减税法案为提升美国经济竞争力、阻止就业岗位流失海外和为中产阶级减负提供了机遇。但民主党批评这份减税法案主要让美国大企业和富人受益。可确定的是，减税法案仍将导致美国未来十年增加财政赤字约 1 万亿美元。① 这对财政赤字已经十分严重的美国，会带来什么样的影响？这是否是一种良性的制度变迁？

2. 劳动制度的创新与完善

制度的创新与完善是历史进步的直接动力。社会要和谐，首先要重视发展，而发展离不开制度创新及技术创新。创新是国家和民族不竭的发展动力和源泉，是一个包括了科学创新、技术创新及制度创新的多元综合性创新体系。创新无疑也是中国法学事业发展的关键。法学创新，一般是指适应社会的发展变化而引进或创造新的法律文化元素，主要进行的是制度方面的创新。② 制度因素是在既定条件下影响社会历史进程的多维因素之一，也是其中最积极、最为关键的一组因素。制度是制约社会发展与文明进步的关键性因素。在确定的技术和社会条件下，制度的改进与创新往往可以在短期内极大地改变社会的面貌。制度创新是历史进步的直接动力。③ 在一般情况下，制度创新可以是科学技术创新、教育文化创新与理论创新的重要前提条件，而且还构成了科学技术创新、教育文化创新与理论创新的社会动力保障。现代性制度作为稀缺性资源，要迅速获得充分的养料供给和扩张功能，就必须依靠有现代化意识且有效能的国家政府的自觉认同与全面推动。而在全球现代化变迁的大环境中，政府对现代性制度创新的自觉认同与全面推动，已成为政府获得合法性资源的最主要渠道制度的创新与完善。

在我国，改革开放的总设计师邓小平早已认识到制度健全的必要性。"制度好可以使坏人无法横行，制度不好可以使好人无法做好事，甚至会走向反面。即使像毛泽东同志这样伟大的人物，也受到一些不好的制度的严重

---

① 高攀、金旼旼："美国通过大规模减税法案 个人所得税简化为 4 档"，http：//news.21cn. com/hot/int/a/2017/1204/07/32805800. shtml，2018 年 3 月 28 日最终访问。

② 中国政法大学科研处编：《法治与和谐：首届中国法治论坛论文集》，中国政法大学出版社 2007 年版，第 186 页。

③ 华炳啸：《超越自由主义：宪政社会主义的思想言说》，西北大学出版社 2010 年版，第 173 页。

影响，以致对党、对国家、对他个人都造成了很大的不幸。我们今天再不健全社会主义制度，人们就会说，为什么资本主义制度所能解决的一些问题，社会主义制度反而不能解决呢？"并且，目前我国已基本解决要不要进行制度创新的问题，而是应当如何稳妥地进行制度创新。正如邓小平同志所指出的："这个问题太困难、太复杂，究竟从哪一点开始入手，我们还没拿定主意。"并认为："国家这么大，情况太复杂，改革不容易，因此决策一定要慎重。"[1] 应当如何稳妥地进行制度创新，一个原则就是摸着石头过河。对于推动中国的社会历史进步而言，实现制度创新就成为关键性任务。

制度完善的一个主要方面是法律制度的创新与完善。法律制度创新与法学的创新紧密相关。法学的创新应当是一种全面的创新，包括法律内容的创新、法律观念的转换、法律体系的重构等方面的改革，一般是一个破旧立新的过程。[2] 法学要发展，法学要创新，这是不容置疑的。变化和开放是学说发展的必要条件，变化和开放就需要学说发展和创新，法学这种学说当然也不能例外。因为"一个国家，一个民族，不能没有创新的理论思维。哲学社会科学（包括法学）的研究能力和成果，也是综合国力的重要组成部分……在认识和改造世界的过程中，哲学社会科学与自然科学同样重要"。[3] 法学需要创新，需要与时俱进，这是马克思主义法学的理论品质，也是法学保持蓬勃活力的重要保证。对于创造性不足的中国法学[4]来说，创新显得尤其重要。法学需要创新、需要发展应该可以说是法学学者们的共识[5]，也是整个国家和社会所希望的。因为"哲学社会科学（包括法学），主要是帮助人们解决世界观、人生观、价值观，解决理论认识和科学思维，解决对社会发展、社会管理

---

[1] 中共中央文献研究室编：《邓小平同志论改革开放》，人民出版社1989年版，第106—107页。
[2] 张文显主编：《马克思主义法理学——理论、方法和前沿》，高等教育出版社2003年版，第173页。
[3] 江泽民："在北戴河同国防科技和社会科学专家座谈时的讲话"，见《江泽民论有中国特色社会主义（专题摘编）》，中央文献出版社2002年版，第275页。
[4] 谢晖：《价值重建与规范选择——中国法制现代化沉思》，山东人民出版社1998年版，第328页。
[5] 在中国法律的发展问题上，我国法学界存在建构论和进化论两种倾向，其实两者均不反对法制的变革和创新，只是对法制如何变革和创新存在分歧。参见张文显主编：《马克思主义法理学——理论、方法和前沿》，高等教育出版社2003年版，第168页。

规律的认识和运用的科学"①,而"积极发展哲学社会科学(包括法学),这对于坚持马克思主义在我国意识形态领域的指导地位,对于探索有中国特色社会主义的发展规律,增强我们认识世界、改造世界的能力,有着重要意义"。②

中国法治建设的一个特色就是政府推进型法治模式。即便是新时代的中国特色社会主义法治建设,还是如此。在法治建设的推进过程中,出现了较为严重存在的法治"表面化"倾向,这也是我们需要在未来法律制度创新的过程中着力解决的典型问题。"法律工具主义"和"法律实用主义"盛行:出台的不少立法(包括弱势劳工保障立法)与现实脱节,难以深入弱势劳工等社会公众的生活,甚至成为"纸面上的法律";有的政府部门利用参与立法和执法过程的机会争权夺利,"部门立法"模式导致权力扩张的法律化;司法改革并没能消灭司法腐败,司法不能保证公平公正而导致司法正义难以实现;而广大公民缺乏应有的法律信仰和积极守法的精神,也缺乏社会正常运行必需的制约权力和维护权利的信念。这导致在治理过程中出现了"治民不治官""治下不治上""治外不治内"的反常现象。③ 这些突出问题,是以后我们在全面推进依法治国,完善法治过程中必须着力解决的。

(二)秩序持续与社会稳定

1. 社会稳定及其分类

社会稳定,是一个复杂的理论问题和实践问题。人类社会在演进过程中通常表现为有序和无序两种状态。有序状态与社会稳定相对应,而无序状态则与社会动荡相对应。故社会稳定是指社会存在与发展的一种有序状态,社会动荡是指社会存在与发展的无序状态。故社会稳定是一种有序的状态,是与社会动荡相对立的社会有序状态。因此,判断一种社会系统是否处于社会稳定状态,并不是依据社会变迁、社会发展速度的快慢,而是依据社会变迁、

---

① 江泽民:"考察中国人民大学时的讲话",见《江泽民论有中国特色社会主义(专题摘编)》,中央文献出版社2002年版,第276页。
② 江泽民:"高举邓小平理论伟大旗帜,把建设有中国特色社会主义事业全面推向二十一世纪",见《十五大以来重要文献选编(上册)》,中央文献出版社2002年版,第37页。
③ 中国政法大学科研处编:《法治与和谐:首届中国法治论坛论文集》,中国政法大学出版社2007年版,第185页。

社会发展是否有序。在社会稳定状态下，社会成员服从社会管理和控制机构的统治，认同并遵循各种社会规范，社会冲突得到有效的控制与调节。①

社会稳定具有以下特征：社会稳定是始终蕴涵着问题和矛盾的社会运行的有序状态，是指特定社会与外部环境的关系以及社会内部的各种要素之间的关系基本上都处于协调、有序的状态，这包括人与自然的关系协调，也包括人与人之间的关系协调。社会稳定始终蕴涵着问题和矛盾，真正的社会稳定并不是完全消灭了问题和矛盾，而是寻求在始终都遵循普遍有效的规则下对问题与矛盾的解决，始终都处在一定秩序的范围内。社会稳定是社会演进的规律性和人们自觉活动的目的性的统一。社会稳定是全局与局部的统一。全局的稳定是由局部的稳定所构成的，局部的稳定对全局有着重要影响。全局性的稳定有赖于局部的稳定，局部的稳定为全局稳定奠定了根基。而围绕弱势劳工群体的局部稳定，有利于维持全局稳定。社会稳定还是统一性与多样性的统一。在社会稳定中，既有普遍性矛盾，又有特殊矛盾。社会稳定是普遍性与特殊性的统一，统一性与多样性的统一。社会稳定的统一性通过社会稳定的多样性而存在，社会稳定的多样性又蕴涵着统一性。② 要维持弱势劳工群体的稳定，必须要注意其在社会结构的特殊性，又要注意到其与维持一个整体性的社会稳定统一性。

当人们可能难以用言语直接来描述社会稳定。此时一般采用对立的概念来进行直观说明。当社会不稳定，也就是社会动荡时，社会是一种什么样的状态来映衬社会稳定。当来自某一社会系统外部的不稳定因素，诸如敌对势力的各种严重破坏活动、严重的自然灾害等；或来自社会系统内部的因素，诸如严重的腐败现象、剧烈的民族矛盾和宗教冲突、通货膨胀严重、经济秩序混乱等，都可能造成社会动荡。故当社会控制机制不能或者是暂时不能有效地发挥作用时，社会可能出现动荡时，社会的政治、经济和文化等领域都在一定程度上陷入混乱状态，民众的众多行为也偏离了正常的轨道。此时社会秩序受到严重破坏，社会经济活动不能得到有序地调节和控制。当一切比

---

① 任红杰：《社会稳定问题前沿探索》，中国人民公安大学出版社2005年版，第2页。
② 同上书，第11—16页。

较混乱的时候，处于社会底层的弱势劳工群体生活是比较困苦的。于是，有关方面则千方百计去恢复秩序和稳定。

社会稳定又分为静态社会稳定和动态社会稳定。静态社会稳定，又称僵化型社会稳定，是指简单地维持或重复原有社会秩序的社会稳定，它是一种收敛性的平衡状态，常以"堵"为主，与社会僵化相伴随。传统封闭社会的社会稳定多属于静态社会稳定。动态社会稳定，也称发展型社会稳定，是指与社会进步相伴随的社会存在与发展的有序状态，常以"疏"为主，它是能够不断超越原有社会状态的社会稳定。现代开放社会的社会稳定属于动态社会稳定。显然，动态社会稳定比较有利于弱势劳工群体的发展。

静态社会稳定是僵化的、缺乏活力的社会稳定，它具有封闭性、保守性、表面性和停滞性的特征。在静态社会稳定中，社会系统排斥外来的政治、经济和文化交流，处于封闭状态，造成社会结构基本上一成不变。人们习惯于抑制自己的合理愿望。而当自己的愿望与自然环境、他人和社会发生矛盾时，总是倾向于用压抑自己、限制自己的方法来解决矛盾。人们通常只求改变自己，从不曾想到可以改变环境，表现出明显的消极性和内向型特征。社会的文化体制往往是以落后保守的思想文化体系为主导的意识形态。在这种体制下，人们因循守旧，大家普遍求稳、求同，害怕变化并抵制变化。新思想、新事物遭到扼杀。人们特别重视社会稳定的外在形式，处处刻意营造出一种和谐融洽的氛围，不愿把问题和矛盾曝光，不敢主动地面对并积极地解决问题和矛盾，反而想方设法掩盖问题和矛盾，结果导致问题和矛盾越积越多。动态社会稳定是一种发展中的稳定，它具有开放性、创新性、深刻性和发展性的特征。社会系统与外部环境处于相互依赖、相互制约和相互作用之中。社会运行有条不紊，既保持了多样性，又具有一定的统一性。在动态的社会稳定中，人们以开放的心态积极主动地与外界交往，敢于追求新的变化和新的机会，从而使社会流动增多，个体和社会的面貌日新月异。创新日益受到普遍的推崇。而人们积极地发现社会中的问题和矛盾，主动地面对并采取根本性的措施去加以解决。这种在不断地发现和解决问题与矛盾的过程中实现的稳定，才不会流于稳定的形式，而是真正的实质上的稳定。[①]

---

① 任红杰：《社会稳定问题前沿探索》，中国人民公安大学出版社2005年版，第3—10页。

社会稳定建立在社会发展的基础之上，脱离社会发展的社会稳定是低级的，也是不可持续的。在社会演进的过程中，社会的利益关系和利益格局的调整是始终存在的，这种调整所引发的社会矛盾也是普遍存在的。在社会发展过程中，如何实现和维持社会稳定？一般说来，我们要从短期社会稳定着手，从当前的实际情况出发，积极探讨当前一段时间内围绕弱势劳工群体的典型社会稳定问题的特点和规律，并及时采取切实有效的措施，扎扎实实地做好深入细致的日常工作，集中精力抓好影响社会稳定的且发生在弱势劳工群体身边的突出问题。另外，我们要从长期的社会稳定着眼，高瞻远瞩，深谋远虑，对社会稳定问题作出以长治久安为目的的战略安排和宏观设计，使维护社会稳定的工作保持前瞻性、持久性和连续性。

2. 制度共识与走向稳定

在社会稳定的动态变迁中，制度共识的形成有利于社会形成一定的稳定状态。实际上，制度共识也是动态的，需要瓦解旧共识，构建新共识，自然有一个变迁的过程。而何谓共识，社会科学百科全书将共识定义为："一种社会风俗和道德观念的凝聚模式，这种模式是关于一些异质系统的汇集所导致的观念和行为的同质性。"故从这个角度来看，我们可认定共识是社会中冲突着的价值间相互调整的产物。学者所总结的共识的基本含义包括了以下这些含义："共识是一种政治运作方法，其特点是通过妥协寻求互相冲突的各种利益间的相互协调；共识是一个政治系统内已有和谐状态的一种现实应用，因此共识可以是在一个社会中由于共同接受的基本价值和信仰系统而形成的一致意见，具体来说就是针对公共政策问题而形成的一致意见；共识还是互相竞争的利益群体间讨价还价过程导致的平衡。"[1] 因此，我们可以说，共识的前提是在社会政治生活领域存在分歧，而共识的达成是利益调整的结果。只有当社会存在分歧和冲突才有寻求共识的必要。并且，政治共识可说是政治共同体赖以存续的文化基础。[2]

具体就弱势劳工群体权益保障方面，在转型时期的中国。强势群体与弱

---

[1] 周超、易洪涛："政策论证中的共识构建：实践逻辑与方法论工具"，载《武汉大学学报（哲学社会科学版）》2007年第6期。

[2] 闾小波："共识依赖：中华政治共识之传承与更张"，载《天津社会科学》2011年第5期。

势劳工群体肯定会存在利益分歧和利益冲突。这些分歧和冲突造成了强势群体与弱势劳工群体等不同利益群体在政策议题上的冲突和对立，从而也使得在公共治理过程中寻求不同利益和价值之间的共同点和共识成为必要。毕竟，人们的生活追求与其说是在求"同"，倒不如说是在求"异"；若可能的话，则会追求一种向上或居上的"差异"。但即便只是为了保障这种求"异"能够正常进行，也必须求"同"。

　　民主观念下的制度形成是一种合意的行为，具有公共性，因而不可避免地会涉及不同的社会群体利益和价值观念的取舍与选择。具体制度之所以能够形成，是因为其寻找到了一个能为公众所普遍接受的平衡点。而对强势群体与弱势劳工群体不同的利益和价值观进行调和是寻求共识的核心任务。我们为什么要达成共识？若是缺乏共识，具体制度就不太可能会被制定出来，或者即便是制定了也难以施行，取得大家所期望的或是理想的结果。共识形成的过程，既可以是由政府主导的，也可能是冲突的各方经由彼此沟通、调整和妥协的结果。在寻求共识的过程中，冲突的各方总是尽量使自身的利益得到最大化，故共识的达成肯定是艰难的。但对于弱势劳工的保障而言，就是再艰难，我们也要追求共识的达成。

第四节　良好社会秩序的具体化

一、秩序良好社会的具体化

（一）什么才是秩序良好社会

　　从古希腊哲学家柏拉图到当代哲学家罗尔斯，都探讨过如何建构一个秩序良好的社会的问题。他们都将正义作为追求和探讨的根本价值。认为当"正义是社会制度的首要德性"，且社会具有正义德性时，就会形成秩序良好的社会。特别是罗尔斯，在《作为公平的正义——正义新论》一书中对秩序良好社会的特征进行了描述。他认为："一个秩序良好的社会，应该是一种由公共的正义观念所有效调节的社会。"① 此时，社会作为一种公平的合作体系，其中起组织作用的核心理念就是良好秩序。公众认为，或者他们有充分的理由相信，社会的基本结构，其主要政治制度和社会制度以及它们结合成的合作体系的方式，能满足这些正义原则。而有效调节的理念所隐含着的是，公民所具有一种通常情况下起作用的正义感。也就是说，这种正义感能够使他们理解和应用为公众所承认的正义原则。对大多数人来说，这种正义感还能够使他们根据其所处的社会位置而采取相应的行动，而且这些行动也是符合义务和职责的要求的。故在秩序良好的社会中，公共的正义观念提供了一种相互承认的观点。而从该观点出发，民众能够相互判定他们在其政治制度中拥有什么样的政治权利，或者反对什么样的政治权利。

当然，秩序良好社会的理念，显然是一种在相当程度上理想化的理念。一个重要问题在于，当社会被视为一个自由和平等的公民之间世代相继的合作体系的时候，它是否被用作以及如何能够被用作得到公众认可而且也得到相互承认的正义观念。② 秩序良好社会的理念蕴涵的意义在于，秩序良好的社会是一个由某些公共的政治的正义观念所有效调节的社会，而不论这种正义是什么样的。当我们指的是一种特定的正义观念之秩序良好社会的时候，比如当我们说所有的社会成员都接受而且知道所有其他人都接受相同的政治正义观念的时候。并且，一种正义观念是否适合于秩序良好的社会，这为评价政治的正义观念提供了一条重要的标准。秩序良好社会的理念有助于提出这样的标准，并进而阐明起组织作用的核心的社会合作理念。③

（二）和谐是秩序良好社会的重要表征

信任与社会秩序是社会和谐的前提。④ 因此，秩序良好的社会，就是一个和谐社会。这无论在西方，还是在东方，都是如此。在我国，中国共产党

---

① ［美］约翰·罗尔斯：《作为公平的正义　正义新论》，姚大志译，上海三联书店2002年版，第14页。
② 同上书，第15页。
③ 同上书，第14—16页。
④ 刘进、翟学伟："信任与社会和谐：一个研究理路的展开"，载《天津社会科学》2007年第5期。

第十六届中央委员会第六次全体会议通过的《中共中央关于构建社会主义和谐社会若干重大问题的决定》认为："社会和谐是中国特色社会主义的本质属性，是国家富强、民族振兴、人民幸福的重要保证。"① 社会主义和谐社会被认为是"资源分配公平、群体利益均衡、人际关系协调、生命财产安全"的社会。社会主义和谐社会，不仅具备一般和谐社会的特征，还必须具备社会主义的基本特征。② 要构建这样的和谐社会，必须要处理好个人与个人、个人与群体、群体与群体、群体与国家、国家与国家之间的关系，从哲学上来描述，是要实现人、社会与自然界之间的和谐。社会主义和谐社会，具有时代性、科学性、继承性、创新性以及开放性，就是要平稳实现社会转型。

　　社会主义应该是和谐的社会，这是马克思主义的基本原理。③ 社会和谐是中国特色社会主义的本质属性，即社会和谐是最大的中国特色。这是我党对中国特色的社会主义理论的重大理论突破。系统说则认为，和谐社会是社会系统的整体和谐，更是社会系统的稳定状态、有序结构与关系协调的总和。④ 和谐社会的系统和谐，维持了各领域、层次和部门内外的稳定有序，又能保证弱势劳工等个体与其他主体之间的协调共生。我们所要建设的社会主义和谐社会，应该是民主法治、公平正义、诚信友爱、充满活力、安定有序、人与自然和谐相处的社会。这是对社会主义和谐社会基本特征的科学描述。民主法治、公平正义是从政治层面强调的，是社会主义和谐社会的政治性特征。民主法治和公平正义是社会主义社会政治生活良性运行的体现，也与人民群众的生活息息相关，民主法治和公平正义的实现，在一定意义上，既体现了社会主义和谐社会的政治生活的基本特点，也是构建社会主义和谐社会的政治保障。这说明社会公平是构建和谐社会的重要特征。也可以说，从社会公平的局部和谐，发展为整体和谐，并实现局部和谐与整体和谐的有

---

① "中共中央关于构建社会主义和谐社会若干重大问题的决定"，载《光明日报》2006年10月19日，第1版。
② 陆德生主编：《构建社会主义和谐社会理论与实践》，中国长安出版社2006年版，第123页。
③ 刘芳等编著：《改革·创新·发展　中国特色社会主义现代化进程》，清华大学出版社2016年版，第218页。
④ 朱力："对'和谐社会'的社会学解读"，载《社会学研究》2005年第1期。

机统一。《中共中央关于构建社会主义和谐社会若干重大问题的决定》把"促进社会公平正义"作为构建社会主义和谐社会的一个着力点，写入构建社会主义和谐社会的指导思想，强调"必须加紧建设对保障公平正义具有重大作用的制度"，并明确提出对收入分配进行宏观调节，要求"在经济发展的基础上，更加注重社会公平，着力提高低收入者收入水平、逐步扩大中等收入者比重、有效调节过高收入、坚决取缔非法收入，促进共同富裕"。[1] 对收入分配进行宏观调节，其目的是在保持经济效率和社会活力的同时促进社会公平、促进共同富裕，这是和谐社会建设的基本步骤。社会公平强调把最广大人民的根本利益作为制定政策和开展工作的出发点和落脚点，正确反映和兼顾不同方面群众的利益，高度重视和维护人民群众最现实、最关心、最直接的利益，妥善处理和协调社会各方面的利益关系，从而使人们和谐共存，共同发展。这无疑会促进和谐社会的建设。

具体就弱势劳工群体的保障而言，弱势劳工群体的权益保障机制还有所欠缺，弱势劳工群体的权益保障程度不够，而弱势劳工群体与强势群体之间存在矛盾和冲突。而构建社会主义和谐社会是一个不断化解社会矛盾的持续过程，保障任何追求公平正义的追求都能有制度化的表达机制。因为在多样性、自主性基础上形成的统一性，才叫作和谐。[2] 和谐意味着平衡、有序与稳定，是更大范围的平衡。[3] 故和谐社会是在多元主体的自主发展中实现共同发展的社会，必须改变利益多元情景下弱势劳工群体与强势群体利益失衡的现象。平等进入、合理分配、互惠互利是和谐社会构成要件的核心要素，是衡量一个社会是否和谐的基本标准。[4] 而这三个要素，与弱势劳动保障紧密相连。

并且，和谐社会确定是法治社会，因为法治是自由、民主的保证——是

---

[1] "中共中央关于构建社会主义和谐社会若干重大问题的决定"，载《光明日报》2006年10月19日，第1版。

[2] 唐晋主编：《领导干部大讲堂（法治卷）》，国家行政学院出版社2008年版，第56页。

[3] 罗豪才：《为了权利与权力的平衡 法治中国建设与软法之治》，五洲传播出版社2016年版，第66页。

[4] 杨海蛟等：《构建中国社会主义和谐社会与政治建设》，世界知识出版社2014年版，第19页。

将自由和民主导向和谐,从而和谐地实现自由和民主的保证。作为自由、民主基础上的社会的统一性,法治即和谐。[①] 要化解社会的矛盾,必须用法治的方式,在法治的轨道上进行。而且,和谐社会的构建,离不开现代公法,离不开公法关系的平衡。[②] 构建以"民主法治、公平正义、诚信友爱、人与自然和谐相处为总要求"的社会主义和谐社会,应"实施依法治国基本方略,建设社会主义法治国家,树立社会主义法治理念,增强全社会的法律意识,推进国家经济、政治、文化、社会生活法制化、规范化"[③],将法治作为我们必须要遵循的原则之一,并通过法治来保障公平正义在社会的实现。

二、公平正义作为良好秩序的具体标准

(一) 公平的内涵与秩序的确立

1. 公平观念的变迁

公平,自古以来就是人类社会的理想追求。公平也是一个具有浓厚道德色彩的概念。作为一个抽象程度很高的概念,人们往往在公平的旗帜下表达与他人利益相矛盾的自身利益诉求。按照《现代汉语词典》的解释,公平就是"处理事情合情合理,不偏袒哪一方面"。[④] 在西方,希腊先哲柏拉图首先提出了公平和正义的问题,强调"公平即和谐";狄骥则认为:"公平实际上有两类:交换的公平和赏罚的公平。公平的一般形式便是平等。"[⑤] 也就是说,公平是一个处理事情的原则,要公正,即平等相待。公平这个概念,一端连着正义这个最为抽象的概念,另一端连着平等这个较低抽象程度的概念。有的学者则进一步认为,就平等与公平的关系来看,平等是公平的基础,公平是平等的进一步发展的结果。显然,公平是一个不能确定的标准。

---

① 唐晋主编:《领导干部大讲堂(法治卷)》,国家行政学院出版社2008年版,第58页。
② 罗豪才:《为了权利与权力的平衡 法治中国建设与软法之治》,五洲传播出版社2016年版,第65—66页。
③ "中共中央关于构建社会主义和谐社会若干重大问题的决定",载《光明日报》2006年10月19日,第1版。
④ 王佐书主编:《公平》,台海出版社2014年版,第5页。
⑤ 狄骥:《宪法论》,商务印书馆1959年版,第90页。

罗尔斯认为，正义即公平，人类社会应追求一种作为公平的正义。学者认为，公平就是人们在日常生活中获得公正对待的权利，包括求学、就业、交往等各个领域。而法律的公平是社会公平的基础，又是社会公平的最后防线，公平在某些方面包含着社会公正的内容。① 马克思主义公平观将劳动作为衡量公平的根本尺度和实现公平的基本途径，认为只有到了生产力高度发达、社会物质财富极大丰富的共产主义社会，劳动成为人们的第一需要时，才可以实现完全意义上的公平。而社会主义社会建立在生产资料公有制基础之上，实行"各尽所能、按劳分配"，体现了劳动和公平的同一性，故公平是社会主义的本质要求。马克思主义公平观符合人类社会的发展规律，既坚持了人类社会关于公平的理想，又将其内化为社会主义的本质要求，在社会实践的基础上不断推进公平的实现。显然，马克思主义认为公平的衡量标准是劳动，否定了剥削；而西方学者则是基于肯定私有制的前提下来探讨公平的衡量标准。②

公平可从不同的视角作出不同的划分。公平可分为原则的公平、操作的公平与结果的公平。③ 应该说，公平首先体现在机会平等上④，即每一个社会成员都有平等的机会参与竞争；其次，公平表现在规则平等上，即每个社会成员在社会活动中遵循同样的标准和规则。社会公平的观念通过引入并强调结果的平等充实了公平的含义，实现形式平等与实质平等的统一，起点平等、过程平等与结果平等的统一。在现实生活中，公平总是相对的，而不是绝对的。公平在其现实性上，无非是使社会各方面的利益关系得到妥善协调，各种社会矛盾得到正确处理，社会平等和正义得到切实维护的一种社会状况。

中国共产党在领导中国人民建设社会主义实践中不断深化对社会公平的认识，不断促进社会的公平。以马克思主义为指导的中国共产党，在领导中国的社会主义实践过程中不断深化对社会公平的认识，不断促进社会的公平，

---

① 王佐书主编：《公平》，台海出版社2014年版，第5页。
② 李杰主编：《统筹公平效率与建设西部和谐社会研究》，四川大学出版社2010年版，第90页。
③ 有学者从两个不同角度把公平分为：机会的公平、起点的公平、结果的公平、原则的公平、操作的公平。参见徐梦秋："公平的类别与公平中的比例"，载《中国社会科学》2001年第5期。
④ 张红宇：《公平与效率视阈下我国政府经济行为研究》，东北大学出版社2013年版，第22页。

全社会的公平程度不断提高。改革开放后,以邓小平同志为代表的中国共产党人引领人们从社会主义本质的角度思考社会公平的意义与要求。而以江泽民为核心的党的第三代中央领导集体创立了"三个代表"重要思想,为促进社会公平进一步指明了方向。而2005年2月,时任总书记胡锦涛在省部级主要领导干部提高构建社会主义和谐社会能力专题研讨班开班式上的讲话,全面、系统地论述了社会公平问题。而党的十八大以来,通过精准扶贫等模式,进一步丰富和发展了马克思主义公平理论。

2. 公平内涵的具体化

胡锦涛同志在2005年2月的重要讲话把公平正义确定为社会主义和谐社会的一个重要特征,并提出要逐步建立以"权利公平、机会公平、规则公平、分配公平"为主要内容的社会公平保障体系。习近平总书记在党的十九大报告中强调,"坚持人人尽责、人人享有,坚守底线、突出重点、完善制度、引导预期,完善公共服务体系,保障群众基本生活,不断满足人民日益增长的美好生活需要,不断促进社会公平正义"。故作为一种社会理想和原则的公平,反映了人们对现实社会权利关系的道义追求,是围绕社会个体的生存和发展权利而形成的一个多维的范畴体系,主要包括权利公平、机会公平、规则公平和分配公平。

其中权利公平是社会公平的核心。古往今来,公平理论学派林立,但各家各派都少不了运用权利语言阐述公平理论。诺齐克认为,权利是一种界限性的道德约束。诺齐克所坚决捍卫的权利,是指个人所拥有的各种具体权利,特别是生命权等。[①] 按诺齐克的权利理论,每个人都拥有不可剥夺的权利,去占有或支配自己通过"正当的创造性行为"或"正当的转让行为"而获得的所有物。西方思想家便常从权利概念出发探讨公平问题,甚至认为公平就是要尊重权利,且当权利受到侵犯时应给予以补偿。[②] 社会关系实质上是人们之间的权利关系,因而社会公平必须围绕着人的权利来展开,首先必须尊

[①] 傅强:《凯·尼尔森激进平等主义正义观研究》,中央编译出版社2015年版,第152—153页。
[②] 诺齐克对于"权利的功利主义"持坚决反对态度,即为了获得较大权利而侵犯较小权利的事情,例如为了获得穷人的生存权而侵犯富人的财产权。诺奇克的观点会给本书中的弱势劳工保护带来困难。参见傅强:《凯·尼尔森激进平等主义正义观研究》,中央编译出版社2015年版,第153页。

重和保障人权。权利公平意味着社会成员平等地享有各项公民权利,切实尊重和保障每个人的政治、经济、文化、社会以及生态权益,使发展成果得以惠及全体人民。

机会公平,又称起点公平①,指社会为每一个社会成员提供均等的生存、发展机会,表现为社会成员平等地获得接受教育、政治参与、投资创业、资源利用和获得信息等方面的机会。② 机会公平是与纯粹的程序正义联系在一起的。纯粹的程序正义所具有的一个明确特征是:决定正当结果的程序必须实际地被执行。③ 机会公平的作用就是保证社会合作体系能够作为一种纯粹的程序正义而存在。机会公平是权利公平得以实现的前提。而机会公平原则的作用,是要保证合作体系作为一种纯粹的程序正义存在。纯粹的程序正义的巨大实践优点就是:在满足正义的要求时,它不再需要追溯无数的特殊环境和个人在不断改变着的相对地位,我们也避免了将由这类细节引起的非常复杂的原则问题。④ 即使机会公平不一定必然导致社会个体享有平等权利的结果公平,但没有机会公平就很难去实现结果公平。

规则公平,是指规范社会运行的各项规则具有合理性和统一性。法律规则把人、物和事件归于一定的类别,并按照某种共同的标准对它们进行调整。⑤ 美国联邦最高法院的建筑物上镌刻的"在法律之下实现平等的正义"铭文昭示了法律规则是实现正义的前提,也是必须经由的途径。"公平"就是比例平等。比例平等原则运用得当,便能实现公平对待。博登海默所提倡的"法律待遇的平等"、罗尔斯所证成的"补偿正义"等,都属于规则公平的范畴。规则公平意味着社会主体所面对的行为规范和行动准则如法律法规等,符合社会发展规律,反映人民群众的愿望和要求,并且,每个人都受着同样的行为规范的约束。规则公平主要是法律公平,法律要不偏不倚,而且

---

① 有学者认为在谈论机会公平的时候,把机会的公平与起点的公平混同起来,是不合适的。参见徐梦秋:"公平的类别与公平中的比例",载《中国社会科学》2001年第5期。
② 刘玉瑛:《中国共产党执政公信力建设研究》,中共中央党校出版社2015年版,第127页。
③ [美]约翰·罗尔斯:《正义论》,中国社会出版社1999年版,第104页。
④ 同上。
⑤ 刘平:《法治与法治思维》,上海人民出版社2013年版,第183页。

要公允执法。规则公平为社会公平提供了制度保障。规则公平本身就包含着对弱势群体的倾斜保护,① 当然也包含对弱势劳工群体的倾斜保护。

分配公平是结果公平的主要内容,主要指每个劳动者都获得与其劳动和贡献相当的物质利益。结果公平有绝对结果公平、相对结果公平之分。绝对结果公平通常为不按贡献大小进行分配的平均主义,相对结果公平是按产出贡献的大小多少进行分配的相对结果公平。分配公平体现着社会财富分配的合理性,是人们评判社会公平程度的最直接的和主要的依据,因而成为社会公平的具体标准和归宿。党的十九大报告中提出"既尽力而为,又量力而行",我们认为,也是适用于分配公平的,要满足弱势劳工等在民主、法治、公平、正义、安全、环境等方面日益增长的美好生活要求,从而提高保障和改善民生水平。

在促进发展的同时,把维护社会公平放到更加突出的位置;综合运用多种手段,依法逐步建立以"权利公平、机会公平、规则公平、分配公平"为主要内容的社会公平保障体系,使全体人民共享改革发展的成果。实事求是地说,我国在促进社会的权利公平、机会公平、规则公平和分配公平方面,都取得了极大的成就,当然还需要继续努力。

3. 现阶段我国社会公平情况具体分析

目前,我国处于经济与社会建设的黄金发展时期,同时也处于社会变革与发展的矛盾凸显时期。随着中国特色社会主义建设的不断向前发展,我国在走向新时代的社会公平建设,在诸如权利公平、机会公平、规则公平和分配公平方面,都取得了很大的成就。当然,由于我国还长期处于社会主义初级阶段,经济、政治、文化、社会体制还有待进一步完善,毋庸讳言,现阶段社会上确实还存在一些不公平的现象,成为影响社会和谐的因素。这个时期的一个重要标志是改革发展进入关键阶段,市场化改革的深入推进带来了社会结构的深刻变动、利益格局的深刻调整。这种空前的社会变革,给我国发展进程带来巨大活力,同时也带来一系列前所未有的矛盾和问题。社会矛盾和问题反映在社会公平方面,主要有城乡差距、地区差距、贫富

---

① 刘平:《行政执法原理与技巧》,上海人民出版社 2015 年版,第 411 页。

差距等问题，这些问题与弱势劳工等的民生问题交织在一起，使得问题更加难以解决。

在权利公平方面，宪法明确规定了"中华人民共和国公民在法律面前一律平等""国家尊重和保障人权"，并具体规定了公民的基本权利，在规范方面为权利公平提供了根本保障；从实践层面看，我国在发展社会主义民主、消除所有制歧视、普及义务教育、实现男女平等方面，都取得了巨大的进步，保障广大公民平等地享有生存和发展的各项权利。现阶段影响权利公平的主要因素有特权现象、"垄断福利"及城乡差距等。2018年最高人民检察院工作报告提出："推动刑事、民事、行政检察工作全面发展，加强人权法治保障。"2018年最高人民法院工作报告提出："确保如期实现'基本解决执行难'目标，坚决攻克这一妨碍公平正义、损害人民权益的顽瘴痼疾"。"两高"守护公平正义生命线，主要是弱势劳工等的程序性的权利公平。

在机会公平方面，社会主义市场经济体制进一步完善，市场在资源配置中的基础性作用不断增强，我国书写了经济领域机会公平的崭新篇章，机会公平得到了越来越多的保障。但由于城乡之间、地区之间发展的不平衡性，弱势劳工群体在就业、享受社会保障、就医等方面的机会还存在事实上的差距；特别是由于"拼爹"、特权歧视等现象存在，使弱势劳工在就业等方面难以处在同一起跑线上，机会公平的实现程度并不理想。

在规则公平方面，具有鲜明时代特征的习近平法治思想已经形成，正在日益走向丰富；[1] 同时中国特色社会主义法治基本理念逐渐树立，社会主义法律体系日臻完备。我国通过宪法修改不但明确规定了"国家尊重和保障人权"，还具体规定了公民享有广泛的权利和自由，并且公民在法律面前一律平等。应该说，权利公平在我国是有切实保障的。当然，在我国现阶段，影响权利公平的主要因素有特权现象、垄断行业所存在的垄断福利以及城乡一体化进程中还残存的城乡壁垒。我们在通向法治社会的历史进程中取得了重要的阶段性成果，但立法还不是很完善，法律本身还需要不时进行修订和补

---

[1] 习近平法治思想是马克思主义法学中国化的最新理论成果，是中国特色社会主义法治建设的重大理论创新，对指导全面依法治国具有重要理论价值和现实意义。参见蒋文龄："习近平法治思想的时代特征"，载《学习时报》2017年6月30日。

充、存在违法嫌疑的规范性文件还有待清理;并且由于根深蒂固的"人治"传统存在,执法、司法过程中不能完全依法办事、完全实现公平正义。规则公平的完全实现还有待时日。

在分配公平方面,2016年,我国国民生产总值超过744127亿元,人民群众的生活从总体上达到小康水平,这是社会主义中国所取得的历史性成就。同时也要看到,现阶段我国居民收入差距拉大的问题比较突出,若以国际上通用的基尼系数作为衡量指标,我国目前的基尼系数已经超过了0.4的国际警戒线,并且收入差距还有扩大的趋势,影响了社会的公平与和谐。部分弱势劳工的生活比较困难,而与宏观收入分配格局相关的系列制度的合理化改革则推进迟缓。矛盾和问题是客观存在的,关键在于我们如何去认识和解决。而"坚持以人民为中心,把人民对美好生活的向往作为奋斗目标,保证全体人民在共建共享发展中有更多获得感,不断促进人的全面发展、全体人民共同富裕"[①],则是习近平新时代中国特色社会主义思想的精神实质,也是破解不平衡不充分发展的关键。那如何解决好收入分配问题而实现分配公平呢?党的十九大报告提出:"坚持按劳分配原则,完善按要素分配的体制机制,促进收入分配更合理、更有序。鼓励勤劳守法致富,扩大中等收入群体,增加低收入者收入,调节过高收入,取缔非法收入。"[②] 在前述收入分配原则的引领下,可构筑激励—约束的制度框架,把握好优化收入分配的制度理性,在"先富"向"共富"转换的基本路径上落实追求共同富裕的美好愿景。当然,正确认识我国现阶段的分配公平现状,不但能澄清民众在分配公平问题上的模糊甚至是错误的认识的要求,而且是进一步促进分配公平的建设实践的要求。

4. 维护公平与良好秩序实现

我国现阶段的公平,实际上是政府主导的社会公平。1945—1979年,英国政府通过积极干预来解决市场失灵所带来的一系列社会经济问题,而由政

[①] 参见十九大报告《决胜全面建成小康社会夺取新时代中国特色社会主义伟大胜利》。
[②] 同上。

府主导的"社会公平优先"成了这一阶段英国社会经济改革的主要施政方略。①

政府所主导的社会公平，有利于社会稳定和秩序实现。政府所主导的社会公平，提高了公平实现的可能性。当然，政府所主导的社会公平，民主和法治都是不可或缺的。实现公平，是包括弱势劳工群体在内的所有社会成员的共同愿望，也是社会文明进步的重要标志。但愿望与现实还存有很大的距离和差距。这些都是不争的事实。这些都需要政府投入巨大的财力和强大的支持维护才能加以改变。实际上，也只有政府才能做到这一点。政府的投入和保障，使民众，尤其是弱势劳工群体看到了逐步实现社会公平的可能性。政府主导的社会公平明确了实现公平的方向性。不过，社会公平是一个庞大的系统工程，难以用话语予以简单描述。每个社会成员的生活际遇不同，他对社会公平的具体要求也可能有所不同，并没有一个统一的标准或者先后缓急，因此，必须由政府来主导和规划社会公平的实现。社会公平从哪里寻找突破口？在政府的主导下，就从解决弱势劳工等最关心、最直接和最现实的利益问题下手，在教育、医疗、社会保障等方面切实改善民生。这些最基本的利益问题解决好了，社会公平也就有了良好的基础，也就可以向更高层次的社会公平发展了。只有政府的主导、规划和投入，才能确保社会公平的实现朝着有利于包括弱势劳工群体在内的最广大人民群众利益的方向发展。政府所主导的社会公平增强了公平实现的可信度。不同的社会成员对社会公平有着不同的评价标准，不同的利益层次对公平的要求并不完全相同，这就使得社会公平的主导者和维护者必须不能是某些利益集团或具体个体。这个角色非政府莫属。只有在政府所主导下的社会公平，才能保持公平的可信度，才能确保社会公平的最广泛性。而政府对社会公平的积极投入，是在不断增加社会成员对政府的信任程度，增强社会成员对逐步实现社会公平的认同感，从而提升社会的和谐程度。

在我国现阶段，应妥善处理好公平与效率的关系。当然，公平和效率的关系一直是国内外学术界长期争论的热点和难点问题。譬如罗尔斯、德沃金

---

① 何伟强：《英国教育战略研究》，浙江教育出版社2014年版，第15页。

等人认为，公平是一种社会制度的首要的价值，具有优先性。① 而一种制度若是不公平的，即使其富有效率，也必须被否定和放弃。实际上，我们应从一般与特殊、传统与现代的关系中去把握公平与效率的关系。公平与效率之间存在相互联系、相互制约的辩证统一关系，不能简单地分出先后。保持公平与效率的动态的制衡，这是我们把握这两者关系的重点。故在效率与公平的关系问题上，离开了公平原则，就不可能有真正的效率；而真正意义上的公平绝不是平均主义，而是能够在总体上推动效率向前发展的。我国在改革开放与发展经济过程中，提出了"效率优先，兼顾公平"的原则。效率优先或许能解决弱势劳工的工作机会问题，但笼统强调效率优先，没有相应制度的支持，一个可能的结果是会导致效率滞后。毕竟效率是离不开政治及伦理上的公平的支持的。故在这个问题上，不能简单地将效率与公平分出先后。两者相辅相成，互为条件。② 转型时期的中国出现的许多社会问题与人们对效率优先的片面理解不无关系。

尽管社会公平对弱势劳工群体很重要，但是实现社会公平不是一蹴而就的，而是一个长期的历史进程。公平的对立面是不公平，是失衡。现阶段，应针对制约社会公平度的主客观因素，把握群众最关心的社会公平问题，采取针对性的有效措施，作为促进社会公平的着力点。譬如针对城乡之间和地区之间发展的不平衡性，应实行城乡统筹、区域统筹，建立"以工促农、以城带乡"的长效机制，形成"以东带西、东中西共同发展"的格局，有力地促进城乡、区域协调发展。弱势劳工等群众往往通过身边的事情来感知整个社会，相应地，应将解决人们最关心的社会问题作为促进社会公平的突破口。公正的规则是社会公平总的依据，具体公平要在公平规则的执行过程中加以实现。进一步完善规则，对全面推进依法治国、建设社会主义法治国家具有全局性的重要意义，一定要认真贯彻实施。

维护和实现社会公平和正义，涉及最广大人民的根本利益，在全国人民根本利益一致的基础上，妥善协调各种具体的利益关系和内部矛盾，正确处

---

① 张立新：《中国大学入学公平提升：基于教育双重价值框架的理论分析与实证检验》，山东人民出版社2014年版，第64页。
② 林娅等：《市场经济与哲学》，中国地质大学出版社1997年版，第98页。

理个人利益和集体利益、局部利益和整体利益、当前利益和长远利益的关系，妥善进行利益协调；在促进发展的同时，把维护社会公平放到更加突出的位置，综合运用多种手段，依法逐步建立以"权利公平、机会公平、规则公平和分配公平"为主要内容的社会公平保障体系，是我国社会主义制度的本质要求；也是我们党坚持立党为公、执政为民的必然要求，强调坚持把包括弱势劳工在内的最广大人民的根本利益作为制定和贯彻党的方针政策的基本着眼点，使包括弱势劳工在内的全体人民共享改革发展的成果，使包括弱势劳工在内的全体人民朝着共同富裕的方向稳步前进。总的说来，从法律上、制度上、政策上努力营造公平的社会环境，从收入分配、利益调节、社会保障、权利保障等方面采取切实措施，逐步做到保证社会成员都能够依靠法律和制度来维护自己的正当权益，进一步促进社会公平。

（二）正义观念与良好秩序实现

1. 什么是正义

什么是正义？这是一个争论了数千年却仍然充满了歧见和争论的问题。从古至今，人类不停地追索和探寻正义的真正内核，前赴后继地为他们理念中的正义而耗尽心血。正如凯尔逊所说："为了正义的问题，不知有多少人流了宝贵的鲜血和痛苦的眼泪，不知有多少杰出的思想家，从柏拉图到康德，绞尽了脑汁；可是现在和过去一样，问题依然未获解决。"[1] 佩雷尔曼认为正义是一个最为崇高但又最为混乱的概念。他将最流行的正义概念归纳为以下六个方面：对每人一样对待；对每人根据优点的对待；对每人根据劳动的对待；对每人根据需要的对待；对每人根据身份的对待；对每人根据法律权利的对待。[2] 虽然各种正义概念存在重大差别，但他认为，自古至今哲学家、法学家和伦理学家都认为正义概念意味着某种平等的思想。所以，人们都同意平等地对待人是正义的。但正义本身就是一个不确定的概念，在不同的语境中，它的内涵和外延也可能不一样。人们对正义的理解在总体上受社会生活条件，尤其是社会物质生活条件的制约。并且，由于每个人的生活经历、社

---

[1] 郑成良主编：《法理学》，高等教育出版社 2004 年版，第 215 页。
[2] 张文显：《二十世纪西方法哲学思潮研究》，法律出版社 1996 年版，第 580—582 页。

会背景和价值观念互有差异，其对正义的理解也很难完全一致。故正义，不同时代、不同条件下的人对其有各异的阐述，而正义理论历经了一个脉络清晰、观点多元的发展历程；也就是说："正义是一张普洛秀斯的脸，变化无常，随时可呈现不同形状，并具有极不相同的面貌。"随着历史变迁和科技发展，正义这个古老而又有神秘魅力的词语又被注入了新的动力，被赋予了新的内涵。

2. 正义含义及正义观的变迁

正义观从远古时代的"运命正义观""逻各斯正义观"，发展到智者学派的"相对正义观"。再到古希腊雅典时期，哲学领域的三大巨匠苏格拉底、柏拉图、亚里士多德都对正义做出了经典论述，特别是亚里士多德提出了"平等中庸正义观"。[1] 随后，斯多噶学派和古罗马法哲学将自然法的正义观推向了一个高峰。中世纪的奥古斯丁、托马斯、唯名论者的正义观也是颇具特色。近代以后，关于法与正义理论更是多姿多彩。理性主义、批判主义、历史主义、功利主义、实证主义的正义观虽然纷然杂陈，但也蔚为大观。

亚里士多德还明确区别了自然正义和实在法的正义，认为正义"只存在于那些相互关系受制于法律的人群之中，法律存在于有着不平等可能性的人群之中，因为司法意味着对于正义和不正义的区分"[2]。显然，亚里士多德的正义观是典型的以"平等"和"中庸"为核心的法律正义观。而西塞罗认为"真正的法律"与"正义"是同义语。西塞罗对亚里士多德和斯多葛学派正义观的发展，集中体现在他创立了与亚氏所说的"分配正义"类似的"各得其所"的著名正义公式。

而后来，正义进入理性时代，理性主义的正义观出现。人们对正义的探索也带有鲜明的理性色彩和启蒙色调，而正义与人的理性紧密相连、互助同构。理性主义提倡人的理性至上，认为正义须由人之理性诠释和宣扬，无理性即无正义。正义可知可感，可具化为规则，可书写进法典。譬如霍布斯主张，"任何法律都不可能是非正义的"。[3] 批判主义的正义观则是对理性主义

---

[1] 李龙主编：《法理学》，人民法院出版社、中国社会科学出版社2003年版，第175页。
[2] 廖奕：《司法均衡论：法律本体与中国实践的双重建构》，武汉大学出版社2008年版，第252页。
[3] [美] 博登海默：《法理学：法律哲学与法律方法》，邓正来译，中国政法大学出版社1999年版，第48页。

的否定。康德的正义理论又称为公共正义论,但显得偏狭与意气。康德认为,正义所关注的平等不能是比例的平等,只能是数量的平等。其正义理论有摩西式的倾向。① 历史主义法哲学的代表人物赫伯特·斯宾塞对正义的描述可简述为,正义就是每个人的自由只受任何他人享有的相同自由的限制。② 而正义内含两种要素,正义的利己要素要求每个人从其本性和能力中获取最大利益;正义的利他要素则要求人们意识到,具有相同要求的人必然会对自由施加限制。③ 这两种要素的结合并以自由观念为核心就产生了斯宾塞所说的"平等自由"的正义法则。而正义只有在川流不息的历史进化中方能彰显其真义。功利主义的正义观主要由穆勒创立。穆勒认为,正义乃是"一种动物性的欲望,即根据人的广博的同情力和理智的自我利益观,对自己或值得同情的任何人所遭受的伤害或损害进行反抗或报复"。④ 而正义是功利原则的体现,这是首次将功利原则和正义问题联系起来。穆勒还认为,正义观念具有流变性,但肯定存在共享的正义和正义观,因为遭受不正义是任何信奉功利原则的人所不愿意的。⑤ 实证主义正义观的代表人物是孔德和约翰·奥斯丁,其核心在于,凡是实际存在的法律就是代表正义的法律,违背这种实在法本身就是不正义的。⑥

美国著名哲学家罗尔斯的正义论汇集社会正义的大成。1971 年罗尔斯《正义论》的出版引发了一场关于正义问题的大辩论。对罗尔斯的新自由主义而言,政治哲学的核心概念是正义,正义原则优先于功利原则。⑦ 这标志着西方政治哲学的主题从"自由"到"正义"的重大转变。罗尔斯用自由、平等和公正去解释正义,认为正义是社会制度的首要价值。⑧ 罗尔斯接着指

---

① 廖奕:《法律职业道德实训教程》,武汉大学出版社 2009 年版,第 172 页。
② [美] 博登海默:《法理学:法律哲学与法律方法》,邓正来译,中国政法大学出版社 1999 年版,第 102 页。
③ 廖奕:《司法均衡论:法理本体与中国实践的双重建构》,武汉大学出版社 2008 年版,第 173 页。
④ [美] 博登海默:《法理学:法律哲学与法律方法》,邓正来译,中国政法大学出版社 1999 年版,第 114 页。
⑤ 李永红主编:《法理学》,厦门大学出版社 2007 年版,第 530 页。
⑥ 同上。
⑦ 孔润年:《伦理学基本问题新探》,陕西人民出版社 2008 年版,第 150 页。
⑧ 姚大志:《现代之后:20 世纪晚期西方哲学》,东方出版社 2000 年版,第 22 页。

出了社会正义的两项基本原则和内容。罗尔斯把第一项原则称为"最大的均等自由原则",将第二项原则称为"差异原则"。"差异原则"又分为"差别原则"和"公平的机会均等原则"。① 罗尔斯力图通过正义理论的构建解决社会不平等的问题。一个良好的社会,为了保证享有自由,必须坚持法治。因此,人们真诚地关注弱势劳工等社会弱者的生活境况,并尽力改善之,以防自己陷于同样的悲惨。罗尔斯认为,正是这些特点造成了公平的观念和正义的原则。社会正义究竟有什么功用?罗尔斯的回答是:社会正义基本原则的实现,即千百年来人类梦寐以求的理想社会之实现。②

相对正义论中,最为典型的是凯尔森的相对正义论和沃尔泽的相对主义的正义观。正义原则本身在形式上就是多元的;社会不同的善应当基于不同的理由、依据不同的程序、通过不同的机构来分配;并且,所有这些不同都来自对社会诸善本身的不同理解——历史和文化特殊主义的必然产物。③ 而每一种社会资源都有适于其自身的正义原则规范,而这些规范在不同的领域里是自主的。对于这些东西的分配来说,需要根本不起任何作用。所以,应该产生一个特殊的分配领域,在其中,需要本身就是正义的分配原则。或者说,正义的或大致正义的分配应该是:不同物品基于不同理由、依据不同程序分配给不同的人们。④ 沃尔泽强调分配正义理论所关注的所有事物都具有社会性,分配标准及其安排都与社会属性有着内在的关联。故正义与不正义的分配会随着时间的变化而变化。简单说来,在沃尔泽的理论中,分配正义是相对于某个特殊社群的社会意义而言的。⑤ 沃尔泽本人也不否认这一点,这种相对主义的正义理论会有助于维护不平等。后来沃尔泽在1994年出版的《厚与薄》一书中,对相对主义的正义观作了适当的修正,但相对主义立场则依然如故。沃尔泽不但注重批评罗尔斯正义理论的局限和错误,而

---

① 廖奕:《司法均衡论:法理本体与中国实践的双重建构》,武汉大学出版社2008年版,第266页。
② 李龙主编:《法理学》,人民法院出版社、中国社会科学出版社2003年版,第188页。
③ [美]迈克尔·沃尔泽:《正义诸领域:为多元主义与平等一辩》,褚松燕译,译林出版社2002年版,第4—5页。
④ 同上书,第24—29页。
⑤ 杨宝国:《公平正义观的历史·传承·发展》,学习出版社2015年版,第160页。

且还提出平等观念对自身的理论予以建构。沃尔泽的正义理论与罗尔斯的正义理论的一个重要分歧在于：正义的普遍性与多元性的矛盾，是否存在一个贯通各个领域的正义原则呢？沃尔泽拒绝接受罗尔斯理论中只有一种分配正义的立场。相对主义的正义观会受到两个方面的限制：分配正义的相对性受限于正义这一理念本身。正义这一理念包涵了最低限度的道德内涵，具有很广的涵盖面。这提供了一种批评的视角。"假如正义只是一个遵循共识的问题，那么当不存在共识的时候，双方如何就正义发生争论呢？在那个情况下，按照沃尔泽的相对主义考虑，没有一个解决方案可能是正义的"。[1]

卢曼的程序正义论为正义的内涵扩充带来一定的改变。卢曼的正义理论奠基于如下这样一个背景：恒定的系统，即基于永远强调的价值的法律系统，只能在一个相对静止的社会中发挥功效。而正义首先是剥离了社会变动性的程序性内容。只有在这样的程序正义基础上，法律系统才能发挥自我控制及控制社会的功能。[2] 根据卢曼的理论，系统的功能无所不包，系统自我制造自我承认，"通过程序具有合法性"。因此，重要的是系统发挥功能，借此来降低社会的繁杂性；而不是"正义"将实现。卢曼的程序正义论认为"正义"乃是一种系统自身的纯程序运作，与内容并无关系。在正义问题上，完全不存在"为什么"和"是什么"，只存在"如何做"和"怎样做"。佩雷尔曼本人也是采取这种方法推导出形式正义论的。故佩雷尔曼认为，自亚里士多德以来，正义概念的共同思想就是平等，对每个人而言，正义总意味着某种平等。[3] 从中，佩雷尔曼导出了形式正义的概念。他认为，正义就是以同等方式待人，形式正义就是"一种活动原则，根据该原则，凡属同一基本范畴的人应受到同等的待遇"。[4] 根据此种界定，只有第一种符合形式正义论的要求，其余五种概念描述的都是具体正义而非形式正义。拉德布鲁赫的广

---

[1] ［美］德沃金：《原则问题》，张国清译，江苏人民出版社2005年版，第287页。
[2] 廖奕：《法律职业道德实训教程》，武汉大学出版社2009年版，第185页。
[3] 任广浩主编：《法理学》，河北人民出版社2007年版，第231页。
[4] 廖奕：《司法均衡论：法理本体与中国实践的双重建构》，武汉大学出版社2008年版，第271页。

义正义论将正义分为平等的正义、目的的正义和功能的正义。拉德布鲁赫的广义正义论反映了"战后"对正义的更深思考和探求①，与亚里士多德平等的狭义正义观相比在当时更具有时代色彩。

德沃金的正义观是对权利正义论进行的扬弃。德沃金强调认真对待权利，他把"平等"视为"至上的美德"，德沃金将他的平等理论建立在权利概念之上。哈耶克强调的则是一种规则的正义，认为正义是法律的必要基础。②诺齐克的资格正义论的目的在于捍卫财产权的不可侵犯性，认为真正的持有正义是非模式化的。而诺齐克对罗尔斯社会正义论的批判，主要集中在三大问题：社会合作、原始状态和天赋分配。无论罗尔斯还是德沃金式的正义观，是以某种模式化原则来干涉人们的自由权。"因为如果不去干涉人们的生活，任何目的原则或模式化的分配正义原则就都不能持久地实现"③。诺齐克认为只有自由的选择才是正义的分配，即前述的"按其所择给出，按其所选给予"。同时，诺齐克还认为自己的"分配正义的权利理论是历史的，分配是否正义依赖于它是如何演变过来的"。④ 诺齐克坚持了历史原则的分配正义，诺齐克式持有正义观是一种历史正义观。正义的历史原则坚持认为，人们过去的环境或行为能创造对事物的不同权利或应得资格。与此形成鲜明对照的是正义的即时原则，它关注的是"一种分配的正义决定于事物现在是如何分配的（即谁有什么）"。⑤ 诺齐克的持有正义原则在衡量社会分配是否正义时，并不是看"当下的""即时的"结果，而是看其分配结果的来路，看其历史演变过程。诺齐克主要反对的是，国家作为分配主体进行的再分配正义，这显然是不同于初始状态下的市场分配正义。而之所以提出"再分配"的存在必要，实质上是假设市场是不公正的机制，罗尔斯是其中的典型代表，他认为任何初次分配都必定是不平等的，而不平等的分配则是不正义的，所以需要国家通过再分配来改变初次分配的不平等性才能获得正义。而诺齐克确定

---

① 李龙主编：《法理学》，人民法院出版社、中国社会科学出版社2003版，第187页。
② 汪习根主编：《法律理念》，武汉大学出版社2006年版，第39页。
③ ［美］罗伯特·诺齐克：《无政府、国家与乌托邦》，何怀宏等译，中国社会科学出版社1991年版，第168页。
④ 同上书，第159页。
⑤ 同上书，第191页。

无疑要捍卫的恰恰是市场机制,他认为只有初次分配才是正义的,任何再分配无异于强迫劳动,强行正义。

衡量"正义"的普遍规则必须在"法治秩序"中求得。法的精神源于正义规则在具体事态中的运用,其实质是自生自发内部秩序的内在要求,亦是个人权利的理性需求。[1] 尼尔森通过对罗尔斯正义论中平等主义不彻底性的批评,表达了一种更为彻底、更为激进的平等主义正义观,仍与马克思主义存在本质差异,并陷入了革命的"乌托邦"主义。[2] 因此,尼尔森对罗尔斯的批评与诺齐克对罗尔斯的批评,正好形成了左右两极。

3. 正义与秩序实现

正义的内涵与观念有一个不断变迁的过程。但不变的是,正义是制度的首要原则。正义的社会制度体系是人类政治文明的核心特征之一,也是现代国家建设中永恒追求的基本目标,并因此成为评判一个社会秩序是否良好的关键指标。在一个健全的法律制度中,秩序与正义这两个价值通常不会发生冲突,相反,它们往往会在一较高的层面上紧密相连、融洽一致。一个法律制度若不能满足正义的要求,那么从长远的角度来看,它就无力为政治实体提供秩序与和平。而正义则需要秩序的帮助才能发挥它的一些基本作用。

处于转型时期的中国,在不断努力实现经济社会可持续协调发展的过程中,日益把社会主义政治文明建设,尤其是法治文明的建设与实现社会公平正义纳入重要的议事日程。因此,在开放与透明的制度规则框架下,通过弱势劳工群体与强势群体等各利益主体之间的平等博弈而形成理性的制度共识,来构建正义的社会制度框架,以制度正义的基本实现确保社会的和谐稳定,日益成为转型中国法治发展的关键议题。

---

[1] 廖奕:《司法均衡论:法理本体与中国实践的双重建构》,武汉大学出版社2008年版,第268页。

[2] 袁久红:"平等、正义与社会主义——略论尼尔森激进平等主义政治哲学",载《南京社会科学》2002年第3期。

第三章 弱势劳工系统保护机制的立法确立

第一节 立法对弱势劳工良好保护秩序的影响与促进

一、立法与弱势劳工良好保护秩序形成的关系

（一）立法与弱势劳工系统保护的立法理想

1．立法机关的优势地位与发展趋势

现代国家通常确立了国家权力属于人民的原则，即主权在民或人民主权原则，在制度上表现为由人民选派代表组成国家代议机关，行使立法权。立法机关是民意机关，也是掌握与行使立法权等重要权力的国家机关。[①] 立法机关，在不同国家相应有议会、国会、国民大会、人民代表大会等不同的称谓。立法机关的组织与权力运行状况，构成了民主法治国家的中枢和核心。

通常说来，各国宪法中一般规定了立法机关等国家机关的宪法地位。[②] 当然，世界各国在立法机关的地位、权限大小及立法机关与其他机关的关系等方面遵循的原则有所不同。[③] 简单说来，有奉行"议会至上"原则或"三权分立"原则的不同，也存在立法机关是最高国家权力机关还是与行政、司法机关处于平行地位机关的差别。也就是说，在奉行"议会至上"的国家

[①] 张晓明：《宪法权利视野下的劳动权研究》，知识产权出版社2013年版，第108页。
[②] 同上。
[③] 韩大元等：《宪法学专题研究》，中国人民大学出版社2008年版，第477页。

里，立法机关在国家机关体系中居于最高地位，也是最高国家权力机关，其他国家机关则处于从属地位。[①] "议会至上"的地位确立了议会所立之法在管理国家过程中的中心地位，而法院或司法机构不可以审查议会的制定法。[②] 而奉行"三权分立"的国家，其立法机关在宪法上并不高于其他国家机关，而且要求立法机关及其制定法需符合宪法，具备合宪性。而行政机关有权制约立法机关，法院也可以审查立法机关制定法的合宪性。[③]

但不可否认的是，立法机关在国家机关体系中占有优势地位，立法机关是国家组织中的关键性机构，即"最重要和最有尊严的，首先是立法机关"。[④] 立法机关应该是最权威的国家机关，其基本理由是：与行政机关、司法机关相比，立法机关更能代表不同社会利益群体的要求，因为它是由代表绝大多数人利益的议员或代表组成的。另外，立法机关尽管不一定具有具体个人那样的较高学历及卓越的才能，但却拥有正如亚里士多德所看重的各式各样颇有价值的集体智慧，而正是这种集体智慧的存在，可以较好地监督那些不合理的、滥用权力的及不负责任的政府行为。故而，立法机关成为国家机构中的突出力量，既是现实斗争的需要，也是思想理论推动的结果。代议制体现的正是经过人民同意为代表的特征；人民生活在他们自己选举的代表所确立的法律之下。在立法机关主导的国家权力架构下，对行政机关的主要监督职责责无旁贷地落在代议机关的身上。而立法机关的大部分时间，并不

[①] 议会至上原则的全称是议会立法至上的法律原则（the legel doctrine of the legislative supremacy of Parliament）。当然，还有更全面的版本：联合王国议会的立法权至上（the legislative supremacy of the United Kingdom Parliament）原则。从这一全称不难看出，既可简称为议会至上原则，也可简称为立法至上原则，还可简称为议会立法至上原则。参见张越：《英国行政法》，中国政法大学出版社2004年版，第181页。

[②] 英国议会的立法权至上原则，既是一个法律原则，又是一个政治原则。张越：《英国行政法》，中国政法大学出版社2004年版，第182页。没有成文宪法的英国仍坚持"议会至上"原则，议会立法不受任何其他机构的审查。但是共同体法律体系为所有成员国提供了一套"更高的法律"（higher law），从而打破了个别成员国的议会至上传统。成员国法院有义务适用更高的联盟法律规范，即便本国立法与此相冲突。在这个意义上，成员国法院对本国法律进行间接的司法审查，将从根本上动摇成员国的议会至上原则。参见张千帆：《宪法经典判例导读》，高等教育出版社2008年版，第105页。实际上，这一切在英国决定退出欧盟并开始这一进程后会有所变化。

[③] 韩大元等：《宪法学专题研究》，中国人民大学出版社2008年版，第478—482页。

[④] ［美］伯纳德·施瓦茨：《美国法律史》，王军等译，中国政法大学出版社1990年版，第77—80页。

致力于法律的制定，它最重要的功能之一，即批评行政机关；在某些国家中，它还组织或解散政府。①

立法机关最为重要和最经常行使的就是立法权，主要是制定、修改及废除法律的权力。毋庸置疑，立法机关创制法律要遵循一定的原则与程序。有代议机构自律原则、客观性、多数决以及裁量原则等。②而所谓代议机关自律，或者说国会自律，包含了"分权性"与"自主性"两个层面。前者意味着立法机关制定法律不受其他政府机关的干涉，后者表示代议机关或国会本身能进行自律性自决。③代议机关或国会自律除却宪法依据外，还有法律依据，譬如一些国家的国会法等法律专门规定了国会立法的程序。而我国的《立法法》则规定了全国人大的立法程序以及全国人大常委会的立法程序。且立法机关所制定的法律必须与客观现实相符，才易为社会公众所接受；而衡量的标准无非就是公平、正义和衡平，是社会生活的良好规则。因为法律虽是经立法机关依循多数决原则通过的，但多数决定的结果并不一定等于正确，也不一定就与社会实际情况相符，反而可能会导致"多数暴政"④，去损害少数人的权利。在多数和少数的意见对峙时，立法机关在裁量时必须遵循法益衡量、尊重机关权能、合理性和维持整体立法精神等原则。⑤只有如此，立法机关在依据多数原则作出决定时，才有可能不损害少数群体的利益。立法机关在对弱势劳工群体的利益进行立法维护时，这是必须要注重的一个问题。

毕竟，若多数统治的理论假设是充分成立的，那么多数统治就是合理的，不会出现任何问题。但是，事实上是多数人的智慧并非在任何时候都一定超过少数人或某个人的智慧，正义也不一定只掌握在多数人手里，人民主权也

---

① 杨伟东：《权力结构中的行政诉讼》，北京大学出版社2008年版，第8页。
② 韩大元等：《宪法学专题研究》，中国人民大学出版社2008年版，第477页。
③ 许剑英：《立法审查理论与实务》，伍南图书出版公司2000年版，第493页。
④ 托克维尔在《论美国的民主》一书中明确提出了"多数暴政"这个概念。托克维尔认为民主社会确实存在少数人以多数人的名义去行使暴政、实行专制统治的可能性。因为在民主制度下谁也对抗不了多数民主国家中的多数存在"无限权威"的可能性，而"无限权威"是一个坏而危险的东西。
⑤ 韩大元等：《宪法学专题研究》，中国人民大学出版社2008年版，第492—496页。

不应该只是多数人的主权。① 不过，一切权力的根源存在于多数的意志之中。撰写《论美国的民主》的托克维尔认为，"人民的多数在管理国家方面有权决定一切"是"多数暴政"的制度基础。② 但这句格言，是渎神的与令人讨厌的。若认为多数人的决策有时也是非理性的，难以显示出具有一种更高的超个人的智慧。如果人民的参与能够常常达到令人满意的程度，某种多数裁定规则或许就是实现公众要求的合理手段。但是多数裁定规则不能作为衡量民主程度的标志，因为它并不能保证人民的参与能够达到满意的广度，即使是人民的参与非常广泛。③ 而"多数暴政"的风险是一些学者认真研究过的。托克维尔认为民主政治的本质，在于多数对政府的统治是绝对的，因为在民主制度下谁也对抗不了多数民主国家中的多数存在"无限权威"的可能性。在追求事业的过程中，无论在国家中占据支配地位的多数多么的激情澎湃，多么的热情高涨，也无法用同样的方法同时迫使全国上下所有公民服从它的意愿。④

自 20 世纪以来，特别是"二战"后福利国家的产生，要求国家管理和协调的事务越来越多，代议机关既受本身运作机制的限制，又因为缺乏有效的手段，其获得社会信任与应对社会变革的能力均遭到怀疑。而代议机关的立法或监督措施往往迟缓致使反应或规制不及时，且效果不佳。在此背景下，出现了代议机构的授权立法。并且，代议机关又通过专门立法将众多的权力授予其他机关，特别是行政机关，代议机关的权力不断在压缩。行政权则是空前膨胀，代议机关原来所享有的制定法律、对行政机关进行监督等传统权力，都遭到了不同程度的削弱。正如罗伯特·S. 洛奇所指出的，"议会变得非常笨重，如果不是在巨大灾难的威胁下和强大政治压力的驱使下，议会几乎没有能力从事重要的立法工作。而与此同时，行政机关几乎已经成为唯一的能够在重大事务上代替议会立法的力量。事实上，总统已经成为主要的立

---

① 陈幽泓、陈凤山等："第三届南都惠州业委会沙龙纪实"，载《和谐社区通讯》2014 年第 3 期。
② 王绍光：《民主四讲》，生活·读书·新知三联书店 2014 年版，第 34 页。
③ 陈幽泓、陈凤山等："第三届南都惠州业委会沙龙纪实"，载《和谐社区通讯》2014 年第 3 期。
④ ［法］托克维尔：《论美国的民主》，吴睿译，群言出版社 2015 年版，第 160 页。

法者，而行政部门也直接威胁着议会。"① 行政机关不再是唯议会马首是瞻，相反却力图操纵代议机关的活动。在某些情形下，议会可能失去牵制行政机关的能力，甚至为行政机关所操纵。② 在许多西方国家，议会民主已经沦落到相对弱的水平，只能发挥有限的监督作用。③

我国一直奉行的是一元民主理论，即由"人民通过掌握国家权力来当家做主"。④ 此理论的基础是国家权力来自人民，人民选举并控制代议机关，代议机关作为人民的代表，构成了其他国家机关权力产生和存在的来源；因而其他国家机关须接受代议机关的监督与制约。一元民主理论形成了完整和严密的逻辑链条。而《宪法》第3条规定："全国人民代表大会和地方各级人民代表大会都由民主选举产生，对它负责，受它监督。"对我国人大工作的评价是"立法成绩很大，监督工作不力"。在西方国家，代议机关的地位和作用在下降，对行政机关的控制力减弱，导致国家行政机关的作用大幅度扩张。西方国家代议机关弱化的事实，在我国发生的概率较低。当然，现实生活中，因行政权强大而致使代议机关的权威虚置那是确实存在的。⑤

当然，对弱势劳工的保障立法也可以是缔约国履行签署条约中的立法义务所致。以弱势劳工的劳动权为例，对于劳动权等经济、社会和文化权利，缔约国应使用立法等一切适当途径促使劳动权的充分实现。当然，还要明确的是，采取立法措施绝不是缔约国义务的终点，即不是一完成立法就意味着国家的相应义务履行完毕。而"用一切适当方法"的措辞必须完整及准确地理解，⑥ 逐渐达到劳动权的充分实现。"逐步实现"的内涵等于承认在短时期内无法充分实现劳动权等经济、社会和文化权利。一方面，这是一种必要的具有灵活性的安排，反映了当今世界的现实以及许多国家争取充分实现劳动

---

① [美]肯尼思·F. 沃伦：《政治体制中的行政法》，中国人民大学出版社2005年版，第38页。
② 何华辉：《比较宪法学》，武汉大学出版社2013年版，第251页。
③ 杨伟东：《权力结构中的行政诉讼》，北京大学出版社2008年版，第10页。
④ 一元民主论把民主理解为是国家权力或政治权力的民主，理解为是由人民通过掌握国家权力来当家作主，这种一元民主论在卢梭的人民主权理论中得到最彻底的表现。徐红：《比较政治制度》，同济大学出版社2009年版，第142页。
⑤ 张晓明：《宪法权利视野下的劳动权研究》，知识产权出版社2013年版，第110页。
⑥ 张爱宁：《国际人权法专论》，法律出版社2006年版，第141页。

权等经济、社会和文化权利所面临的困难；另一方面，必须结合《经济、社会和文化权利公约》的总目标来理解这句话，这一目标就是为缔约国确立充分实现所涉各种权利的明确义务，因而它确立了尽可能迅速与有效地实现目标的义务，在这方面，任何后退的措施都需要经过最为慎重的考虑，必须要有充分的理由。"逐步实现"的义务要求有效地使用可获得的资源。① 《经济、社会和文化权利公约》中"渐进义务"的内容往往易被错误地理解为，只有当一国达到某种经济水平时，才必须去实现《经济、社会和文化权利公约》中所规定的权利。②

当然，还需妥善处理弱势劳工保障立法与宪法的关系。宪法系一种秩序，而且作为秩序，它乃是一种具有确定内容的规范集合。③ 宪法之所以重要，是因为它保护着我们的基本权利，或是因为它为我们的政治提供了一种结构。而真正的问题不在于宪法为何重要，而在于宪法如何重要。宪法的重要体现在：其一是因为政治重要。宪法在许多方面影响着政治，其中大部分影响是间接的。其二是民众的权利保障重要，宪法在更多方面影响着政治，其中大部分影响是直接的。因而，宪法无疑是重要的。所以，"实行依法治国基本方略，首先要全面贯彻实施宪法"。2012年习近平总书记在首都各界纪念现行宪法公布实施30周年大会上强调，宪法的生命在于实施，宪法的权威也在于实施。我们要坚持不懈抓好宪法实施工作，把全面贯彻实施宪法提高到一个新水平。而部委文件和媒体报道所列标题就是《习近平：把全面贯彻实施宪法提高到一个新水平》。2014年1月7日，习近平总书记在中央政法工作会议上明确要求，党委政法委要带头在宪法法律范围内活动，善于运用法治思维和法治方式领导政法工作，在推进国家治理体系和治理能力现代化中发挥重要作用。④ 正如习近平总书记所强调的，要推进"法治中国"建设这个系统性工程，在千头万绪中必须做到提纲挈领，首先就要抓住宪法这个"纲"。而现在最为关键的问题是我们该如何更好地抓住宪法这个纲，让宪法

---

① 张晓明：《宪法权利视野下的劳动权研究》，知识产权出版社2013年版，第111页。
② 张爱宁：《国际人权法专论》，法律出版社2006年版，第142页。
③ 黄卉、晏韬等：《德国魏玛时期国家法政文献选编》，清华大学出版社2016年版，第22页。
④ 张福俭：《聚焦依法治国 学习贯彻十八届四中全会精神》，当代中国出版社2014年版，第44页。

发挥其效用。所以我们必须要提纲挈领首先抓住宪法这个"纲",使得宪法网格化,增加民众对宪法的亲近感和信任。全面推进法治需要重视和突出宪法,强调依宪治国。改革的推进需要"摸着宪法过河",宪法会成为全面推进改革的法治指引。

宪法是最高法。高级法是比普通立法更高的法,而最高法是在整个法律体系中处于最高地位的法。宪法在国家的法律体系中处于最高地位,具有至上性。法律居于宪法之下,法律的效力还取决于其与宪法的关系。依不抵触原则,与宪法一致是法律具有效力的前提。因而,"与宪法相抵触的法律不是法律",当然也就不具有相应的效力。① 而宪法与普通法律的关系的本质在于制定宪法的主体与制定法律的主体之间的关系,实质上是一种授权与被授权的关系。② 有学者还认为,一些重要的宪法制度则是通过立法,特别是全国人大及其常委会的立法构建和完善起来的。③

依马尔塞文等的论断,宪法是多价值的政治工具。而且,宪法可说是一个最好的法律。对于大多数宪法来说,有四种共同的职能,即转化职能、信息职能、规制职能与疏通职能。宪法的转化职能是指宪法宣称它包括了法律性的宣言,被认为已经实现了从权力到法律的转化。宪法为法律问题与政治问题该如何得到解决提供了指示,宪法也可能会指明在解决问题时要符合某些目标。故疏通职能的意思是指宪法创造或提供了政治和法律可在其中得到发展的某种框架。这种框架的一部分由一些程序构成,如果遵循这些程序,就会得到这一益处。理想效力的概念必须在个别职能和整体职能两方面得到发展。④ 故而,弱势劳工保障立法要具有合宪性。而党的十九大报告所正式提出的"合宪性审查"也就因此具有重大的现实意义。

2. 立法与利益集团、弱势劳工系统保护的联系

(1) 利益与利益的立法协调。利益是我们分析经济现象及政治现象、总

---

① 张晓明:《宪法权利视野下的劳动权研究》,知识产权出版社2013年版,第111页。
② 莫纪宏:《实践中的宪法学原理》,中国人民大学出版社2007年版,第131页。
③ 林彦:《通过立法发展宪法——兼论宪法发展程序之间的制度竞争》,载《清华法学》2013年第2期。
④ [荷]亨克·范·马尔塞文等:《成文宪法——通过计算机进行的比较研究》,陈云生译,北京大学出版社2007年版,第310—317页。

结政治规律的基础，也是一个比较模糊、抽象的概念。利益是"共同的态度所导向的目标"。① 亚里士多德就用利益，尤其是公共利益作为划分政体，并区别正宗政体和变态政体的一个基本标准。② 劳动领域的公共治理的重要任务之一，也应该是为各种社会行为主体的理性博弈提供合法、公正、有序的博弈规则和制度框架。毕竟，制度作为一种特殊的公共物品是政府在利益整合过程中必须首先要解决的问题。③

立法的核心问题是如何正确地认识并恰当地协调好各种利益，促成利益的最大化并减少或防止利益冲突。④ 要对弱势劳工进行良好的立法保障，基本的出发点就是要求立法机关发现社会生活中的劳动立法需要，尤其是准确认识各种利益以及纠结在其中的利益关系，进行恰当的选择、取舍与协调。只有在此基础上，才有可能出台恰当的法律调整机制和措施。而立法机关作为一种"公共组织"，理应具有高度的开放性和易接近性，⑤ 是各利益群体多种需求汇集的焦点所在。因而需要听取、予以回应及协调。利益集团应该是社会多元化的一种突出表征，在现实政治中从立法到行政再到司法都有它产生的重要影响。有关利益集团理论的研究最早起源于美国，所以美国利益集团组织的发展与世界其他地方相比是较为成熟和完善的。⑥

什么是利益集团？利益集团该按怎样的标准来划分？美国学者杜鲁门在《政治过程：政治利益与公共舆论》一书中对利益集团给出的定义流传甚广，具体为"利益集团是任何建立在特有一个或更多共同看法基础上，向社会其他集团或组织提出要求的集团"。⑦ 而在国内学界，利益群体通常又被称为利

---

① [美] 杜鲁门：《政治过程——政治利益与公共舆论》，陈尧译，天津人民出版社2005年版，第37页。
② 实际上，亚里士多德划分政体的标准有两个，一个是人数标准，一个是公共利益标准。当然，人数标准不是亚里士多德区分寡头政体和平民政体的绝对标准，亚里士多德区分它们的标准是财富。参见万绍红：《西方共和主义公共利益理论研究》，生活·读书·新知三联书店2016年版，第51页。
③ 史云贵：《中国现代国家构建进程中的社会治理研究：一种基于公共理性的研究路径》，上海人民出版社2010年版，第307页。
④ 张晓明、李朝晖："立法过程中的公众参与：变迁与完善"，载《广东广播电视大学学报》2010年第2期。
⑤ [美] 加布里埃尔·阿尔蒙德：《比较政治学》，上海译文出版社1987年版，第200页。
⑥ 徐静：《欧盟多层级治理与欧盟决策过程》，上海交通大学出版社2015年版，第180页。
⑦ 张晓明：《宪法权利视野下的劳动权研究》，知识产权出版社2013年版，第165页。

益集团或是压力集团,广泛存在于社会生活的各个领域,是有着共同利益,且为争取共同利益而采取共同行动,以便影响政府决策的组织,目的就是形成并表达社会各阶层、各群体的利益要求。① 另罗伯特·达尔认为:"从最广泛的意义上说,任何一群为了争取或维护某种共同利益或目标而一起行动的人,就是一个利益集团。"② 一些观察家认为,只有根据集团活动和集团之间的冲突进行观察,才能最好地理解美国的政治。虽然集团的影响可能被夸大了,但是毫无疑问,实际上美国政治生活中作出的每项决定,都影响着美国社会中的一个或者更多的集团。受到影响的集团正愈来愈意识到政府一系列重要决定的作用,并力图对之能够有所影响。③ 因而,利益集团存在的基本目的,就是通过影响国家的立法和政策来维持自身的集团利益,并且通过各种活动方式和手段来实现自己的目的。从而导致在一些国家,通过的法律仅是最强派别显示力量的结果。在实行代议制的国家中,利益集团作为立法权的伴生物将会随着社会变动和社会运动迅速发展起来。

利益集团几乎是现代民主政治中不可或缺的部分,是处于社会冲突的不同利益之间、公民与政府之间释放矛盾压力的一种"安全阀"。利益集团,到底是推动还是会危及民主?在西方政治体系中,利益集团可以起到综合不同的社会阶层的意见,协调矛盾与分歧,把分散的政治力量集中并把相对重要的事项提上议事日程,从而参与并推进政府的立法过程并对政府决策的执行进行监督。④ 利益集团通过有益信息的提供和相关技术的支持,可弥补代议制的某些缺陷,发挥公众参与政治决策的桥梁作用,并让更多的社会群体和相关组织参与到政治过程中去。一些国家甚至已经通过立法确认了利益集团的法律地位和活动方式。无疑,利益集团的存在有其积极的一面。当社会上利益集团充斥的时候,利益集团成为公民与政府之间的桥梁和纽带,为弱

---

① 朱力宇、张曙光主编:《立法学》,中国人民大学出版社2009年版,第81页。
② [美]罗伯特·达尔:《论民主》,李柏光、林猛译,商务印书馆1999年版,第235页。
③ [美]诺曼·杰·奥恩斯坦、雪利·埃尔德:《利益集团、院外活动和政策制订》,世界知识出版社1981年版,第28页。
④ 徐静:《欧盟多层级治理与欧盟决策过程》,上海交通大学出版社2015年版,第158页。

势劳工等主体的政治参与提供了机会。而以利益集团形式来反映"民意",是政府政策制定的源泉之所在。

不过,简单地认为利益集团对立法只有正效应,那是不准确的。譬如麦迪逊在《联邦党人文集》中就认为作为派别存在的利益集团对政府和政治的不良影响,从根本上说是不好的。[①] 究其原因,利益集团不但会产生难以控制的宗派主义,而且会因为注重集团利益而可能忽视公共利益的存在,干扰政策和立法的出台或执行,腐蚀着政府的权威。基于各国不同的国情,利益集团对立法机关施加影响的方式和程度不尽相同。例如,欧盟的利益集团组织虽然在欧盟非常活跃,但较之于美国的利益集团而言,它们还是新事物。而且由于美欧政体的不同,利益集团对它们进行院外活动的方式也是不同的。此外,在欧盟存在的利益集团不仅包括欧盟内部的利益集团,也包括欧盟外部的利益集团,即在欧盟存在的非欧盟国家的利益集团。当前在欧盟最活跃的外部利益集团就是美国驻欧盟的利益集团。[②] 依此可见,利益集团不但影响本国的立法过程,而且还可能影响外国的立法过程。

利益集团通过向立法机关游说,以便伸张自己权益的活动,这又称为利益集团的院外活动。这在美国最为典型。在美国的历史上,早就存在各种利益集团,并随着政治、经济、文化等方面的发展而日益增多,现在不论是数量还是种类都十分庞杂。在政策、制度或立法决策过程中,金登(Kingdon,1984)认为:诸如政府官员、媒体和政党这类"看得见的"参与者制定议事日程;而诸如专家、学者和顾问这类"看不见的"参与者则只是提出特定的备选方案。专家们提出特定的建议,而利益集团"更多的是通过阻止而不是支持议案的通过来影响政府议事日程"。[③] 当然,不是利益集团参与进来就能获得成功。有的利益集团获得成功,而有的利益集团走向失败,这是常见的结果。

---

① 即所谓的"抵消力量理论"。这一理论又称为"分权制衡理论"。该理论的基础是这样一种假设,"一个利益集团总倾向于抵制另外的集团成为社会中占统治地位的利益集团,而众多的利益集团相互竞争,就会阻止任何一个集团获得绝对的优势地位"。曾祥华等:《立法过程中的利益平衡》,知识产权出版社 2011 年版,第 152 页。

② 徐静:《欧盟多层级治理与欧盟决策过程》,上海交通大学出版社 2015 年版,第 180 页。

③ 戈德斯通主编:《国家、政党与社会运动》,章延杰译,上海人民出版社 2015 年版,第 59 页。

应该说，利益集团在美国得到了广泛的发展，其他国家的利益集团尽管在数量上也比较多，但其发达程度与美国相比还存在差距。美国的利益集团既不是政党，也不是政府机构，但有着多条参政的渠道，能参与国家的管理。各利益集团之间还相互竞争，在思想、价值观念及实际利益等方面产生出各种不同的主张和要求，但都有着参政的积极性，争取对国会立法施加力所能及的影响，尽力争取制定有利于自身的法令和措施。利益集团参与立法，实际上是美国的一种民主制衡机制。立法机关是利益集团的天然栖息地，恰如其分的一句对此进行描述的话是"院外活动是与立法同时产生的"。[1] 利益集团时刻关注着立法机关的行为，并经常企图通过促进或阻挠政策的出台来达到自己的额外目的。在各国政治实践中，院外活动集团对议会的作用和影响很大。所谓"院外活动集团"主要包括两部分：一部分指一些专门从事"游说议员活动"的政治掮客。他们被各种利益集团雇佣，通过各种手段收买和影响议员，造成对利益集团有利的立法；另一部分则是利益集团本身或者他们设立的专门办事处。[2] 具体采用的方法有向议员提供重要的信息；提供经费支持议员候选人的活动；有些时候也采用对抗的方式，诸如恐吓、骚扰，乃至游行示威、罢工等方式；设法影响社区舆论与选民意向等方式影响法案的形成乃至立法的出台。[3] 而当一项制定法沦为利益集团转移这种类型，尽管这种类型的界定比较棘手，剩下的唯一争议就是损害到底是多少。[4] 也许，利益集团的参与，使其能够找到解决问题的办法，也能够坐待构成有利时机的一些因素：一个确证的问题、一个可行的解决办法、一种合适的政治气候，这些因素最终都会打开一个"政策窗口"。[5] 英国学者维尔指出，"今天美国法令全书中的很多重要法规来源于利益集团的办事处"。[6]

---

[1] Karl Schriftgeisser, The Lobbyists, Little, Brown, Boston, 1951, p. 3. 转引自周叶中：《代议制度比较研究（修订版）》，商务印书馆2014年版，第240页。

[2] 周叶中：《代议制度比较研究（修订版）》，商务印书馆2014年版，第240页。

[3] 朱力宇、张曙光主编：《立法学》，中国人民大学出版社2009年版，第82页。

[4] [美]凯斯·R.桑斯坦：《权利革命之后：重塑规制国》钟瑞华译，中国人民大学出版社2008年版，第96页。

[5] 戈德斯通主编：《国家、政党与社会运动》，章延杰译，上海人民出版社2015年版，第60页。

[6] [英]维尔：《美国政治》，王合等译，商务印书馆1988年版，第122页。

（2）弱势劳工保障立法过程中该如何对待利益集团。具体保障立法中，反映了利益集团的势力存在及所带来的影响等问题。譬如美国《职业安全及健康法》中对有毒物质规制的严苛规定，造成了与其收益极不相称的成本增加，导致企业反弹。究其原因，部分是工会游说活动的道德产物。在《职业安全及健康法》出台的游说过程中，商业游说人士通过各种方式对议会施加压力，企图阻止该法的制定。实际上，《职业安全及健康法》是经历了商界的百般阻挠后才出台的。而在《职业安全及健康法》出台后近6年的时间里，议会收到的有关减弱职业安全及健康委员会管制权力的条款建议就有1000多条，虽然没有一条能被获得通过。① 故而，在立法之前，利益集团肯定会千方百计地阻挠立法的通过。在立法之后，利益集团也会尽量发挥其影响、想方设法去削弱立法的作用，此时主要着眼于立法的修改。类似的问题也在民权领域出现，雇主压力为私人提起执行之诉设置了许多严格的程序限制。这为弱势劳工等的劳动权、生命健康权保障设置了障碍。而影响恶劣的例子是，现代规制法的特征是对职业安全等领域中的新风险予以严格规制，而对既有风险只是给予最低程度的规制。这种差别对待的做法不仅使原有的风险继续存在下去，而且还可以使现存企业免受新进入者的威胁——难怪它被证明如此受欢迎。②

在社会转型过程中的我国，随着全面深化改革的继续推进，社会利益的多元化导致社会分层显现，不同的社会集团实际上存在不同的利益，在某种意义上可以说是利益集团。故利益集团按社会实际来说是确实存在的。③ 否则，"代表最广大人民群众的利益"又从何谈起？

不过，在我国，利益集团影响立法的过程中，存在一些较为特殊的现象。譬如在《劳动合同法》制定的过程中，包括了福特、通用电气等跨国大公司作为会员的美国商会频频向中国政府游说，劝说中国放弃制定该法。④ 在我

---

① ［美］肯尼思·F. 沃伦：《政治体制中的行政法》，中国人民大学出版社2005年版，第52页。
② 凯斯·R. 桑斯坦：《权利革命之后：重塑规制国》，钟瑞华译，中国人民大学出版社2008年版，第98页。
③ 我们赞同那种不能单纯从贬义的角度来看待利益集团的观点。
④ 王锡锌：《公众参与和中国新公共运动的兴起》，中国法制出版社2008年版，第5页。而且，事实上，《劳动合同法》通过之后，某些力量一直在唱衰并倡议废止《劳动合同法》，而且这种声音一直未曾停歇。

国国内有投资的外国公司比较关心我国的相关立法，并积极参与到立法进程中去。而我国国内的大中型国有企业等，倒不是很关注此类问题。通常认为，当共同受益的机会出现时，群体会形成并采取集体行动。这也是现代民主思想体系的重要基础。曼瑟尔·奥尔森在《集体行动的逻辑》一书中挑战了这一基础，认为自利的个体不会提供公共产品。即"理性的自利个体不会为公共的或群体的利益付诸努力，除非群体规模很小，或者通过强力以及其他特殊机制"。这一论断被称作"零贡献命题"（zero contribution thesis）。[1] 应该说，前曼瑟尔·奥尔森时代的老式理念认为，群体可找到一定办法使集体行动得以达成，而这种理念并不完全是误导性的。事实上，近来，包括文化演化研究在内的演化理论表明，人类建立在社会规范的发展与成长之上的合作倾向，有遗传和适应性基础。考虑到在所有现代经济体中集体行动情形的多发性和多样性，我们也许可以抱着比"零贡献假说"更为乐观的态度。我们现实中所观察到的图景，并不指向纯粹的悲观主义，也不指向纯粹的乐观主义，而是需要我们进一步的研究以解释不同的背景性变量如何影响或者破坏合作行为的。故而，走向合作和合作治理，对于弱势劳工的保障，也是很有必要的。而利益集团模式，则可能有利于多元合作治理模式的形成。

　　国家要如何具体对待利益集团？一般而言，国家应在其宪法体制中构建足够的平衡与控制机制，使得其既能够控制利益集团的过度能量，又不牺牲民众的权利或自由。故国家建立的政府既能包含和反映各种不同的利益，又能调整不同利益之间的矛盾与竞争，并使之保持平衡或达至均衡。而在美国，政府也是重要的利益集团来源地。就我国而言，应改变过去那种鸵鸟心态，大方又坦然承认利益集团的实际存在，在包括弱势劳工保障立法在内的立法过程中妥善处理各利益集团的利益。在各式各样的利益集团面前，政府需要提供的首先是制度框架，实现利益表达与博弈的规范化，进而提供顺畅的合法的利益表达渠道，让各种力量在相互博弈和沟通中谋求和达成共识。[2]

---

[1] 埃莉诺·奥斯特罗姆："集体行动与社会规范的演进"，王宇锋译，载人大复印报刊资料《理论经济学》2013 年第 1 期。

[2] 肖滨主编：《政治学导论》，中山大学出版社 2009 年版，第 271 页。

毕竟，立法是妥协的艺术。① 只有在协调好弱势劳工等各类群体利益的基础上才能达成妥协。至于立法者如何在各种利益之间作出适当的取舍、平衡和协调？一个基本的原则是立法者的利益选择必然受制于社会发展的客观必然性，必须尊重客观规律而不能盲目地对利益关系发号施令。通常的做法是，立法者总是从某些程度上牺牲某些利益而换取对另一些利益的支持和促进。至于立法者是要牺牲哪些利益，还是要换取哪些利益？该如何进行判断和予以取舍？笔者建议，一个判断的基本标准就是如经济分析法学学派所主张的，包括立法在内的所有的法律活动和全部法律制度，归根结底，都是以有效利用自然资源、最大限度地增加社会财富为目的。② 而弱势劳工保障立法的利益处理，也是如此。

至于立法者所制定的法律规则能否改变人的行为而实现其立法意图？若可能，能在多大程度上改变人的行为？这是法学的基本问题。笔者认为，当法律规则与公民的生活要求相符时，立法意图实现的可能是比较大的。而当法律规则与公民的生活要求脱节时，即便立法工作得以顺利完成，法律规则的实效则值得怀疑。故与特定时空中人们要求相背离的法律规则几乎很难转化为法律实践，而此时的法律实践重于立场表述。当然，有些法律规则即便得不到落实，其意义也不能完全被否认。因为在实践中很难执行的规则，至少表达了政府特定的立场取向。

3. 弱势劳工权利立法保障的特殊性审视

当然，我们应注意的是，与弱势劳工这个群体保障有关的主要是经济、社会和文化权利方面的立法。此方面的立法，在国家加入或批准相关条约后，作为缔约国必须履行相应的条约立法义务而得以出台。对于劳动权等经济、社会和文化权利，缔约国应使用立法等一切适当方法促使权利的充分实现。因为依据《经济、社会和文化权利国际公约》第2条的规定："每一缔约国承担尽最大能力个别采取步骤或经由国际援助和合作，特别是经济技术方面的援助和合作，采取步骤，以便使用一切适当方法，尤其包括使用立法方法，逐渐达到本公约中所承认的权利的充分实现"。而何为充分实现？当然是指权利可以逐步

---

① 国家法官学院编：《全国专家型法官司法意见精粹：侵权赔偿卷》，中国法制出版社2013年版，第47页。

② 朱力宇、张曙光主编：《立法学》，中国人民大学出版社2009年版，第85页。

实现，但必须在对有关缔约国生效之后的合理的较短时间内就必须开始采取实现这一目标的步骤。① 因此，要真正实现《经济、社会和文化权利国际公约》所载的劳动权等经济、社会和文化权利，在许多情况下必须进行立法，特别是当现行法律显然不符合《经济、社会和文化权利国际公约》所规定的义务时。当然，要明确的是，采取立法措施绝不是缔约国义务的终点，也就是说不是一完成立法就履行了国家的相应义务。而"用一切适当方法"的措辞必须完整和准确地理解，② 逐渐达到权利的充分实现。"逐步实现"的概念等于承认在短时期内无法充分实现所有的经济、社会和文化权利。一方面，这是一种必要的、灵活性的安排，反映了当今世界的现实和任何国家争取充分实现经济、社会和文化权利所面临的困难；另一方面，必须结合《经济、社会和文化权利国际公约》的总目标来理解这句话，这一目标就是为缔约国确立充分实现所涉各种权利的明确义务，因而它确立了尽可能迅速和有效地实现目标的义务，在这方面，任何后退的措施都需要最为慎重的考虑，必须有充分的理由。"逐步实现"的义务要求有效地使用可获得的资源。《经济、社会和文化权利国际公约》中"渐进义务"的内容往往被错误地理解为，只有当一国达到某种经济水平时，才必须实现《经济、社会和文化权利国际公约》中规定的权利。③

其实，宪法上的规定不只是对国家设定一个界限，更重要的是对国家的目标以及国家活动的内容有所指示。国家的行为不能只依据形式的民主合法性，还必须保障其内容合乎宪法。弱势劳工的经济、社会和文化权利也关乎宪法中的基本权利的规定，需要国家获得授权得以从事活动。纵使宪法无明文规定，立法者仍得本乎基本权利之性质而为必要之规定。④ 毕竟，"立法是达到法律目的的方法"。⑤

(二) 弱势劳工系统保护立法理想的实现路径

1. 理想法律图景的立法实现

所谓理想，是指对未来事物的想象或希望，而且这种想象或希望是有根

---

① 张爱宁：《国际人权法专论》，法律出版社 2006 年版，第 141 页。
② 同上。
③ 同上书，第 142 页。
④ 李惠宗：《宪法要义》，元照出版公司 2001 年版，第 95—96 页。
⑤ 吴经熊、华懋生编：《法学文选》，中国政法大学出版社 2003 年版，第 55 页。

有据的、合理的，而不是空想或者幻想。就理想与人类的通常关系而言，理想是一盏指路明灯，指出了人生的方向，没有理想，就没有方向，也就没有美好生活。而自国家产生之后，法律成为人们追求理想的生活方式的重要载体，代表着特定时空人类社会的美好向往。法律可说是有其理想图景的。有学者在追问"中国法学向何处去"的过程中提出了中国的法律理想图景，强调中国法治的发展不能再被西方的法治范式所支配，也不用为中国法治的发展提供那些与中国本土生活缺乏紧密关系的西方问题的方式，不能而为中国法治的发展描绘出所谓的西方理想图景。而是要针对中国社会转型阶段的特定问题予以阐释，针对前述"中国的地方性问题"而努力建构适合我国这个特定时空结构中的"法律理想图景"，并以此去评价与批判、捍卫与建构中国法治建设及社会发展的进程。[1]

立法无疑承载着人类追求健康和优良的生活方式的使命。[2] 而弱势劳工系统保护立法就承载着弱势劳工等追求健康和优良的生活方式的使命。这既蕴含着立法者所欲规制和指引的某种生活图景与范式，也蕴含着民众对其生活世界中的公平正义、公序良俗所怀有的期望与向往。弱势劳工保障立法既蕴含着国家所指引的弱势劳工生活图景，也蕴含着弱势劳工对其生活世界的公平正义所抱的期待和向往。因此，立法可以合乎逻辑地解释为弱势劳工等主体通往优良生活之世界，并实现其美好信念、愿景与价值期望的最佳通道。立法是对客观事物的一种反映，也是人民对未来理想生活图景的一种导向，代表着人民理想的一种生活愿景，立法肯定是有理想的。人民所谓"依法律而生活"，在很大程度上无疑是"依理想而生活"。[3] 弱势劳工系统保护的立法，当然是既需要理想，也需要理性的。弱势劳工系统保护立法的过程，既是人性的舒展过程，也是理性的运用过程。在立法过程中要努力实现的是立法理想。立法理想蕴含了一定的价值理念，由立法信念、立法信仰与立法愿景等核心要素组成。[4] 立法理想的效力会贯穿于立法的整个过程，对立法的

---

[1] 详见邓正来针对"中国法学向何处去"所撰写的一系列文章。
[2] 张晓明：《宪法权利视野下的劳动权研究》，知识产权出版社2013年版，第182页。
[3] 江国华：《立法：理想与变革》，山东人民出版社2007年版，第319—320页。
[4] 张晓明、李朝晖："立法过程中的公众参与：变迁与完善"，载《广东广播电视大学学报》2010年第2期。

实体理性与程序理性产生重要的规导力。故构建一种更加有助于包括弱势劳工在内的所有民众优良生活的环境是立法不断努力欲实现的目标，这不但使得弱势劳工依法律而生活，且在相当程度上就是依理想而生活。在此境界下，我们可以说包括弱势劳工在内的所有民众生活在法治的理想图景中，生活在优良的生活范式下。

立法理想可说是一种"客观精神"，是特定社会物质生活条件的产物。特定社会具体阶段的立法理想，是由其物质生活条件决定的。而特定国家的文化背景也会产生一定的影响。而立法价值的选择与内涵确定决定了立法理想的内容。立法理想通常由立法信念、立法信仰及立法愿景等核心要素构成。[①] 其中的立法信念，是指人们对于立法的科学性及所立之法的真理性的内在确信。立法信念常常是以目的和动机等形式贯穿于法的创制实践与法治运行过程中。立法信念蕴涵着正义，是正义实现的重要载体。立法愿景则是指特定社会中的民众对立法所普遍持有的意象或景象。立法愿景可凝结社会注意力，形成所立之法必需的社会共识。立法信仰则是人类社会的追求与渴望，代表着立法的终极价值，可无限接近直至终极占有。[②] 立法理想是秩序、正义与自由在一定方式下的稳定组合。立法理想不但可主导立法的程序理性，而且能引领立法的结果理性，还能激发民众崇尚责任的美德。当然，允许立法理想对现实有适度的超越，甚至将超前性作为相关立法的一个原则。[③] 立法者通过一定的努力能够实现立法理想，立法更好地契合生活，也方便民众予以遵循。而已确定的立法理想，对立法文本的制定与价值选择具有决定性的作用，对社会的发展趋势产生一定程度的影响力及塑造力。

2．弱势劳工立法保护的理想路径与特色探索

具体到弱势劳工系统保护的立法，毫无疑问，它也是有理想的。其通过塑造公平正义秩序，校正不法行为，将国家导向健康发展的理性轨道。弱势

---

① 张晓明：《宪法权利视野下的劳动权研究》，知识产权出版社2013年版，第183页。
② 江国华：《立法：理想与变革》，山东人民出版社2007年版，第322—325页。
③ 众多立法领域的研究成果都主张相关立法都需要有一定的超前性。有些学者甚至将超前性原则确定为相关立法的原则。参见孟庆伟、王涛主编：《电子商务基础与应用教程》，中国铁道出版社2016年版，第256页。

劳工系统保护立法所需要实现的秩序是妥善保护弱势劳工、维持弱势劳工与强势群体之间的和谐与平衡，而不是对抗与剧烈冲突。弱势劳工系统保护立法在转型中国所欲实现的正义，就是尽最大可能地维护弱势劳工的权利，缩减弱势劳工与强势群体之间的差距，顺利实现社会转型。对国家与社会而言，立法需要提高弱势劳工与强势群体所期许的公正与平等；而对弱势劳工群体中的具体个人而言，通过立法良好保障其各方面的权利，并促进这些权利实现。这应该是一个不懈的追求。依据希尔的观点，国家机器如"特洛伊马"一样，可以逐步而巧妙地使自己及民众进入未料想到的社会：第一阶段是，发现某些诸如使用童工等"难以容忍"的邪恶，并通过立法阻止此行为；然而，第二阶段是，发现立法失灵，制定条文具有更强效力的新法律。……最后，因此形成了相当精细的法律框架，并有复杂的官僚机器去实施。[1] 到了最后阶段，应该说是在某种意义上实现了弱势劳工保障立法的理想。弱势劳工系统保护的立法理想影响着该领域立法的整个过程，在程序理性的指引下营造和平博弈与理性对话的气氛，为立法共识的达成提供程序保障。应该说，立法共识分为具体立法共识和抽象立法共识。而抽象共识的道德基础则是民意（will of the people）。而且，抽象共识形成于媒体、舆论与立法者的互动之中，源自立法者对某种民意观点的关注和重视，表现为立法者对民众呼声的认可和赞赏；而具体共识形成于具体法律的表决程序中，是立法程序正义的直接体现形式。[2] 当然，在弱势劳工系统保护立法的形成过程中，共识概念柔化了立法权结构中的刚性特征，强化了立法权的可接受性，以及降低立法权主体与客体之间的紧张特质。那么作为共识的下位概念，"立法共识"还具有另外一个特征，即生成合法性。[3] 故而，这促进了弱势劳工保障立法的合法性实现。确实，立法共识能够产生规则的正当性，这一点正是为立法者所看重的。[4]

---

[1] ［英］卡罗尔·哈洛、理查德·罗林斯：《法律与行政（上卷）》，杨伟东等译，商务印书馆2004年版，第47—48页。
[2] 李怀胜：《刑事立法的国家立场》，中国政法大学出版社2015年版，第180页。
[3] 同上书，第180页。
[4] 同上书，第181页。

对于弱势劳工系统保护的具体立法文本所实现的结果理性，也就是对立法理想预定目标的契合程度进行评价。而当具体立法文本的部分条款有可能存在的不正义时，就必须加以改造和废除。因为"一切法律和制度，不管他们如何有效率和有条理，只要它们不正义，就必须加以改造和废除"。① 确实，法律和立法并不是完全等同的。哈耶克曾对法律和立法作了明确界分，是值得我们参考的。因此，并非所有的法律都是立法的产物，立法权力恰以承认某些共同规则为其先决条件，这些规则构成了立法权的基础，也限制着该权力。② 法律是行动或演进的产物，而立法则是设计或建构的结果，法律在逻辑上先于立法存在。例如，我们可以说，法律在一定程度上意味着秩序，但立法又不必然地带来意想中的秩序，尽管立法者想要塑造出理想的秩序，在某些时候却是事与愿违，甚至出现"立法更多，而秩序更少"的情形。这种现象在发达国家是存在的，在我国当然也不可避免地存在。长期以来，我国实行的是一种泛行政化的立法体制，立法体制由行政部门主导，即所谓的"部门立法模式"，在立法过程中实事求是地说不能完全杜绝"立法寻租"、立法谋私等现象，也不可避免地偶尔会产生笨法、劣法，制造出法律的"豆腐渣工程"。在这个立法膨胀的时代，当我们为社会主义法律体系的基本形成而自豪时，却发现借助法律的力量来维权时，遭遇到不少的压力和壁垒，法律冲突更是令我们无所适从。确实，立法的成就是有目共睹的，但存在的问题也不少。学者们多认为，原因就是我国的法律与现实生活长时间存在疏离关系，法律无法对公民的现实生活作出良好的回应。令人沮丧的是，包括弱势劳工在内的民众总是感觉到法律无法与现实生活的过去、未来连接上，从法律中既看不到生活是怎样走过来的，也看不到生活又该走到哪里去？他们"用脚投票"，离开城市，辞掉工作，也是可以理解的事情。

故而，法治不是一成不变的，而是一个发展的概念；并且只有在发展中，我们才有可能真正把握法治的时代内涵。故而，任何一个社会如果想要实现法治，就必须赋予法治以它所在的时代的全新含义，在社会现实生活中描绘

---

① [美]约翰·罗尔斯：《正义论》，何怀宏等译，中国社会科学出版社1988年版，第1页。
② 吕世伦主编：《现代西方法学流派（下卷）》，西安交通大学出版社2016年版，第210页。

出法治的理想图景。习近平同志在庆祝全国人民代表大会成立60周年大会上的重要讲话强调,"世界上不存在完全相同的政治制度,也不存在适用于一切国家的政治制度模式""照抄照搬他国的政治制度行不通,会水土不服,会画虎不成反类犬,甚至会把国家前途命运葬送掉"。[①] 尽管在弱势劳工系统保护的具体立法问题上,我们可进行适当移植和借鉴,但绝不是照搬。因此,我们不应为西方法治话语所支配,从弱势劳工的系统保护入手,形成中国特色的系统保护模式,摆脱为西方法治理论所主导的局面,也不要被西方法治理论牵着鼻子走。

在当下中国,确实存在一些现象和趋势,致使对中国法治的应有形态及理想图景的认识为西方法治理论所主导,西方法治理论所建构的法治模式以及所描绘的法治的某些特征,以所谓"普适"被当然当作认知和评判我国法治现实的依据。中国法治话语表现出受西方法治话语支配的局面,这种主体性的迷失话语权的缺失既不利于中国特色社会主义法治建设,理应得到迅速全面彻底的改变与纠正。

毕竟,中国要走向世界,成为世界大国;那中国法治不能总是作为西方法治的附属物、模仿者和消费者。建构新时代中国特色社会主义法治话语体系,不但要批判西方法治话语体系对中国的支配性地位,归根结底还要植根于当代中国特色社会主义法治发展实践的沃土。这时候更需要坚定中国特色社会主义制度自信。所以,学者强调我们坚定中国特色社会主义制度自信有着深厚的底气:它是符合我国国情的制度,是既坚持社会主义本质要求,又体现鲜明中国气派、中国风格的社会主义制度模式;它是顺应时代潮流的制度,是我们党在改革开放的历史进程中开拓创新,建设与时俱进的社会主义制度的成果;它是代表人民利益的制度,以共同富裕、让人民群众共享改革发展成果为价值指向;它是具有强大力量的制度,其重要优势就是能够集中力量办大事;它是能够自我变革和发展的制度,善于学习、勇于结合,崇尚吸收人类共同的文明成果,对于不适应经济社会发展的制度能够及时进行改

[①] 唐洲雁、韩冰:"中国照抄照搬他国政治制度行不通",载《人民日报》,http://www.chinanews.com/gn/2014/09-23/6618654.shtml,2017年7月18日最终访问。

革。① 笔者认为，为弱势劳工提供系统性的立法保护机制，就能为社会主义法治发展实践提供丰富营养素，为坚定中国特色社会主义制度自信添砖加瓦。

二、弱势劳工保障的法律正义与良好保护秩序构建

（一）法律正义与秩序的立法构建

1. 法律正义的含义与范围

法律正义，从字面上我们就可以得出的认识是：正义是法律追求的灵魂所在，是衡量法律良恶的一个关键标准；而法律又为正义从理想进入现实提供了介质，将正义日益融入法治社会，并通过法律来体现它。② 而且，权利正义作为一种社会正义，是法律的价值取向；而法律正义则是法律上所表现的权利正义，或法律对权利正义的实现。③

人类社会理应是一个合作与竞争并存的社会。任何个人通常都希望得到由合作所产生的利益和便利，而竞争又致使共同体生活中的利益冲突难以避免。因而，每个社会都要根据该社会中占主导地位的正义标准和原则来分配利益和责任。法律为千变万化的正义设定了一个表演的舞台。但由于正义是主观色彩极浓的概念，法律受其影响，在一定程度上也具有主观性。制定者、统治者们会将他们的正义观强加于法律上，因为他们是法律正义的策划者。这样就为历史上所出现的违反自然法则、违背公众正义观的野蛮残暴的法律甚至是法西斯式的法律提供了一种解释。在法与正义关系的理解上，西方法学中主要有三种模式：其一，法本身就代表正义，法与正义是等同的。其二，正义是衡量法（指实在法）是否符合法的目的即正义的准则。这里讲的正义即指自然法，它是高于国家制定的实在法的准则。其三，认为法与道德（正义）是无关的，至少没有必然的联系，一个不正义、不道德的法律，只要是合法地制定的，仍应被认为具有法律效力。④

---

① 熊若愚、何忠国、林珊珊："坚定中国特色社会主义制度自信——中央党校学员'四个自信'访谈"，载《学习时报》2017年6月7日，其中学员桂榕的发言。
② 张正德、付子堂主编：《法理学》，重庆大学出版社2003年版，第242页。
③ 王人博、程燎原：《权利论（第2版）》，广西师范大学出版社2014年版，第164页。
④ 沈宗灵主编：《法理学》，高等教育出版社2004年版，第60页。

法律在维护、促进实质正义与形式正义等方面，都具有极其重要的作用，而且，随着社会的进步，法律正日益成为维护和促进正义的首要的及最为基本的手段。在实质正义方面，就当时占主导地位的正义观而言，人类社会迄今为止在不同领域中分别实行过的体现实质正义的分配标准和原则大体上有以下几种：按身份分配、按功过分配、按优点分配、按机遇分配、按时间分配、按资产分配、按劳动分配、按需要分配和无差别分配。这些分配原则，在任何社会的法律制度中都或多或少地被采纳，差别只在于前述原则的地位和适用范围在不同时代会有不同。实质正义，可以说是一种"结果的正义"。那如何对弱势劳工群体实现实质正义？弱势劳工群体又该如何获得"结果的正义"？在社会主义市场经济条件下，收入和财富分配的结果分配的正义原则，就是效率与公平内在结合的差别原则。差别原则的正义性就是由互相约束、彼此限制的效率原则与公平原则的契合。[①]

在我国这样的社会主义国家的法律制度中，无差别分配和按劳分配占据主导地位。在政治资源的分配上，实行无差别的平等对待，只要具备公民资格，即可享有和负有与其他公民同等的基本权利和义务，并可以通过民主程序共同参与国家事务的管理；在经济资源的分配上，实行以按劳分配为主的原则，对诚实劳动、合法经营所取得的正当利益，一律在法律上予以确认和保护。正是前述原则的确立，才使社会主义法律制度成为维护和促进实质正义的有力工具。故而，社会主义法律制度应该能为弱势劳工群体维护和促进实质正义。

至于形式正义，有学者将形式正义等同于程序正义，有学者则把其界定为"法律之下的正义"，还有学者将其确定为最大限度地实现实质正义而涉及的规则性正义问题，也就是在执行实质正义标准的过程中所作出的制度性安排，其本身也都有一个是否公正、公平的问题。[②] 形式正义可说是一种"过程的正义"，与法治原则具有特殊的密切联系。法治理论要借助于形式正义来执行实质正义，而那种以牺牲过程正义为代价而实现结果正义是不足取

[①] 靳海山：《当代中国经济关系中的平等问题》，首都师范大学出版社 2012 年版，第 192 页。
[②] 郑成良主编：《法理学》，高等教育出版社 2004 年版，第 218 页。

的。还有，形式正义的外延大于程序正义的外延，因为形式正义既可以体现在程序法的规定之中，也可以体现在实体法的规定之中。① 应该说，形式正义对于弱势劳工群体也是重要的。

形式正义是具有基础性和前提性的正义，离开了这个基础和前提，实质正义能否得到实现，就没有保障。形式正义还是一个"规则治理"的事业，它要求必须严格遵循形式公平的规则来执行实质正义的标准。以下内容都可以视为形式正义的具体表现：（1）规则的普遍性。任何个人和团体都应处于法律治理之下，类似行为应当受到类似的保护和惩罚。体现形式正义的弱势劳工保障立法当然需要显现规则的普遍性。（2）以公开的、明确的规则来治理社会。法律应当向受其治理的人们公布，其意思应当清楚明确，以使人们可以根据规则来安排自己的生活。弱势劳工保障立法应可使弱势劳工群体根据规则来妥善安排自己的生活。（3）罚则不得溯及既往。对行为的惩罚应以事先制定的规则为依据，通常不得出台具有溯及既往的规定，弱势劳工保障立法也是如此。（4）行政主体应当按正当程序来行使权力。好的动机不能成为违反法定程序行事的理由。（5）行政主体及其工作人员的权力应受到有效的制约和监督。对于滥用权力的行为不仅要在事后及时发现和制裁，在制度安排上亦应注重有效的事前防范。此外，形式正义还表现在争端双方表达意见的机会均等，诉讼权利和举证责任应当公平分配，对争端的处理结论应产生于调查之后等方面。②

人类社会法律实践的正反两方面经验表明，只有大力弘扬形式正义，才能有效地执行实质正义。形式正义的实现意味着实质正义的命运寄托于恒定的规则和制度。而脱离了形式正义，则实质正义的命运就难以预料。法律正义，无论是形式正义还是实质正义，既是立法所应追求的，也是司法所要实现的。

法律正义本身体现的应是平等对待。当法律正义符合被统治的大多数人的正义标准以及他们对法律正义的期盼意愿，此时法律正义是与整个社会的

---

① 王人博、程燎原：《权利论（第 2 版）》，广西师范大学出版社 2014 年版，第 164 页。
② 郑成良主编：《法理学》，高等教育出版社 2004 年版，第 219 页。

普遍正义观一致的,那法律就会得到民众的普遍信任与拥护,以及心悦诚服地遵从。"法律如果背离了正义,不是一项矛盾就是一种讽刺"。① 若法律所确定的"正义"违背了被统治的大多数人的正义标准,必然导致此时的"正义"与公众正义的冲突,冲突的结果就是摧毁已有的法律而重构崭新的法律,以此来表述人们对正义的渴求。而功利主义法学的代表人物边沁认为立法的任务在于计算苦乐,最好的立法在于促进社会幸福,即"最大多数人的最大幸福",社会利益即组成社会的各成员利益的总和。政府活动与立法应达到体现最大多数人最大幸福的四个目的:生存、富裕、平等与安全。其中最重要的是安全,财产与自由也包括在安全之内。所以,相关立法要体现弱势劳工这个群体的最大幸福,实现维护其生存、富裕、平等与安全的目的。而且,弱势劳工的系统保护机制,更要突出实质正义。

2. 法律正义的特性与形成途径

(1) 法律正义具有主观性。由于正义充斥着浓厚主观色彩,法律正义也浸染了强烈的主观气息,它是隐藏在法律这一载体后操纵法律的主宰。不同历史时代、不同地域或不同国度里,法律对正义有不同的体现,也就产生各异甚至是大相径庭的表述。而法律通过对正义观的描述来对正义进行探索,它可能是全面的,也可能片面的,但终归只能是通过感觉加想象来形成对法律正义的信念。我们已经深知,正义会随着人类的不断进步与走向文明而发生演变,法律正义自然也会不断新旧更替以达到完美。无论是法律,还是正义,都是以人为中心的产物,就不可避免地会富含人的主观因素。弱势劳工的保护立法是否符合法律正义,弱势劳工也会有一个主观认识。而且,这个主观认识,会与弱势劳工的生活方式密切相关。不同弱势劳工群体的主观认识未必就是相同的。同时,法律是对客观经济条件的主观反映,它也逐字逐句演绎着正义的灵魂。法律的制定、修改、实施这一系列的具体活动,可以把法律正义这个抽象概念转化为客观的评价、具体的奖罚。法律正义以法律的形式给予了包括弱势劳工在内的人们一个标准,去评判、衡量人们的行为。因此,法律正义是主观的,也是被客观化了的。这种主观性,

---

① [英]丹尼斯-罗伊德:《法律的理念》,张茂柏译,新星出版社2005年版,第91页。

是弱势劳工所认识到的正义，还是立法者认识到的正义，抑或是各种主体之间形成的共识？

（2）法律正义具有狭隘性。法律只是调节人们生活的规范中的一种，它并未涉及人们的全部社会生活。这注定了法律正义所反映的仅是社会正义和人类正义的一部分。而且，法律正义只能就人们已认识的并已做出反应的，认为应该有强制性规定的这部分正义进行演绎。由此便产生了法律面前人人平等、罪刑法定等详尽规范。而对于道德评价的一些范围，法律正义远未触及，或是不能为相应的问题提供答案。故而，法律正义是人类追求的广泛正义中的一部分，这显现出其狭隘性的一面。还有从法律的特征来说，法律试图给人们一个客观标准，对现有的一些问题予以解决，因而具体地罗列了各式各样的条款，而这恰恰限制了法律正义施展手脚的时空范围。法律是预先设定的，具有局限性，它较为缺乏灵活调整的依据。故相对确定的法律正义难以对现实中不断出现的新问题作出回答。毕竟，法律正义是难以挣脱它的媒介加于它身上的枷锁的。

（3）法律正义具有稳定性。法律的目的之一是确立良好的社会秩序，这注定了法律不能朝令夕改。而法律正义是日积月累的精神产物，法律正义的发展进程在法律的变迁中也是经过漫长历史才得到阐释的，其出发点与目标也不能是随意变更的。在某一确定的时期或领域，法律正义应该是相对稳定的，而这相对稳定却又为其聚积未来发展的动力。法律正义与人类文明类似，是渐进式向前发展的。[1]

3. 法律正义的价值与秩序构建

法律正义的价值体现在以下四个方面。

其一是有利于维护社会秩序。法律正义通过法律给人们设定权利义务并监督人们的行为，无不体现了其维护秩序的意图。法律正义指引着立法者为管理好社会、维护社会秩序而制定法律，同时也引导司法者在实际操作中维护法律。法律正义不但勾画了秩序井然、赏罚分明的社会蓝图，而且竭力去惩治违反者、保护受害者而保证这蓝图的维持。

---

[1] 张正德、付子堂主编：《法理学》，重庆大学出版社2003年版，第243—244页。

其二是有利于实现公正与效率。法律正义本身就包含了公正的目的，且法律正义同时也指引着司法者的行为，让他们尽量用符合理想中的能体现法律正义的形式来履行职责。

其三是有利于巩固、强化道德等广泛正义。因为法律享有强制力，靠国家来强制执行。法律正义将部分一般正义强化，促使人们遵守或强制遵守，约束那部分不安分守己、企图危害他人的人。当一般正义上升为法律正义，其结果便不限于良心的谴责、众人的唾弃，而是牢狱之苦、生命之险。

其四是有利于弥补法律的狭隘性。法律规则是法律正义的外壳，也是限制法律正义的羁绊。法律正义的适当扩张，能给法律的滞后性、局限性带来一定的突破，让法律不断地丰富完善，使法律跟随社会变革、科技进步、文化发展而日益接近理想的目标。

秩序是法的基础性价值。法的价值是多种多样的，除了有秩序、自由、民主、正义和效益等五大重要价值外，还有其他的一系列价值，如平等、人权、法治、安全和权利价值。但无论何种法，从秩序的层面上讲，都以追求并保持一定的社会有序状态为目的。因为不为一定社会秩序服务的法是没有存在意义的。在西方法学界，被普遍认同的一个观念是："与法律永相伴随的基本价值，便是社会秩序。"因此，在众多的法的价值中，秩序价值虽然不是最核心的价值，但却称得上是最基础性的价值。概言之，其理由如下：

首先，秩序是法的基础性价值，是由秩序自身属性所规定的。秩序是人类社会运行中存在的基本架构、变化过程等的大致稳定连续性，是人在社会生活的相互交往中依据一定的社会规范形成的。因此，秩序，在社会意义上看来，既是法赖以存在的依据，又是法相应调控的结果。无秩序则可能引起混乱。法的创制，旨在追求秩序的需要，并在此种秩序的基础上发挥其内在的作用，追求其另外的价值。

其次，秩序是法的基础性价值，也是由法蕴涵的其他价值所要求的。法的价值，除去秩序价值而外，还有正义价值、效益价值等，而所有这些法的其他价值都是以秩序价值为基础的。法的秩序价值是法的其他价值的先决条件和基础，法的其他价值是法的秩序价值的延展。虽然法的秩序价值并不一定带来法的其他价值的实现，但它却提供了一种至少在形式上能够满足其他价值的条件。可见，法的秩序价值是连接法与法的其他价值的媒介。没有秩序，所谓民主、自由、效益、正义等则无从谈起。以秩序价值为法的基础性价值，是法的其他所有价值有效实现的要求，所有法的其他价值都应该以法的秩序价值为基础，并建立在其一定程度的实现上。我国改革进程中特别强调稳定压倒一切，原因在于：没有稳定，就没有秩序，就难以实现改革的目标。

最后，秩序作为法的基础性价值，是由秩序与法在社会中的相互关系所决定的。一定的秩序是法的直接追求，法的其他价值是在秩序价值基础上的拓展，两者都是在一定社会中得以实现的。只要社会存在，必然会出现包括法在内的社会规范。法具有组织社会、协调生活的作用，并且随着社会的进步，法的作用越来越广泛，成为社会得以维系和演进的纽带。法对社会的首要意义也就是构建最必要的人际秩序，使人人得以协调共存。此外，法与秩序的不可分割印证了秩序是法的基础性价值追求。

总的说来，肯定秩序是法的基础性价值，但不是说其是法的唯一价值。仅以秩序的实现作为价值目标的法是无法想象的，也是绝不可能创设社会良好秩序的。而法对于秩序的追求也不能仅满足于秩序层面，否则法的其他价值的实现根本无从实现。在法律价值体系中，秩序的价值具有工具性和非实质性的性质，与其他价值的关系类似于形式与内容的关系。一方面，秩序离不开实质性的价值追求，法律所追求的总是平等的秩序、安全的秩序、正义的秩序等这些具体秩序；另一方面，实质性的价值目标只有在一定的秩序中才能得以实现，而且各种实质性价值目标都不能孤立地、单独地表现为绝对的、排他的价值目的，而只能相互协调一致，构成一个统一的、前后一贯的价值体系，即具有外在的秩序，才能得到实现。如果说正义是法律追求的最高的实质性价值目标，那法律所追求的就是正义的秩序。故而，保护弱势劳工的相关立法，无疑也要追求正义的秩序。

(二) 公平正义的良好保护秩序之立法促进

1. 良好秩序形成的立法促进

秩序是法律的价值，而且是法律的基本价值。法对秩序的维护作用主要表现在维护阶级的统治秩序、维护权力运行秩序、维护经济秩序和维护正常的社会生活秩序等方面。[①]

（1）法要维护阶级的统治秩序。冲突是危害社会化秩序的最主要根源。在阶级社会中，最根本的冲突就是阶级冲突。这种在本质上不可调和的冲突，在缺乏有力的控制手段时，必然会导致相互冲突的阶级以至于整个社会在无谓的斗争中同归于尽。为避免这种结果的发生，必须把阶级冲突控制在秩序的范围内。此时国家就被作为一种"凌驾于社会之上的力量"来缓和与控制各阶级之间的矛盾与冲突。而法作为与国家相互联系的一种重要统治手段，把一个阶级对另一个阶级的控制合法化、制度化、具体化。一方面，将统治的触角延伸到社会各个层面，使得统治阶级的根本利益得到最大化的实现；另一方面，把阶级冲突控制在统治秩序和社会存在所允许的范围内，从而保证阶级统治能够有条不紊地进行，对于建立和维护阶级统治秩序起着不可替代的作用。当然，在法所确认和维护的阶级统治秩序当中，被统治阶级成员的某些利益也会受到一定程度的保护，在统治阶级与被统治阶级之间也会存在少量的社会流动现象。美国《独立宣言》提出，"政府从被统治者的同意获得公正的权力"。[②] 罗伯特·达尔则认为：统治者需要取得被统治者的同意这一理念，一开始是作为一个征税问题的主张而提出的，这一主张后来逐渐发展成为一种有关一切法律问题上的主张。[③] 而在法律问题上，弱势劳工等的福利，则可能是预先约定的。正如马萨诸塞《权利法案》所宣扬的，"国家由人民自愿联合组成；它是一个社会契约，全体人民与每个公民立约，每个公民与全体人民立约，约定了公共福利，一切人都由某些法律治理"。[④] 原因在于，统治阶级可能需要对被统治阶级作出一定的让步，减少其统治的阻力，延长其政权的寿命。故而，只要政权不变，社会经济结构不变，统治阶级与被统治阶级的根本地位是不会变的，社会秩序代表的阶级控制和压迫关系是不会改变的。

---

① 李龙主编：《法理学》，人民法院出版社、中国社会科学出版社2003年版，第210—214页。
② 石云霞、袁银传、张桂荣：《美国人权问题研究》，武汉大学出版社1998年版，第25页。
③ ［美］罗伯特·达尔：《论民主》，李柏光、林猛译，商务印书馆1999年版，第25页。
④ 石云霞、袁银传、张桂荣：《美国人权问题研究》，武汉大学出版社1998年版，第25页。

把法律作为统治的权威手段，将阶级关系纳入秩序的范围，使阶级冲突和阶级斗争得到缓和，这是统治阶级长期统治经验积累的结果。而法律权威的理想状态被称为法治，而法治现已成为国家维持统治秩序基本模式，其优越性也是显而易见的。法律的限制、禁止和控制在外观上对于包括弱势劳工在内的一切社会成员都是无例外的。而法的一致性和客观性易于为社会成员所接受，也便于一体遵行。这有利于形成一个稳定的统治秩序。当要形成公平正义的秩序时，法作为正义的代表更是会促进秩序的形成。而弱势劳工保障立法应该是会促进弱势劳工妥善保障秩序的形成。确实，只有维护法律的权威与公正，弱势劳工才能通过法律途径维护自身的切身利益。

（2）法要维护权力运行的秩序。权力指国家、集团或弱势劳工等个人不管他人同意与否贯彻自己的意志或政策以及控制、操纵或影响他人行为的能力，它的运行可能给社会带来利益，也可能给社会造成危害。通常说来，无秩序无规则的权力运行对他人和社会造成危害非常之大，而且极有可能损害社会的根本利益。这是已为历史所反复证明的规律。因此，建立和维护权力运行的秩序不可忽视。早在古希腊时代，亚里士多德曾明确指出，一切政体都有三个要素——议事职能、行政职能和审判职能。而这三个要素是构成每一个政体的基础。……当三者都有良好的组织时，一个政体将会是健全的机构。① 亚里士多德的政府"三职能"论，为权力制约思想的发展奠定了基础。亚里士多德还从人性恶的角度分析了权力制约与监督的必要性。他认为，人的天性是恶的。而相互制约与监督是防止人们恶性膨胀的根本途径。② 因此，为了有效消除执政者的兽欲，防止政治偏向，亚里士多德提出了选举、限任、监督和法治等一系列的权力制约与监督的方法。西塞罗在《论共和国》一书中认为，共和国最理想的制度安排是一种权力均衡的体制。当权力系统中的某一部分显现出过分揽权的倾向时，就会受到其他部门的抗拒和抵制。故而，只有掌控不同权力的国家机构之间的监督与制约，才能保证一个均衡、正常、稳定的国家结构。③ 孟德斯鸠则将国家权力分为立法权、行政权和司法权，

---

① 亚里士多德：《政治学》，商务印书馆1983年版，吴寿彭译，第215页。
② 同上书，第169页。
③ [古罗马]西塞罗：《国家篇法律篇》，沈叔平、苏力译，商务印书馆1999年版，第52页。

在他看来，无分权便无自由。孟德斯鸠主张人们必须建立三权分立的政体，即按照立法、行政、司法三权分立的原则组成国家。孟德斯鸠还认为，"一切有权力的人都容易滥用权力，这是亘古不易的一条经验"；而"有权力的人使用权力一直到有界限的地方才休止"。因此，孟德斯鸠得出的结论是："从事物的性质来说，要防止滥用权力，就必须以权力制约权力。"[1] 在孟德斯鸠看来，一个自由的、健全的国家必然是一个权力受到合理、合法限制的国家。而权力受到合理、合法限制，也就是通过权力之间的制约与监督，实现权力限制权力。

马克思主义经典作家针对资本主义国家因实行"三权分立"所出现的弊端，从人民主权的理论出发，对"三权分立"理论进行了深刻地批判。但在批判资产阶级分权原则的同时，肯定其权力监督作用，且从未完全否定"三权分立"理论的历史合理性。恩格斯明确指出，事实上，这种分权只不过是为了简化和监督国家机构而实行的日常事务的分工罢了。[2] 这就不仅揭示了分权制度作为职权分工，以调整统治阶级内部关系的阶级实质。在实践中，对社会主义国家来说，权力监督是必要的。社会主义国家虽实行人民民主专政，但在现阶段也只能用代表制作为民主实现的主要形式。这导致在客观上出现了权力拥有主体与权力行使主体不相一致的情况。并且，即便在社会主义条件下，权力固有的恶性也未必能完全消除。因此，为保证权力的运行不出现违背人民的意志的异化情形，必须加强对权力的监督。[3] 故而，必须实行权力制约原则，是指国家权力的各部分之间相互监督、彼此牵制，以保障公民权利的原则，实际上要维持一定的秩序。在资本主义国家的宪法中，主要表现为分权原则；在社会主义国家的宪法中，主要表现为权力监督原则。资本主义国家与社会主义国家的法律，限制权力的规定，也不一定相同。权力制约与监督原则在各国宪法和法律的表现虽然不一样，原因在于资本主义国家和社会主义国家由于政权性质、指导思想的不同，两类宪法关于权力制约与监督的表现也不相同，但维持一定秩序的目的是类似的。显然，对政府

---

[1] ［法］孟德斯鸠：《论法的精神（上）》，张雁深译，商务印书馆1982年版，第154页。
[2] 吕世伦：《法理的积淀与变迁》，西安交通大学出版社2016年版，第34页。
[3] 韩大元主编：《比较宪法学》，高等教育出版社2003年版，第65页。

权力的监督或制约，有利于保护弱势劳工等主体的权益。所以，在现代民主政治中，要形成公平正义的社会秩序，必须通过法律限制倾向于专制主义的权力异化现象，防止自由裁量权的滥用，建立良好的权力运行秩序，保护好弱势劳工等的权益。因此，法律要对国家权力系统的结构作出科学的安排，不但要规定各权力主体之间的权限划分以及相互之间的合作、协调与制约关系，还需要明确各权力主体内部的职权分配以及权力运行的程序机制等。

（3）法应维护经济秩序。恩格斯曾指出："在社会发展某个很早的阶段，产生了这样一种需要：把每天重复着的产品生产、分配和交换用一个共同规则约束起来，借以使个人服从生产和交换的共同条件。这个规则首先表现为习惯，不久便成了法律。"① 上述的"生产和交换的一般条件"，实际上就是经济秩序。马克思主义经典作家的这段论述，不但说明了法产生的经济根源，也说明了法对经济秩序的维护功能。法对经济秩序的维护即体现为使经济活动摆脱随机任意性而获得稳定性、连续性。在现代社会，国家在经济方面的立法越来越细致，逐渐形成完备的体系，主要包括以下四个方面：法律保护财产所有权；对经济主体资格加以必要限制；调控经济活动；保障劳动者的生存条件。② 而保障劳动者的生存条件，尤其是注重保障弱势劳工的生存条件。故要形成公平正义的社会秩序，必须进行合理分配，消除过于悬殊的贫富差距。所以要致力于消除弱势劳工的贫困。这些现代国家当前必须努力的方向。美国的奥巴马在任总统期间曾打算征收"富人税"，力推医改法案，为改善美国的失业青年等弱势劳工的生存条件作出了一定的努力。我国则制定了《劳动合同法》和《社会保险法》，努力制定工资方面的条例，③ 国务院办公厅2017年12月印发《保障农民工工资支付工作考核办法》，决定自2017年至2020年，对各省（区、市）人民政府及新疆生产建设兵团保障农民工工资支付工作实施年度考核，推动落实保障农民工工资支付工作属地监管责任，切实保障农民工劳动报酬权益。一些地方制定了欠薪支付保障条例，

---

① 《马克思恩格斯选集（第2卷）》，人民出版社1995年版，第211页。
② 李龙主编：《法理学》，人民法院出版社、中国社会科学出版社2003年版，第212页。
③ 当时的劳动与社会保障部试图起草工资条例，后因各种原因未能完成。后国家改以制定工资支付条例，但同样也未能完成。

一些地方出台了保障农民工工资支付联席会议制度；如此等等。我国还在着力改善包括弱势劳工在内的劳动者的劳动条件和社会保障条件，促进公平正义秩序的形成。

　　（4）法要维护正常的社会生活秩序。只有在安全的环境下，人们才能放心地享受其合法利益。这对弱势劳工尤其如此。否则，人类的一切活动就都失去了最起码的条件。故而，任何社会都必须建立一个正常的社会生活秩序。古希腊先哲亚里士多德最重要的贡献之一在于其对宪法的理解。他指出，政体（宪法）原来就是公民的生活规范，宪法是公民的生活方式。在他看来，全人类的目的显然都在于优良的生活或者幸福、快乐；无论对个人还是对集体而言，人生的终极目的都相同，而最优良的个人目的也就是最优良的宪法目的。① 故而宪法之前提，可以从两方面来看，一方面是政府，一方面是人民，其中最要紧的，还靠人民的能力。② 故为人类谋求一种更为优良的生活方式，是宪法恒久不变的追求，它以"人的生活"为终极关怀，也可以以"弱势劳工的生活"为终极关怀。故而宪法是使政府服从规则控制的事业。它存在于政府的组织结构中，存在于政府的行动中，存在于人的生活世界。③弱势劳工的目的，都在于优良的生活或者幸福、快乐。宪法以及依据宪法制定的法律对此主要在以下几个方面起着重要作用：确定权利义务的界限，避免发生纠纷；以文明的手段解决纠纷；对社会基本安全加以特殊维护。宪法和法律或是明确规定权利义务，或是法律只提供依据或规定某些标准，由当事人自行设定权利义务并确定具体内容；还有是法律设立权威解释制度，针对一些权利义务模糊之处，依据一定的法律原则进行解释或加以推定，弥补社会生活秩序出现和可能出现的破绽；来预防纠纷，并在纠纷发生后解决纠纷。而人身安全、财产安全、公共安全和国家安全等都属于社会基本安全，它们是人类社会生活正常进行的最起码条件。宪法和法律对社会基本安全要予以特别维护，维护弱势劳工的人身安全、财产安全等都属于社会基本安全，

---

① 周叶中编著：《宪政中国研究（下册）》，武汉大学出版社2006年版，第9页。
② 张福刚：《宪法文化视野下的公民权利教育问题研究》，中国政法大学出版社2015年版，第216页。这段话其实是张君劢的论述。
③ 江国华：《宪法哲学导论》，商务印书馆2007年版，第1页。

这关乎社会关系的稳定性。2011年3月，时任全国人大常委会委员长吴邦国在十一届全国人大四次会议宣布，以宪法为统帅，以法律为主干，以行政法规、地方性法规为重要组成部分，由宪法相关法、民法商法、行政法、经济法、社会法、刑法、诉讼与非诉讼程序法等多个法律部门组成的中国特色社会主义法律体系已经形成。而以宪法为统帅，体现出对弱势劳工系统保护的基础性和重要性。在中国法治建设的重心向法治实施转移过程中，弱势劳工的系统保护涉及多个层面的法律实施。涉及国家、政府、用人单位、弱势劳工这些主体的相关立法理论、行政执法理论、司法理论和守法理论，宪法和法律要予以特别维护，目的在于维持弱势劳工与用人单位等社会关系的稳定性。

2. 法律实效与公平正义秩序的确立

（1）良法与弱势劳工保障立法的实效提升。亚里士多德认为，"法治应该包含两重含义：已成立的法律获得普遍的服从，而大家所服从的法律又应该本身是制定得良好的法律"。[1] 尽管没有对法治作出明确的界定，但他给出了法治的两个必备要素：其一是法律获得普遍的服从；其二是法律应该是制定得良好的法律。显然，亚里士多德尽管没有对法治给出一个明确的界定，但强调法治不只是一般地重视法律，而是进一步要求法律本身是制定得良好的法律，意即所谓的"良法"。

何为"良法"？亚里士多德认为，"相应于城邦政体的好坏，法律也有好坏，或者是合乎正义或者是不合乎正义"。[2] 也就是说，衡量法律善恶的标准尺度是正义：合乎正义的法律是好的法律，是良法；而不合乎正义的就是坏的法律，是恶法。亚里士多德认为，城邦以正义为原则，正义是树立社会秩序的基础，其实质在于"平等的公正"，它以"城邦整个利益以及全体公民的共同善业为依据"。[3] 而由正义派生出来的法律，是可以裁断人间的是非曲直的；从这个意义上讲，法律就是正义的体现，服从法律就是服从正义。可见，在这一点上，亚里士多德把法律、理性及正义等同起来。

---

[1] ［古希腊］亚里士多德：《政治学》，吴寿彭译，商务印书馆1965年版，第199页。
[2] 同上书，第148页。
[3] 同上书，第153页。

亚里士多德明确指出，作为法治基础的法律，必须是一种良法，也就是说良法是治理国家、实现法治的基础，恶法尽管也能导致法律的统治，但绝不可能达到法治。唯有良法是法治的前提。法治的前提则是制定良好的法律。但什么是良法？亚里士多德认为，法治论中的法，应当是良法；只有是共和政体、多数人的政治制定的法律，才是良法，才是法治的基础。[1] 具体说来，在亚里士多德那里，良法（善法）必须具有以下基本特征：一是以公共利益为依据。在亚里士多德看来，法律作为一个最高的社会权威，必须是公共利益的体现，而不是统治阶级的工具。二是必须保护公民的权利。[2] 正因为每一个公民都拥有不可侵夺的权利，所以法律必须成为"毫无偏私的权衡"。而法治的主要目的，应该就是保护公民的权利。

亚里士多德认为，良法应当具备三个条件：第一，良法的目的应该是为了公众利益而不是为某一阶级或个人的利益。[3] 第二，良法应该体现古希腊人所珍爱的自由，自由被他们视为最高的道德价值，法律与自由是一致的，"法律不应该被看作（和自由相对的）奴役，法律毋宁是拯救"。[4] 剥夺和限制自由的法律，不可能成为良法。第三，良法必须能够维护合理的城邦政体于久远。城邦的立法家应当注意各种政体得以保全或者被倾覆的种种良法理论是与政治实践紧密相关的，其最直接的目的在于为立法服务。[5] 亚里士多德又提出良法的判断标准：首先，良法必须能够促进建立合乎正义和善德的政体，并为保存、维持和巩固这种政体服务；其次，良法不得剥夺和限制自由，在法律、自由的关系上，他提出应将自由限制在法律允许的范围内；最后，良法是符合公众利益而非只是谋求某一阶级或个人利益的法。在亚里士多德看来，法治就是良法与守法的结合。[6] 故亚里士多德说："就服从良法而言，还得分别为两类：或乐于服从最好而又可能订立的法律，或宁愿服从绝

---

[1] 何勤华：《西方法学史》，中国政法大学出版社2000年版，第20页。
[2] 何建华：《经济正义论》，上海人民出版社2004年版，第68页。
[3] 李龙主编：《良法论》，武汉大学出版社2001年版，第19页。
[4] 陈晓枫：《中国宪法文化研究》，武汉大学出版社2014年版，第220页。
[5] 李龙主编：《良法论》，武汉大学出版社2001年版，第20—21页。
[6] 徐显明主编：《法理学》，中国政法大学出版社2007年版，第248页。

对良好的法律。"① 故而，法律的良善包括立法的良善和确保适用之法为良善之法。前者是对实体法的要求，后者是对程序法的要求。法律的最佳实施方式是公民、组织的自觉遵守。②

我们可以说，良法是法治的基石。在我国，法治是"人民之治"，是"规则之治"，是"公正之治"，是"良法之治"，是"文明之治"。法治的最终目的是构建人类命运共同体，尊重与保障人权，实现人的全面发展。③ 确保立法的良善，需要注意以下几个问题：①通过民主程序整合意志，建立科学机制协调利益。②要注意价值多元，避免价值偏向。③能仅强调或表达强势阶级和阶层的意志，要善于表达共同意志和共同利益，善于兼顾各方利益。④要破除对法制统一的盲目崇拜，尽可能不同情况不同处理。④ 要顾及弱势劳工保障立法的实效，也要注重前述几个问题。

(2) 立法的民意基础和实效强化。孙中山先生曾指出，宪法之有效力，全在于民众的支持，在于宪法是否值得民众拥护。⑤ 其实，不仅宪法是如此，法律也是如此。事实上，只有重视民众生活的宪法和法律，才能在现实生活中把适应人民的需求作为其根本出发点，实实在在地维护和保障人民的根本利益，也应该关注弱势劳工等对美好生活的向往。那么宪法和法律的权威就有了真正的民意基础，一定会得到民众的拥护。毕竟，事实上，没有天然漠视宪法的民众，只有漠视民众生活的宪法。只要宪法在现实生活中把能够适应人民的需求作为它的根本出发点和最终的宗旨，宪法在现实生活中实实在在地能够使人民的根本利益、合法利益得到有效地维护和保障，通俗说来，在民众的心目中，宪法是有用的；那么我们的民众一定会拥护我们的宪法，我们宪法的权威就有了真正的民意基础。从宪治建设的实践来看，宪法和法律通过建立各种政治制度，维护特定的国家宪治秩序，其根本目的在于通过社会的全面发展，丰富公民权利的内容和形式，不断提高人在政治和社会关

---

① ［古希腊］亚里士多德：《政治学》，吴寿彭译，商务印书馆1965年版，第199页。
② 江必新：《法治国家的制度逻辑与理性构建》，社会科学文献出版社2014年版，第54页。
③ 李龙："全面依法治国这五年"，载《光明日报》2017年6月25日。
④ 江必新：《法治国家的制度逻辑与理性构建》，社会科学文献出版社2014年版，第54—55页。
⑤ 《先学法而后治国》编写组：《先学法而后治国》，中央编译出版社2012年版，第44页。

系中的地位和作用，最终实现人的全面解放、全面发展；也最终实现弱势劳工的全面解放、全面发展。故宪法和法律从民众的生活中来，同时又融入民众的实际生活去。作为公民的生活方式的宪法，其生命在于融入公民的生活。也只有这样，宪法和法律因获得包括弱势劳工在内的民众支持而易发生实效。无疑，宪法和弱势劳工的系统保护立法要以"弱势劳工的生活"为终极关怀。

当每一个普通公民都感受到宪法和法律的存在，感受到宪法和法律与他们的日常生活息息相关的时候，我们的宪法和法律才可能真正走向民间，走向老百姓的生活。只有这样，我国才能形成良好的遵守宪法和法律风尚，做到依宪执政，实现依宪治国，真正建设社会主义法治国家。而社会主义法治国家逐步完善的过程，也应是公平正义社会秩序逐渐形成和确立的过程。

应该说，法治社会的立法应该是有利于维护公平正义社会秩序。正义是主观的，当它以法律为外壳来表现时，便预示了对公平的渴求，对稳定安全秩序的向往。包含了公平正义社会秩序内容的法律正义，指引着立法者为管理好社会、维护社会秩序而制定法律。也就是说，立法者所进行的一项重要工作，就是通过立法促进公平正义社会秩序的实现。法律正义勾画了秩序井然的社会蓝图，而立法者通过显现法律正义的立法，维护社会的秩序。

立法者所立之法，既有实体规范，也有程序规范。实体规范规定了权利义务，引导公平正义社会秩序的形成。就程序规范而言，程序规范的一般价值有公平价值、正义价值、秩序价值、自由价值、效率价值等。不同的程序规范对这些价值目标都有自身相应的侧重点。法国著名法学家卡拉曼德莱在他的专著《程序与民主》中揭示了法律程序的价值所在，认为正义、逻辑、个人的自由、平等的地位和权利保护等，它在反映一种合理的民主制度的要求。[1] 因为程序的核心是关于理性（ratio）的深谋远虑（pru-dentia）。[2] 故而，民主的真正价值显然不是取决于多数人的偏好，而是取决于多数人的理性。在众口难调的状况下，程序可以实现和保障理性。从这个角度来把握民

---

[1] 李瑜青主编：《法理学》，上海大学出版社2005年版，第117页。
[2] 季卫东：《法治秩序的建构（增补版）》，商务印书馆2014年版，第49页。

主，其着眼点是民主的功能。民主不仅是一个美好的政治理念，[1] 也不是一劳永逸的政体问题，而是不断排除民主主义原则的功能障碍和寻找功能等价物的过程。程序理应成为国家与公民个人之间的纽带，也是国家与弱势劳工具体个人之间的纽带。在程序开始之际，结局当然是不能确定的。但人们的具体言行一旦进入了程序，再也不能推翻撤回。经过程序认定的事实关系和法律关系，都被确定成为无可动摇的真正的过去。而起初的不确定性也逐步被吸收消化，一切程序参加者都受自己的陈述与判断的约束。公平在程序规范所反映的价值中具有重要的意义。程序的公平价值一般是指同类的人应当受到同等的对待。[2] 而程序的秩序价值强调的是关系的稳定性和一致性，从而使人们对自己的行为具有可预测性。立法中的实体规范和程序规范，体现了立法正义的要求，促进公平正义秩序的形成。

弱势劳工的系统保护，要通过立法程序去实现民主，固定理性。弱势劳工立法保护的理性，佩雷尔曼强调法律思考的特征是把不完全的人的意志和理性的辩证性讨论进行组织，在意见对立之中排除强力的行使，通过适当的理由论证来作出决定的程序。[3] 合理而公正的程序是区别健全的民主制度与偏执的其他机制的分水岭。因为民主的真正价值显然不取决于多数人的偏好，而取决于多数人的理性。在现代社会众口难调的状况下，程序可以实现和保障理性。[4] 故而，对于弱势劳工的保障立法，要加强立法民主。民主是立法的正当性基础。立法作为一项追求正义的事业，应是最具民意代表性的一项公共事务。笔者建议，我国应改"关门立法"为"开门立法"，完善公众参与机制，积极地回应公众和市场的立法需求，真正实现立法民主。立法民主的实现有利于增进人民参政的热情，改进和完善立法技术，进而有利于法律实施和法的实现，还需要完善弱势劳工保障立法的相关程序。正当程序原则，乃是立法的第一原则。任何时代的立法，都讲究良好和妥善的程序；而现代社会的立法尤其讲究程序的正当性。正当立法程序不但要求正当的立法主体、

---

[1] 季卫东：《法治秩序的建构（增补版）》，商务印书馆2014年版，第50页。
[2] 李瑜青主编：《法理学》，上海大学出版社2005年版，第118页。
[3] 季卫东：《法治秩序的建构（增补版）》，商务印书馆2014年版，第49页。
[4] 同上。

正当的立法权限、恪守程序法定主义原则，还重视程序的可参与性。我国应遵循正当立法程序要求，着重完善立法预备、法律型构和法律修缮这三个基本环节。

确实，法律和立法并不是等同的。这在弱势劳工保障立法中也是可能存在的。哈耶克曾对法律和立法作了明确的界分。我们可以说，法律在一定程度上意味着秩序，但弱势劳工保障立法又不必然地带来意想中之理想秩序，尽管立法者想要塑造出理想之秩序，在某些时候却事与愿违，同样会出现"立法更多，而秩序更少"之尴尬情形。

当然，弱势劳工通过诉讼来影响立法。在民主机制中，诉讼程序的作用不可低估。弱势劳工个人或团体可以通过起诉来操作法律装置，保护或实现自己的权利，并且影响政治。另外，法律变更的契机存在于司法过程之中，这就为当事人提供了间接参与法律秩序形成的渠道。[①] 故而，我国需要建立有效的立法审查制度，完备对弱势劳工保障立法的合法性审查，解决法律的"正当性"或者合法性的问题，这是法治的核心要素。这是针对现行立法审查制度中存在的组织机构不健全、备案审查制度不完善这些问题，提出的妥当的解决方案，以保证制定出来的法律是良法，这也是法治的基本要求，法治必须是良法之治，因为"正义只有通过良好的法律才能实现"[②]，没有良法就没有法治。

那弱势劳工的保护立法如何才有实效？"人民的安全是最高的法律"[③]。所以，弱势劳工的安全也是最高的法律。只有遵循一定的程序原理和要件的选举或立法才是"民主的"，而只有民主的选举或立法才具有实效和正统性。因为只有这样才能排除舞弊、恣意或偏颇，使"人民的意志"得到正确的反映和贯彻。所以葛泽维奇（Mirkine Guetzevitch）说："民主是一种行为模式，一种义务承担。没有这种限定，宪治方法就是软弱无能的。"[④] 此外，法治的

---

① 季卫东：《法治秩序的建构（增补版）》，商务印书馆2014年版，第49页。
② 唐中明主编：《厉行法治：法治建设目标及路径选择》，光明日报出版社2015年版，第119页。
③ [美]潘戈：《孟德斯鸠的自由主义哲学〈论法的精神〉疏证》，胡兴建、郑凡译，华夏出版社2016年版，第205页。
④ Cited in P. Calamandrei. op. cit. p. 18. 转引自季卫东：《法治秩序的建构（增补版）》，商务印书馆2014年版，第51页。原文是宪政，此处相应修改为宪治。

本质毋宁在形式，而在于精神的塑造和价值，而对弱势劳工等的立法教育有助于精神的塑造和价值树立，促进法治本质的显现。

（3）注重保护立法的审慎和节制。值得一提的是，为改变立法者被立法万能主义的思想支配的现状，我们应反复强调和传输"立法应是审慎的"之观念的重要性。那么孟德斯鸠"节制是立法者的美德"这一名言，① 应该是冷却对立法的迷信和狂热的一剂最好的清醒剂。立法者的节制理应是我们需要注重的。无疑，这也适用于弱势劳工保障立法。立法者在弱势劳工保障的立法活动中要节制，而且还需注重审慎的立场。之所以古人看来立法家的活动就必须节制，主要是因为，在一切政治生活那崇高的目的与大多数可期待的条件下可能的目标之间，几乎总是存在根本的不相称。节制则是对严重不完美的必要宽容或迁就。当然，孟德斯鸠保留了有必要使目标与环境相适应这一观念。但立法者的节制更重要的含义还包含某种不同的东西。② 正如孟德斯鸠所强调的，节制的精神与认识到"自由"或"安全"是真正的目标密切相关。换言之，立法者之节制等同于"宽和"政体中的那种节制。③ 孟德斯鸠还说明了"节制"包含着某种成熟、柔和或是人道。法律处罚应当避免变成"暴行"。④ 而孟德斯鸠称为"审慎"的东西——一种使目的与特定环境相适应的能力。要考虑的关键是环境与为之颁布法律的那种政体的性质；立法者必须对于要得到满足的诸需求的一般理解与这些需求出现在其政治秩序中的方式相适应。并且，要考虑的环境因素不仅包括之前已经存在的，还将要制定那项法律。立法者必须思考这条法律将如何改变环境，他必须努力预见它的间接与直接效果。⑤ 而立法家的任务就是在事物真实的复杂性与人们理解的简单明了之间尽可能地作出最好的妥协。立法要求"天才"，即这样的头脑，它能将关注细节的最机敏的眼力，最佳的、最博学的判断力，最缜密、最老练的道德感知力，与能够进行最平易的、最纯粹的表达能力结

---

① 郭树勇：《民主与法治片论　人大工作的理性思考》，上海人民出版社2015年版，第96页。
② ［美］潘戈：《孟德斯鸠的自由主义哲学〈论法的精神〉疏证》，胡兴建、郑凡译，华夏出版社2016年版，第207页。
③ 同上。
④ 同上书，第208页。
⑤ 同上。

合起来。① 因此,我们要真正理解一项弱势劳工保障的具体立法,为了理解一项法律,必须理解这项法律想要解决的具体困难;理解这项法律的措辞,或者说其确切的机制;理解立法者的"动机",包括立法者回应民众的意见与信念;理解这项法律与其他法律之间的联系等。② 总之,在制定弱势劳工保障立法的过程中,既需要节制,也需要审慎。

第二节 弱势劳工良好保护秩序建构的具体立法实践

对弱势劳工群体给予特别保护,应该说已经成为世界多数国家的共识。目前很多国家基本上形成了以宪法为龙头,以社会保障制度以及弱势劳工权利保护的专门立法为主干,其他相关立法为辅助的弱势劳工权利保护的法律体系。总体而言,发达国家保护弱势劳工的法律制度比较健全,而发展中国家保护弱势劳工法律制度相对而言较为薄弱一些,正在逐步完善过程中。在此选取一些典型国家,阐述它们保障弱势劳工的特色制度,以便我国予以适当借鉴。

一、瑞典的立法保障实践

在瑞典,国家和劳动力市场组织之间的关系,可以说一直以来都具有相互理解和合作的精神。20 世纪 60 年代,瑞典模式开始形成,其特点是工会的影响稳定增长,集体协议模式形成并实施了积极的劳动力市场政策,劳动争议案件数量小。20 世纪七八十年代,由于遭受经济挫折,瑞典采用了大量的劳动力市场政策法规。③ 也就是说,在 20 世纪 70 年代国家的态度发生了变化,出现大量立法,试图将瑞典的工作生活法制化,尽管此时集体协议仍然是最重要的调整手段。但是近年来,又有迹象显示国家正准备还权于

---

① [美] 潘戈:《孟德斯鸠的自由主义哲学〈论法的精神〉疏证》,胡兴建、郑凡译,华夏出版社 2016 年版,第 210 页。
② 同上书,第 208—209 页。
③ 参见中国就业培训技术指导中心等编写:《国外就业培训鉴定情况概览》,上海交通大学出版社 2009 年版,第 314 页。

劳动力市场组织，使它们重新拥有20世纪70年代之前曾拥有的必要的规制权。

(一) 集体协议与框架性立法的原则指导

集体协议，则在薪酬和工资构成的领域，必须要提及私营制造业中重要的《工业发展和工资决定合作协议》。该协议的目的是为建设性谈判创造条件，订立部门性的具有和谐结果的协议，而不得引发冲突。协议是以各方共同指定的公正的谈判主持者的协助为先决条件的。这份工业协议已经成为在劳动力市场中的其他部门进行类似的谈判协议的范本。[①] 集体协议对签订协议的各方及其成员均具有法律约束力。同受集体协议约束的雇主和雇员，即便是属于弱势劳工类型的雇员，所签订的个人雇佣合同中不得有违背该集体协议的内容，除非集体协议允许。因此，集体协议对个人合同具有强制力。违反集体协议需承担向对方赔偿损害的责任。即使实际上没有经济上的损害也可要求承担损害赔偿责任。

瑞典最重要的劳动法法案是1976年《工作生活共同规制法》。该法最为关注的是集体协议以及它们的法律效力，但是该法中的其他规则，譬如那些调整劳动力市场组织行为以及旨在为通过集体协议调整创造积极条件的规定，也是十分重要的。该法也包括一系列有关产业民主的规则。瑞典劳动法中的一个特别现象是，只能在集体协议中作出与法律规定不同的约定，而不得在雇主和雇员的个人合同中作出。这些规定通常是半任意，或者准任意的，并且可以在所有重要的法律中找到。其目的在于集体协议的各方可在法律规定之外引入更适合特定行业或者特定的工作地点条件的规则。一般而言，半任意法规的适用是指，只可以在由全国性的工会代表其成员达成或者批准的集体协议中，作出不同于法律规定的约定，这样的组织应该很强大，能够阻止任何协议对雇员权利的不当损害。半任意立法也可以说是一种框架性立法：它允许劳动力市场组织根据法律设立的指导原则，通过集体协议作出更为具体的规范，来调整各项事项。另一种框架性立法形式出现在工作环境法中，

[①] 叶静漪、[瑞典] RonnieEklund 主编：《瑞典劳动法导读》，北京大学出版社2008年版，第6页。

由议会通过的法令通常只规定指导原则，而更具体的规范则委托政府机构或者下级机构制定。[1]

此外，瑞典的工会与雇主进行了广泛合作，劳资双方能够就工作中的各种问题进行集体谈判，并在大多数情况下达成协议，集体谈判已经成为瑞典各行业解决劳资冲突的主要手段。瑞典的集体谈判可以说是世界上处理劳资纠纷的样板。集体谈判具有维护弱势劳工等的劳动权益、缩小贫富差距，维持工业生产秩序的作用。

(二) 工作是福利国家的第一福利

确实，以瑞典为代表的北欧国家着力于福利国家建设，被称作"福利国家的橱窗或窗口"，国内比较安定。瑞典推行积极的劳动力市场政策，不但鼓励强者就业，也帮助弱者就业；而且重点是后者。[2] 瑞典保护弱势劳工的最大特点是建立了完善的社会保障制度。瑞典社会福利国家的基本原则之一是"按照需要得福利"（benefits according to needs），有效地提高了低收入者的富裕程度，促进了平等和民主；但也会削弱人们工作的积极性[3]。当然，在瑞典，拥有一份工作本身就是一种保障。即便是弱势劳工也是如此。带薪育儿假、企业年金和非强制的失业保险等，都是以劳工的工资为基础的。"按照努力得报酬"（rewards according to efforts）作为基本原则，以此鼓励人们努力工作的动机。没有这一原则，社会福利国家的经济基础将会瓦解。但由于民众所拥有的条件、能力和努力的程度不同，必将出现两极分化。所以，若没有与社会福利国家的原则相结合，两极分化将会日趋严重。"让所有人就业"（employment for all）[4] 的原则或"充分就业"原则是瑞典社会福利国家的主要原则。强调积极的就业原则而不是现金救济，是瑞典福利国家区别于丹麦福利国家的重要标志。[5] 故而，为了保障弱势劳工等的工作福利，对

---

[1] 叶静漪、[瑞典] RonnieEklund 主编：《瑞典劳动法导读》，北京大学出版社 2008 年版，第 6 页。
[2] 谢家谨等：《中国市场经济建设全书第二十八卷劳动力市场》，山西人民出版社 1996 年版，第 641 页。
[3] 沈全水：《失业的出路：瑞典就业政策及其对中国的启示》，中国发展出版社 2000 年版，第 17 页。
[4] 著者认为译为"让所有人就业"更符合语言表达习惯，对应而言更为准确。
[5] 沈全水：《失业的出路：瑞典就业政策及其对中国的启示》，中国发展出版社 2000 年版，第 23 页。

非法解雇予以规制。非法的解雇或不公平的解雇将会侵犯雇员的合法权益。为了保护雇员的合法权益，瑞典劳动法规定了全面而灵活的救济措施。对雇主根据《就业保护法》第7条所作出的解雇，若该项解雇缺乏法律规定的正当事由，则雇员可向法院申请宣告该解雇无效。对雇主根据该法第18条所作出的即时解雇，当解雇的事由不足以构成有效的通知解雇的依据时，该即时解雇也可因雇员请求而被宣告无效。对非法解雇的规制有利于劳工，尤其是弱势劳工的权益保障。

瑞典政府为了解决就业问题，专门设立了瑞典国家劳动力市场管理局，并推行"积极的劳动力市场"政策，强调"就业第一"而不是"失业津贴第一"，通过培训、劳动力流动和就业安排等达到"人人有工作"，大力消除弱势劳工的失业问题。瑞典把大部分资金投入积极的劳动力市场措施上，旨在使求职者适应劳动力市场的要求，创造出新的工作机会。瑞典在推行积极的劳动力市场政策"给每个人工作"方面，不遗余力，举世无双。① 总之，瑞典社会福利国家的目标，不仅在于提供比较平等的收入分配和由国家保障的社会安全，而且在于提供必要的培训和"以工代赈"工作。② 每年占全国劳动力约2%的失业劳工在接受该机构免费培训后迅速转入生产率较高的产业。弱势劳工能获得相应的劳动技能培训，以便重新走上新的工作岗位。这促进了瑞典的经济结构变革和技术进步。瑞典政府对失业职工实行失业再培训或转业培训一般不收取费用，还可领取津贴。瑞典政府为此专门成立了一个专门机构，该机构在各地有上百个分支机构，能安排大多数职业领域的培训。此外，瑞典政府还提供各种优惠条件鼓励企业和劳工迁移，使劳工迁移到有劳动需求的地区去。每位搬迁劳工可从政府获得搬迁费、安置等扶助，通过对雇员的迁居费用补贴在寻找工作的区域内流动提供支持。而针对失业劳工提供保障的失业保险，则采取国家资助、工会主办、个人自愿参加的形式。失业5天后开始拿保险津贴，领取期限不得超过300天，55岁以上的职工则可延长至450天。领取失业津贴者必须是有劳动能力并已向地方就业介绍所

---

① 沈全水：《失业的出路：瑞典就业政策及其对中国的启示》，中国发展出版社2000年版，第33页。
② 同上书，第24页。

登记，对所分配的"合适工作"没有拒绝的失业者。由于受社会制度等因素的影响，瑞典男女劳工之间社会地位和影响能力的差距较小。男女在其他各部门的整体工资差距状况看，收入差距也非常小。以20世纪五六十年代男女收入比例来看，这一时期是瑞典模式发展较好，也是引起世界瞩目的繁荣时期，女性收入与男性收入相对持平。① 这说明，瑞典女职工的平等就业权实现得比较好。

瑞典的医疗保险制度主要是健康保险，即向包括弱势劳工在内的全体公民以及外籍居民提供医疗服务，16岁以下未成年人随其父母参加保险。瑞典健康保险的全部费用由投保人、雇主和政府分担。投保人以保险形式负担一半的费用，雇主和政府各自负担1/4。而保障老年劳工这个弱势劳工类型的退休金制度，主要分为两个部分：基本养老退休金制度和补充养老退休金制度。基本退休金保证职工退休后的基本生活支出，每人的份额大致相等。凡满65岁的公民，都可以享受基本养老金。养老金的数额每年根据物价变化调整一次。养老金的管理由政府的社会保障部门负责。卫生和社会福利部下设保险局，其下设450个地方保险机构。而对于儿童这个弱势劳工等所抚养的群体，所有16岁以下儿童可以得到儿童津贴，三个孩子以上的家庭还可以得到额外津贴；弱势劳工等作为父母送子女入学前可分别享受半年假期，以及获得特别家长津贴，低收入劳工可以得到住房补贴等。当然，瑞典社会福利国家的发展历程表明，社会福利国家原则的贯彻依然存在一些矛盾，如充分就业与通货膨胀之间的矛盾，"按照需要得福利"与"按照努力得报酬"之间的矛盾，以及高福利与生产力水平之间的矛盾。②

（三）增加弱势劳工的就业机会

瑞典之所以能够把登记失业率保持得如此之低，一个重要的原因是：政府提供了部分培训项目、临时工作项目和其他的项目，使一部分人增加了就业机会。20世纪80年代，给青年人有保障的就业机会取代了给他们提供任

---

① 邹升平：《中国特色社会主义与民主社会主义瑞典模式比较研究》，知识产权出版社2013年版，第142页。

② 沈全水：《失业的出路：瑞典就业政策及其对中国的启示》，中国发展出版社2000年版，第33页。

何现金帮助的可能性。这些青年人不仅通过工作得到了一份收入,也积累了工作经验,提高了工作技能和熟练程度。① 瑞典在劳动力市场项目的支出,大约有 1/4 花在青年人身上。② 瑞典提升青年劳工这个弱势劳工类型就业程度的措施值得我国借鉴。

瑞典还有为残疾劳工提供工作项目及补贴的机制。譬如政府规定,对一些年纪较大或身体残疾的弱势劳工自行开业或自我雇佣的,则可以给予资助;政府给残疾劳工安排合适的工作的雇主提供特别的资助。补助能够扶助可在正常的劳动力市场找到工作的残疾人就业。而对那些无法通过正常的劳动力市场就业的残疾人,则予以提供庇护性就业。为此,瑞典还设置了专门的残疾人就业机构。③ 譬如 1980 年成立残疾人就业安置集团等。通过上述措施,每年总共大约有 7 万个残疾人通过就业办公室寻找工作。瑞典积极的就业政策也包括了为残疾人在公开的劳动力市场增加就业机会的措施,以及当他们不能正常就业时提供保护性就业的措施。瑞典 1974 年的《就业安全法》保障残疾劳工免遭无理由的解雇,还规定雇主有责任开发适合残疾劳工职业能力的新工作。《就业促进法》则除了促进残疾劳工开放性、保护性的就业外,还在公营、民营企业和工厂从事半保护性工作。④ 瑞典存在一种叫 Samhall 的福利工场网络,因得到了政府机关的认可和相应的补助,可向残疾劳工提供开放式的工作合同,大量使用经过专业培训的残疾劳工。⑤

确实,瑞典在促进弱势劳工就业和维护弱势劳工就业的措施,值得我们学习和借鉴。

二、法国的立法保障实践

总体而言,法国在保护弱势劳工群体方面制定了不少法律,建立了一套

---

① 沈全水:《失业的出路:瑞典就业政策及其对中国的启示》,中国发展出版社 2000 年版,第 24 页。
② 郑德涛、欧真志:《科学管理与政府行政能力的提升》,中山大学出版社 2012 年版,第 3 页。
③ 同上。
④ 钟仁耀主编:《社会救助与社会福利》,上海财经大学出版社 2005 年版,第 311 页。
⑤ 李静:"合作治理视域下社会企业介入社会服务的路径选择:逻辑、优势及选择",载《人文杂志》2016 年第 6 期。

比较完整的制度安排，在保障弱势劳工群体的就业权、居住权、医疗健康权等方面尤其突出。

（一）促进就业而消除贫困

启蒙思想家、法学家孟德斯鸠在《论法的精神》一书中强调："国家应确保一切公民的生存、饮食、衣着和与健康要求一致的生活方式。"[1] 法国1945年10月出台的《社会保障法》规定，社会救济和补助是公民应该享有的权利。[2] 法国1998年修订《社会保障法》强调"消除贫困是国家的巨大任务，是国家政治的优先领域"，并明确提出"本法旨在保证所有人的就业、住房、保险等基本权利"。[3] 因在该法第1条中确立了"尊重一切人的平等的人格尊严"这项原则。法国1998年修订的《社会保障法》既是一部"社会法"，也是一部人权法，是人权法与社会法的结合。[4] 显然，这些都是将弱势劳工包括在内的。

法国1998年出台的《青年就业法》，则重点解决26岁以下就业适龄人口的严重失业问题。[5] 而青年等弱势劳工就业权的保障，可通过经济手段即免税、减税等手段予以促进。在其中，需以年轻劳工和低收入劳工为重点，实施促进收入分享的积极的就业政策。而使用社会手段，建立"社会帮助合同"制度，即凡雇用职业能力较弱、贫困的人员，国家承担所雇劳工一定比例的工资。[6] 这会在一定程度上提升雇主雇用弱势劳工的意愿。关于劳工权益的保护，法国规定了最低工资和带薪休假等制度机制。这对于强势群体的行为，譬如雇主的行为，肯定有一定的限制。

（二）解雇保护和裁员安置

1973年法国的《不定期劳动契约法》对因为个人理由的解雇进行了明确

---

[1] 赵海峰、卢建平主编：《欧洲法通讯（第2辑）》，法律出版社2001年版，第86页。
[2] 同上书，第85页。
[3] 张晓玲主编：《社会弱势群体权利的法律保障研究》，中共中央党校出版社2009年版，第203页。法国1998年修订的《社会保障法》可以说是其社会法的总纲领。另参见赵海峰、卢建平主编：《欧洲法通讯（第2辑）》，法律出版社2001年版，第85页。
[4] 赵海峰、卢建平主编：《欧洲法通讯（第2辑）》，法律出版社2001年版，第85页。
[5] 于宁：《基本养老保障替代率水平研究：基于上海的实证分析》，上海人民出版社2007年版，第282页。
[6] 张晓玲主编：《社会弱势群体权利的法律保障研究》，中共中央党校出版社2009年版，第203页。

的规范，第一次全面提出了解雇的实质性要件和程序性要件。从此，雇主的解雇权利不再是一项无须理由的权利，而成为一项"需要理由才能行使的权利"——需要具有"实际的和严肃的理由"[①]。法国劳动立法规定了禁止解雇的情形保护雇员，具体有禁止基于性别、年龄等因素解雇雇员；禁止解雇罢工的雇员；禁止解雇拒绝性骚扰的雇员；禁止解雇怀孕妇女，妇女有严重过错时可解雇则是例外；禁止解雇遭受工伤或患职业病的雇员，雇员有严重过错时则可解雇。对女职工、遭受工伤或患职业病的雇员的解雇保护显示了对弱势劳工的制度性特别保护。这在一定程度上较好地保护了弱势劳工的权益。且在法国，还有对属于弱势劳工的被解雇的劳动者保护。而被解雇的劳工，无论是个人解雇还是经济原因裁员，自20世纪80年代起，能取得相同的失业保险。[②] 法国在1989年引进的"裁员安置计划"，要求雇主帮助被裁员的雇员得到职业安置。1993年的相关立法还强化安置计划中的监督和雇员参与，规定劳动监察官可监督雇主的安置计划的制定；且安置计划应征询雇员代表的意见，否则无效。[③] 2002年1月18日出台的一部名为《社会的现代化》的法律设立了安置假，用"维持就业岗位计划"代替"裁员安置计划"。2005年1月18日为了增加社会凝聚力而规划的法律也涉及裁员问题。[④] 故2005年法国的相应立法提出加强集体谈判的作用，具体修改了对不正当解雇的救济期限、解雇被撤销后雇员的工作恢复等方面内容。雇主在解雇时首先要考虑是否已经履行了保证雇员适应其职业发展的义务，是否适当承担了职业培训和尽力安置义务，这对雇主的解雇权形成了很好的规制。而当雇主构成不正当解雇时，应要为此承担支付不当解雇补偿金、预告期补偿金和赔偿损失的法律责任。[⑤]

（三）补贴制度和居住退休的福利保障

法国建立了对弱势劳工的最低收入补贴制度和家庭生活补贴制度。法国

[①] 郑爱青：《法国劳动合同法概要》，光明日报出版社2010年版，第131页。
[②] 张晓明："法国解雇制度"，载《中国劳动》2012年第8期。
[③] 同上。
[④] 郑爱青：《法国劳动合同法概要》，光明日报出版社2010年版，第139页。
[⑤] 张晓明："法国解雇制度"，载《中国劳动》2012年第8期。

在 1988 年颁布了最低收入标准法。该法规定了融入社会的最低收入标准。最低收入补贴发放对象为 25 岁以上在法国长期居留的人口。而家庭生活补贴是法国社会保障中涉及范围最广泛的部分，这是政府保障社会公平的主要政策之一。据统计，法国目前享受各种不同家庭补助的人数达到 900 多万人。无论收入多少，都可以申请。领取的补助可以有家庭补助金、特殊教育补助金和家庭教育补助金、家庭抚养补助金及家庭照顾子女补助金。① 家庭补助金的设立显示了照顾最贫困者和仅能维持最低生活水准的家庭的政策倾向。这有利于弱势劳工维持其家庭的生存，缓解弱势劳工家庭的贫困。而法国的疾病与生育保险属于强制性社会保险，覆盖全体居民，在法国居住的外国人也必须投保。对外国劳工这个弱势劳工类型也有一定程度的保障。工伤保险的涵盖范围是雇员、职业教育学生、非工资收入者，工伤保险的资金来源全部由雇主承担。从其涵盖范围来看，包含了职业教育学生、非工资收入者等弱势劳工类型。

在弱势劳工的保障居住方面，法国政府提供的低租金住房也叫社会住房，房租低于普通住房，建房费用主要来自企业工资总额 1% 的缴费（分摊金），部分由国家出资。全法国共有 15% 的住房属社会住房。② 或是对低收入者发放住房补贴，或是由各省政府出资建立团结基金，对有正当理由交不起房租、水电费者给予帮助。法国还在各地建立了收留中心，为无住房者提供住处。中心一般由社会团体开办，其经费全都来自国家财政，较好地解决了弱势劳工住房困难的问题。在医疗健康方面，法国《医疗保险基本权利法》规定，收入低于最低限额者可享有免费看病、治疗的权利。目前，该法受益人口达到 450 万人，其中弱势劳工占了很大的比例。③

法国的养老保险制度由社会保险总制度、补充养老金制度和非工资收入者养老金制度等形式构成。根据法律规定，社会保险总制度下的养老金的享

---

① 张晓玲主编：《社会弱势群体权利的法律保障研究》，中共中央党校出版社 2009 年版，第 204—205 页。
② 卢华翔等：《进城务工人员住房问题调查研究》，商务印书馆出版社 2011 年版，93 页。
③ 单身者为每月 560 欧元。参见张晓玲主编：《社会弱势群体权利的法律保障研究》，中央党校出版社 2009 年版，第 204 页。

受条件是年满 65 岁，投保缴费 37.5 年，养老金标准为投保期间 10 年最高平均工资的 50%，老年退休保险金按物价或工资涨幅一年调整两次，特别是非工资收入者养老金制度。而农民、手工业者及自由职业者等非工资收入者各自均有独立的退休金制度，他们既可接受强制性保险，也可自行参加选择性的社会保险，退休后领取养老金。① 这不但对作为弱势劳工群体的一般老年劳工有良好的养老保障，还特别对农民、手工业者及自由职业者等非工资收入者提供养老保障。而这些非工资收入者中有一部分是灵活就业群体，与弱势劳工在范畴上是有部分重叠的，也与弱势劳工的保障相关。

三、英国的立法保障实践

（一）从放任主义到适度法律干预

英国劳动立法的主要特色是劳资协议自治比议会立法重要。在 20 世纪的大部分时期，英国对劳资关系的调整主要是通过雇主和工会间的集体谈判来进行的。在当时，这种调整方式远比议会立法调整的方式重要。② 故在英国，集体谈判制度担当了重要的角色。在劳动关系的调整方面，英国主要采取了集体谈判和当事人自治原则，国家立法居于次要的和补充的地位③。这种调整方式被称为放任主义，得到了劳资关系双方的支持。而放任主义不仅意味着最低限度的法律监管，允许工会、雇主等力量的自由施展，而且这种体制对有组织的劳工、雇主和有关协会间通过集体谈判所达成的规则，也予以支持和推广。不过这并不意味着法律干预的完全缺位。④

应当说，英国从 1870 年到 1960 年所形成的劳动法律制度非常重要而且富有特色，但当时法律在劳资关系的调整方面，其作用还是有限的。在这里则为自愿的集体谈判的意愿所代替。在当时的背景下，工会、雇主以及有关

---

① 张晓玲主编：《社会弱势群体权利的法律保障研究》，中央党校出版社 2009 年版，第 206 页。
② [英] 琳达·狄更斯、聂尔伦编著：《英国劳资关系调整机构的变迁》，英中协会译，北京大学出版社 2007 年版，第 2 页。
③ 王益英主编：《外国劳动法和社会保障法》，中国人民大学出版社 2001 年版，第 44—45 页。
④ [英] 琳达·狄更斯、聂尔伦编著：《英国劳资关系调整机构的变迁》，英中协会译，北京大学出版社 2007 年版，第 2 页。

的协会之间开展的"集体谈判",即构成了英国劳资关系的主要制度内容,同时也辅以一定的来自政府的支持。[①] 确实,雇主也非常希望避免过多的司法干预,以免限制他们的空间。而从国家的角度看来,"人们可以认为,国家已经将调整劳资关系的权利授予雇主和雇员创立的机构,同时也授予这些机构很大的行为空间"[②]。在这种体制内,如果说还有管制的话,也是比较轻微的。放任主义不仅意味着最低程度的法律监管,只不过这并不意味着法律干预的完全缺位。到了19世纪晚期和20世纪早期,对工会活动的立法就显得非常必要了,也相应引入了一些辅助性措施,比如劳动行政主管部门关于解决纠纷的制度的规定,对管制弱势劳工等特定群体的雇佣条件也发布了一些监管措施。协议自治并不利于弱势劳工群体对自身权益的维护,常在维护自身权益和保持工作之间作两难抉择。而最低限度的监督有利于弱势劳工权益的保障。

(二)福利国家建设与最低生活标准保障

英国对弱势劳工等群体的救济制度历史比较久远,积累了比较丰富的经验。16世纪至17世纪,针对"圈地运动"所导致的大量农民涌入城市沦为乞丐和流浪者的社会现状,英国颁布了救济法令,开始对贫民的救济。1536年颁布公共救济计划法令,让教会承担救助贫民的义务。1572年开征救济税。1601年,英国制定了《伊丽莎白济贫法》。该法以法的形式首次确认了政府在救济事业中的职责,规定了贫民等弱势群体应该享受的保障待遇,初步建立起救济行政制度和救济工作方法,标志着由国家对弱势群体进行特别保护和救助义务的开始。但这一制度在本质上不同于今天在承认人权的基础上对弱势劳工群体的保护。伴随着对贫困问题的新认识,人们逐渐明白:由于工业化给整个社会带来的这种现实危机,只针对穷人的政府职责已经不能满足工业社会的需要,新的社会现实要求将政府的社会保护扩展至全社会;要想从根本上解决社会贫困问题,必须重新认识与调整国家与社会之间的关

---

① [英]琳达·狄更斯、聂尔伦编著:《英国劳资关系调整机构的变迁》,英中协会译,北京大学出版社2007年版,第2—3页。

② Davies & Freedland 1993:10,转引自[英]琳达·狄更斯、聂尔伦编著:《英国劳资关系调整机构的变迁》,英中协会译,北京大学出版社2007年版,第2页。

系，重新认识国家在福利供给上的作用，让处于消极地位的国家力量在保障社会成员的基本生活方面与福利供给领域发挥出应有的作用，建立一套由国家主导的、统一的、排除任何主观性色彩的、注重体现社会性以及社会责任的、以保护社会全体利益为目的的、基于尊重个人自由与平等基础之上的现代社会福利制度，向人们提供制度化的社会福利势在必行。① 而这种社会福利体系在一定程度上缓解了弱势劳工的贫困。而自1870年前后，英国的社会福利体系由此进入第二次重大改革阶段（1870—1914年）。此次改革的典型路径是使用立法手段统一原来分散的社会保障制度。1908年《养老金法》规定国家为年满70岁、年收入低于21英镑的老年劳工提供每周5先令的养老金；1909年《劳工介绍法》建立起劳工职业介绍所，帮助包括弱势劳工在内的人们就业；1911年颁布了第一个全国性的和强制性的《国民保险法》，为建筑、造船、铸铁等7个就业状况不佳的行业的劳工提供失业保险。② 到20世纪20年代中期，英国已建立起涵盖健康、老年、失业保险、教育等领域的现代社会福利体系的雏形。国家全面干预社会生活，向社会成员提供统一的、制度化的社会福利服务成为社会发展的根本趋势。③ 但是离弱势劳工的要求还存在一定的差距。也就是说，尽管进步是巨大的，但英国的现实情况仍距离英国人的实际需要很远，朗特里在1941年出版的《贫困与进步》一书中写道："在英国已经取得的这么多的进步是令人满意的，但是，如果我们不是向后看，而是向前看，那么，我们就会看到，有多少工人的生活水平距离我们所认为的满意程度还相差很远。尽管过去的40年里所取得的进步是巨大的，但是，英国还没有理由表示满意。"④

1948年7月，1946年制定的《国民保险法》和《国民健康服务法》、1948年的《国民救济法》三个法案以及《国民工伤补助法案》同时生效，标志着英国已建成"福利国家"，有利于工党"要使公民普遍地享受福利，

---

① 闵凡祥：《国家与社会：英国社会福利观念的变迁与撒切尔政府社会福利改革研究》，重庆出版社2009年版，第56—57页。
② 同上书，第57页。
③ 同上书，第58页。
④ 同上书，第59—60页。

使国家担负起保障公民福利的职责"的兑现。现代福利国家的建立,至少在三个方面上努力纠正市场作用。第一个方面是保证个人和家庭的最低收入,不管他们的工作和财产的市场价值如何;第二个方面是使个人和家庭能够应对某些导致个人和家庭危机的"社会突发事件"(如疾病、老龄和失业),缩小其不安全程度;第三个方面是不歧视公民地位或等级,确保他们在人们认可的一定社会服务内获得可得的最好水平的服务。[1] 福利国家的建立,在英国的国家结构、政府职能、民众生活与思维方式等方面引发了一场"空前的社会革命"。[2] 而且,福利国家所规定的福利最低标准是一种出于"权利"的最低标准,而不是一种出于"义务"的最低标准。[3] 当然,这对弱势劳工群体的生活,无论是最低工资方面,还是应对疾病、老龄和失业,抑或是防止歧视,都带来了翻天覆地的变化。这也有利于社会公平的实现。毕竟,国家福利在现代福利体系构成中的绝对优势地位,是社会福利国家化的直接结果,是制度化、标准化福利成为一项公民基本权利的前提,也是实现社会公平的前提。[4] 而在现代社会福利制度下,大多数人的最低生活和生存要求得到了保障,英国的社会低收入劳工阶层以及贫穷劳工、老年劳工、残疾劳工等各种社会弱势劳工的生活水平得到一定程度的改善。总之,"二战"后,英国制定了一系列社会保障立法,标志着英国建成了"从摇篮到坟墓"的"福利国家",即国家成为社会保障义务的主要承担者,国家以公共支出的方式向全体公民实施普遍的社会保障待遇,并把它看作公民应当享有的基本权利。而在英国,"福利国家"的创立和发展通常被认为是20世纪最伟大的社会成就,但同时,在西方它日益被视为社会政策改革的一个阶段,这种看法几乎已成为一个定论。[5] 英国的相关立法扩大了社会保障的范围和对象,提高了社会保障的标准,实现了社会保障制度的系统化,建立了全面完整的社会保

---

[1] 闵凡祥:《国家与社会:英国社会福利观念的变迁与撒切尔政府社会福利改革研究》,重庆出版社2009年版,第62页。
[2] 同上书,第63页。
[3] 同上书,第64页。
[4] 同上书,第71页。
[5] [英]内维尔·哈里斯等:《社会保障法》,李西霞、李凌译,北京大学出版社2006年版,第3页。

障法律体系，成为世界上社会保障法典最完备的国家，形成了"收入均等化、就业充分化、福利普遍化、福利设施体系化"的社会保障模式。在养老保险制度方面，英国建立了基本养老保险制度，但由于低收入者只享受到极低的养老金。为解决这部分弱势群体的养老问题，政府推出了国家第二养老金计划。该计划是一种统一费用的定额养老金，另外，英国还建立了低管理成本的存托养老金计划。建立此计划的原因在于个人养老金计划的管理成本很高，低收入阶层即使加入个人养老金计划也常无利可图。而在失业保险方面，英国政府规定失业人员只有在愿意接受职业培训或能证明其在积极寻找工作的条件下才能领取失业救济金，同时政府通过教育和加强职业培训的手段增强失业者的求职能力，最终达到减少失业人口的目的。故而，在英国，失业者在六个月之后就必须接受所提供的任何工作，不管是什么种类的工作，也不管薪水是多少。如果拒绝，就会暂停发放救济金。[1] 英国政府采取措施，增加对单亲家庭的补助，另出台了最低生活水平保障等相关规定。

《1975年劳动保护法案》则重构了原先的产业关系和就业法律制度，同时也为ACAS的运作提供了一个法律基础。劳动关系的调整，此时已经开始转向搭建一个普遍权利的平台。该法案还对个人劳动权利进行了规定，并强化了其他一些内容。虽然个人劳资关系仍然由集体谈判来确定，该法案也尚未涉及个人劳资关系的核心部分内容，但是这已经使得个人劳资关系向司法监管的方向大大迈出了一步。[2] 显然，这有利于弱势劳工个人权利的保护。为了确立一个反歧视和主张就业平等的一般制度框架，并且形成一个统一的欧洲制度的模型，英国的立法机构被迫放弃了早期关于性别、种族、残疾等问题的多种观点和立场，加之人权事业的发展，于是催生了一个单独的机构：平等与人权委员会（Commission for Equality and Human Rights）。[3] 这使得弱势劳工等的人权，有了专门机构提供的保护。本来，英国在反性别及种族歧

---

[1] [法]鲍铭言、迪迪尔·钱伯内特：《欧洲的治理与民主：欧盟中的权力与抗议》，社会科学文献出版社2011年版，第110页。
[2] 琳达·狄更斯、聂尔伦编著：《英国劳资关系调整机构的变迁》，英中协会译，北京大学出版社2007年版，第5页。
[3] 同上书，第8—9页。

视领域的立法模式有所不同，它追随美国的就业机会均等委员会模式，建立了两个委员会致力于提高机会的平等。①

（三）最低收入的机制保障

英国对弱势劳工的保护，最突出的表现在最低工资制度上，通过最低工资标准的确定来保障弱势劳工群体的收入水平。当收入水平已无法保证劳工维持最基本的生活与营养要求时，合适的最低工资标准确定则显得尤其重要。在英国的相应机制中，起到重要作用的是一个称为低收入委员会的组织。②随着1997年工党竞选胜利，一改过去保守党大力废弃最低工资制度的做法，随即成立了低收入委员会。从某种意义上来说，低收入委员会只是一个负责具体事务的团体，它唯一的任务就是引进、设定并保持英国最低工资标准的方案，并向政府提出建议。由于工作得体适宜，自1999年来，低收入委员会的每次建议，都为政府所接受。当然，不采纳或不完全采纳低收入委员会所建议的内容，政府必须向议会提出报告并说明理由。最低工资标准应该反映劳工最基本的工资需求，这一直是许多国家制定最低工资标准时常常讨论的主题。低收入委员会的组织机构非常精简，并为任务的完成频繁向全国各地的民众进行咨询交流，收集各种信息。实际上，低收入委员会在设定最低工资标准时非常谨慎，充分了解劳资双方以及受益人群的态度，对最低工资标准的确定是得到了方方面面认可的，尤其是在最低工资标准的水平设定上，几乎没有遭遇什么阻力。而且，在设定一个最低工资标准后，应收集标准提高对为数众多的受益人群带来的影响以及他们的真实反映。咨询采访与调查活动可为低收入委员会的建议获得更加坚实的基础与充分的理解，也容易发现最低工资标准出现的新动向新问题。那每次调整最低工资标准的决定性因素又是什么？低收入委员会首先考虑的是就业问题，还有则是可能会对经济产生的实质性冲击。将最低工资标准设定在什么位置会导致大规模失业或是抑制新岗位的产生，这是低收入委员会关注的重点。③当然，除了本国的现

---

① ［英］史蒂芬·哈迪：《英国劳动法与劳资关系》，陈融译，商务印书馆2012年版，第54页。
② 张晓明、郎少杰："英国最低工资标准决定和实施机制"，载《中国劳动》2011年第5期。
③ 张晓明、郎少杰："英国最低工资标准决定和实施机制"，载《中国劳动》2011年第5期。

实情况需要评估考虑外，国家之间的比较与借鉴也是一条途径。最能反映英国最低工资标准调整机制的效果的一个事实是，自1999年实行最低工资标准以来，英国最低工资标准已进行了多次调整，在2006年已将标准提高了近50%，在2008年已经提高了近60%的水平。[1] 并为100多万劳工，包括妇女、非全日制工人等弱势劳工群体提供了经济安全保障。

英国在解决弱势劳工的平等就业方面，在20世纪初期，平等机会法迟迟未获英国议会通过的原因主要是认为雇主们无力承担。1961年，英国实现了政府机构中的报酬平等。1970年通过了《平等报酬法》，其目的是消除"同样的或大体相似的工作之间，或经职位评价研究认定为可比照的工作之间"的报酬差别。《平等报酬法》在5年内逐渐开始实施，即在1975年12月29日后实施。1975年的《性别歧视法》禁止在除工资以外的就业问题上以性别和婚姻状况为基础实行不平等待遇。现实情形下，很少有女职工和男职工在同一单位中做同一类型的工作。新的立法条款以"平等报酬（修正）法"为题于1983年1月开始实施，强化并拓宽了1970年和1975年的两个立法。但是，与受时代限制的，任意而公开地歧视性决定女性报酬的1970年以前相比，尽管早期立法中的措辞含义过窄，1970年的立法改善女性报酬的范围仍然是相当大的。[2] 后来观察到的结果是，20世纪70年代早期的女性工资提高是永久性的，唯一的解释是以剩余项方式出现的1970年平等报酬法。[3] 1988年的《平等报酬条例（修订本）》对原《平等报酬法》（1970年）作了修订，要求对从事相同工作或创造相同劳动价值的男女工人给予平等的报酬。该条例的目的是消除在工作报酬和雇佣方面产生的歧视，如假期、病假补贴、奖金、加班补贴。该条例适用于任何年龄的男性和女性，包括儿童。[4] 随着颇具灵活性的工作新方法的引进，英国妇女进入劳动力市场比以往任何时候都

---

[1] 据英国低收入委员会网页 http://www.lowpay.gov.uk/lowpay 相关资料综合后计算得出。
[2] 大卫·桑普斯福特、泽弗里斯·桑纳托斯：《劳动力市场经济学（中文版）》，王询译，中国税务出版社2005年版，第186页。
[3] 同上书，第187页。
[4] ［英］托可尔岑：《休闲与游憩管理》，田里、董建新译，重庆大学出版社2010年版，第466页。

要容易得多。禁止性别歧视的立法，为所有的妇女打开了通向原先以男性为主的各种职业生涯的道路。[1]

英国的反性别歧视立法至少明显地影响了工资的变化，其对就业的影响则难确定。英国有关歧视的立法的一个特点是缺乏对违法者的处罚措施。因而，导致最终落实存在障碍，也是预料之中的。[2] 劳资关系的非机构化并非意味着英国劳资关系中有关机构即将终结。英国在过去的30年中也一直在实施政治改革，对劳资关系性质的探究亦越来越深入，相关的法律制度也更加完善。[3] 不管是作为一种制度选择还是一种权宜之计，1997年之后的立法进程使得就业法庭的司法管辖又向前迈进了一步。如果是作为制度上的选择，则部分地反映了政策制定者对于问题是什么以及如何解决该问题的立场。劳动保护，一旦被视为基于集体谈判又受到公共政策的支持的话，这种保护就更加接近于对个人法律权利的保护，而这个权利在进入法院之前就具有了强制力。[4] 这使得弱势劳工等的权利保护有了确定的路径。

四、美国的立法保障实践

（一）从无为而治到立法介入

美国是联邦制国家，其劳动法体系由联邦法和州法两部分构成。美国联邦层面的劳动立法，主要包括劳动关系法这类综合性的劳动立法和具体的劳动标准法律。这些法与劳工劳动权益的保障，关系还是比较密切的。限于篇幅，在此不介绍繁杂的美国各州劳动立法，只介绍联邦劳动立法。

尽管美国《宪法》第1条第8款规定国会有权"规定和征收税金"以及"提供合众国共同防务和公共福利"，但自美国建国以来至20世纪30年代，美

---

[1] ［英］尼尔·弗格森：《世界战争与西方的衰落下》，喻春兰译，广东人民出版社2015年版，第626页。

[2] 大卫·桑普斯福特、泽弗里斯·桑纳托斯：《劳动力市场经济学（中文版）》，王询译，中国税务出版社2005年版，第185—186页。

[3] Including Cully et al 1999；Millwardet al 2000；Kersley et al 2004；Davies&Freedland 1993；and Deakin&Morris 2005。

[4] 琳达·狄更斯、聂尔伦编著：《英国劳资关系调整机构的变迁》，英中协会译，北京大学出版社2007年版，第10页。

国联邦政府一直对公共福利采取"无为而治"的态度。直到罗斯福新政时期，联邦政府才首次对经济社会生活进行了大规模的干预与调节，通过立法介入劳资关系，制定了社会保障、社会救助等方面的诸多联邦法律，规定最低工资和法定工时，规定工资的集体谈判制度，总的倾向是扶弱，援助贫困者和弱势劳工。美国政府的政策首次开始大面积惠及普通民众，到"二战"后，致力于改善社会公平状况的美国社会立法、社会政策才开始成为西方发达国家的表率。

在美国，处理劳资关系的法，存在一个发展变化的过程。当然对劳资关系的法律处理，其中的一个重要侧面，就是对包括弱势劳工在内的雇员劳动权益的保障。1935年制定的《国家劳资关系法》（又称《瓦格纳法》）是调整美国劳动关系的基本法，主要包括雇员权利、集体谈判、雇主的不良行为以及劳工组织的不良行为等内容，核心是集体谈判。[①] 联邦层次的劳动立法，除了前述的劳动关系法外，还涉及劳动标准、社会保障方面的法案。具体说来，劳动标准法律是由联邦劳工部制定的职业安全、雇员健康、就业年龄以及最低工资等方面的劳动法案。主要有《职业安全和卫生法》《公平劳动标准法》（1938年）、《联邦矿山安全与卫生法》《联邦雇员赔偿法》以及《社会保障法》等。其中的《公平劳动标准法》规定了最低工资标准、工作时间标准及超时工资标准等；具体趋势是劳动标准在逐步提高，适用范围在逐渐扩大。[②] 这显然有利于弱势劳工的制度保障。而各州的劳动立法，在美国的州享有较大的自主权背景下，可因各自的不同情况进行立法而存在差异。美国的社会保障体系经过了多次调整和补充；在1956年增加了伤残保险，在1965年建立了医疗保险，1972年通过的社会保障修正案调整了生活补助标准。随着一系列社会保障法案的通过，社会保障体系的覆盖范围越来越宽，越来越多的人被纳入体系。多年来，主要的劳工群体已陆续为社会保障体系所覆盖，包括了农场工人、家政人员、慈善组织雇员、教育工作者以及宗教组织工作人员（1950年）、绝大部分个体经营者（1954年）、军队服役人员（1956年）、外国政府或国际组织中的美籍雇员（1960年）、医生（1965

---

① 王益英主编：《外国劳动法和社会保障法》，中国人民大学出版社2001年版，第289—290页。
② 同上书，第282—283页。

年)、联邦新雇员(1983年),以及未享受州或地方养老保险的州或地方政府雇员(1990年)。①

(二)平等就业与歧视禁止

就业方面,1963年《同酬法》系美国第一个全国性的关于"平等就业"的法律。在《同酬法》的规范下,雇主对从事相同工作的男女受雇人给付相同的报酬,除非给付不同报酬的原因与性别无关。也就是作为弱势劳工的女工不得因性别原因被给付不同报酬。1964年《民权法》第七章是美国所有禁止就业歧视法律中影响层面最高且最具代表性的立法。1964年《民权法》第七章禁止雇主、劳工组织及就业机构因个人的种族、肤色、宗教信仰、性别以及原国籍等因素,拒绝予以雇用或解雇,或在薪资、工作条件或工资待遇等雇佣条件下给予差别待遇。在1964年民权法案中并无禁止年龄歧视的规定。《就业歧视年龄法》在1967年出台,而后历经了数次修正。依据《1990年美国残疾人法》《就业年龄歧视法》《同酬法》《公平就业机会法》《公平工资法》《怀孕歧视法》等,在美国,对年龄、残障、国籍、怀孕、种族、信仰、性别等方面的就业歧视行为,都要受到法律的严惩。②

在19世纪末之前,依据契约自由原理,美国普通法将"雇佣关系"确定为一种"任意"关系,雇主可自由地雇佣或拒绝雇佣、片面订立不公平的工作规则或未经预告即解雇劳工。同样地雇主可随意地拒绝雇佣少数族裔、在职场中做种族区隔、分配较差工作给女性或少数族裔以及实施男女同工不同酬的政策等。然而,经过一百多年的演进,美国已建立一套相当健全完备的法制来规范就业歧视问题。波斯纳认为,妇女用于家庭生产的时间量正在下降,所以即使没有政府干预,我们也有望缩小男女之间的职业和工资差距。所有这些并没有否认性别歧视的存在,也不意味着禁止性别歧视的法律会对全社会或甚至对全体妇女产生净收益。③还有,反歧视法会因雇主以理性的

---

① 詹姆斯·H. 舒尔茨:《老龄化经济学》,裴晓梅译,社会科学文献出版社2010年版,第129页。
② 刘凤瑜编著:《人力资源治理与人事及社会保障法规》,对外经济贸易大学出版社2014年版,第31页。
③ [美]理查德·A. 波斯纳:《法律的经济分析(上册)》,蒋兆康译,中国大百科全书出版社1997年版,第441页。

方法将其影响最小化而使受保护阶层自食其果。例如，《平等报酬法》（the Equal Pay Act）要求雇主向做同样工作的男女支付同样的薪金。如果不论什么理由妇女具有较低的边际产量，那么雇主就会积极地在那些需要雇佣许多妇女的工种中以资本投入替代劳动投入。而且，反歧视法对雇主所产生的直接和间接的附加成本会以提高价格的形式部分地转移到消费者身上，而女性消费者将同男性消费者一样受到损害。妇女利益的多元性以及男女之间的经济和利他的相互依赖性使妇女是反歧视法的净受益人这种主张变得更加不确定。① 这使得美国法律界精英对性别歧视的看法多元化，影响了企业和民众的相关主张。

尽管如此，实践中存在对中高龄劳工的歧视。许多高龄求职者不是缺乏一技之长或是缺乏就业资讯，而往往是受制于其偏高的年龄。因此，即使政府制定各项就业促进措施，仍无法解决中高龄劳工在就业上遭遇的所有困难。中高龄者在职场上因为其年龄被拒绝雇佣或被解雇，在现行法律的规定下难寻周全的救济。而美国劳工指控零售业巨头沃尔玛性别歧视等案例看来，美国的就业歧视，较为严重存在。其他类型的歧视，如对年龄歧视身心障碍者歧视等在职场中仍是相当严重的问题，但相关的法律规范仍相对欠缺。而从公布的美国人权记录看来，弱势劳工遭遇具体歧视的问题依然十分严重。

弱势劳工在劳动就业等领域所遭遇的不平等和歧视对待，从公开的美国人权记录中窥见一斑。2011 年美国人权记录显示：关于种族歧视，生活在美国的少数族裔受到长期的、系统的、广泛的、制度性的严重歧视，种族歧视成为美国价值观无法抹去的表征和符号。少数族裔政治、经济、社会地位因受歧视而低下。少数族裔在就业方面受到严重歧视。非法移民受到法律和制度性歧视。关于妇女和儿童权利，美国至今尚未批准《消除对妇女一切形式歧视公约》和《儿童权利公约》，对妇女儿童权利的漠视加重了美国妇女儿童的糟糕境遇。在美国，对妇女的性别歧视普遍存在。男女同工不同酬，妇女贫困率创新高。2012 年美国人权记录显示，美国女性遭遇就业和薪酬歧

---

① ［美］理查德·A. 波斯纳：《法律的经济分析（上册）》，蒋兆康译，中国大百科全书出版社 1997 年版，第 441 页。

视。这份记录援引美国劳工统计局 2012 年数据称，2011 年，大约 2/3 的最低薪酬工作由女性承担，61% 的最低薪酬全职工是女性。孕妇和新生儿母亲也面临着现实的就业歧视问题，雇佣者并不尊重"怀孕歧视法案"，时常发生逼迫怀孕女员工离开自己工作岗位的事件。2013 年美国的人权记录显示：女性面临严重的就业歧视。女性的工作薪酬远低于男性。另据美国国家统计局年度调查统计的数据，女性年均收入比男性少 11500 美元，非洲裔女性的工资为男性的 69%，拉丁裔女性的工资为男性的 58%，而农业童工大量存在。2014 年美国人权记录则显示：少数族裔面临就业和薪酬歧视。美国劳工统计局数据显示，2014 年 10 月，白人失业率为 4.6%，而非洲裔失业率为 10.7%。非洲裔主要集中于低声望和低工资行业中工作。高科技行业中非洲裔和拉美裔处于绝对劣势地位。在薪酬方面，拉美裔、亚裔和非洲裔也普遍遭受歧视。尽管美国的民权运动实现了在劳动力市场内外禁止对非洲裔美国人的歧视性立法，而非洲裔美国人自己也采取了政治努力以便改善其处境，但歧视依然存在。

在妇女和儿童权利方面，美国漠视《消除对妇女一切形式歧视公约》和《儿童权利公约》。在美国，妇女遭受贫困、职场歧视、家庭暴力以及性侵的情况堪忧；儿童受到校园暴力、性侵和枪击案以及危险工作环境影响，生命和健康权受到威胁。并且，大量女职工和儿童生活贫困，童工多从事危险工作。

根据 1965 年《公平就业机会法》，美国成立了公平就业机会委员会。该委员会的职责是保障民权，反对就业歧视，严格实行最低工资标准制，建立失业保障制度。美国的失业保障制度已有较长的历史，对失业劳工起到了重要的支持作用。这对于一些低收入劳工家庭生计的维持起到了重要作用。此外，失业劳工还可以参加免费技能培训，以便为重新就业创造条件。

（三）工业事故赔偿与职业安全保障

美国有大量童工从事危险工作。美国劳工法允许年纪幼小者参加工作，只要其父母同意且该工作时间不与其学校学习时间相冲突。这意味着，一名 12 岁的儿童在烟草农场课余时间每周工作 50 或 60 小时是完全合法的。农业童工在美国确实大量存在。据美国全国职业安全和卫生研究所在 2012 年完成的一项农业童工工伤调查揭示，全美有 41310 名 16 岁以下的未成年农业工人。而保护童工运动负责人则认为美国 2012 年农业童工约为 40 万—50 万人。有许多工种直接危害儿童的健康与安全，甚至有致命威胁，比如从事农业机械操作、杀虫剂喷洒等工作。①

在工业事故责任的确立问题上，处于 19 世纪与 20 世纪之交的美国劳工得到的只是危害丛生的工作环境与存在惊人的职业危险的劳动条件。② 虽然劳动雇佣总是伴随着特定的风险存在，但美国劳工遭受工业事故损害的程度在世界史上也是罕见的，每 50 个劳工中就有 1 人因工业事故而致死或致残。20 世纪初，美国工业事故发生的严重程度在西方国家发展史上也是绝无仅有的。这驱使美国去构建实现工业安全的有效法律制度，促进了美国工业事故法的转型。美国的一些州开始制定《雇主责任法》，在联邦层面也出台了《联邦雇主责任法》。这些法案的一个共同特点就是对共同过失原则的修正；当劳工自身存在共同过失时，受损害的劳工可以从雇主那里获得相应的损害赔偿。在 20 世纪的最初十年里，劳工赔偿立法成为美国立法机构严肃讨论的议题。纽约州的温赖特委员会起草了美国第一部赔偿立法。该法在 1910 年通过，同年 9 月生效。一些重要的工业州开始研究劳工赔偿立法的可行性。在接下来的 10 年内，共有 42 个州仿效了纽约州的做法，进行了类似的立法。③ 应该说，美国各州的劳工赔偿法，都以风险分摊说为基础，采用了严格责任的责任规定。不过，需要强调的是，劳工赔偿法将许多重要的群体，譬如农业劳工、家庭雇工、铁路劳工、公司职员和工作助手等排除在外。这些独特群体的雇主对他们的责任是按照《联邦雇工责任法》和其他许多法规来处理的。④ 而当时间进入 20 世纪 30 年代时，工业事故的行政赔偿体制已经取代了侵权法。劳工赔偿立法建立起一个将非过错伤害的成本至少部分转移给雇主

---

① 美国劳工统计局网站（www.bls.gov）。转引自《2013 年美国人权记录》，新华社北京 2014 年 2 月 28 日。
② 张晓明、李云求：“美国工业事故法的转型探析”，载《广东广播电视大学学报》2013 年第 3 期。
③ 同上。
④ 李仁玉：《比较侵权法》，北京大学出版社 1996 年版，第 212 页。

的体制。工业事故的劳工赔偿体制无疑将驱动雇主去履行注意义务,而尽可能地去减少事故的数量。劳工赔偿立法将"建立其社会政策,这就是工业必须让他的劳工远离贫困",而劳工赔偿的兴起意味着美国劳工、劳工组织与国家之间关系的重新定位。劳工赔偿法得到了美国劳工的支持。美国20世纪初期在工业事故领域的作为所创造的适当工业安全条件对劳工而言是有利的,也是有效率的。[1] 在劳工赔偿法制定之后,劳工赔偿运动带来了第一波美国工作场所的安全运动,所导致的一个直接结果是从1907到1920年的十几年间,美国工业的每工时工作死亡率下降了2/3。[2] 而目前在美国实施的劳工权益保护法律主要包括了1970年颁布的《职业安全与健康法》及1977年修改完善的《矿山安全与健康法》,从而形成了有关职业安全与健康的基本法律框架。后来,美国在前述两部法律的框架基础上,依据形势的发展而不断修改和完善职业安全与健康方面的标准,建立了一整套较为科学和规范的职业安全与健康监察体系。[3] 至于派遣劳工的安全健康问题,美国主张双重劳动关系,派遣劳工是由派遣机构直接雇用。因此,在几乎所有的相关事项上,派遣机构皆须负担雇主责任。直接使用派遣劳工的要派机构作为"共同雇主"(joint employer),因此要派机构有时亦须负担雇主责任。通常说来,要派机构是否需负担共同雇主责任的主要判定标准是"要派机构平时对派遣劳工行使监督管理权的程度",也即以雇佣组织与雇员之间的关联程度为标准。[4]

五、日本的立法保障实践

(一)国家义务与劳动法体系的构筑

应该说,确认并保障权利是国家的义务。那日本政府该如何承担劳动方面的国家义务?从国家层面整体而言,日本又是如何对弱势劳工承担国家义务的?从宪法的角度说来,劳动方面的国家义务是《日本宪法》第27条第1

---

[1] 张晓明、李云求:"美国工业事故法的转型探析",载《广东广播电视大学学报》2013年第3期。
[2] 同上。
[3] 同上。
[4] 董保华:《劳动合同制度中的管制与自治》,上海人民出版社2015年版,第361页。

段确定的"人人有劳动的权利和义务",即被解释为国家要承担两项政治义务:第一,国家应介入劳动力市场,以使劳工获得适当的工作机会;第二,对不能获得工作机会的民众,国家有保障其生活的政治义务。

日本的劳动法体系主要是在"二战"后才发展起来的。在"二战"之前,只有1911年的《工厂法》与1926年的《劳资争议调解法》等少数几个劳动立法存在。而"二战"后受国际劳工组织及相关国际公约的影响,随着日本"民主化"政策以及劳动基本权的确立,日本的劳动立法得到了显著丰富,劳动立法项目齐全,已形成比较完整的立法体系,并根据实际的需要以及客观情况的变化不断进行修改与完善,譬如《最低工资法》有多次修改,而《劳动标准法》和《职业安全法》有数十次修改。实际上,因日本是"二战"战败国,日本劳动法的形成,在较大程度上受到了外国劳动法的影响,尤其是美国劳动立法的精神与经验的影响。日本的劳动法也可划分为劳动标准法、劳资关系法、社会保险与职工福利法、职业保障法与人力资源开发法这五类。[①] 其中劳资关系法主要包括《工会法》(1945年,后于1949年修改)、《国有企业劳资关系法》《劳资关系调整法》(1946年)等。而劳动标准法则包括《劳动标准法》(1947年)、《最低工资法》(1959年)、《工资支付保障法》《劳动安全卫生法》(1972年)、《工作环境检测法》(1974年)等。而社会保险和职工福利法包括《工伤赔偿保险法》《职工财产积累法》《雇佣保险法》《小企业退休津贴互助法》《勤劳青少年福利法》《勤劳妇女福利法》(1972年)、《女工平等机会和待遇及女工福利改进法》等,其中的职工福利法主要是有关特定的弱势劳工群体福利的规定。职业保障法则包括《职业安定法》(1947年)、《残疾人就业促进法》(1960年)、《就业促进法》《雇佣促进事业团体法》(1961年)、《职业能力开发促进法》(1969年)和《老年人职业稳定法》(1971年)等。人力资源开发法则主要有《人力资源开发促进法》等法律。[②] 显然,这里面有一些保障弱势劳工的法律。

日本在劳动领域的政府调解,主要有斡旋和调停两方面的职能。虽然政

---

① 当然,学者们还有其他不同的划分主张。
② 张再平:"日本劳动法及其体系",载《法学天地》1996年第6期。

府行使前述两种职能的行为并不具有强制力，但由于政府调停委员会有权将调停结果向社会公开，厚生劳动大臣也会积极作为与进行干预。因此，日本政府对劳资争议的调解还是十分有效的。[1] 而制度的互补性，通常是指某一制度的存在会对另外制度的存在和发展起到强化和补充的作用。学者青木昌彦的制度互补性理论，通过对既存诸制度存在互补性的特征进行分析，对社会创新体系等研究作出了贡献。确实，某个具体制度的变化所带来的影响不仅只影响到该制度领域本身，还可能影响到与其具有互补性关系的其他制度领域，并可能导致其他制度的进一步变化。也就是说，笔者认为，需要把制度互补性理论置于动态学的分析框架下，对日本劳资关系的新变化及其影响进行考察。另外，具体就弱势劳工的保护而言，理应重视制度互补性理论的影响和冲击。

（二）雇用平等与促进女性劳动参与

日本劳动立法对弱势劳工群体的保护，是以《雇佣对策法》为基本法律，并由《失业保险法》《职业安定法》《职业能力开发促进法》《地域雇佣开发促进法》《高龄者雇佣安定法》《短时间劳动者雇佣改善法》《残疾人雇佣促进法》等法律构成。前述劳动立法的具体构成和核心内容则主要涉及对劳动力市场的调整，譬如对弱势劳工的招聘录用、公共和民间职业介绍机构的规范等；以及对特定劳动者所提供的特殊保护，诸如老龄劳工和残疾劳工的就业保障。而日本对弱势劳工等的职业培训的独特之处，不是为他们提供公共性的职业培训，诸如为失业人员提供培训，帮助他们找到新工作；而是采取措施，支持公司对员工进行在职或脱产培训，使雇主能够留住其所雇佣的劳工而减少失业的程度。并且，日本的法律和法院允许雇主在雇佣方面行使较宽的自主权。然而，在拥有较宽的自主权的同时，一旦形成了雇佣关系，解除雇佣关系或解雇劳动者，会受到判例法的严格限制。[2]

"雇佣的平等"是宪法上平等原则在劳动法领域的具体体现，由此产生

---

[1] 张波："劳资关系中政府定位的应然选择与国际借鉴"，载《甘肃社会科学》2010年第5期。
[2] ［日］荒木尚志：《日本劳动法（增补版）》，李坤刚译，北京大学出版社2010年版，第53页。

的"雇佣平等论"自20世纪80年代以来在日本的劳动法学领域占有重要地位,并在理论上得到了迅速发展。实际上,关于雇用的平等问题,日本缔结了国际条约,在法律上也规定对女性不能歧视。[①] 而自1985年《男女雇佣机会均等法》禁止性别歧视以来,在近二十年间,在残疾劳工歧视、年龄歧视等为对象的领域不断扩大。而"均等待遇"问题,则为对劳动关系中同为受雇人之间因种种原因而形成的差别待遇,或产生的歧视现象加以防止或禁止。[②] "结婚解雇"当然在禁止之列。[③] 而于1999年出台的《男女共同参与社会基本法》强调从社会制度和传统习惯方面去改善男女机会不均等的状况,确保男女作为社会对等的成员,根据自己的意愿参与社会活动,得以平等地享有政治、经济、文化利益,并制定了促进"男女共同参与型社会"的基本对策。而平等、禁止歧视,可能上升为日本社会更重要的社会价值观。1997年修订的《男女雇佣机会均等法》禁止录用过程中的性骚扰,就是这种变化的明显例证之一。[④]

2000年,在《男女共同参与社会基本法》的基础上,日本的内阁会议又通过了《男女共同参与基本计划》。为了进一步促进男女平等就业,日本厚生劳动省还专门设置了雇佣均等局,各都道县府的劳动局开设了雇佣均等室,向企业和女职工提供咨询和指导服务。而日本《劳动基准法》1985年的修订,对于在监督岗位工作的女性劳动者和具有专业知识或技术的女性劳动者,诸如注册会计师、医生、牙医、兽医、律师、一级建筑师、药剂师或从事新产品或新技术研究和开发的人员等,就上述的加班限制的法律规定增加了例外规定。而1997年《劳动基准法》的修订维持甚至增加了对怀孕和哺乳期女性的保护,《劳动基准法》禁止雇佣女性从事危险工作,即《劳动基准法》第64—3条。在孩子出生前或出生8周后,基于请求可以休6周的育儿假(《劳动基准法》第65条第1段和第2段),在这段假期中,虽然不要求雇主

[①] 杨丽英:《日本法律制度研究》,四川大学出版社2000年版,第221页。
[②] 黄越钦:《劳动法新论》,中国政法大学出版社2003年版,第204页。
[③] 所谓"结婚解雇",女性劳工在受雇前,签约同意其在结婚后,按劳动基准法所规定标准办理资遣。参见吕荣海:《老板对员工的照顾义务:劳基法实用1》,蔚理法律出版社1984年版,第207页。
[④] [日]荒木尚志:《日本劳动法(增补版)》,李坤刚译,北京大学出版社2010年版,第54页。

支付工资，但政府经办的健康保险发放生育福利，福利数额为劳动者正常日工资的60%，即《健康保险法》第50条第2段，第69—18条。雇主也有义务将怀孕劳动者调至劳动量较轻的岗位，即《劳动基准法》第65条第3段。①

日本还在原来禁止以怀孕、生产及产休为理由的解雇之外，增加了禁止以此为理由的不利待遇。另外，对于怀孕以及产后不超过一年的女性劳动者的解雇，雇主如不能证明解雇不是因怀孕、产休等理由的，此解雇无效。②还有，日本《劳动基准法》曾禁止女工从事确定时段的夜班工作，后又改变立法态度。尽管如此，女性劳工打零工度日是一种常态。日本现行的税收制度的目的，就是在政策导向上诱导日本女性采取打零工等非正规的劳动就业方式。③

自20世纪90年代中期起，日本企业在"雇佣重组"的名义下，减少所雇佣的正规劳动者的人数。在经济形势变化时，企业不得不通过从企业外部中途录用人才来灵活高效地应对。企业维持长期雇佣的困难性在增大，因而雇佣安定性在减弱，降低企业内部职工培训的标准，也是自然的事情。这为以女性劳动者为主要群体的非正规劳动提供了更多的就业机会。作为民主改革的成果之一，日本女性的地位得到了显著的提高，但在就业等方面，还存在对女性的严重歧视。尽管《日本宪法》第14条规定，"所有国民在法律面前人人平等，不能以种族、信仰、性别、社会地位和身份，在政治、经济和社会关系中受到歧视"，但通常认为，宪法的此规定对私营企业的就业规则没有直接的效力。而自20世纪60年代起，围绕女性结婚辞职制④和女性早于男性的提前退休制，⑤ 以住友水泥公司案判决为开端，相继出现了日产汽车

---

① ［日］荒木尚志：《日本劳动法（增补版）》，李坤刚译，北京大学出版社2010年版，第85页。
② 同上书，第88页。
③ ［日］大泽真理：《福利国家与社会性别》，明石书店2004年版，第277页。转引自赵敬：《当代日本女性劳动就业研究》，中国社会科学出版社2010年版，第182页。
④ 即前述"结婚解雇"等现象。
⑤ 男女差别年龄退休制仅指男女退休年龄之差别较不显著者。故法院对此种制度的判断就比较不容易。男女差别十岁退休与差别五岁退休，法院对前者均裁判为不具合理的理由而对女子差别待遇，违反民法第90条公序良俗而无效。而差别五岁而呈现出正反不同的法院判例。吕荣海、俞慧君：《员工对老板的效忠义务：劳基法实用2》，蔚理法律出版社1987年版，第252页。

公司案等数个判决，对日本反就业歧视立法起到了促进作用。应该说，日本不断出现的认定在雇佣领域中性别歧视为非法的多数判决都是沿用了住友水泥公司案判决的法理。

2006年修改的《男女雇佣机会均等法》，扩大了雇佣中禁止性别歧视的范围，即工作业务分配与权限、降级、工种和雇佣方式的变动、鼓励退休、合同的变更或终止等；引入了禁止间接歧视的制度；禁止因怀孕、生育请假而受到不利待遇；强化了雇主对预防性骚扰措施的注意义务。2007年大幅度修改的《非全日制用工劳动法》，其一是雇主必须要向被雇佣者交付写明劳动条件的书面材料，其二是赋予了雇主尽力使临时工和正式工的待遇均衡的义务，特别是在职务、人才活用、雇佣期限三方面应该与正式员工一视同仁，禁止歧视性待遇。另外，还有临时工转为正式工的措施等。而最低工资修改为按小时为单位的最低工资。而修改后的《雇佣对策法》对招工时年龄歧视作了一定的限制。①

除了工资方面明文规定的不得歧视以外，女性雇员在招聘录用、职务晋升、工作岗位调整、解聘等环节的平等保护，并没有很好地得到落实。即便是劳动收入方面，大多数雇主在发放家庭津贴时规定只发放给户主，而户主多为男性，从而侵犯了大多数女职工的权利，并且难以救济。日本法院对违宪审查的裁判一向消极。即便是日本一些法院也用《日本民法》第90条规定，即违反公序良俗的法律行为无效，判决了一些歧视女性劳工权利的案件。具体有女性雇员若结婚、怀孕、生子需被强制立即退休的制度，但上述判决并没有形成很大的社会影响。日本在1980年签署和批准《联合国消除一切形式对妇女的歧视公约》后，应公约要求履行相应的立法义务，于1985年出台了《男女雇佣机会均等法》。该法的基本原则是男性和女性应当享有同等就业机会，不得因性别不同而进行歧视性的区别对待。中央政府和地方政府应当采取必要宣传和教育措施促进公众对男女获得平等就业机会和待遇的重视和理解，特别是采取必要措施消除各种不利因素。在2003年联合国有关组织严厉批评了日本社会女性面临大量歧视问题的现状后，2006年对《男女雇佣

---

① ［日］荒木尚志：《日本劳动法（增补版）》，李坤刚译，北京大学出版社2010年版，第173页。

机会均等法》进行了修正。① 实际上，日本劳动力市场中的性别歧视，除了前文所述的工资歧视外，主要还有职业歧视。职业歧视是指女性劳动者不得不主要从事那些收入较少和社会地位较低的工作，或者在同一工作环境中，雇主故意将女性劳动者安排到低工资或者责任较小的工作岗位上。这种现象，即便在《男女雇佣机会均等法》颁布实施三十多年后没有什么大的改变，女性劳动者的就业以及在管理职位的录用上都存在歧视问题，男性与女性的职业隔离并没有消除。而希望兼顾事业和家庭的日本妇女数量逐渐增多。但如何兼顾工作和照料家庭就成为日本女性劳动者必须应对的巨大难题。在日本社会性别分工规则的强大约束下，女性作为日本社会公认的应该承担照料老人责任、照看孩子的人，不得不为照料家庭而减少甚至是放弃自己的工作机会，这会对日本女性的劳动就业带来很大的影响。若女性选择出外工作，老人小孩缺乏照管，可能会导致日本出现严重的养老危机以及更低的出生率。对此，在日本男性普遍缺乏承担家务意愿，"男女共同承担家务"并未成为社会主流观念的情况下，日本政府开出的药方是在不改变国家的移民政策的前提下，引进研修生替代女性照顾家庭。且日本政府已决定将在国家战略特区中率先实施家政辅助领域接纳外籍研修生制度。

在日本，女职工均等就业和消除性别歧视的效果还待加强。从企业从业者的平均年龄和平均工龄来看，2011年东京女性劳动者的平均年龄比男性低4岁，平均工龄女性比男性短约2.8年。女性工龄比男性短的原因主要是"女性因结婚而辞职"（47%）、"女性因怀孕或生产而辞职"（42.8%）、"女性因配偶的原因辞职"（31.5%）等。② 如此可见，结婚、生育等人生阶段的到来导致女工辞职的比例很高。雇主为消除女性歧视而采取特别措施，譬如弹性工作时间、在家劳动等方式。虽然社会意识和企业的雇佣管理制度有所改善，但还是远远不够的，还需要进一步改善。行政指导是日本劳动法的特色。而日本政府的惯常做法是，对被选中的某些具有战略性意义的产业，通

---

① 蔡定剑、刘小楠主编：《反就业歧视法专家建议稿及海外经验》，社会科学文献出版社2010年版，第92—94页。

② 赵津芳、金莉主编：《世界城市妇女发展状况比较研究：纽约、伦敦、巴黎、东京》，社会科学文献出版社2013年版，第160页。

过行政指导给予积极支援。故如何发挥行政指导在女性劳动福利变革方面的作用,这是日本政府可努力的方向。而从妇女平均年龄和工龄的推移来看,女工的平均年龄在不断提高,平均工龄也在不断增长。①

日本经济所存在的严重的结构性问题,譬如人口负增长、劳动力市场僵化等问题是无法用货币政策刺激就可以解决的。故现在的日本政府和民众都认识到,增加女性工作机会和社会活跃度已是紧迫的事情。于是,日本政府将充分利用女性的进一步劳动参与,倡导女性在改革中发挥更重要的作用,让更多女性成为企业性劳动力,鼓励更多女性进入职场,释放出女性的潜在生产力,通过女性劳动者高管而促进经济的可持续发展。故有人干脆称"安倍经济学"为"女性经济学"。②"女性经济学"虽然不是日本政府发明创造的概念,但已是日本政治词典里的重要词汇。现在的日本政府对它的重视,已上升到如此的高度:没有"女性经济学","安倍经济学"就不能成功。③

那么日本女职工劳动就业的配额制能否真正落实?日本政府 2013 年 11 月底提出的新目标是:到 2015 财年把国家女性公务员总体比例提高至 30%以上。对于女性劳动就业配额制的落实,日本政府各部门则是先行一步,试图发挥其作为国家机构的示范作用。2014 年 5 月,日本内阁人事局已设置了"女主管的委员会",各政府部门准备在今后扩大女公务员的人数。日本政府各部门及下属机构为了完成任务,开始出招争抢女性毕业生。但需要出差或是派驻外地的职位并不受女性青睐,导致一些机构难以实现目标。不过,政府的倡导未必能产生实际效果。2013 年 4 月,安倍政权呼吁日本三大商业协会为每家企业委任至少一名女性高管制定目标。但截至 2014 年年初,没有一家企业依此办理。在新版增长战略的草案中,"上市公司必须具备一名女高层"的建议被去掉,改为安倍首相的口头要求。这实际上是安倍之前已做过

---

① 赵津芳、金莉主编:《世界城市妇女发展状况比较研究:纽约、伦敦、巴黎、东京》,社会科学文献出版社 2013 年版,第 160 页。
② 女性经济学是 1999 年由高盛公司经济分析松井首先提出的概念。
③ 卜晓明:"安倍的'女性经济学':振兴经济将来要'靠女人'",http://news.xinhuanet.com/gangao/2014 - 01/24/c_ 126057221. htm? prolongation =1,2017 年 8 月 18 日最终访问。

的事情。据悉，政府部门对女性劳动就业配额制的落实，效果相对而言会稍好一些。至于企业女性高管配额的落实，则难度很大。而女职工的典型观点是：政府设定女公务员比例目标是好事，但归根结底是找工作时能不考虑性别因素则更为重要。① 最主要的原因在于，雇主的雇佣管理策略并没能向提升女性劳动参与的方向改变。日本的雇主出于经营考虑，高效、灵活地雇佣女性非正规劳工。日本女性在结束育儿期后再就业时，大多只能以非正规劳工的身份进入劳动力市场。而企业之所以愿意以"兼职合同"形式来雇用女职工，是为了缩减人力成本方面的开支。雇佣过程中的性别因素还是十分明显，这是众多女性劳工不满意的。② 实际上，日本的许多企业习惯上将女性劳工作为非熟练的劳动力来使用。女性劳工多从事简单劳动，或是作为辅助劳动力被雇用，难以成为管理者。并且，"二战"后日本确立的是以男性劳工作为中心的长期雇佣制度，因传统上"男主外，女主内"之分工不同而对男女分别管理。目前，在日本的劳动力市场中，男女劳工在劳动就业条件、工资待遇等方面仍存在很大的差距，尤其表现在男女劳工在工资方面的巨大差距。男女劳工的工资差距进而又会影响到养老金等，可以说，女性劳工几乎一生都笼罩在巨大的工资差距的阴影之下。而工资差距进而又会影响到日后的养老金等方面。日本虽有"同工同酬"的规定，但落实情形差强人意。当然，这对职业女性而言，是不公正的。还有，男女劳工之间存在工资差距，女性劳动者在工资方面比男性低。除此之外，女性结婚辞职制度、女性早于男性的提前退休制度得到日本社会的广泛承认。③ 而作为民主改革的成果之一，日本女性的地位得到了显著的提高，但在就业等方面，还存在对女性的严重歧视。尽管《日本宪法》第14条规定，"所有国民在法律面前人人平等，不能以种族、信仰、性别、社会地位和身份，在政治、经济和社会关系中受到歧视"，但通常认为，宪法的此规定对私营企业的就业规则没有直接的效力。

---

① 张晓明："日本女性劳动参与和劳动福利制度变革评析"，载《中国劳动》2015年第8期。
② 同上。
③ 蔡定剑、张千帆主编：《海外反就业歧视制度与实践》，中国社会科学出版社2007年版，第358页。

解决劳动力短缺，禁止对女职工的就业歧视不仅是政府的一项工作。并且，在有些情况下政府可能成为劳工不足的制造者。[1] 而日本的非政府组织在女职工就业歧视方面发挥着一定的作用，又该如何发挥更大的作用？日本可发挥女性团体的作用。日本的女性团体在《消除一切形式的对女性歧视的国际公约》《男女雇佣机会均等法》的制定和修改过程中发挥了作用。提高女性的就业参与率，只有以务实态度选择渐进性路径，必须考虑到本国文化的作用力。尽管在《男女雇佣机会均等法》的制定与修改过程中，立法者所秉持的务实、渐进的立法思维，使得法律在一定程度上改变了日本社会。在女性劳工的劳动参与率提高过程中，日本企业的经营模式还是社会主体对工作与家庭关系的主流观念，是否已经做好迎接全面的雇佣机会均等的准备？[2] 这确实还是有疑问的。以长期雇佣为基础的日本式雇佣体系是日本劳资双方都非常期待的雇佣管理制度，在整体上近期并未发生很大变化，但逐步向更灵活的雇佣方式慢慢转变，使得雇佣形态更加多样化。实际上，近年来日本女性劳动就业的一个重大变化就是"雇佣的女性化"，即女性劳工的人数大幅度增加。企业增加了对以女性为主的非正规劳动者的雇佣。而当代日本女性劳动就业的特征主要表现在三个方面：以非正规劳动为主，呈现出明显的阶段性就业特征，与男性劳动者的工资差距很大。[3] 企业雇佣策略的调整促进日本已婚女性从"专职主妇"向"兼职主妇"转变。1985年，日本女性非正规劳工占女性雇佣者总人数的比例是32.1%，到了2007年，这个比例达到了54.1%，非正规劳工的人数也从470万人增加到1188万人，而女性正规劳动者的比例却从67.9%下降为45.9%。这说明大量日本女性的劳动就业方式正在从正规雇佣劳动转化为非正规雇佣劳动。[4] 临时工与企业的正式职工，在工资、奖金以及保险方面有很大的区别。日本的女性临时工虽然是雇佣劳动者，同时也有着被抚养者的双重身份。在发达国家中，日本男女性的

---

[1] 张晓明："日本女性劳动参与和劳动福利制度变革评析"，载《中国劳动》2015年第8期。
[2] 同上。
[3] 赵敬：《当代日本女性劳动就业研究》，中国社会科学出版社2010年版，第38页。
[4] 同上书，第51页。

平均工资差距是最大的。① 当男女劳工工资平等难以实现时，在不利于保护女性劳工这个弱势劳工类型的情形下，又该如何提高女性的劳动参与率？虽然一方面日本女性正成为经济发展的重要推动力量，女性劳工的学历水平、能力水平在不断提高，能够发挥自己能力的女性数量在不断增加，但是实际上在工作人群中，社会性别分工并没有崩溃。女性劳工中很多人是在一边工作一边负担着家务劳动，背负着双重劳动压力。而且，女性劳工在很大比例上不是长期雇佣，这种雇佣框架如何能培养女性劳工的技能、激发其劳动热情和忠诚心，这是日本劳动法制必须应对的课题。② 实际上，日本非政府组织在反性别歧视方面尤其是对女性的歧视方面发挥了重要作用，但是在反对高龄者和外国人就业的歧视方面作用有限。原因在于，日本的非政府组织的作用主要体现在反就业歧视的法律法规的制定方面，而在帮助当事人实现法律救济方面的作用有待加强。③

（三）非正规就业与冗员安置

日本的企业为了节约劳动力成本，多采取控制正式雇佣职员的数量，提高灵活调整雇佣的能力，故而在劳动力需求上进入非正式、不稳定、多样化的非正规雇佣形态。而日本女性非正规劳动者的劳动就业形态以打零工为主，打零工者以中年已婚女性居多，非正规劳动者与正规劳动者的工资差距很大。④ 在日本，非正规劳动的主要劳动形式就是打零工，女性非正规劳动者也是以打零工这种工作形式为主。⑤ 因为日本的劳动力成本偏高。流动性的非正规的那部分劳动者，如非全日制工、固定期限劳动者和派遣（临时）工等弱势劳工类型，一直在持续增加。⑥ 这种非全日制劳工，又叫短时间劳动者，作为典型弱势劳工类型需要同等对待。作为《非全日制劳动法》调整对象的"非全日制劳动者（打零工劳动者）"，是指"一周内的规定劳动时间，

---

① 赵敬：《当代日本女性劳动就业研究》，中国社会科学出版社2010年版，第58页。
② 张晓明："日本女性劳动参与和劳动福利制度变革评析"，载《中国劳动》2015年第8期。
③ 蔡定剑、张千帆主编：《海外反就业歧视制度与实践》，中国社会科学出版社2007年版，第393页。
④ 张晓明："日本女性劳动参与和劳动福利制度变革评析"，载《中国劳动》2015年第8期。
⑤ 赵敬：《当代日本女性劳动就业研究》，中国社会科学出版社2010年版，第56页。
⑥ ［日］荒木尚志：《日本劳动法（增补版）》，李坤刚译，北京大学出版社2010年版，第16页。

和同一单位雇佣的正规劳动者的规定劳动时间相比,劳动时间较短的劳动者",包括打零工、兼职、特聘、合同制员工、临时员工、实习员工等,只要符合这个条件,都属于非全日制劳动者。①

实际上,自从20世纪90年代以后,全球化的市场竞争日益激烈,信息化发展日新月异,日本人口呈现出老年化和人口出生率低的现象,劳动者本身也随着社会的变化呈现多样化和个性化的趋势,这些变化使得日本的雇佣体制发生了很大的变化,这些变化也促进了法律的变化。尽管日本的长期雇佣模式并没有崩溃或解体,在日本的大多数公司中,长期雇佣依然是其标准形态;而且30岁至55岁年龄段的劳动者被稳定雇佣模式一直被维持着。而日本政府近期的作为,是为了更容易进行解雇么?一种常见的做法是,增加非正式工转为正式工的比例。也就是说,在一定程度上弱化长期雇佣模式。即便在经济下滑时,日本对裁减人员限制依然较严。除求助于经济性裁员外,使用应对雇佣调节的替代措施,一直是常用的方法。② 而在长期雇佣之外,出现了定期雇佣。定期雇佣(有期雇佣)是雇佣形态的一种,指企业和从业人员之间事先签订规定了雇佣期限的劳动合同。合同职员、派遣职员、打零工者等都属于这种。按照日本《劳动基准法》的规定,原则上劳动合同的上限时间是1年,但是在研发和新产业的部分职业种类中,合同最长可以签3年。日本厚生劳动省正在考虑扩大可以签3年劳动合同的职业范围,并将原则上只能签1年的合同延长到3年。③ 自泡沫经济破灭以后,日本的就业市场出现了非正式用工人数骤增的现象。非正式就业涵盖各种类型,从劳动关系层面可以分为三种:第一种为固定期限劳动合同;第二种为非全日制用工;第三种为公司外部的劳动者。④

那么企业是怎么对待冗员的?日本的公司希望通过保留和转让的方式尽量留用技术进步所造成的冗员。⑤ 故而,日本的雇佣政策,将重点从保障就

---

① 赵敏:《当代日本女性劳动就业研究》,中国社会科学出版社2010年版,第200页。为了行文的统一,此处将短时间劳动替换为非全日制劳动。
② [日]荒木尚志:《日本劳动法(增补版)》,李坤刚译,北京大学出版社2010年版,第17页。
③ 赵敏:《当代日本女性劳动就业研究》,中国社会科学出版社2010年版,第57页注释。
④ 洪芳等:《和谐劳动关系视野下的劳动者职业稳定权研究》,山东大学出版社2015年版,第56页。
⑤ 同上书,第17页。

业，转向在不失业的前提下重新配置和转移冗余劳动力。但非正式工，如非全日制工和临时工，通常签订的是有固定期限的劳动合同，仅在非常有限的程度上享有雇佣安定。但近年来日本全日制劳动者的比例不断减少，以短时间劳动者为中心的非全日制劳动者迅速增加。一方面，一些就业者希望自由选择就业时间和出勤日数；另一方面，一些就业者则是在就业机会少、成为全日制劳动者的可能性较低的情况下被迫选择短时间劳动。对于企业来说，雇佣一定数量的短时间劳动者可以根据市场经营的变化（特别是季节性、阶段性强的行业）调整劳动力，降低成本。① 由于非全日制劳工不断增加，以及非全日制用工就业年限的长期化和职业的专业化，使他们逐步成为许多企业不可或缺的基础骨干劳动力。于是，非全日制用工与全日制劳工之间的待遇差别问题成为十分突出的矛盾，亟须加以解决。应该说，在维持传统的保障就业措施的同时，由于劳动力的多样化，也对于过于保障常规就业劳动者的就业平稳性作部分就业政策调整，因而可以被视为目前的就业政策之一。在这样的情形下，日本的《非全日制用工劳动法》的立法修改是顺理成章的事情。2007年日本对《非全日制用工劳动法》进行了大幅修改，对企业主的一部分义务不履行课以罚则，禁止待遇上的差别对待，使该法的实效性有了大幅提高。此次法律修改的主要内容是：其一是强化了雇主关于劳动条件的明示和说明义务；其二是禁止短时间劳动者与通常劳动者相比的不利益待遇，实行均等待遇；其三是企业主有义务采取一定的措施为短时间劳动者提供向通常劳动者转换的机会。② 也就是说，一方面，雇主必须要向被雇佣者交付写明劳动条件的书面材料；另一方面，赋予了雇主尽力使临时工和正式工的待遇均衡的义务，特别是在职务、人才活用、雇佣期限三方面应该与正式员工一视同仁，禁止歧视性待遇。此外还有临时工转为正式工的措施等。也就是说，《非全日制用工劳动法》中的条款作出了大量修改，在限制非全日制和全日制用工之间的待遇差别方面作出了很多新的规定。③ 实际上，对于非

---

① 田思路、贾秀芬：《日本劳动法研究》，中国社会科学出版社2013年版，第59页。
② 同上书，第62页。该书翻译为《短时间劳动法》。为了行文的统一，此处将短时间劳动替换为非全日制劳动。
③ 洪芳等：《和谐劳动关系视野下的劳动者职业稳定权研究》，山东大学出版社2015年版，第56页。

全日制劳工均等待遇的争论，主要集中在可否对工资差别进行法的救济上。尽管日本学界存在救济肯定说和救济否定说。而通过 2007 年的这次法律修改，明文规定非全日制劳工应该与通常劳动者等同，禁止差别对待。但日本劳动专家认为，为非正规员工快速加薪会拖累经济，压低薪资成长与消费支出。日本政府试图通过行政指导促动企业加薪，但员工的名义和实际工资并没随着增长。但现在的问题在于，非正规劳工这类劳动者群体可能无法感受到加薪带来的好处。调查结果发现，日本中小企业员工难以顺利获得加薪。日本有七成员工受雇于中小企业，加上将近四成的兼职工作者，都不能享受到加薪的好处。瑞士信贷银行报告中指出，在日本驱动薪资成长的关键仍是生产力，长期来看扣除通膨率的实质薪资仍然与劳动生产力一致。生产力不发展，企业难以给员工加薪。[①]

此外，为了弥补劳动力的不足，日本的《劳动组合法》《劳动基准法》《最低工资法》《劳动安全卫生法》《劳动者灾害补偿保险法》等劳动法规，对包含非法就业者在内的外国人劳动者也予以适用。这是为了解决劳动力的弥补存在困难。而外国劳动力，作为研修生来到日本，确实存在劳动窘境。实际上，由于日本一些企业特别是偏远地区企业存在恶意使用研修生制度的行为，将研修生作为廉价的单纯劳动力来使用，导致长时间劳动、不支付工资等问题频发，引起了许多劳动争议和纠纷。而日本相关方面已注意到这个问题。日本国会 2007 年 1 月提出，从 2007 年 10 月 1 日起，要求企业主有改善外国劳动者雇佣管理以及再就业支援的努力义务，同时有义务报告。[②]

从 20 世纪 80 年代起，日本的劳动关系发生了结构性的变化。故需要对日本已有的雇佣制度及劳动雇佣法律的原有框架进行调整与改革。日本现在却是年轻人少、老年人多的水桶形劳动力结构。由于出生率下降引起的劳动力不足，使得雇主要更多地雇佣没有完全进入劳动力市场的女性，以及老龄劳动者。这使得日本劳动力的结构越来越多元化。且那些新的劳动力群体更乐意从事多样化的更富有弹性的工作。日本的人口老龄化越来越严重，尽管

---

① "外媒：安倍经济学致日本非正规员工大增，多数难以糊口"，http://ah.ifeng.com/news/wangluo/detail_ 2015_ 03/14/3658049_ 0. shtml，2017 年 6 月 18 日最终访问。
② 田思路、贾秀芬：《日本劳动法研究》，中国社会科学出版社 2013 年版，第 65 页。

日本政府从20世纪90年代为应对少子老龄化问题，相继出台了一系列政策。但日本少子老龄化的速度并没有停止脚步，社会危机迫在眉睫，以致于称"国难"当头。[1]为应对急速老龄化的社会，日本政府于1994年修改了退休金制度，将原来领取退休金的法定起始年龄由60岁上调到65岁。这一修订给雇主强加了雇佣工人到65岁才能退休的义务，同时，从1998年起禁止企业要求60岁以下的劳动者强制性退休。退休年龄的延后可减缓退休金陡增的急转弯。而且，日本尝试通过降低成年年龄，将成年年龄从20岁降到18岁，通过产生新成年人来创造新的年轻劳动主力军，还推行劳动方式的变革。

确实，日本禁止就业年龄歧视的立法及相关政策形成的直接原因，是老龄化社会所造成的财政负担以及中高龄劳工这个弱势劳工类型就业受阻的社会现实。所以，日本禁止就业年龄歧视的立法主要是围绕提高退休年龄和修正招录中的年龄限制来展开的。在相关法律的创建和完善后，已部分解决了中高龄者就业歧视问题。但由于以年龄为基础管理雇佣人事是日本根深蒂固的传统，欲通过立法从总体上禁止一切年龄歧视还面临诸多困境。日本解决此问题的方向，是正在积极、谨慎地研究今后的立法目标及政策构建，努力使禁止年龄歧视的相关立法趋向完善。日本以务实的态度选择了一条具有妥协性和渐进性为特征的道路，禁止年龄歧视的法律制度充分考虑了本国经济及文化背景，没完全按照欧美法律构架。这一点非常值得我国充分关注。

日本现行的《劳动基准法》已难以为劳动争议的解决提供可靠的法律依据，劳动法中最主要的缺陷是对解雇员工的保护不够。而日本将有可能制定新法律，以便为无限期劳动合同规定明确的规则与条款。这项改革有助于增大日本劳动力市场的灵活性。但是建议修改的新方案面临着强烈的反对，要想获得通过，大幅度的修改是不可避免的。[2]劳动法必须要进行变革，以便和多样化的劳动力相适应，改掉那些严重阻碍了经济结构的改革与企业的重

---

[1] 参见日本现任首相安倍晋三于2017年9月在临时国会的演讲。"安倍说日本'国难当头'，发生了什么"，https：//item.btime.com/m_9c2b4e097882b4bc8，2018年3月28日最终访问。

[2] "日本：劳动法改革"，http：//61.145.69.7/index/nj/showdoc.asp?blockcode=njoac&filename=200602280364，2017年6月16日最终访问。

组，也就是进行所谓的现代化。因此，现代日本劳动法的改革就呈现了一幅规制与松绑交织在一起的画面。简单说来，就是一方面需要放松规制，另一方面需要进行制度重塑。

第三节 弱势劳工良好保障秩序法律建构的国际经验[①]

弱势劳工是在"二战"后才引起各国的广泛关注的。各国政府有义务给予弱势劳工相应的保障，这也是各国政府对其国民应尽的义务，也符合联合国所提出的要求。国外弱势劳工法律保障呈现出一些基本特点。我们不但要判断立法给每个群体带来的后果，还要判断这种立法背后的动机。有害于这个或那个群体的法律，到底是一种受到禁止的偏见的产物，还是出自更为善意的动机？虽然，为一般性立法找出各种动机或态度是极为困难的，这不仅因为难以确定立法者和其他相关官员的心理状态，而且有着更为深刻的原因，即常常搞不清楚我们如何把多少个人动机——认为立法符合其利益的那些人的动机和态度——转化为我们立法之原因的整体动机。[②]

一、弱势劳工的系统保护与欧盟的法治共同体建设

弱势劳工的欧盟劳动法保护，意味着弱势劳工的系统保护机制的构建在局部已实现了统一化。在欧盟内部，作为共同价值的共同利益可能意味着一项义务的分担，应由共同体和其成员国进行共同努力予以实现。也就是说，"共同体普遍利益"概念的发展应符合功能的多元性：纵向来看，构建了共同体利益与各成员国"国内普遍利益"之间的关系；横向来看，就共同体政策确定的本身而言，导向共同体利益与共同体内部个体或群体的特别利益之间的关系。而在共同体利益的基础上，则可构建一个真正的法治共同体。故而，法治共同体概念的构建功能——把基础条约看作"法治共同体宪章"，

[①] 武汉大学张思宇参与了本节的撰写，在此顺致谢忱。
[②] ［美］罗纳德·德沃金：《至上的美德：平等的理论与实践》，冯克利译，江苏人民出版社2012年版，第437页。

很自然地移用了法治国家的概念。这意味着"提出行政权力行使的策略",并"作为认可这些规则的对应,保证居民在司法机关享有诉讼权"。将"法治共同体"定性为共同价值,这首先意味着共同体机构行动应遵守条约建立的规范等级,尤其是尊重共同体宪法的至上性,并尊重源于法律一般原则的基本权利。为保持法律在解释和适用上的统一性,这是法治共同体的基本前提,避免成员国法律的自行其是导致共同体自主性被破坏,必须要求共同体法与国内立法相比具有优先地位。[①]"法治共同体"是欧洲一体化和欧盟治理的核心与基础,也是欧盟一体化制度建设和经济政治融合的法律依据和法律保障。[②] 而欧盟治理是三个基本要素的组合:明确的法律概念、完善的组织结构和强烈的政治意愿。[③] 还有,这种治理形成了"合作性世界秩序"。[④] 实际上,欧盟创建了一种国家联合共同治理的新型体制,是一种区域性的全方位治理。在欧洲,治理和法律已经有机融合在一起,在很多领域,它们不仅相互定义,而且几乎可以相互替换。[⑤]

另外,"法治共同体"理念要求得到完善和有效的司法保护,即共同体机构行动不能脱离"对其行为是否符合基础宪章"的审查。法治共同体的这两种含义是:尤其允许欧共体法院致力于基本权利的判例建设,并将司法审查扩展至机构法令的整体。在欧洲,共同体法院充分发挥司法能动的社会性功能,司法判决对于欧共体法治共同体的构建影响巨大而深远。[⑥] 另外,共同体法律体系的法治共同体定性不仅对共同体机构产生效力,而且对各成员国产生效力。由此,在共同体法律范围内,要求各成员国尊重作为共同体宪法性整体的组成部分的基本权利。同样,司法审查的要求同样针对各成员国

---

① 沈四宝主编:《国际商法论丛(第3卷)》,法律出版社2001年版,第544页。
② 刘衡:《国际法之治:从国际法治到全球治理:欧洲联盟、世界贸易组织与中国》,武汉大学出版社2014年版,第85页。
③ 同上书,第86页。
④ 所谓"合作性世界秩序"治理构想,是以大小国家间平等合作、发挥世界共同机构和国际制度的作用和平解决争端、民主、法制以及尊重人权为基础。参见汉斯·迪特里希·根舍:"21世纪德国外交政策展望",载《德国研究》1998年第1期。
⑤ 刘衡:《国际法之治:从国际法治到全球治理:欧洲联盟、世界贸易组织与中国》,武汉大学出版社2014年版,第185页。
⑥ 李辉:《论司法能动主义》,中国法制出版社2012年版,第171页。

可能影响共同体法律保障权利的国内法令，这使得共同体法官对"诉诸法官的权利"（droit au juge）理论进行发展。博登海默对此则强调：我们应当坚持认为，法律改革的重大任务应当留待那些享有立法权的人或机构去完成，但是我们如果不是同时也给予司法机关以权力去领导社会道德观，并给予其权力在司法审判中开创一种同人们所可领悟的、最高层次的知识和最真实的洞见相一致的新正义观念。① "法治共同体"概念的建设，主要是判例方面，由《阿姆斯特丹条约》在一定程度上进行了强化，条约使用"自由、民主、尊重人权和基本权利以及法治"等原则作为欧洲联盟的基础。② 原因在于，按照涂尔干对现代化的理解，即社会联系的强化以及在个人与集团之间形成各种复杂的休戚与共（solidarity）的关系。

（一）性别平等与弱势女工的平等就业权

性别平等为啥能长时间地吸引着管理者和诉讼相关方的注意力？原因在于，女工代表着1/3劳动力乃至更多，更可能从事着"非典型的"工作，特别是兼职工作；并且受到长期失业的严重影响——这些都是真实的情况。或许正如埃利斯所指出的那样，实现性别平等具有政治目的与经济目的：在经济方面，它对防止高度一体化的市场产生竞争扭曲具有很重要的作用；在政治方面，性别平等能提供一个相对无害的，甚至是夸饰的舞台，欧共体通过它可以证明自己对社会进步的承诺。③ 要真正实现性别平等，要解决不平等的深层次根源——制度化的歧视、工作模式的不灵活性以及缺少必要的儿童监护。④ 正如欧盟委员会《关于社会政策的白皮书》所承认的那样，"女性的适应性与创造性是一种应该反复强调、能促进欧盟经济增长与竞争动力的力量"。⑤ 而法院则在裁判中进一步加强了平等的社会含义，并将这一原则上升到了基本权利的地位。它认为："尊重个人的基本人权是欧共体法的基本原

---

① 李辉：《论司法能动主义》，中国法制出版社2012年版，第171—172页。
② [法]德尼·西蒙：《欧盟法律体系》，王玉芳、李滨、赵海峰译，北京大学出版社2007年版，第65—66页。
③ [英]凯瑟琳·巴纳德：《欧盟劳动法（第二版）》，付欣译，郭捷审核，中国法制出版社2005年版，第212页。
④ 同上书，第213页。
⑤ 同上书，第214页。

则……毫无疑问,消除性别歧视形成了这些基本权利的一部分。"[①] 民众长期以来一直期盼欧共体出台性别平等方面的立法。多诺霍则认为,歧视法可以通过更迅速地消除歧视、促进潜在的生产力、减少与统计歧视有关的效率低下来增强效益。因《罗马条约》第119条对于男女劳工,不能因其性别而予以薪资上的差别待遇,属强制禁止的规定,不仅适用于公权力机关,同样地也适用于私人之间涉及劳工薪资给付的集体协商与个人的工作契约,故关于男女劳工同酬的第75/117号指令,它包含了第119条(新条款第141条)所制定的"同工同酬"原则,并设立了"同值工作同酬的概念",现在又补充了两种惯例准则为这些措施提供实际的建议,以保证同酬的有效实施。还有关于获得就业、职业培训、晋升与工作条件平等待遇的第76/207号指令,它旨在消除工作中的所有歧视,包括直接歧视和间接歧视,以及为采取积极性措施提供机会。[②] 还有关于性别歧视案举证责任的第97/80号指令的规定,应由被指控涉嫌工作歧视的被告来证明它没有违反平等待遇的规定。此时被告需要证明其原告进行区别对待具有正当理由,因而并未违反平等待遇原则。这一指令不但适用于性别歧视情形,之后也可适用于立法所涉及的其他领域的歧视。《阿姆斯特丹条约》明文规定了男女平等是欧共体的任务(第2条)和活动(第3条)之一,关于同酬的第119条(新条款第141条)做了重大修订,将同工同酬的含义扩展到"或者同值工作"。一旦女工个人要求成员国法院在成员国尚未将指令与其本国法结合的情形下适用欧盟指令,只要该欧盟指令是足够精确和无条件的,成员国法院就必须适用。而未来目标则是女性在欧盟高度增长的就业策略中的平等参与。但波斯纳从经济分析的角度出发,认为性别歧视法若要获得成功,它将消除社会福利,法律在实现其目标方面没有效力;而当法律实现其目标时,这些法律则已经伤害了那些应该受益的人员的利益。[③] 怀孕女工生育保护的重要内容是确保孕妇在工作场所

---

① [英]凯瑟琳·巴纳德:《欧盟劳动法(第二版)》,王玉芳、李滨、赵海峰译,中国法制出版社2005年版,第213页。
② 同上书,第216页。
③ 同上书,第215页。

不要暴露于可能造成孕期风险的工作条件或物质中。英国、德国等国的各种怀孕女工保护措施存在不小的差别，但总体来说是禁止或限制从事可能危害母婴健康的工作。这种禁止包括对工时、夜班、加班、健康检查等各项内容的规定。① 欧盟的《怀孕受雇者指令》，英国的《劳动保护法》《劳雇权利法》《父母产假条例》对怀孕女工的保护也较为全面，包括任用、晋升、福利津贴等各方面的就业利益。欧盟《怀孕受雇者指令》最重要的目的是保障怀孕受雇者。明确规定怀孕受雇者自其怀孕起至产假期间届满为止，除各会员国的相关立法或做法允许，且在特殊而与环境无关的情况下外，否则即应禁止被解雇，并应尽可能获得主管机关的同意始可，而且雇主必须以书面表明解雇该怀孕受雇者的正当理由。当然，应该被提及的是欧盟委员会的建议。自20世纪80年代以来被欧盟委员会采纳的推进妇女平等就业方面进行积极行动的各式建议，只是一种希望成员国在国家框架内采用一系列措施和政策实施的具有灵活性和选择性的建设性意见，没有任何强制性要求，以便消除女性在职业范围内经历的不平等，并推进"混合型"职业（mixed professions）的发展。它包含各种致力于消除劳动力市场不平等的政策动议，诸如信息运动、意识提升活动、职业生涯指导、高职位女性增补、女性决策参与、对有酬劳动和无酬劳动的两性公平分配等。作为既成指令的补充、指令执行的具体体现以及新指令动议的基础，建议的作用在禁止性别歧视进程中有着重要的作用。

（二）欧盟应对失业与失业劳工的保障

失业与政治行为是欧洲的重负，一个关键问题是欧盟能发展出共同的失业政策吗？从20世纪70年代中期以来，欧洲就一直在受到大规模失业问题的困扰。虽然采取的政策与收到的效果都非常具体，并且在国与国之间明显不一样，但是种种迹象一致表明，对劳动者合法的工作权利的保护状况正变得每况愈下，政府提供的失业救济也变得越来越少。失业问题现在仍然是由各成员国负责。尽管在1997年，欧盟就通过了欧洲就业战略。为了协调各国的做法，帮助人们重新就业，该战略提出了一些非约束性的规定。不过，这

---

① 黄伟：《中国工作场所女工生育保护问题研究》，东北财经大学出版社2014年版，第28页。

些政策的一体化在某种程度上只能说是间接的，而且这些政策在反失业方面还要受到各国具体国情的限制。

为了解决劳动就业问题，波兰吸收了德国、法国和瑞典等国的先进经验，制定出《就业和反失业法》。该法汇集了欧洲国家，尤其是波兰近年来反失业的实践经验，是欧洲此类法律的模范和样板。《就业和反失业法》对失业者的权利与义务、就业服务机构的组成和活动范围、再就业的实施措施以及执法监督与违法活动的惩治等一系列问题作了规定。在1993年年底，法国曾出台一项关于劳动、就业和职工培训的"五年法"，这项立法旨在使有关劳动力市场的各项规定和机构运作能够更好地适应企业的需要，使各项措施更有利于促进就业。保加利亚议会目前正在加紧讨论《保护失业者及鼓励就业法》。其主旨是通过职业培训与失业基金对失业者提供适当的补贴，但把重点放在开辟再就业的门路上，逐步减少这方面的开支。新法规还规定对于青年失业者将不给予救济，以鼓励他们自谋职业。[①] 由此可见，就业在劳动立法中的分量。

由于失业以及工作缺乏保障，眼下在欧洲公民中引发的不满正在持续上升。而失业劳工本身也正在成员国和欧盟这两个层面上进行动员，谴责对他们获得救济的权利的种种限制，但这一运动在政治上并没有稳定的存在。相对于其成员国来说，欧盟更容易因此而受到抨击，承受的压力也更大，虽说它对此并不负有直接的责任。[②] 而一体化和加入欧盟并不是失业的根源，但欧盟现在的失业率仍然居高不下。相反，在欧洲，要考虑的主要问题是工作变得越来越不稳定和持续的、长期性的失业——根据经济合作与发展组织的有关数据，在欧盟登记的找工作的人当中，有一半至少已经失业一年，而美国的这一数据不到10%。在这里必须要区分就业的无保障和就业的不稳定。[③] 在缺乏共同的反失业政策方面，责任主要在于各成员国，它们有效地阻止了

[①] "部分国家解决就业问题措施综述"，载《中国劳动》1998第6期。
[②] [法] 鲍铭言·迪迪尔·钱伯内特：《欧洲的治理与民主：欧盟中的权力与抗议》，李晓江译，社会科学文献出版社2011年版，第106页。
[③] 就业的无保障（employmentin security）与就业的不稳定（employmentin stability），对应外文的区分更明显。

任何"自上而下"的欧洲化。例如，欧洲工会联合会不可能成为失业人员诉说苦衷的焦点，因为它强调协商是社会对话程序的一部分，并且对欧盟的政策表示支持。①

北欧国家丹麦的例子表明，劳动力市场的弹性与优质的社会保障以及高工资是可以相容的。在其他大多数欧洲国家中，要做到这一点并不容易。这并不意味着欧盟正在设法拆分其福利国家体系，相反，它正在努力把建立具有流动性和竞争性的欧洲劳动力市场与创建非劝阻性②的社会保障结合起来。要实现这一目标，就必须运用有效的手段去和社会排斥做斗争，以便预先采取措施防止相当多的边缘人口长期难以就业。不过，在这两个方面欧盟目前都没能做到。它既没能实现自己提出的就业目标，又造成了欧洲劳动条件的恶化。进一步说，它没能大幅消除劳动力市场的结构性不平等，也没能通过再就业来使强劲增长政策恢复活力，在德国、法国和意大利这些推动一体化的主要国家中尤其如此。③ 英国在总体上降低了劳动保障的水平，缓解了就业形势，同时也进一步削弱了失业者联合起来进行动员活动的能力。一般来说，只要能找到工作，即使是不稳定的工作，失业救济制度只是残留物这一事实，就不会激起人们的抗议。④ 为改变就业方面收效甚微的情形，这需要改进这些工作并在欧盟框架范围内把它们统一起来。1993年发布的《德洛尔白皮书》，在这方面前进了一大步，且奠定了解决问题的基础。而欧洲理事会1994年12月制定的"埃森战略"，则是初步确定了一些共同的指标，并在1996年后期成立了一个常设的就业与劳动力市场委员会，它的任务就是去寻找更为有效的做法。最重要的是，《阿姆斯特丹条约》引入了一些关键性的举措，突出了就业问题的优先性。此后，按照一种多边监管程序框架，欧盟委员会和欧洲理事会向各成员国提出了"指导原则"，希望各国以就业报告

---

① [法] 鲍铭言、迪迪尔·钱伯内特：《欧洲的治理与民主：欧盟中的权力与抗议》，李晓江译，社会科学文献出版社2011年版，第124页。
② 相应的英文为 non dissuasive。
③ [法] 鲍铭言·迪迪尔·钱伯内特：《欧洲的治理与民主：欧盟中的权力与抗议》，李晓江译，社会科学文献出版社2011年版，第113页。
④ 同上书，第125页。

的形式制定国家行动计划,并且每年要接受联合评估。① 以便促进各欧盟成员国解决弱势劳工等的就业问题。欧盟现在还提供了一种能够让工作变得更有弹性的框架。这一框架部分地解释了各国为什么都在制定政策,为再就业提供帮助——主要是针对那些最易被隔离于劳动力市场之外的人:退休人员、年轻人、妇女和失业人员。显然,这些都是弱势劳工群体。当这些政策收到成效的时候,就业率随后就会上升。同时,工作的不稳定性和缺乏保障性也会加剧。②

二、非法移民潮与欧洲的应对与风险

非法移民大多认为,到了欧洲,就会有工作,也就有了未来。据新华社2018年5月12日电,目前有150万非法移民滞留利比亚,准备横跨地中海偷渡到欧洲。显然,准备偷渡到欧洲的非法移民依然人数众多。非法移民涌入加剧了欧洲社会的反移民情绪。接纳还是不接纳非法移民,对欧洲来说都是难题。那么欧盟该如何应对"二战"以后最大的非法移民潮?因非法移民的大量到来,使得本已被债务危机弄得焦头烂额的希腊雪上加霜,在非法移民处置问题上出现了人道主义危机。而意大利作为非法移民进入欧洲的主要跳板,也早已不堪重负。尽管地中海沿岸的欧洲国家叫苦连天,但没有多少国家愿意对它们伸出援手。即便是一些欧盟成员国以邻为壑,也难以独善其身。③ 毕竟,非法移民不仅只是控制和管理边境这么简单的方法就能应对好的。而《申根协定》所带来的便利使得偷渡进入欧洲南部国家的非法移民,纷纷向西欧涌去。若因非法移民的问题,致使《申根协定》受到影响,那欧洲一体化的步伐会大倒退。而欧洲走向一体化的根基会在一定程度上被动摇。德国总理默克尔在2017年9月强调,欧洲一体化必须解决非法移民问题。毋庸讳言,数量众多的非法移民的涌入,给欧盟成员国经济和财政支出上带来了沉重负担。而目前有越来越多的移民涌入欧盟成员国,

---

① [法]鲍铭言·迪迪尔·钱伯内特:《欧洲的治理与民主:欧盟中的权力与抗议》,李晓江译,社会科学文献出版社2011年版,第112页。
② 同上书,第112—113页。
③ 张晓明:"非法移民潮考验欧洲应对能力",载《法制日报》2015年9月1日,第10版。

加重了其公共服务负担，也加剧了欧洲社会的反移民情绪，并导致极端主义政党兴起。

实际上，一些欧盟成员国内的又累又脏的工作主是由非法移民完成的。若没有外来移民，这些工作就没什么人愿意承担。显然，非法移民在很大的程度上弥补了一些欧盟成员国劳动力不足的问题，他们也是一种典型的弱势劳工。本来，欧盟一些国家早就需要依靠移民来解决劳动力不足的问题。而据联合国相关机构估计，在2050年之前，欧洲至少需要引进上亿的外国移民才能解决劳动力不足的问题。在某种程度上，没有移民，欧盟成员国民众的理想生活将打折。所以有专家直言不讳地指出：欧洲需要移民，过去需要，现在需要，将来依然需要。但移民难以享受到劳工的正当权利及相应的福利保障。雇主，尤其是中小企业主，为减少成本，愿意雇佣移民干活。而普通民众，则很反感移民来抢工作并摊薄其福利。显然，欧盟内部对非法移民的态度，并不是完全一致的。实际上，接纳还是不接纳非法移民，对欧洲来说都是难题。非法移民问题，已经让经济困境中的欧盟财政不堪重负。欧洲目前的窘境在于，在道义与良心、能力与体制之间出现严重的纠结。[①]

然而，区别对待或打击非法移民的偷渡，可行吗？法国北部港口城市加莱聚集了大量非法移民，已成为欧盟成员国面对非法移民潮冲击的"前沿阵地"之一。部分非法移民经常试图闯入连接英法两国的海底隧道，偷渡到英国去。为何要去英国？一个可能的原因就是，移民在英国得到工作的机会大。正如时任英国首相卡梅伦此前所强调的：非法移民一直以来在英国太容易找到工作，而雇主也太容易雇佣非法移民。不过，实际情况也不像传说得那么好。毕竟，西欧国家，并非难民与非法移民的"天堂"。即便是成功入境欧盟成员国，非法移民的生存权可能还是缺乏保障。更何况，数千人因偷渡工具简陋，倒在了去欧洲的路上，永远地失去了生命。

应对移民潮需努力构建欧洲长效机制。在欧盟内部，在移民接收配额和移民事务经费分配上存在分歧。而各国为了维护本国利益互不相让，难以达成妥协。尽管成员国有权根据本国的实际情况制定特殊的移民政策，但在考

[①] 张晓明："非法移民潮考验欧洲应对能力"，载《法制日报》2015年9月1日，第10版。

虑自身利益的同时应注意维护欧洲整体利益。欧盟委员会五月所提出的配额制,遭到了一些成员国的强烈反对。反对者认为,配额制违背欧盟的规定,以及责任原则和团结原则。欧盟则计划审议对拒绝按配额收容难民的欧盟国家征收罚金的可能性,数额可能为 25 万欧元每人。①

此前欧洲重要政治人物表示,欧盟需要关注移民危机产生的根源之所在,尤其需要在移民来源国找到政治解决方案,并采取措施阻止人口走私活动。而因经济原因进入欧盟的非法移民必须遣返。欧盟巨头法国和德国共同呼吁,欧盟应确立统一的难民政策,快速设立欧盟统一的难民接收中心。而德国总理默克尔还强调,欧盟应确立统一的非法移民遣返政策。而欧盟成员国愿意推动建立"非法移民自愿返回母国"新机制。总体而言,目前欧盟对非法移民的应对,是迟缓的,遭受到国际社会的强烈批评。而针对非法移民的所有的行动都需要欧盟和其所有成员国的共同努力。也就是说,欧盟成员国必须承担起自己的责任,需要共同协作予以应对。②

三、弱势劳工系统保护的国际共识与典型表现

(一) 弱势劳工社会支持的宪法层级化

宪法作为国家的根本法,是"人民权利的保障书"。通过宪法保障弱势劳工的权益无疑更能够从根本上加大对其权利保护的力度。世界各国在保障弱势劳工群体人权的时候很多就是通过宪法来保障的。为包括弱势劳工在内的人类谋求一种更为优良的生活方式,是宪法恒久不变的追求。故宪法学研究应注重公民的生活现实,以建设性的心态批判、改造和完善现实,然后在此基础上设计公民未来的生活方式。从宪治实践来看,宪法通过建立各种政治制度,维护特定的国家宪治秩序,其根本目的在于通过社会的全面发展,丰富公民权利的内容和形式,不断提高人在政治和社会关系中的地位和作用,最终实现人的全面解放、全面发展。故宪法从民众的生活中来,同时又融入民众的实际生活去。作为民众的生活方式的宪法,其生命力在于融入民众的生活。

---

① 张晓明:"非法移民潮考验欧洲应对能力",载《法制日报》2015年9月1日,第10版。
② 同上。

（二）弱势劳工日益保护趋向全面法治化

保护弱势劳工的最有效手段是法治，因此，弱势劳工保障必须通过全面深度法治化来实现。通过立法，明确弱势劳工保障的各项福利经济制度，建立保护弱势劳工群体、实施社会保障制度的专门管理机构，使得弱势劳工成为受到法律保护的、应当享有基本权利的个人。法治，有立法、行政执法和司法这些基本途径。同时，通过立法，使得对弱势劳工社会支持计划由临时应急措施变为稳定的、长期的战略措施。而保护弱势劳工的法律一经制定，行政执法部门应严格执行，确保弱势劳工的权益得到保护，行政不作为就是对弱势劳工权利的不尊重。妇女平等的就业机会，残疾劳工的就业保障，女工的产前产后及工种的限制和工作环境的安全、职业病的预防等，关键在于行政执法部门一丝不苟地执行。现今很多国家还对弱势劳工通过司法途径来保障其权利。在美国就有一些保护弱势劳工的典型案例，譬如1938年的卡罗琳产品案、1954年的布朗案。前者树立了法院通过司法审查相关立法对于孤立的少数族群劳工的偏见和歧视，进而保护社会少数群体的权利的先例；后者则明确宣布了在公立学校中黑白种族隔离制度违反宪法，保障了黑人学生平等的受教育权。弱势劳工群体的受教育权与劳动权紧密相关。联邦劳工部在其中起的作用与其他国家，如日本，所采取的途径也较为类似。

（三）弱势劳工保护的组织化维权与集体行动采取

正如相关调查记录的那样，在北欧国家中（瑞典、丹麦、冰岛、挪威、芬兰），加入工会再一次显示出特别的重要性。1999年，在瑞典接受调查的人当中，有高达62%的劳工申明自己加入了工会。与之相反，法国、德国、英国、意大利、西班牙、葡萄牙、希腊、马耳他、爱沙尼亚、立陶宛、匈牙利、保加利亚和土耳其加入工会的比例却特别低（在10%以下）。比荷卢经济联盟各国、奥地利、爱尔兰、斯洛文尼亚、斯洛伐克、捷克共和国和波兰加入工会的比例为10%—25%，属于中等水平。因此，对比是非常鲜明的，因为有些国家的确展示出了有组织的劳工的力量，那里的工会通过提供失业保险和其他服务，想方设法鼓励人们加入工会，但在欧洲人口最多的那些国家中，却没有一个是属于这一类的。另外，一些以工会自身的报告为基础的数据也表明，1993—2003年，出现了一些令人感兴趣的迹象。由于工会会员在中欧和东欧国家的大量流失，以及在像德国和英国这些原先数量很多的国家中的大量流失，加入工会的比例在此期间下降了大约1/6。而关于组织的集中化以及集体行动，与新社团主义看法相反，在当代的劳工动员中，加入工会的比例与工会的集中化之间根本上是不相干的。在单独一个工会拥有垄断地位（奥地利、拉脱维亚、斯洛文尼亚）或者是强大的支配地位（保加利亚、德国、英国，在较小程度上也包括荷兰和希腊）的国家中，加入工会的比例属于中等偏低。虽说集中肯定会有利于在集体行动中保持协同一致，但是，由于对组织没有多少选择的余地，集中也可能会打消人们加入工会的念头。在这些国家中，有组织的劳工的情况呈现一种弱垄断性。另外，斯堪的纳维亚各国的新社团主义，则展示了相对来说比较具有竞争力的组织形式，加入工会的比例在那里也很高。在有限的多元主义而不是垄断的情况下，加入工会的比例往往比较高。有趣的是，罗马尼亚的模式显得与众不同：加入工会的人非常多，同时，其组织又极为多样。许多国家的情况，如西班牙、葡萄牙、爱沙尼亚和法国，则属于弱多元主义。有限的多元主义尽管要胜过那种绝对的集中，但它的情况也很复杂。[①] 而前述调查数据表明，在国家层面上，加入各种类型化组织的比例彼此之间都是高度相关的，只有少数例外。这与其说印证了密度相等的社会只能采取非此即彼的模式这一说法，不如说印证了发展中的统一体这一概念。[②] 同样的，它还意味着对绝大多数国家来说，加入工会的比例与加入其他集团的比例往往是一致的，意味着多元主义在总体上要胜过社团主义。然而，到了1999年，情况就不一样了。工会运动在其他社会组织范围内的作用更大，这既说明劳资冲突在社会组织化过程中的重要性下降了，也说明利益集团的结构越来越多元化了。[③]

工会在不同程度上开展对弱势劳工群体的工作，把他们组织起来或者将

---

① ［法］鲍铭言·迪迪尔·钱伯内特：《欧洲的治理与民主：欧盟中的权力与抗议》，李晓江译，社会科学文献出版社2011年版，第50—51页。
② 原文中是公民社会。
③ ［法］鲍铭言·迪迪尔·钱伯内特：《欧洲的治理与民主：欧盟中的权力与抗议》，李晓江译，社会科学文献出版社2011年版，第54页。

他们发展为会员，以维护弱势劳工的利益。国际劳工组织在1919年作为国际联盟的附属机构成立，其宗旨是促进充分就业和提高生活水平；促进劳资双方合作；扩大社会保障措施；保护工人生活与健康，主张通过劳工立法来改善劳工状况。自成立以来，国际劳工组织一直重视维护弱势劳工的利益，在其通过的国际劳工公约中，有保护生育、最低就业年龄等公约，之后又先后制定了有关残疾人、年龄较大工人、有家庭负担工人以及反对歧视、同工同酬、社会保障等国际劳工公约和建议书，这些公约和建议书成为弱势劳工权益保障的法制基础。①

弱势劳工维权可采取集体行动。批评家们的一个被广泛接受的观点是，"客观的"静态的资源不足以解释集体行动。相反，从 A. 德·托克维尔到泰德·戈尔和新近鼓吹框架理论（framing theory）的人，一直都在强调，主体的内在动力是集体行动发展中的关键。②那弱势劳工的内在动力在哪？当政府在议会的有限控制下采取行动的时候，当公民社会组织化的程度较高的时候，当国家机构的权力比较分散的时候，采取集体行动的可能性更大。从20世纪80年代早期以来，利益集团的区域化，社会各阶级之间、不同的种族或文化集团之间、不同的职业之间，以及不同的身份集团之间在空间上的组织化及其关系，也发生了深刻的变化。而我们要考虑的是，这些变化是如何催生新的集体行动样式的。③反对失业和工作无保障的那些组织，试图参与到欧洲社会论坛的活动中去，以便从它们在公共舞台上得到的这种表达机会中有所斩获，但收效甚微。确实，它们的要求的确得到了表达，但却被相关社会中和工会中强大得多的代表们冲淡和抑制了。④特别是在法国、德国、芬兰和比利时这些国家。在高失业率的背景下，正是这两种现象，加上工会起到的作用，成了失业人员参加游行的原因。在由于结构僵化、就业机会很少而导致劳动力市场发生严重分裂的国家，参加游行的现象尤为突出。⑤

---

① 曲伶俐：《弱势群体刑法保护研究》，中国民主法制出版社2013年版，第19页。
② [法]鲍铭言·迪迪尔·钱伯内特：《欧洲的治理与民主：欧盟中的权力与抗议》，李晓江译，社会科学文献出版社2011年版，第62页。
③ 同上书，第128页。
④ 同上书，第126页。原文是公民社会。
⑤ 同上书，第125页。

(四) 弱势劳工群体法律保障的层次性和多元化

国外弱势劳工的法律保障的领域覆盖较为全面，涉及了其生老病残、劳动职业等各个方面。如英国针对老年劳工、残疾劳工、失业者、低收入者等弱势劳工群体分别建立了养老保险制度、残疾保险制度、失业保险制度以及低收入家庭补助制度、社会救济制度，并且这些制度本身的涵盖面较广，层次也较高。而日本，弱势劳工群体的保障制度也体现出类似特点。日本的社会救济又称国家救济，救济的项目包括生活救济、医疗救济、住宅救济、分娩救济、谋生救济、安葬救济等，其涉及范围也是相当宽泛的。

弱势劳工群体法律制度运行模式存在多元化的趋势，即指这些国家在弱势劳工群体社会支持的时候往往并非仅依靠国家单方面的力量，而是依靠国家、社会、企业、个人等多方面的力量来共同构建。保护弱势劳工的合法权益，要充分使宏观层次的国家保障、中观层次的团体保障以及微观层次的自我保护三种途径相结合，要充分发挥微观层次的自我保护的主观能动性。

美国政府在弱势劳工社会支持资金的筹措上也体现出了多渠道化和市场化的特征，企业、个人、社区、社会福利组织以及慈善捐助都是其资金来源的主要渠道。这种模式强调由政府引导社会共同来关注弱势劳工群体社会支持问题，通过国家、社会和个人共同的努力来构建社会支持体系，这种体系尤其适用于国家财政较为紧张的国家，对我国相关制度的建立具有借鉴意义。[1]

(五) 弱势劳工群体的法律倾斜性保障

弱势劳工处于弱势地位，形式上的平等已经不能切实地保障他们的权利，所以现在很多国家在弱势劳工群体社会支持的时候都采取了特殊的、倾斜式的保护模式。也就是说，从形式平等到实质平等，逐渐采纳实质平等观念，实现事实上的均等或均一化。实质平等就是以缩小乃至消灭不平等。实质平等观念是"二战"后人们对平等权的主流认识，许多国家主动采取一些措施来改变社会发展带来的严重的实质不平等情形，对弱势劳工进行扶助。故弱

---

[1] 张彩萍、高兴国：《弱势群体社会支持研究》，兰州大学出版社2008年版，第243—244页。

势劳工保障立法必须抛弃那些脱离现实而一味追求形式平等的思想，在对不同人群作出必要区分的基础上，采取各种措施倾斜性地保护弱势劳工群体。因此，必须把"倾斜保护原则"在立法中贯彻落实。如美国政府对少数民族和妇女在工作等方面采取的"纠偏行动"[①]，是对弱势劳工类型直接或间接予以优惠待遇的一系列法律和政策，目的是补偿少数民族和妇女因社会歧视遭受的损失。"纠偏行动"的实施引发了美国社会的分歧，分歧的实质是如何在保护个人权利和保障社会正义之间维持平衡，其存废与否一直是美国举国上下争议的焦点，反对者主要是担心实施"积极行动"方案会导致"反向歧视"。"纠偏行动"方案一开始集中在雇佣实践上，典型的赞助性行动方案一般属于三个范畴：第一，一些公司把赞助性行动解释为一种达到定额的命令——通常是反映有关未被充分代表者的人口分布的数字；第二，认为公司应该制定目标来雇佣具有代表性数量的以前受歧视的那些类型的人；第三，公司应该把目标对准未被充分代表的各类人。[②] 美国学者在阐述"纠偏行动"的法理时，都套用亚里士多德的两个概念："纠正或赔偿正义"和"分配正义"。"纠正或赔偿正义"称为"向后看论"，强调加害者应该为受害者恢复原状，恢复原状的前提是，加害者必须承认，造成损害的行为是不公正的，这种行为应予纠正和赔偿。"分配正义"又称"向前看论"，它强调减少依附，提供机会和增加社会的多元化效应。[③] 而美国政府自从20世纪60年代起，颁布了一系列的法律和计划，如1967年通过《就业中的年龄歧视法案》，该法案将40岁以上的大龄人群作为保护对象，禁止年龄歧视；1990年国会还通过了一项法案规定所有的公共设施和工作场所都应当照顾残疾人的需要。在印度也采取了这样的肯定性救济模式。印度《宪法》第15条第3、4款以及第16条第4款规定，允许对妇女儿童等公民以保护性、补偿性的区别对待。这些国家通过肯定性政策的实施，来实现实质平等。

---

① 在不同的译作中分别有"肯定性行动""赞助性行动""积极行动"等不同的译法。
② [美]帕特利霞·H.威尔汉等：《就业和员工权利》，杨恒达译，北京大学出版社2005年版，第176—177页。
③ 邱小平：《法律的平等保护——美国宪法第十四修正案第一款研究》，北京大学出版社2005年版，第363页。

不歧视原则主要是在消极意义上对弱势劳工群体权利所采取的保护，其内涵为禁止对弱势劳工采取排斥做法。立法者在规范法律事实及法律后果的抉择上，要遵循宪法所保障的平等原则，需要进行理智或合理的考量，根据事务的本质，既禁止恣意又要符合比例原则，来进行区别或相同的对待。即国家可根据实际情况进行合理归类，在立法上作出合理的、必要的和适当的区别对待，并不违反宪法上平等的要求，反而是宪法平等原则的体现。相同的事件，相同的规范；不同的事件，不同的规范说明允许差别存在，只是差别存在须有合理理由。① 也就是说，平等允许合理的差别存在，禁止的只是不合理的差别。世界各国宪法在规定平等权的同时会作出一定的差别待遇的规定，因为形式平等的主旨乃在于禁止不合理的差别，而实质平等则更是必然承认合理的差别。合理差别既需要合理依据，又不超越合理程度；否则，就是不合理差别，就是歧视。歧视的本质特征在于不合理的差别对待，或者说没有正当理由的差别处理。② 至于差别的"合理依据"或"合理程度"的确定，这是宪法学中不易确定的技术问题，并没有一个统一的放之四海皆准的标准。

（六）弱势劳工国际私法保护形式的确立

随着全球化的加快，在各国对弱势劳工群体等的法律保障实践中，发展出一种新的形式：国际私法上对弱势劳工群体的保护。

应该说，国际私法存有对弱势劳工群体进行保护的依据，国际私法上"直接适用的法"的理论包含保护弱者利益的判断标准。我国已有国际私法学者将保护弱方当事人合法权益作为国际私法学的基本原则，③ 在冲突法应该反映保护弱势劳工权利的条款，已经是为我国立法部门所接受的共识。在国际私法上保护弱势劳工，是由其理论依据的。这是和谐世界的需要，是走向实质公平正义的需要。国际私法开始对弱势劳工权利保护进行规定不是对传统国际私法的离经叛道，它反映了价值追求目标的多元化和多层次性及国

---

① 张晓明、郎少杰："论反歧视的法哲学基础"，载《九江学院学报（社科版）》2008年第4期。
② 同上。
③ 李双元主编：《国际私法》，北京大学出版社2006年版，第17页。

家力量渗入国际私法领域的现状，反映了国际私法的"活法性"。保护弱者是人类高度文明在法律上的明确显示，是法律规范人性化的集中反映，是法律人文关怀的重要体现，是国际私法价值取向的终极目标，是实现实质公平正义的必经之路，是历史发展社会进步的需要。

在法治理念发展与完善的过程中，离不开以调整涉外民商事法律关系为对象的国际私法作用的发挥。故应该通过国际私法实现人的涉外权利能力、行为能力的真正公平。当出现不公平不平衡的情况，国际私法应该给以及时的保护。不过，各国规定的不同的人的权利能力通常是不同的，实现这些权利的行为能力也是不同的。即使每个人的权利能力完全一致，强者与弱者实现这些权利的行为能力的差别是巨大的。如果不对弱者格外保护、帮助，弱者的权利可能难以真正实现。国际私法的基础内容是协调人的权利能力、行为能力问题，因此，要保护弱势劳工权利的拥有和真正实现，国际私法应担负起应有的职责。

当然，目前国际私法对弱势劳工保护还存在许多不足，主要表现在缺乏对弱势劳工群体内涵、外延的统一界定；缺乏对弱势劳工群体保护内容的系统研究；在保护方法上研究不够、立法上规定简单、适用上领域狭窄。特别是"保护弱势劳工群体"还没有成为国际私法立法的（首要的）基本原则；"保护弱势劳工群体的法"还没有成为国际私法的首要的系属公式等。

中国在国际私法领域对弱势劳工群体保护的完善，应该围绕以人为本、构建和谐社会这一重要思想，从国际私法的基本功能和价值导向为出发点，以弱势劳工群体为研究对象，积极探索国际私法对弱势劳工群体权利保护的正当性和具体方法。沿着弱势劳工权利保护的规定完善应具有超前性与时代性、系统性与实用性、合理性与可操作性、本土性与国际性相结合这一思路，从中把握我国国际私法对弱者权利保护立法的方向，在比较中、在发展中考虑"保护弱者"的方法的采用。以实现法律对人的终极关怀和追求实质公平的价值取向。此外，我国国际私法在保护弱者权利方面还应体现时代特色。[1]

---

[1] 屈广清：《屈广清新论文集》，吉林大学出版社 2011 年版，第 89—95 页。

第四章 弱势劳工系统保护立法的国内借鉴与创新建议

国家之所以重要，是因为各国的背景提供了将文化与制度的特点与集体行动的发展结合起来的具体形式。我们认为，这些结合的模式在数量上是有限的，而在制度的互补关系方面存在的规律性，则限定了各国集体行动体制的类型。[①] 集体行动的能力植根于社会信用、文化价值观念和组织技巧的积累，而这又可以追溯到社会现代化的早期阶段，并依赖于各个国家和共同体在这一过程中走过的道路。[②]

第一节 国内借鉴与立法完善

我国已存在一定的对弱势劳工保障的法律制度。《宪法》第45条规定："中华人民共和国公民在年老、疾病或者丧失劳动能力的情况下，有从国家和社会获得物质帮助的权利。"宪法上的其他规定还有："国家发展为公民享受这些权利所需要的社会保险、社会救济和医疗卫生事业，国家和社会帮助安排盲、聋、哑和其他有残疾的公民的劳动、生活和教育。"另外，《宪法》第48条规定了妇女的权利；第49条规定了妇女、老人、儿童的权利。以上数个条文，分别涉及了对老人、妇女、儿童等弱势群体的保护，体现了《宪

---

① ［法］鲍铭言·迪迪尔·钱伯内特：《欧洲的治理与民主：欧盟中的权力与抗议》，李晓江译，社会科学文献出版社2011年版，第43页。

② 同上书，第50页。

法》对弱势群体权益保障的分量，而女工、老年劳工等自然都在保护之列。

我国通过立法完善对弱势劳工的保护确有其必要性。立法保护社会弱势劳工群体的生存样态是一个社会文明程度的重要表征。弱势劳工的人权状况也是一个国家人权保障水准的标尺。在一国的人权保障体系中，如果社会弱势劳工群体的权利保护没有进入人权保障的中心地带，该国的人权保障体系就是有内在缺陷的。立法机构应树立的观念是：人权首先是社会弱势群体的人权和弱势劳工的人权。完善弱势劳工权益保障体系确有其必要性。加强弱势劳工的法律保护是实现社会公平正义的必然要求。我国在构建劳工保障法律体系时，应将对社会弱势劳工的一般社会救助及经济法律保护提升为人权层面的法律保护。

一、弱势劳工保障立法的合宪性维持

宪法是实现正义的手段。而宪法通过界定和限制国家机构的权力，以保障基本人权。宪法作为母法，是立法意义上的最高依据，制定其他法律必须遵从宪法。故庞杂繁复的各种位阶法律都必须合乎宪法。而党的十九大报告，已正式提出了"推进合宪性审查工作"，这会让治国理政更加深入并得到层次提升。

通常说来，合法性既包括实定法意义上的以法规范为依据的合法性评判，也包括抽象意义上以当为或应然为命题的价值判断；前者注重法律文本，而后者则依赖原理分析。合法性中的法是一种实定法上的规范。而具体到宪法研究方面，合法性成为"合宪性"，而实定法就是宪法；即制宪机关或立法机关按照宪法制定或修改程序以及普通立法程序制定出来的，包括宪法典、宪法性附属文件、宪法判例等在内的以文本形式表现出来的宪法规范。合宪性和合法性中的"宪"和"法"还包括一种可称之为抽象法的东西。[①] 如果忽视合宪性，直接后果就是宪法被实际的立法活动、行政活动，以及其他国家政治、社会生活架空。

当然，一般而言，弱势劳工保障立法也会是合乎宪法的。若存在大量的下位法违反宪法的情形，那宪法也就是名义上的宪法了，即所谓名存实亡了。但

---

① 韩大元等：《宪法学专题研究》，中国人民大学出版社2008年版，第3页。

在实践中，无论立法机关多么兢兢业业、多么细致，依然不能完全排除违反宪法的法律条款存在。对这些违反宪法的法律条款该如何处理？而行政部门根据法律制定的实施条例、实施细则，也有可能存在一些与宪法相抵触的现象。此时，我们如果仅期望立法机关、行政机关自律，显然不能有效地维护宪法。在一个法治社会，所有的法律都不能和宪法相冲突，此即所谓不抵触原则。而合宪性该如何保持，又该在日常生活中如何发挥作用？在解决弱势劳工等的基本权利冲突的时候，有时我们会发现条文不够用，无法对这个问题作出合理的解答，在这样的情况下，就有可能重新回到宪法里面，看宪法中相关条款的价值内涵，重新形成规范来作出判决。这个过程就是对法律予以合宪性解释的过程。何谓合宪性解释，它究竟是什么样的解释？让我们使目的合法，使之处于宪法的范围之内，那么所有合适的手段——只要清楚地适合这一目的，只要不受禁止，而是与宪法的文字与精神相一致，那都是合宪的。① 在美国，麦卡洛克诉马里兰州案预示了一种复杂的司法方法难题，我们此后可以发现这一难题贯穿于宪法的许多领域。州法或联邦法律是否合宪，这可能取决于某种事实问题，某种对社会或经济背景的评估，抑或一种平衡或程度上的感知。在这类案件中，究竟应该由联邦最高法院的事实认定、评估或感知来决定案件的判决，还是法院应该将这些问题留给国会？② 而在麦卡洛克诉马里兰州案中，联邦最高法院将作出这种事实与程度之决策的主要责任分配给国会。还有就是通过合宪性裁决作出来维持合宪性。法国在 2009 年 12 月，宪法委员会作出合宪性裁决，从而在宪法中引入"合宪性先诉审查"制度。③

　　在合宪性认定时，有时要通过合宪性解释。而合宪性解释在一些时候会突破现有法律的规定，有人认为是一种法外的续造。所以，合宪性解释究竟是目的解释、体系解释还是法外续造是很难界定的，因此笔者也没有给出一个明确的答案。笔者的想法是合宪性解释不是传统的解释方法以外的新的解释方法，它更多的是只要是解释者在进行解释都要考虑的因素，它是体系解释、目的解释、法外续造都是应该考量的因素。

---

① ［美］阿奇博尔德·考克斯：《法院与宪法》，田雷译，北京大学出版社2006年版，第79页。
② 同上书，第83页。
③ "法国宪法中引入'合宪性先诉审查'制度"，http://www.yadian.cc/blog/7618，2017年8月28日最终访问。

从部门宪法的意义上来说,劳动基准法就是"劳动宪法",能够符合宪法政治上照顾劳工政策的要求。即便如此,宪法上所规定的劳动保护,并不是为了增加企业经济发展的负担。故而,各个国家或地区,在劳工政策上都会寻找出一个平衡点,让劳资双方都觉得可以接受。

二、国家角色的适度抉择

本来,在劳动基准方面,政府机构管理适度,但还是经常被质疑。管理既不能"管太多",也不能"管太小"。不能"管太多"是因为企业实施无薪假等可以避免大幅裁员而导致劳工失业,这涉及企业的经营自由。也不能"管太小",是因为劳动者通常处于弱势地位,易出现被迫接受无薪假等企业所主导的安排,此时则需要行政部门的介入。要管理得恰当又适度,这当然有难度。故在不违反劳动基准法的前提下,应允许企业与劳工自行协商。当然,依然存在的一个问题是,劳工实际上是被强迫却被当成自愿的问题。

当然,我国立法机构在进行相应的立法完善时,可借鉴西方的经验,毕竟在弱势劳工保障领域,存在共同的制度途径。弱势劳工群体的形成,在很大程度上又可以说是由于权利供给制度设计得不合理、权利保护制度的缺失、权利救济制度的失灵造成的。弱势劳工之所以出现弱势化,正是由权利分配制度的缺陷和权利保护制度的失灵所导致的。权利配置的不合理往往会使强者越强、弱者越弱。当然,立法机构进行立法完善时,还应考虑到中国弱势劳工群体的特色。中国弱的一方的构成个体大多是原子式的存在,极少存在组织性。他们有各自的诉求,但通常很少通过组织形式表达。因此,弱势劳工群体中的"群体",在中国当下只能作个体的集合体来理解,即只是数量上的大或多的状态,并不是一种组织形态。

我国对弱势劳工权益的保障立法严重滞后,在许多领域和环节法律还处于缺位状态,与国际上通行的保护层次和程度还存在一定的差距。故在弱势劳工权益保障方面,应通过立法构建一个系统性的制度机制。从弱势群体的相应法律权利以及国家的救助义务出发,建构我国的弱势劳工权益保障法律制度,这其中内含了对现代国家与社会弱势劳工群体关系性质的一个重新定位。

要构建弱势劳工保障的良好法律秩序，必须健全法律实现机制，实行实体保护和程序保障并重。若缺乏实体性规定，将会出现法律漏洞，使程序保障缺乏实体法律依据；但若仅有实体规定而没有程序保障，或将使权利"裸奔"[①]，弱势劳工群体的实体权益难以实现。好的制度只有在实际生活中真正得到贯彻执行，才能切实维护弱势劳工群体的权益。

第二节 弱势劳工保护实体法的完善

在实体法制度上，急需完善的是针对弱势劳工群体特点，建构社会救济和社会扶持法律制度。社会救济法律制度具体规定对包括弱势劳工在内的公民在遭灾或生活发生严重困难的情况下获得的经济帮助，即建立城市居民最低生活救济、城乡特困人员救济等制度。社会救济和社会扶持法律制度基本上是适用于所有弱势群体的，肯定是能适用于弱势劳工群体的。

我们认为，应完善开发式扶持弱势劳工群体的法律制度。贫困与弱势劳工群体是高度重合的。而扶持和帮助弱势劳工群体摆脱贫困，使弱势劳工群体逐渐强起来，单纯地依靠福利性的法律保障是不够的。而开发式的扶持弱势劳工群体的法律制度，正是利用法律对社会的人力资源、环境资源、科技资源等的合理配置，使弱势劳工群体能够获得发展所需的资源、机遇，通过自身的努力摆脱弱势地位。国家强起来了，弱势劳工群体也需要化弱为强，变得强起来。因此，在制度构建的时候，应注重将社会的发展同对弱势劳工群体的扶助有机结合起来，通过社会经济的整体发展来带动弱势劳工群体境遇的改善，形成可持续性的社会发展模式。

具体说来，譬如在税法方面，对现行税收政策进行完善，凸显其促进弱势劳工群体就业的功能。现有的税收优惠政策偏重于解决失业人员再就业问题，对进城务工农民自主创业以及吸收农民工就业的企业未制定相应的税收

---

① 农民工等弱势劳工血泪讨薪背后是权利的"裸奔"。参见陆先高主编：《光明网评（第2季）》，光明日报出版社2013年版，第178页。

减免优惠政策，带有典型的城市视角特征。对适用优惠政策的企业限制过严，对现行安置失业人员享受税收优惠的企业有企业类型和经营行业限制。故应拓宽能享受税收优惠的企业现有企业类型和经营行业，尽可能地促进就业。而适当提高个人所得税的免征额，则能更好地保障弱势劳工的生存权。2018年，财政部将力争年内完成个人所得税法（修订）等法律、行政法规的部内起草工作，及时上报国务院。①

一、女职工权益的保障

《宪法》第48条明确规定："中华人民共和国妇女在政治的、经济的、文化的、社会的和家庭的生活等各方面享有同男子平等的权利"；"国家保护妇女的权利和利益，实行男女同工同酬，培养和选拔妇女干部"。宪法的上述规定为男女的平等保护提供了最基本的法律依据。我国先后在一系列法律、法规和规章中，根据宪法的规定和精神对妇女平等做了系统的立法规定。中国承担了消除对妇女一切形式的歧视、确保妇女人权和基本自由的国际法律义务，而且积极履行义务，取得了举世瞩目的成就。当然，毋庸讳言，在现实过程中妇女的平等保护还存在严重不足。这种不足不仅表现在立法领域中许多法律、法规条文的规定还存在明显地歧视妇女的问题，也表现在执法和司法领域存在明显的基于性别而产生的歧视现象。另外，我国的妇女权益保障立法与《消除对妇女一切形式歧视公约》还有一些差别，主要表现在权利来源、权利内容等方面。《广州女大学生就业创业状况白皮书》揭示：九成以上（91.9%）女大学生感到用人单位有性别偏见，56.7%的女大学生在求职过程中感到"女生机会更少"。② 在我国不同的区域，人们对妇女公共角色的态度亦有不同。③ 在女职工劳动领域，以前曾出现诉请"男女不同龄退休"

---

① 申钺："个人所得税法（修订）工作同时启动"，http://news.ifeng.com/a/20180321/56912611_0.shtml，2018年3月28日最终访问。

② "广州发布女大学生就业创业状况白皮书91.9%感受到性别偏见"，http://news.163.com/16/0930/09/C26UL0R300014SEH.html，2017年12月18日最终访问。

③ 王笛：《茶馆：成都的公共生活和微观世界（1900—1950）》，社会科学文献出版社2015年版，第144页。

是性别歧视的案例。① 而我国现在延迟退休制度的主要设计方案中，都有男女同龄退休的制度设计。

二、童工的法律保护

儿童权利的重要性得到了全世界几乎所有国家的承认。我国向来重视对儿童权利的法律保护，在宪法和其他法律、法规中都有大量的关于儿童权利保护的规定，这些规定与联合国《儿童权利公约》的基本精神是相一致的。当然，我国应借鉴国际立法趋势，在儿童权利保障立法完善中采纳最大利益原则。现代国际国内法律发展的一个进步趋势是把儿童的利益宣布为权利，并且从人权的角度加以保护。"最大利益原则" 就是近些年来国际人权公约和相关国家立法确立的一项旨在增进儿童保护的重要原则。② 童工现象是国际上较为普遍的现象。几家世界知名的巧克力大厂，都有参与雇用和压榨非洲童工的举动，它们竟是靠着压榨非洲童工发展起来的。我国2007年曝光的"山西黑煤窑案"显露了童工恶劣的生存环境；而2016年的江苏常熟非法雇佣童工案等典型童工案件都显示童工工作时间严重超负荷，身心健康都受到严重损害。实际上，从实践看来，我国严格禁止童工工作，并不一定是最合适的童工保护方法。笔者认为，借鉴域外制度适度放开童工从事一定工作，是妥善的做法。

三、老年劳工的法律制度的完善

退休直接导致了老年人收入的减少，而延迟退休可在一定时期内保障老年人的收入。建立在自主选择基础上的延迟退休制度对老年劳动者是有益的。老年人享有退休的权利，这是社会进步的结果，老年人也有工作的权利，只要身体状况允许，本人有继续工作的愿望，就可以继续保持工作或重新就业，应鼓励老年人参与社会发展，从事力所能及的工作，发挥老年人有益于社会

---

① 2005年1月，中国建设银行平顶山分行以周某华已达到法定退休年龄为由，通知她办理退休手续。但周某华认为自己足以胜任目前的工作，因此要求与男性一样享有60岁退休的权利，并称单位的这一做法属于歧视，违反宪法。这就是有名的"男女不同龄退休"的性别歧视案。参见殷啸虎：《法治的品格》，上海社会科学院出版社2015年版，第361页。

② 王雪梅："儿童权利保护的'最大利益原则'研究（上、下）"，载《环球法律评论》2002年冬季号、2003年春季号。

的作用。我国已在部分地区进行延迟退休的试点。因此，我国欲推行延迟退休制度，大方向是对的。至于在具体制度构建上，不同的劳动阶层可能有不同的认识和利益需求。故应在综合考虑不同阶层利益的基础上构建我国的延迟退休制度。我国现在的老龄化程度超过预期，目前不用担心养老金不够用。延迟退休改革不会损害大多数人的利益。①

完善城乡老年劳工的社会保障制度。社会保障是指国家、社会对于因失业、疾病、年老等而导致的生活困难给予基本生活的保障制度。在我国，社会保障主要有社会保险、社会救助、社会福利、社会优抚安置等四个组成部分，它们之间相互联系、相辅相成，共同构成了一个社会保障体系这个有机的整体。而社会保障体系的主要功能就在于通过为遭遇个人困难的社会成员提供生存保障，帮助其逐渐走出困境，同时在一定程度上缩小贫富差距，缓和矛盾，促进社会稳定。社会保障不但为社会成员解除了许多后顾之忧，维护了社会成员参与社会竞争起点与过程的公平，同时也有助于结果的公平。社会保障的稳定性功能要求改变不合理的基本分配关系，确定国家履行保护社会弱势劳工群体权利义务应当遵循的基本原则。

我国农村老年人生活保障制度很不健全。在家庭养老功能明显弱化的今天，社会养老和医疗保障并未能填补空缺，老年贫困问题比较突出。随着老龄化社会的到来，我国逐渐从传统的家庭养老为主转变为以社会养老为主，逐步提高农村老年人的养老保障，为农村老年人构建一个基本的养老制度，最终发展为城乡一体化的养老制度。从党的十八大报告看来，城乡发展一体化是解决"三农"问题的根本途径。要加大统筹城乡发展力度，增强农村发展活力，逐步缩小城乡差距，促进城乡共同繁荣。坚持工业反哺农业、城市支持农村和多予少取放活方针，加大强农惠农富农政策力度，让广大农民平等参与现代化进程、共同分享现代化成果。而我国社会保障法的完善应遵循这些方针。我们认为，国家应从城乡一体化的角度来考虑社会保障制度的完善，考虑到国家的实际情况，也要考虑到国家财政的承受程度及民众的期待，既要分类别，也要注重自愿。

---

① "人社部原副部长谈延迟退休：不能损害大多数人利益"，http://n.cztv.com/news/11959008.html，2018年3月28日最终访问。

四、残疾劳工权益的保障

对城市残疾人的保障，主要是让其获得相应的工作，通过劳动维持生存。而对农村残疾人的保障，笔者认为应构建"多重形式选择＋社会保险保底"的保障模式。① 有调查显示，超七成的农村未工作残疾人主要依靠家庭其他成员的供养。因为农村残疾人的实际就业状况要比城市差。而且残疾人在生活来源方面，城乡之间也存在明显差异。②。

一个应遵循的原则是，在农村推行社会保障制度和采取救助或扶助措施时，应优先照顾残疾人；应将农村残疾人继续纳入农村最低生活保障对象；并将农村那些临时救济、特别补助等救助方式逐步转变为稳定的社会救济制度。我们认为，最重要的是，为农村残疾人提供适当的就业机会，让残疾人成为残疾劳工、残疾职工，让那些有劳动能力的残疾人能够通过劳工维持生存。而对那些在城市化过程中，失去土地的农村残疾人该如何更好地保障？我们认为，应针对不同残疾人特点采取不同的补偿方式。譬如具有一定劳动能力的残疾人，可以选择单位招工安置等方式，而对于重度残疾等完全失去生活能力的残疾人，应该选择住房安置或者划地安置等方式，重点是提供基础生存资源，保障残疾人的生存权。

第三节 弱势劳工群体系统保护的程序法之完善

一、建构面向弱势劳工更为完善的程序救济机制

（一）建构更为完善的法律援助制度

我国虽已出台《法律援助条例》，却往往难以落到实处。法律援助制

---

① 孔祥智等：《北京市农村残疾人劳动扶持和社会保障问题研究》，中国水利水电出版社2008年版，第169页。
② 葛忠明：《中国残疾人福利与服务：积极福利的启示》，山东人民出版社2015年版，第170页。

度对于弱势劳工群体的意义在于，避免弱势劳工因经济的原因而不能通过司法救济获得纠正正义。毕竟，弱势劳工群体在权利遭受侵害时，能够获得司法上的救济，是社会公正的应有之义。我国目前应解决有限的法律援助资源与大量的援助需求之间的矛盾，并开辟各种法律援助资源，构筑弱势劳工群体法律援助网络，建立法律援助的经费保障机制，切实保障法律援助经费，通过弱势劳工群体诉权的保障为其实体权利的实现提供切实的保证。

（二）落实适用于弱势劳工群体的司法救助

司法救助机制是帮助社会弱势劳工群体维护合法权益的重要措施。从现实情况来看，尽管我国已在司法救助方面建构了一定的制度机制，但弱势劳工群体得不到及时、有效的司法救助的现象还较为突出。要切实改变弱势劳工群体维权难的现状，一方面，应落实现有的司法救助制度；另一方面，还需针对现实过程中存在的问题进行适当的制度创新，适当降低弱势劳工群体获得司法救助的门槛，并对弱势劳工群体的司法救助案件实行立案优先、审理优先、执行优先，帮助弱势劳工群体及时实现权利。依据党的十八届四中全会决定的精神，完善针对弱势劳工等的法律援助制度，扩大援助范围，健全相关司法救助体系，保证弱势劳工在遇到法律问题或者权利受到侵害时能获得及时有效的法律帮助。

二、建构针对弱势劳工保护立法的合宪性审查机制

（一）部门法通过修宪建议影响宪法

在我国，目前部门法已通过多种途径去影响宪法。中国的法治发展到现在已历经数十年，在全面推进依法治国的进程中，各个部门法和整个中国法治都逐步把自己的问题指向了宪法。这已是一个部门法向宪法提问的时代。但宪法对各个部门法的提问所作出的回应，在笔者看来还是不够的。部门法对宪法的提问，已形成了较有影响的学术思维方式。部门法学界要求修宪，宪法该如何应对？全部接受还是部分否定？弱势劳工系统保护立法，既有劳

动立法，也有以其他形式表现的立法。而劳动立法，① 也如其他的部门立法一样在倒逼宪法修改与完善。在 2018 年此次修宪中，监察委员会写入宪法、设区的市地方立法权写入宪法都在某种程度上体现了这一点。当然，部门法的修宪要求，还有很多没能得到满足。例如，民事诉讼法的学者们要求将诉权等要点写入宪法，而刑事诉讼法的学者们要求修正宪法中法院、检察院与公安机关的关系，还有刑法学者要求在宪法中写入罪刑法定原则。各部门法之所以提出众多的修宪要求，目的在于要把各部门法的理念写入宪法，以便充实宪法。但是否真的依循修宪建议而进行修宪，无论在哪个国家，采取的基本上都是一种非常谨慎的态度。毕竟，修宪过于频繁易引起社会的纷争和法治的动荡。

对宪法的新理解将对劳动立法的完善产生新的影响。有学者将宪法定义为"提供社会自我形成、自我理解过程的法律理性形成"，让社会能够通过如此过程，以便在权力的对抗关系中追逐权力，寻求不同的政治选择，实现与过去不一样的社会进步，而且是在宪法适当地反映社会在当时的状态之下，也就是宪法必须承认社会发展的现实性，不伪称中立、不否认社会差异，但也不是自许万能，宣告自身有解决所有社会系统内部问题的能力，而是要进行反思并反映社会现实，为社会的力量对抗过程提供一个理性的制度条件与沟通管道。宪法虽透过法律的形成，提供给社会一个稳定的、可计算的、可重复的及可维系的制度基础，但是重点却应该在于：宪法也在同时释放了"追求不断变更与改造的动力"，让社会真的得以在宪法作为理性基础的可掌握性之前提下，去自由地寻求自己不同的生存形式。也就是说，一个符合走向新时代需求的宪法理解与宪法形式，应该是并重安定性与社会的自我更新能力及可能性，而贯穿的主轴则是追求一个社会不断进步的持续性。我们所要构建的新的宪法理解，就是要抛弃过去那种"经由宪法、经由一个带有实质政治目标与社会想象的法律文件"之观念，在未来践行特定社会状态的宪法要求并赋予宪法一个核心的任务：务必让社会拥有自我调控、自我学习及自我形成的能力与能量，让它能够自己处理不同时代、不同形式与强度的变

---

① 严格说来，按我国官方确定的类型，劳动立法应属于社会法部门。

迁，继续追求社会的进步，同时能够透过社会力量的自主形成，自我促成这样的进步实现。① 在前述宪法的基本理解之下，也就是宪法的开放性容许而且将宪法的未来功能性取决于社会形成之空间及可能性中，实质上隐含的是对于"宪法促成进步"这个最高理想的坚持。进一步而言，所谓的进步，依当前人类的文化发展阶段来看，无异于自由和民主、自决和解放，也就是需坚持自主决定、排除他人决定。换句话说，在这一自由民主类型的宪法中，必然要包含如此的规范核心，也就是容忍和促进社会以自主力量的形成、自由的社会力之对抗，达到通往个人解放与进步之路的可能性，使之不但存在，而且还在不停的宪法变迁、宪法规范变更之中，继续积极地促使这项目标的实现。

在弱势劳工系统保护立法的制定出台过程中，宪法是如何施加影响的，或者说相关立法是如何被宪法影响的？譬如，在我国行使国家立法权的全国人大及全国人大常委会制定劳动法律等的过程中，必须体现宪法的最高价值。也就是，包括劳动立法在内的所有法律的制定，遵循的一个基本原则是"必须依据宪法并符合宪法"，从而实现合宪性控制。而所谓"依据宪法并符合宪法"，首先是要依据和符合宪法的最高价值，其次必须依据和符合由宪法的这一最高价值所决定的基本原则和基本制度。② 而法律在通过生效以后，直到被有权机关撤销之前，是具有相应的法律效力的；也是被推定为合宪的，此即所谓的合宪性推定。合宪的法律当然是要去实施或被遵守的。因此，法律的实施和遵守当然意味着宪法的实施和遵守。而在某种意义上说，劳动法与宪法存在交叉。所有已经发展了的法律领域和其他领域均存在交叉，我们不可能把弱势劳工系统保护立法与宪法完全隔离开来。实际上，将劳动立法与宪法隔离是有害的。应该说，在许多国家，在宪法的统领下，不同法律学科存有相互交叉的法律系统。劳动立法的内容可能比我们所认识到的要丰富得多，与其他的法律学科交叉的情形也比我们所想象的要复杂得多。

---

① 林佳和：“劳动与劳动宪法”，见苏永钦主编：《部门宪法》，元照出版公司2006年版，第367页。

② 胡锦光：“宪法是怎样影响社会生活的”，http://www.civillaw.com.cn/article/default.asp?id=44451，2017年12月18日最终访问。

(二) 我国合宪性审查机制的完善

许多国家都有允许公民通过合宪性审查的提起，对国家侵犯公民权益的行为获得宪法救济的法律制度，其根本目的在于通过宪法监督的提起，纠正国家在制定社会律令和执行社会政策时可能存在的不公行为，恢复社会的正义。在我国，考虑到弱势劳工在社会经济、政治生活中的实际弱势地位，以及权利保障较为缺失的情形，通过合宪性审查制度的实施，允许弱势劳工通过宪法救济可从根本上妥善保障弱势劳工群体的合法权益。

我国的宪法救济制度，主要表现在《立法法》里，而这些规定实际上还是存在缺陷的。如前所述，我国宪法确立的是由最高国家权力机关进行合宪性审查的代表机关审查制模式。中华人民共和国颁行的第一部宪法，即1954年宪法所确立的为代表机关合宪性审查模式，但合宪性审查作为一项宪法制度至少可说是不成熟的，或者说只是有了雏形。[①] 而现行宪法则确立了合宪性审查总的原则，即宪法是国家的根本法，具有最高的法律效力；《宪法》第67条规定全国人大常委会也有权监督宪法实施，在全国人大之外增加了合宪性审查的组织机构；且设置了专门委员会协助全国人大及全国人大常委会监督宪法实施。总的说来，由全国人大及全国人大常委会提供宪法救济，这也是符合我国宪制的。另按全国人大常委会委员长会议通过的《行政法规、地方性法规、自治条例和单行条例、经济特区法规备案审查工作程序》《司法解释备案审查工作程序》的规定，全国人大各专门委员会和全国人大常委会法制工作委员会在备案审查过程中可主动提起合宪性审查程序。我国合宪性审查工作机构可主动提起合宪性审查程序，这是我国宪法救济制度的特色。我国现行的合宪性审查体制，虽然在内容上与以前有很大发展，但还存在两个比较突出的缺陷，即缺乏专门的合宪性审查机构、缺乏合宪性审查的程序。2000年《立法法》的颁布，不但在其第五章"适用与备案"部分对行政法规、地方性法规、自治条例和单行条例、规章的备案作出了具体规定，而且还对全国人大各专门委员会尤其是法律委员会[②]在合宪性审查中的地位和作

[①] 莫纪宏：《违宪审查的理论与实践》，法律出版社2006年版，第391页。
[②] 现已改名为"宪法和法律委员会"。

用作了专门规定。总的说来，2015年修改前的《立法法》针对前述两个缺陷进行了一定程度的完善，但还是存在不足。[1] 而要对我国合宪性审查制度进行完善，一定要在现有的制度资源上重点针对存在的不足来进行。如果总是试图完全打碎现有框架，以便实现所谓的不破不立，这种制度建设所投入的成本是无比巨大的。

2018年3月公布的《深化党和国家机构改革方案》提出，将全国人大下设的专门委员会"法律委员会"更名为"宪法和法律委员会"。《宪法》第70条第1款相应修改为："全国人民代表大会设立民族委员会、宪法和法律委员会、财政经济委员会、教育科学文化卫生委员会、外事委员会、华侨委员会和其他需要设立的专门委员会。"而此次更名，意味着宪法和法律委员会未来将承担起合宪性审查工作，审查法律法规、规范性文件是否合宪、合法的问题，并对发现的违宪违法文件和行为进行纠正，让宪法真正长出"牙齿"。2018年3月13日，选举产生宪法和法律委员会的19名委员。14日下午，宪法和法律委员会召开全体会议，对《监察法（草案）》进行审议，并提出了关于监察法草案审议结果的报告和草案修改稿。这表明，全新的宪法和法律委员会，从设立到首次集体履职只用了一天。而这个与宪法监督紧密相关的机构历时38年，终于诞生。而宪法和法律委员会对《监察法（草案）》的事先审查，意味着合宪性审查的范围扩大到法律，这应该是一种真正的全覆盖。

我们认为，应从现有的法律制度资源出发，从可行性和中国的实际情况出发，对合宪性审查机制进行完善。可通过出台相应的立法，设置专门机构专司合宪性审查具体职责。[2] 合宪性审查机制的完善，应当让更名新设的宪法和法律委员会确实承担宪法监督职能；并构建能够真正运转的宪法解释程序机制；还可让公民参与到宪法监督程序当中，有条件授予公民提请宪法解

---

[1] 胡锦光："立法法对我国违宪审查制度的发展与不足"，载《河南省政法管理干部学院学报》2000年第5期。

[2] 我国学者对设置违宪审查机构已有不少的设想，至于名称则有宪法委员会、宪法监督委员会等，不一而足。而对于宪法委员会的构想已有一定的研究，不过对宪法委员会在国家机构的位置则有不同的设想。相关文献有莫纪宏主编：《违宪审查的理论与实践》，法律出版社2006年版，第407页；等等。

释、合宪性审查的权利，切实维护公民合法权益。而详细情形将在其他的著述中予以阐释。

第四节 弱势劳工立法模式的转换与程序优化

一、立法模式类型与转换趋势

学界对立法模式的概念还没有形成较为成熟和比较周延的表述。有学者认为："立法模式是指一个国家制定、修改、废止法律的惯常套路、基本的思维定式和具体的行动序列以及诸因素决定的法律确认的立法制度、立法规则。"[1] 也有学者认为："立法模式实际上是一个国家创制法律的惯常套路、基本体制和运作程序等要素构成的有机整体，它是一个历史的范畴，但对整个立法活动却具有现实的拘束作用。"[2] 这说的是立法权运行的程式，属于立法体制的核心内容。国家的立法模式一旦形成或确立，便在某个时期形成相对固定的模式，并在相当程度上决定了立法内容的取舍、价值导向以及技术运用等重要问题，对整个立法活动的进行具有重大的意义。

从典型国家现代化的进程来看，其标志性的变革并不是人们想当然认为的那种经济模式的变革，而是法制模式的变革。这也从一个侧面表明，法制模式的变革对社会发展的重要性之所在。也正是随着社会向前发展、法治的内涵逐步得到扩充，在新的法治理念支配下所形成的新立法模式，使得国家与社会、企业和弱势劳工等个人的社会关系获得根本性的转变。

中国改革开放40来年的变化是显而易见的。政府推进型法治的模式，[3]需要国家经常出台立法来推动和推进改革。这使得国家的立法体制也在被动

---

[1] 关保英、张淑芳："市场经济与立法模式的转换研究"，载《法商研究》1997年第4期。
[2] 江国华：《立法：理想与变革》，山东人民出版社2007年版，第245页。
[3] "政府推进型的法治道路"是与"社会演进型的法治道路"相对应的提法。它强调20世纪的中国，与历史上早期进入法律现代化行列的西方国家不同，不是通过社会生活自发、无目的、不自觉地发展起来的法治，而是政府有目的、有意识地推进法治进程。参见蒋立山：《法律现代化：中国法治道路问题研究》，中国法制出版社2006年版，第87页。

地发生着某些适应性的变化。而立法模式也会随之发展与变迁，在弱势劳工系统保护立法领域也是如此。就我国立法的总体模式而言，仍然存在较为明显的追赶型立法的特征、较为浓厚的官僚型立法的色彩和较为严重的管制型立法的性格。而国家立法的整体适应性以及其文明程度与实施效果均差强人意。① 随着民众的人权意识日益增强，国家扩大开放及信息公开程度的日益提升，这使得过去的追赶型立法模式已基本上丧失了社会基础。我国需要在立法模式领域进行改革，进行一定程度的模式转换；即国家的立法模式从"变革性"向"自治性"渐变，② 从官僚型立法向民主型模式转变，从追赶型转变为回应型立法；以积极性立法模式取代消极性立法模式，以服务型立法代替管制型立法。积极性立法模式实际上在相当程度上为全面推进法治提出了回应、民主和服务的基本原则。

所谓"自治性立法"模式，是指从立法的内容与形式都体现了立法本身的规律性，在某一个已趋于稳定的、和谐的社会系统中，形成的一种通过社会内发力量自发推动有效法律规则的产生，进而解决社会发展过程中存在的制度性矛盾的良性运行过程。回应型立法模式是对社会刺激发出的信号所作出的一种回应，所进行的立法活动尽可能及时回应社会立法需求的结果，这种回应是适时和适度的。故而，回应型立法以满足社会的立法需求为基本目的。而民主型立法是以民众的参与为特征、以人民的权利保障为目标、以民意为依归的立法模式。服务型立法模式强调立法服务对象的至上性，也就是强调人民的至上性，并保障人民的权利实现为目的。而民众通过直接或间接参与立法过程，并对国家立法服务的质量进行评价，促使国家改进立法服务。③ 当然，这些立法模式只不过是国家整体性立法模式的某个侧面或部分，通过一定的标准就可以截取得来。

走向新时代的新形势下的中国立法，应妥善地约束行政权，将政府权力纳入法治轨道，并强调所立之法与社会需求在相当程度上是契合的，注重法的适应性，并强调法的实效。这就需要对立法模式进行实质转换，而不是拘

---

① 江国华：《立法：理想与变革》，山东人民出版社2007年版，第285页。
② 秦前红："宪政视野下中国立法模式的变迁"，载《中国法学》2005年第3期。
③ 江国华：《立法：理想与变革》，山东人民出版社2007年版，第276—290页。

泥于原先的惯常立法模式，消极地抱残守缺而怠于更新或创新。当然，弱势劳工系统保护立法的出台过程中也应有前述立法模式的转换。而且，在弱势劳工群体保障方面的立法过程中更应强调立法模式的转换，更有其必要性。

我国在过去的弱势劳工群体系统保护立法习惯上采取国家立场所遭遇的命运，在前面已经涉及了。哈耶克曾对立法理性的限度进行了反思，区分了立法和法律。美国学者埃里克森（Ellickson）认为存在"一个法律更多但秩序更少的世界"，而社会学家默顿（Merton）则提出了"对制度性规则的制度性拒斥"的概念。而在中国弱势劳工群体系统保护法治化的过程中，在强调"政府（国家）立场"建构并维护社会生活秩序的传统中，通过诉诸法律规则这一政府立场而对社会生活进行规制或引导，几乎是中国所有法治化建设的一个基本思路，无论是弱势劳工保护立法还是其他领域，从无法可依迈进通过立法的法律治理，但绝对不能出现有立法而无秩序的结果。尽管弱势劳工保护立法是一个不可或缺的基础性工作，但立法并不是万能的，并非只要一有立法，就会使得问题迎刃而解，立马得到解决。立法并不一定等于法律。原因在于，立法只不过是通过公共权力对某些利益团体立场的表述，并不必然完全代表生活世界的真实的需求。

判断一项弱势劳工保护立法是否优劣，虽说有许多标准，但适应性因为显示立法与社会的契合程度，肯定是其中最为重要的标准。而弱势劳工保护立法若是无视社会变化，以不变应万变，也必将为社会所遗忘或抛弃。故需强调回应型立法，对社会的新变化及时捕捉并反映到立法文本里面去。例如，我国 2010 年在某些地方出现群体性劳动事件，原因是处于社会底层的农民工这个弱势劳工群体觉得工资太低，且劳工方的要求得不到工会、用人单位合理的响应所导致的。我们认为，我国应抓紧出台较为完善的工资立法，譬如最低工资法或是工资保障法；并且对《工会法》进行相应调整，确立专职工会人员的法律地位并予以适度的解雇保护。我国目前已启动这方面的制度尝试。2010 年中华全国总工会投入一千万元在十省市试点聘用专职工会人员开展工资集体协商。通过三至五年的努力，基本达到全国具有一定规模的基层工会，都能按需聘用专职人员开展工资集体协商活动。今后职工加班工资、奖金分配、福利补贴及薪酬制度设置等应纳入协商之中。① 而《工会法》第6条第3款规定："工会依照法律规定通过职工代表大会或者其他形式，组织职工参与本单位的民主决策、民主管理和民主监督。"若专职工会人员不是用人单位的职工，则参与工资集体协商会存在法律障碍，故需要对第6条进行调整。而用人单位可通过将专职工会人员解雇的办法不让其参加工资集体协商。我国已经有不少将带领职工维权的工会人员解雇的案例。没有相应的解雇保护权所提供的法律保障，基层专职工会人员带领职工维权的积极性难以维持；我国甚至可在未来修宪时，在宪法中明文规定罢工权。② 而通过回应型的立法模式转换，构建系统保护弱势劳工急需的一些法律制度，有利于构建公平正义的社会秩序，有利于减少群体性劳动事件的发生，提升社会的稳定指数。

二、弱势劳工保护立法具体程序的优化

立法程序通常是指立法主体在法的创制过程中所应遵循的法定步骤和方法。在弱势劳工系统保护立法活动的各个阶段，无论是法的制定、认可、补充、修改及废止阶段，都应遵循确定的立法程序。

要制定较为完善和较高立法质量的弱势劳工系统保护立法，必须注重立法模式的适度转换，进行民主立法、科学立法，推进弱势劳工系统保护立法的科学化和民主化。而坚持民主立法与科学立法，也是提高弱势劳工保护立法质量的必然要求，更是扩大民众对立法有序参与的重要途径。近年来，我国立法机关不断探索更加有效的方法，积极推进民主立法与科学立法。

尽力发挥人大代表在弱势劳工保护立法工作中的作用。中央与地方的立法机关，不但在编制立法工作计划时，要专门听取人大代表的意见，还要认真研究和采纳代表议案建议中所提出的立法项目，也可采纳专家提出的甚至是弱势劳工等一般民众提出的立法建议。我国在这方面已进行了一定的探索并取得某些进展。2009年，共有21件代表议案涉及的10个立法项目被列入

---

① 参见"北京市将尝试基层工会主席薪酬与企业脱钩"，载《北京青年报》2010年8月31日。
② 对于罢工权，国内还需要更多的理性认识。不明文规定罢工权，但听任群体性事件泛滥，那或许只不过是一厢情愿的鸵鸟政策。

全国人大常委会会议议程审议。并且，全国人大常委会在审议与弱势劳工保障相关的法律草案时，应邀请相关的人大代表，使那些提出过相关立法议案或建议的人大代表列席常委会会议。而专门委员会也可邀请代表列席相关全体会议或者出席专题会议、座谈会以及论证会等，认真听取和吸纳人大代表以及弱势劳工典型代表的意见。

（一）弱势劳工保护立法过程中的公众参与的完善

1. 公众参与弱势劳工保护立法的必要性

国家在公布弱势劳工保障立法草案征求全社会意见以及召开立法座谈会、听证会或论证会时，是《立法法》所规定的扩大公众参与立法工作的重要阶段，也是各利益群体的诉求充分表达于立法过程中的重要时机，更是防止利益部门化、部门利益立法化的重要途径。公众参与与公民参与、大众参与、公共参与等表述十分接近，尽管它们之间也存在些许区别，但都具有某些相同的基本内涵；① 意即，在公民选举产生与组成政府之后，公民和政府在决策过程中进行沟通，公民还可参与到具体制度的决定过程中去。这种参与不仅是投票选举，还包括立法与社会事务的决定过程。借用学者俞可平的话来说，公众参与就是"公民试图影响公共政策和公共生活的一切活动"。② 立法的基本含义，简单说来就是法律的创制。不过，立法还应具有宽泛的含义，包括从立法动议、法律实施，到立法评估的全过程。③ 我们在这里只讨论劳动立法的创制，并限缩到弱势劳工系统保护立法领域。民主是弱势劳工群体保障立法的内在诉求，而弱势劳工保护立法则是民主首要的外在表达。包括弱势劳工保护立法在内的所有立法的过程必须是民主的。而相关立法过程中公众参与的程度与范围，也是国家民主化程度的一种具体体现。故而，"民主决定于参与"。④ 立法中的公众参与有助于消减民众之间的差异，促进立法

---

① 在本书中，笔者在审慎考虑后仍采用了公众参与这个词。公众参与和公民参与相比较，在主体上要更宽泛些，可包括除了公民以外的其他主体。而其他主体的立法参与，对劳动权的保障也是有益的。

② 俞可平：《偏爱学问》，上海交通大学出版社2016年版，第61页。

③ Bengt Lundell：“瑞典立法过程中公众参与的机制与程序”，陈国刚译，见李林主编：《立法过程中的公共参与》，中国社会科学出版社2009年版，第250页。

④ ［美］卡尔·科恩：《论民主》，聂崇信等译，商务印书馆1988年版，第12页。

过程中更好的决策出现,增强弱势劳工系统保护立法决策的合法性,并在一定程度上抑制腐败的产生。因为人民若专赖代表做事,不能算是真正的民治;个人的意见,除非他自己表示,或投票,却不能完全发表出来。他们的代表,于有意或无意之中,有时也许误解了他们的意旨。①

公众参与弱势劳工系统保护立法的机制可在相当大的程度上赋予所立之法以民意性、正统性和权威性,使立法易于被民众接受和服从。② 而公众参与立法的需求,从根本上源于公众的权利自觉与享有权利的要求。③ 应该说,公众参与立法的形式,既可以是直接参与形式,也可以是间接参与形式;而这些形式随着时代的发展实际上存在一个不断变迁的过程。所谓公众直接参与立法,是指公众以国家主人的身分直接参与到立法过程中来,而不必通过中介和代表。公众直接参与立法先是表现为公民大会、民众大会这些直接民主的行使形式中,后来则具体表现为创制与复决这些形式中由公众来直接行使立法权。而公众间接参与立法,则是指公众通过选举出来的代表参与到立法过程中去。间接参与立法制度的基点是由人民以一定的选举方式产生代表,并由代表以人民的名义来具体负责国家立法事务。这些毫无疑问是可以适用到劳动立法过程中去的。

应该说,在现代国家,让所有人民都来参加政府的运作,这肯定不具有实行性,而代议制政体已成为现代国家的基本选择,这确定是没有疑义的。虽然代议制政府已是现代国家的普遍选择,但并不意味着它是十全十美的;相反,其不可避免地存在某些缺陷与弊端。而公众直接参与立法机制之所以在现代社会还被允许在一定范围内存在,说明它还依然具有一定的生命力。最可能的原因就在于,现代国家大多具有较为广阔的疆域,而要处理的国家事务也是比较复杂的。故国家不可能将全部的立法事项都交付给人民去完成,而是设立了立法机关去担负立法的重任。同时,为了体现直接民主并纠正立法机关的偏失,一些国家又保留了某些直接参与立法的形式。公众直接参与

---

① [英]詹姆斯·布赖斯:《现代民治政体(上)》,张慰慈等译,吉林人民出版社 2001 年版,第 403 页。
② 江国华:《立法:理想与变革》,山东人民出版社 2007 年版,第 2 页。
③ 王锡锌:《公众参与和中国新公共运动的兴起》,中国法制出版社 2008 年版,第 2 页。

立法能弥补代议制立法机关的缺陷，改变其易被政治精英操控以及难以避免的腐败等问题，也符合民主发展的规律，增强法律的合法性并使其获得普遍的服从。①

故不难看出，公众直接参与立法，在现代社会，仍是确有其存在的必要性的，不过只是作为代议制间接民主的补充形式存在。这其实是有着充分的依据支持的，主要有理论上与实践上的两个根源。② 理论上的根源是主权在民的原理。它告诉人们：不但所有的权力应该完全属于人民，并且只有由人民直接行使而不是由他们所选举的代表来行使的时候，才算是人民拥有真正有效的权力。应该说，仅有人民训令其代表如何代表他们来进行表决是不够的。而实践上的根源，是人们对于立法机关所持的失望与怀疑的态度。这在某些西方国家较为明显，在美国则可说是登峰造极了，③ 有着显著的表现。也就是说，在现代国家，公众通常集体地将公共事务委托给代议机构等国家机关去决策，公众只进行政治监督。但对于代议机构如何就某些利益关系重大的问题作出决策，公众既不可能预见，当然也不可能完全放心。而直接参与立法给公众提供了对代议机构关于一些重要事务的处理结果进行审查和最后确认的机会。亦即，公众通过直接参与立法，偶尔亲自负责一些地方性甚至是全国性的公共事务，以便他们自身的公民美德和智慧的发挥。它将有助于人民保留其最终的决断权。而当争议发生时，也只有人民才能最终停止一切的争执。理想上最好的政府形式，就是密尔所强调的主权或作为最后手段的最高支配权力是属于社会整个集体的那种政府。公众不仅对最终的主权的行使有着发言权，而且在一些时候，还被要求参加到政府中去，亲自担任某种地方的或一般的公共职务。④

2. 公众参与弱势劳工保护立法的实践及完善

在现代国家，让公众更多地参与到立法过程中，已逐渐被列为重要的目

---

① 张晓明、李朝晖："立法过程中的公众参与"，载《广东广播电视大学学报》2010年第2期。
② 同上。
③ ［英］詹姆斯·布赖斯：《现代民治政体（下）》，张慰慈等译，吉林人民出版社2001年版，第916—917页。
④ ［英］密尔：《代议制政府》，汪暄译，商务印书馆1982年版，第43页。

标。故现代国家都需要将公众引入包括立法在内的国家制度的制定过程，一般是在以代议制为主体框架的基础上，发展出合适的公众直接参与立法制度，以适应立法实践的需要。通常说来，公众参与立法的制度形式，通常有立法请愿、立法复决制度、公民立法提案、立法听证、立法旁听、立法座谈会、立法规划与法案的公开征求意见、立法预告、立法咨询等。[①]

  我国已在公众参与立法的实践方面作出了一定程度的有益探索，已取得了稳定有序的进步成果，并将其写进了一些权威的文件中。在宪法、立法法相关规定的基础上，党的十七大报告曾指出，"增强决策透明度和公众参与度，制定与群众利益密切相关的法律法规和公共政策原则上要公开听取意见"，明确提出了"保障人民的知情权、参与权、表达权、监督权"这"民主四权"的要求。现阶段我国在实践中已经常运用的公众立法参与形式有列席和旁听、立法调研、书面征求意见、论证会、座谈会等形式，这已成为我国立法决策过程中的一道亮丽风景线。而2008年的全国人大常委会工作报告也提出要"进一步扩大公民对立法工作的有序参与"。随后，全国人大常委会委员长会议在2008年决定，今后全国人大常委会审议的法律草案，原则上都要公开并广泛征求意见。这是扩大公众立法参与，发扬立法民主的典型举措。当然，也有一些具体的立法参与事例。例如，我国在2005年修改《个人所得税法》时，个人所得税工薪所得减除费用标准听证会之所以举行，是因为当时的民众有强烈的需求，在经全国人大常委会委员长会议同意的前提下，由全国人大法律委员会[②]等机构举行，结果使得个人所得税的扣除额增加100元。这是中国大陆举行的为数不多的立法听证会之一。而我国的一些地方立法机关举行过数十次立法听证会，并制定了一些立法听证的规则，其中有《甘肃省人民代表大会常务委员会立法听证规则》等地方性法规，但主要是一些层级较高的人大常委会或者是其相关的委员会通过的内部规范性文件。[③]也就是说，立法听证会的举行虽遵循一定的规则，但规则层级较低，而且还不完善。而一些地方在立法实践中创造出一些新的立法参与制度模式，譬如

---

  ① 李林主编：《立法过程中的公共参与》，中国社会科学出版社2009年版，代序第17页。
  ② 当时叫法律委员会，现已改名为宪法和法律委员会。
  ③ 张晓明、李朝晖："立法过程中的公众参与"，载《广东广播电视大学学报》2010年第2期。

2007 年修改后的《甘肃省人民代表大会及其常务委员会立法程序规则》增加了"公民可直接提出立法建议项目"的内容，这实际上是允许公民在地方立法领域行使一定的创制权。①

前面所说的立法参与形式已成为立法机构实现立法民主化的基本手段，这意味着我国在立法方法与程序上取得了较大突破，立法工作正日益走向公正化、透明化，而人大"开门立法"逐渐成为立法"常态"，而不再是"特例"。在我国 2006 年起草《劳动合同法》以及 2008 年制定《劳动合同法实施条例》时，曾分别就其草案征求社会意见。《劳动合同法（草案）》在 2005 年 12 月 24 日首次提交审议后的短短一个月内，来自社会各界的意见多达 19 万余条。一部立法，吸引如此多的公众参与，在我国立法史上也是绝无仅有的。这些意见中六成是普通劳工提出来的。参与立法的学者看了很多生活在底层的劳工生活艰难、劳动条件和劳动待遇很差的来信后非常受触动。② 这说明弱势劳工群体对我国具体立法过程还是具有一定影响力的。

全国人大常委会审议的所有法律草案及其立法说明，都在中国人大网专栏中予以公布，并可通过报纸、网络等媒介广泛传播，充分调动了民众参与立法的积极性。另在 2009 年，当时的《社会保险法（草案）》在两个半月的征求意见期间，共收到意见建议 7 万余条，对群众反映较为集中的养老保险与医疗保险等方面的意见，经过研究后予以吸收进入了法律草案。而国务院在制定与弱势劳工群体保障有关的行政法规时，不断扩大行政法规草案公开征求意见的范围。不但在中国政府法制信息网的专门网站上公布草案全文，同时还委托地方政府、基层群众自治组织和人民团体等去主动征求群众对行政法规草案的意见。而有立法权的地方人民代表大会可通过公开征集相关的立法项目、公布地方性法规草案、举办座谈会、论证会以及听证会等方式，

---

① 创制权（initiative）乃国民积极性质的立法权。创制权是公民享有针对立法机关应制定或修改之法律，当其不制定或修改时，可提出原则或建议，促使立法机关制定、修改为法案，议决为法律的权利。实际上就是有限度地承认公民享有立法的动议权，以纠正或弥补立法机关的偏失和疏漏。创制权的源头可追溯至古希腊城邦国家的公民大会的直接立法，近代国家对创制权的承认则深受卢梭"人民主权"思想的影响。参见陈茹玄编：《联邦政治》，商务印书馆 2013 年版，第 66 页。

② 崔丽："解读劳动合同法：矫正倾斜的劳动关系"，载《中国青年报》2007 年 12 月 14 日。

不断扩大立法的民主化。① 当然这也表明，立法机关在对弱势劳工群体权益密切相关的立法进行决策时，理应充分考虑弱势劳工群体的意见。

(二) 弱势劳工保护立法过程中的专家参与的完善

在民众中还有一个较为特殊的群体，那就是专家。一些研究中是将专家参与和公众参与分开论述并进行对比研究的。故在本书中也采取这种做法，将两者分开论述。

所谓专家，通常说来就是掌握与公共议题相关知识的专业人员，以专业知识的投入以及其专家理性、价值中立而在公共决策过程中占有重要地位。公共决策过程中的专家，在很多情况下就是科层制体系中的官僚机构及其中的人员。而在美国行政法上所提及的"专家理性"决策模式中所涉及的专家，就是公共行政机构。② 故通常认为，专家就是指拥有专业化、技术化的知识，较好地掌握政策分析和咨询方法及工具的个体或集团。实际上，专家可分为立法机构的专家人员，譬如全国人大常委会法制工作委员会的工作人员和形式上中立的专家。③ 专家的优势在于对立法事实以及立法技术的掌握，通常以中立的面目出现，也就是所谓"专家中立、专家均衡"。专家进入立法决策过程在一定意义上意味着理性的强化。但弱势劳工系统保护立法的实践证明，专家既可能代表公众的利益和反映公众的身心，也可能会被利益集团影响而为其所用。特别是代表不同群体的专家在意见相左时，引发大规模的论战，譬如《劳动合同法》在制定过程中所谓代表劳方与代表资方的专家之间的论争。故专家也有可能是偏颇的，即"专家理性有限"，其中理性本身只是一个预设。④ 相关专家，即便是以中立的身份对技术性问题进行咨询，提供的知识也难说一定就是不可置疑的真理。即便是法律专家，在立法方面的知识也是有限的。特别是立法机构的专家人员参与到劳动立法过程中时，

---

① "中国法治建设的白皮书 (2009)", news. xinhuanet. com/newscenter/2008 - 02/28，2017 年 6 月 30 日最终访问。

② 王锡锌:《公众参与和行政过程——一个理念和制度分析的框架》，中国民主法制出版社 2007 年版，第 341 页。

③ 同上书，第 341—343 页。

④ "砖家"成为热词，或许在某种程度上能很好说明这一点。

很有可能导致所谓"知识—权力"的垄断性结构出现。而公共决策权力的配置实际上就是"话语权"的适度分配，而"知识—权力"的垄断性结构或许将导致公共决策中公共性和民主性的失落，最终影响公共决策结果的科学性。[①] 在我国立法实践中，一些立法的草案交由法学专家代拟，而一些学者也主动提出某些立法的专家建议稿。而且，专家学者的一些行为也推动了立法进程，譬如《城市流浪乞讨人员收容遣送办法》的废止、《城市房屋拆迁管理条例》的修改等。

如何保证专家咨询或建议的客观性？美国的做法有一定的科学性，值得借鉴。美国于1972年通过的《联邦咨询委员会法》对专家咨询机构的建立、运作、监督和终止都加以规定。该法目的在于保证各种形式的专家咨询机构所提出建议的客观性以及公众在专家咨询过程中的知情权。而经过三十多年的发展，以《联邦咨询委员会法》为核心的美国咨询委员会制度发展至相对的成熟阶段。[②] 在我国的劳动立法过程中，专家们所持的观点或提出的建议事实上是大相径庭的，甚至是针锋相对的，譬如在劳动合同法制定过程中专家的激烈论争。在我国，既缺乏专家独立性的保障机制，也没有抑制专家"知识滥用"的制度。在实践中，公众将那些观点比较令人意外的专家称为"砖家"，应该是一种厌恶之情的表达。要避免专家参与弱势劳工系统保护立法的弊端，国家该建构和完善相应的制度，以便从专家的观点和建议筛选出适宜的成分，去创建和完善弱势劳工系统保护机制，这是我国现阶段必须着力予以解决的问题。

(三) 弱势劳工保护立法过程中利益集团参与的完善

应该说，在我国的利益集团影响立法的过程中，有一些较为特殊的现象。譬如在《劳动合同法》制定过程中，包括了福特、通用电气等美国大公司的美国商会向中国政府频频游说，劝说中国放弃制定该法。[③] 不少外资企业以"撤资"相威胁，试图影响《劳动合同法》的立法进程。在我国国内有投资

[①] 王锡锌：《公众参与和行政过程——一个理念和制度分析的框架》，中国民主法制出版社2007年版，第297页。

[②] 同上书，第298—299页。

[③] 王锡锌：《公众参与和中国新公共运动的兴起》，中国法制出版社2008年版，第5页。

的外国投资者很关心我国的相关立法,并积极参与到立法过程中去。而我国的内资产业,譬如大中型国有企业,倒不是很关注这样的问题。另在 2010 年 7 月,我国香港特别行政区立法会开始马拉松式审议《最低工资条例草案》,劳工界及泛民与商界两大阵营进入最后角力阶段。劳工界重申,最低工资要为打工仔达到尊严水平的工资,政府不可漠视贫富悬殊,最低工资水平要一年检讨一次;商界议员则反击,大量中小企老板担心要结业裁员,职位将大量流失。后"一年一检"修正案势将被否决。[①] 以上事例表明,在与弱势劳工权益保障的相关立法方面,弱势劳工及与其利益对立的强势主体都会参与其中,尽可能地利用自身的影响去改变立法结果。

通常说来,法治国家应在其宪法体制中构建足够的平衡和控制机制,使得其既能够控制利益集团的能量,又不牺牲民众的权利或自由。故国家建立的政府既能包含和反映各种不同的利益,又能调整不同利益之间的矛盾和竞争,并使之保持平衡。而在美国,政府也是重要的利益集团来源地。就我国而言,应改变那种鸵鸟心态,大方又坦然承认利益集团的存在,在包括弱势劳工保障立法在内的立法过程中妥善处理各利益集团的利益问题。毕竟,弱势劳工保障立法可说是妥协的艺术。只有在协调好各群体利益的基础上才能达成妥协。而利益集团争相掌控弱势劳工保障立法相关资源而出现的冲突、竞争和协调态势,客观上促使立法过程不得不对社会各个方面的利益和需求综合考虑并加以平衡,而只有在各方妥协的基础之上产生的法律以及建构起来的法治秩序才会得到各方更大程度的认同、遵守和维护,[②] 实现程序正义并兼顾结果的相对公平。而未来应更重视利益集团参与弱势劳工保障立法的程序正义。

(四) 现阶段立法参与制度的完善构想

总的说来,无论是立法还是其他领域,公众参与正成为公共生活"民主化"的一个符号。[③] 在弱势劳工系统保护立法方面也是如此。当然,我们不

[①] "香港最低工资立法角力,劳资双方激辩 7 小时",http://news.stnn.cc/picture/201007/t20100715_1373191.htm,2017 年 8 月 18 日最终访问。
[②] 秦前红:"宪政视野下的中国立法模式变迁",载《中国法学》2005 年第 3 期。
[③] 王锡锌:《公众参与和行政过程——一个理念和制度分析的框架》,中国民主和法制出版社 2007 年版,第 1 页。

能对立法中的公众参与的作用做过高的预期。首先是对什么时候和以什么形式进行立法公众参与并明确规定。我国已有十多部法律征求了公众的意见，但为什么是这些法律而不是另外的法律，没有一个明确的界分标准。而征求意见的核心内涵又是什么？我们不能只重视意见的征求过程，更需要的是注重认真对待意见的结果，对意见作出适当的回应。而这一点我们还需要进行制度完善，争取做得更好。否则，很有可能会出现的现象是：立法过程中在表面上完全可能呈现出声势浩大的公众参与，但是规则的决定可能完全不受公众意见的影响，因为公众参与的有效性依赖于政府及各方的诚意、制度化的程序规则、理想且负责任的讨论与回应机制。[1]

当然，无论是在弱势劳工保障立法，还是在其他的立法过程中，公众参与的机制还是存在一定缺失的，仍需要进行完善。一些地方在立法过程中采用了立法参与的形式，采取"听证会""座谈会""讨论会"甚至是"公告—评论会"等方式让公众参与，通过吸纳民意而提升立法与决策民主正当性的做法，但毋庸讳言也存在虚假繁荣，导致民意被包装致使规则和决策的民意基础受到侵蚀的现象。[2] 我们认为，公众参与立法的实效、信息参与者的话语权与相互间的利益博弈紧密有关。故首先是要完善信息公开制度。尽管《信息公开条例》已于2008年颁布，但以政府部门为主体的国家信息公开的程度还不高。若公众参与立法缺乏信息的基础，这影响到公众参与立法所需要的知识和参与能力；其次是要加强相关群体的组织化程度。在劳动立法等方面，相关主体利益组织化的程度较低，也很不平衡，这影响了公众参与，特别是弱势劳工立法的规模及效果；最后是公众参与的形式和途径还有待丰富和完善，程度还有待进一步提升。譬如目前最常用的是听证会模式已出现过于注重形式化而忽略效果的倾向。我们认为，在立法听证会上不能再出现同样的形式化问题，故需要进行积极规范和完善，直面现实问题，推动立法听证制度的科学化和民主化。我国的立法听证制度规则完善的方向是：立法听证不但是意见的陈述，更重要的是合理意见的听取。故应改变立法听

---

[1] 王锡锌：《公众参与和行政过程——一个理念与制度分析的框架》，中国民主法律出版社2007年版，第362页。
[2] 同上书，第363页。

证的主动权完全掌握在相应的国家机关手里，而公众只能被动地参与和服从的现状。应赋予公众在立法听证上一定程度的主导权，譬如弱势劳工群体的具体个人可主动申请举行立法听证；并在具有一定代表性的意见或建议没有被听取时，可要求予以答复。因而应完善立法听证的答复机制。当公众觉得答复的理由不成立，应赋予一定的补救途径，例如可赋予一定前提条件下的提案权等。故应让立法听证的规则尽快得到完善，让立法听证的人更具有代表性，适当的意见得到采纳逐渐成为立法实践的一种常态。而规范化、常态化的立法听证，有助于提高立法质量，保障参与实效。

公众的立法参与应当构建有效的制度保障。劳动立法是否需要公民参与，应由较为详细的规则明确规定，不能太随意。当然，也有对公众参与的必要性和作用持怀疑态度的学者。"公民参与或多或少是一种干预——耽搁了所能容忍的政策的进程，因为他们对政策的制定没有什么价值"。而在美国，公民也意识到他们只能通过一种微弱的方式来影响公共政策的制定，于是他们对参与活动逐渐变得冷漠、疏远，而最终影响参与的效果。

保障公众的平等参与权，无论其属于弱势劳工还是其他主体。这需要培育能合格参与、积极参与的公民，并通过教育来培育公民的价值观及批判性思考能力。这应该是公众有效参与所必需的。毕竟，公众参与的积极性需得到提升。那公众缺乏参与的积极性该如何解决？从浙江温岭等地的公众参与实践来看，展现参与的实际效果是提高积极性的重要途径。制定一定的参与规则，促进公众的立法参与。特别是那些利益可能受到立法影响的群体，必须参与到过程中去，获得最有可能的机会发表意见和在一定程度上参与立法决策。当然，在公众的立法参与中要防止部分群体垄断话语权、建议权甚至是立法的现象出现。因此，所有参与主体要在充分表达自己意见的基础上充分进行沟通、协商和博弈。

除了公布之外，笔者认为，还需要将立法咨询作为立法参与的一种常态方式。在大多数欧盟成员国，议会内部为法律草案所进行的咨询活动是立法机关经常性的活动。总之，为促进弱势劳工保障立法的实施，并最终在弱势劳工保障立法领域形成"良法之治"，完善公众参与立法机制的重要性日益凸显。而具体该如何完善？除了前面所述外，我们还在此提供一个方向性的建议：公众参与立法机制的发展趋向，不再单纯地由公众对立法提出意见和建议，然后再让有关机构进行决定和取舍；而是要逐渐发展到国家该立什么法、如何立这个法，在一定程度上由公众决定，这样才是真正实现人民主权。简单说来，公众参与立法不只是参加，也可以是决定；公众可在一定程度上享有决定权，可说是参与的应有之义。在弱势劳工保障立法等与群众切身利益密切相关的立法时尤其需要如此。只有这样，才是真正在立法领域实践"以人为本"，确实突出"人是法律之本"的体现。

第五节 弱势劳工保障立法行使现状的实证分析

一、农民工权益保障的法治化途径探索

农民工，在我国是来自农村但在城镇提供劳动的农民，为更好地保障农民工权益，现从法学的角度就农民工加入工会、行使结社权的法律保障方面做一个深入探讨，[①] 以期抛砖引玉，把农民工问题的法学研究引向更新的领域与更广的范围，在全面推进依法治国的进程中，在法治的范围内探索一条通畅通达的农民工权益保障途径，不能让法治有"遗漏"或出现"死角"。现阶段我国农民工权益的保障途径有多种，其中主要有政府机关的保护，农民工的自我保护，社会团体所提供的保护等方式。这些保障方式尽管不完善，有不少还只是临时措施，但也逐渐被强化，出现经验化多样化的趋势。[②]

（一）农民工权益保障的现有途径及缺陷

首先是政府主动作为，为农民工讨薪维权。譬如政府利用庞大的行政资

[①] 此处加入工会的农民工主要是指那些在用人单位工作的农民工。就立法技术而言，并不是非要把那些劳动力市场上处于长期待业状态的农民工排除在外。立法工作中确实也要关注那些被工厂资本挑剩的农民工。而对这些农民工的研究，参见王华：《门槛之外：城市劳务市场中的底边人群》，知识产权出版社2016年版，第23页。

[②] 刘大洪、张晓明："农民工权益保护的法治化途径探索"，载《湖南工程学院学报》2006年第3期。

源，主动为农民工讨欠薪。还有是政府有关部门在劳动监察过程中，对主动发现的侵害农民工权益的事情予以处理和进行处罚。这些方式很重要，并且以后还应要求相关政府机构在劳动关系调节中发挥更大的作用。但问题是仅靠政府的作用是未必能奏效的，还有是政府愿不愿发挥作用的问题。[①] 首先，是政府不能的问题，政府相关部门有限的执法人员来监督如此众多的企业是不可能解决问题的。况且，各级政府，尤其是基层政府机构，目前在很大程度上还为先前陈旧的劳动就业观念和制度所束缚，导致政府监督不力。再者，是政府不为的问题。一些地方政府在优化投资环境、发展本地经济、吸收外来投资的动机驱动下，外来劳工权利和利益往往在"创造良好投资环境"的目标追求中被忽视和践踏，政府怕惹恼"得罪"投资者而致使其走人，很多时候注重维护资方的利益，而对农民工权益被侵害的现象不太重视，普遍性地存在不出事就好的侥幸心理。何况还有监督者的权力腐败与所谓"寻租"问题的颇多存在。

除政府的保护外，还有某些公益团体的保护，其中主要是一些非政府公益组织，协助讨薪，为维护农民工权益而奔走呼吁等。不过，这些公益团体数目有限，存在的区域有限，并且自身还在发展中，起的作用不宜高估。

还有一种途径则是农民工自己维权。其一是农民工消极反抗，有破坏工具或机器的，也有装病溜号的，甚至辞职不干的，最终"用脚投票"离开打工的地方。在求助无门投诉无果的情况下，"处于劣势的人最终会用脚选择离开"，这也是农民工作为弱势劳工最后的办法；再就是积极维权，对雇主提出异议或向有关部门申诉举报，或主动提起诉讼维权，也有少数组织起来联手与资方对抗，集体要求政府主管部门给个说法。但从农民工知识水平、维权成本及组织程度看来，这些方式并不普遍。不过，新生代农民工选择积极维权的意愿有所提升。农民工大量离开会导致"民工荒""用工荒"，导致企业不能完全开工，对企业生产及国家的经济发展不利；积极维权因时间太长及费用太高对农民工自身不利，而与资本暴力对抗则对国家、企业与农民

[①] 刘大洪、张晓明："农民工权益保护的法治化途径探索"，载《湖南工程学院学报》2006 年第 3 期。

工三方都不利。故而，笔者认为需另外开辟为农民工维权的新管道。组织农民工加入工会被认为是一条可行的途径，本书就做一尝试，探索农民工通过结社权的良好行使来维权的可能性及必要性。①

(二) 农民工结社权行使的现状

依据《宪法》第 35 条规定，中华人民共和国公民有结社的自由。我国公民不分民族、性别、教育程度及财产状况，都一律平等地享有宪法与法律规定的权利，履行宪法与法律规定的义务。农民工与我国其他公民一样，都能行使这些权利。② 在此主要讨论农民工参加工会方面的结社权之行使，为节省篇幅不讨论其他方面结社权的行使问题。

农民工是农民的一部分，也是农民中较为特殊的一部分。农民的结社权当前基本上处于虚置的状态。中华人民共和国成立前的农会及由此延续下来的贫下中农协会只是一种政治组织，且在新时期取消阶级成分后已自动消亡，从此几乎不存在代表农民利益的专门团体。农民工则是改革开放后农民洗脚上田、离土离乡，成为开放地区的雇佣劳工后出现的称呼。他们是特殊的农民，在家种地则为农民，出外务工则为农民工，还有的既种地又务工。目前，在我国同样缺乏代表农民工利益的专门团体。这使得农民工在市场竞争中处于不利地位，既不能有力地与资本相抗衡，也不能抵制某些政府部门的乱收费、乱罚款等非法侵害。

当然，农民工在打工过程中，也有一部分人参加了工会。目前农民工除参加了所在企业的工会外，还主要参加了以下三种形式的工会。

1. 户籍所在地政府建立的工会

据权威媒体报道，从 2002 年起，河南省信阳市在县乡两级建立起"民工工会"，以便维护外出务工农民的合法权益。"民工工会"由主管领导担任负责人，劳动、司法、民政、公安等部门的负责人作为机构成员。"民工工会"负责与农民工务工所在地相对应的工会组织建立联系，为农民工提供咨询服

---

① 刘大洪、张晓明："农民工权益保护的法治化途径探索"，载《湖南工程学院学报》2006 年第 3 期。

② 农民工的公民地位、平等地享有公民权利，在学术界一段时间是热点问题。这个在学理上不难的问题实践过程中落实却不易。

务和法律援助,参与或协助有关部门处理劳资纠纷与工伤事故等事务。① 信阳成功探索出农民工双向维权的"信阳模式",为全国农民工维权工作提供了范本。信阳的双向维权模式,就是在农民工输出地(源头)建工会,该工会在务工输入地派驻常驻机构,吸收务工地农民工入会,由农民工输入地属地管理。输出地和输入地两家工会联合互动,双向为农民工维权。信阳市"克隆"出县总工会驻惠州市农民工维权服务中心、淮滨县驻北京市农民工维权服务中心等209个帮农民工维权的机构。② 这是"倒逼"出来的维权模式,③助力农民工走上理性维权轨道。仿效信阳的做法,我国其他一些劳务输出较多的地方也为户籍在本地的农民工设立了类似的劳务输出地工会机构,并提供一些维权服务。

2. 务工所在地政府建立的工会

农民工务工所在地政府建立的工会中,最为典型的是社区工会。所谓社区工会通常是指在社区范围内就业的劳工,为维护自身的合法权益,依法而自愿组建的工会组织。为实现最大限度地把劳工组织到工会中来的要求,我国一些劳务输入地把工会工作拓展到社区,以居住地社区为基点,用工会的力量去维护社区内从业人员的权益,社区工会遂应运而生。社区工会较早出现在江苏省南京市。到2000年6月止,南京市的所有社区都建立了社区工会,全市所有街道都成立了社区工会联合会,并建立了社区工会的基层组织。其他一些地方也相继成立了社区工会。譬如在2004年3月,湖北省武汉市发文要求所有街道、乡镇必须建立工会组织;凡是有劳动关系、有职工的企业都要组建工会组织。社区工会组建率须达到90%以上。④ 2007年,武汉市青山区新沟桥街外来务工者的"家"——"他乡之家"成立。新沟桥街外来人

---

① "信阳:建立'农民工会'",载《半月谈》2003年第4期。
② 李承锦、肖树臣:"为了让212万农民工体面劳动",载《工人日报》2010年7月5日。
③ 信阳全市人口820万,有212万名农民工常年在外地,几乎每一个家庭里都有人在外打工,足迹遍布全国各地和欧美、日韩及东南亚等20多个国家和地区,每年带回190.9亿元的劳务收入,占该市国民生产总值的20%。农民工众多,且所占比例大,劳务收入影响当地经济发展,故而倒逼出双向维权模式。参见李承锦、肖树臣:"为了让212万农民工体面劳动",载《工人日报》2010年7月5日。
④ 参见《人民日报》《新农村周刊》2004年3月21日,第5版。

员占比超过1/10,"他乡之家"让他乡变故乡。国务院农民工社会组织、国家流动人口社会组织等专题调研组先后来到这里调研。①

由于社会转型,原来由用人单位承担的部分职能剥离出来由社区承担,街道社区需要组建工会来负担其中的部分职能。社区工会是超越单位的工会组织网络,可突破条块分割的狭隘视野,其覆盖了社区内所有从业人员,吸纳这些不同类型、不同就业形式以及不同单位的劳工加入工会,这其中很大的一个群体就是农民工弱势劳工群体。

3. 成立专门的农民工工会进行维权

沈阳市在2005年前成立了首个农民工工会,开始凭借农民工自己的组织来维护农民工权益;该农民工工会已为入会的农民工进行了数次成功的维权行动。沈阳鲁园农民工工会至今仍很活跃,经常举行各种工会活动。2018年4月,该工会所属的数十位农民工在"参与'三城联创'共建幸福沈阳,新市民在行动"中签字承诺。② 沈阳市总工会升级"爱异客"APP、改建农民工维权中心等,正在努力打造服务70余万农民工的"升级版"。③ 实际上,北京市在建筑行业进行的农民工加入工会的试点工作中,也不是让农民工直接加入这些单位的工会,而是让这些外来建筑队自建工会,具备条件的建立工会组织;不具备条件的,先组建农民工的自我管理委员会再过渡到工会组织,实质上是建立专门的"农民工工会"。④ 而且,在实践中还出现了项目联合工会等针对建筑行业特点的新型基层工会组织。2018年以来,陕西省建设系统已有3万多名农民工加入工会,而加入的工会是项目联合工会。⑤

---

① 韩炜林、余瑾毅:"武汉:'他乡之家'志愿服务让他乡变故乡、客人做主人",载《湖北日报》2012年5月3日。

② 方月宁:"沈阳鲁园农民工工会,开展'三城联创'签字倡议宣讲活动",http://epaper.syd.com.cn/sywb/html/2018-04/03/content_ 177340. htm? div =0,2018年4月18日最终访问。

③ 顾威:"沈阳市总工会服务农民工'升级'了",载《工人日报》2016年9月22日。

④ 刘丽臣:"关于城市建筑业农民工组建工会的探索",载《工会理论与实践:中国工运学院学报》2004年第1期。

⑤ 李锋:"陕西省建设系统3万多名农民工加入工会组织",http://www.cnr.cn/sxpd/pp/20180420/t20180420_ 524206612. shtml,2018年4月21日最终访问。

(三) 农民工结社权正常行使的法律保障

1. 结社权行使存在的问题

当时信阳的"民工工会"由政府建立，是政府提供给外出务工者的一种优惠和保障。当民工权益受损时，有强大的家乡所在地政府通过政府对政府的方式帮助维权。它实际上建立的不是通常意义上的工会，而是政府以工会的名义为农民工维权，且不管实效如何，算得上是一种新的尝试。武汉、南京以居住地为基础建立社区工会的模式，与以单位为基础建立的工会相比，打破了以用人单位组建工会的框架限制，确有其创新之处。沈阳等地组织的"农民工工会"的创新之处是单独为农民工组织工会，这在社区工会的基础上又进了一步，它的成员来自不同单位的农民工，还是专门的农民工工会。更重要的是农民工工会的独立性得到了保证，不被资方控制或制掣。[①]

必须认识到，这些工会主要由政府所组建或政府促动建立，农民工大多是被动地参与到工会中来，而且反应消极，在整个过程中不易看到他们的积极性，很多农民工甚至嫌麻烦不愿加入工会。并且前述的三种工会组织形式并没有被法律明确肯定，合法与否还存在疑问。具体到工会的组建上，与《工会法》的规定存在一定的差异，工会成员不用缴纳会费，工会的组织机构也不全是会员选举产生，基本上靠指定。这些或许是考虑到农民工特点的无奈现实之举，但没有会费的工会又如何去维持它的存在？不符合工会法的工会又该怎样去生存和发展？这些工会很有可能是名义上的工会，农民工参加了工会并不等于权益获得保障。在不少的三资或私营企业里，建立的工会多是应付政府检查的应景之作，基本上是摆设，且多数被资方在一定程度上控制，这种由资方所控制的形式上的工会难以起到代表和维护工人利益的作用。如此类似的问题普遍存在。这些问题不解决好，农民工的结社权就不可能正常行使，农民工的权益就难以得到良好保障。

2. 结社权行使的必要性

应该说，农民工加入工会对农民工的权益保护能形成一种制度性保证。

[①] 刘大洪、张晓明："农民工权益保护的法治化途径探索"，载《湖南工程学院学报》2006年第3期。

就人口"红利"而言，农民工已成为我国产业工人的主角，每三个产业工人中就有两个多来自农村，仅将其作为弱势劳工群体加以保护是不够的，重要的是在制度设计与政策制定上给予坚实的保证。为进城务工的农民工建立工会，让其通过工会来维权，农民工权益就能得到经常性的、稳妥性的制度保护。有了工会，农民工对工作时间、劳动报酬、安全条件、生活福利等存有疑问或是不满意时，可通过工会讨个说法、讨个公道。从长远来看，工会还可以为进城务工人员在社会保障、子女就学方面提供更多的帮助，逐渐减少城乡劳动者间的差别待遇。

农民工加入工会对资本的力量可形成一种适度的抗衡，是农民工社会化维权的需要。中国仍处于工业化的进程中，劳工依附于资本与机器的状况在较长的一段时间仍不会改变，故把数量众多的农民工吸纳进工会，既推进了工会的建设，也可以形成对资本有力的抗衡。不然，缺乏组织化的农民工缺乏与资本进行均衡与博弈的能力，只好听任资本摆布。而资方长时间的为所欲为最终会损害资方自己的利益，如2004年不少地方开始的"民工荒"就是很好的例证。而只有将农民工组织起来，通过工会这种社会化维权模式，促进雇主行为的规范化，才能实现双赢。

确实，农民工加入工会是走向新时代的要求，是以人为本的切实体现，是形成和谐社会的必经步骤。中国加入世贸组织后，中国的市场化规模已扩展至全球，更多的外资外商进入我国，中国也向国外投资，由此产生的涉外劳动关系亦会影响中国的劳动关系，使得其更加符合国际运行的"游戏规则"和公认的国际劳工标准和惯例，这同时会促进我国对农民工权益的保护。2004年我国的宪法又进行了修改，将"国家尊重和保护人权"纳入了宪法修正案，将包括农民工在内的公民的权益保护上升到根本法——宪法的高度。在宪法已有规定的情况下，政府和社会不能再听任严重侵害民工权益的现象出现，更不用说频繁发生了，规模这么大的群体权益得不到保障，谈何"以人为本"与人权保护？并且，不让农民工进入工会这种合法组织，因维权的需要，农民工自然而然会按血缘关系或地缘联系组织起来。这种血缘和地缘组织很容易发生变异和变性，极可能会蜕变成黑社会组织或其他形式的非法组织，危害一方。同时，农民工与资本、城市与社会的对立在长期的压抑下一旦爆发，局面很可能难以收拾，结果也可能无法预料。故而因势利导，将农民工纳入工会，缓和越来越尖锐化的农民工与资本的矛盾，保护他们的正当权益是我国的必然选择，也只有在这个基础上才有可能顺利构建社会主义的和谐社会。

故将农民工纳入工会的呼声愈来愈大，工会组织理应把很大数目的工人阶级的新成员（农民工）作为自己的服务对象，这既有利于其行使职能，也有利于更好地维护社会稳定。在这方面我们已有所突破。2003年8月，中华全国总工会发出的《关于切实做好维护进城务工人员合法权益的通知》中要求把进城务工人员组织到工会中去，要求"与用人单位建立劳动关系（含事实劳动关系）的职工，不论户籍在何地，无论工作时间长短，都有依法组织和参加工会的权利"。[①] 2003年年底召开的全国总工会第十四届三次主席团会议宣布"突出抓好进城务工人员的工会组建工作"。2004年的政府工作报告已明确"农民工是我国产业工人的一部分"。同年的中央一号文件也肯定了这一点。2018年中央政府工作报告提出，"2018年城镇新增就业1100万人以上，城镇调查失业率涵盖农民工等城镇常住人口，今年首次把这一指标作为预期目标，以更全面反映就业状况，更好体现共享发展要求"。城镇调查失业率涵盖农民工等常住人口，有利于农民工劳动就业权益的保护。而工会的本义是劳动关系中劳工一方利益的代表者和维护者，故工会必须把农民工纳入，让被称为"职工之家"的工会也成为真正的"农民工之家"，而不是把农民工排斥在工会的大门外。因为这在一定意义上会影响到我国的稳定与安全，影响到中国特色社会主义法治社会的建设进程，也影响到全面推进依法治国的进程。

3. 相关法律的缺陷分析和改进建议

我国宪法规定和保障包括农民工在内的所有公民的结社权，但位阶比宪法低的法律、法规或者长时间的习惯做法不正常地限制了农民工的结社权。尽管相关法律的一些规定在一定程度上已有所改变，但还是不够的。主要表现在以下几个方面。

---

① 刘大洪、张晓明："农民工权益保护的法治化途径探索"，载《湖南工程学院学报》2006年第3期。

①《工会法》在工会的性质和地位、工会独立性的制度保障等方面的规定都存在不足,理应对工会进行正确定位和职能创新。《工会法》在 2001 年修改后在某些方面虽有一定改观,但问题和缺陷仍是显而易见的。首先,工会应摆正位置,与资方或政府管理机构保持距离。工会不能把自己看作是政治机构,也不应将自己等同于国家机关,更不应将自己当作资方管理部门的辅助者。工会与管理者是平等的关系,不是管理者的助手或下属机构。在工会成员的构成上,我国的规定与国外通行的工会法律中"雇方代表不得参与"的禁令有差距。实际上单位的领导人员或资方代表不但能加入工会,而且在很大程度上影响甚至是控制了工会。不少单位的工会主席习惯上由将退"二线"的单位领导人员担任,工会管理人员很多都曾是单位的管理人员,成为其继续享受领导待遇的依据。而且工会内部机构设立不完善,听命于单位的管理部门,使得工会对外不能自主,对内不能民主,与《工会法》的要求也存在明显差距。工会成员的意见和要求不一定会被工会重视,不一定能畅快表达工会成员的心声。制度的缺憾使得我国很多工会在形式上确实是建立了,但没有具备法律规定的那种工会的实质,基本上起不到制度上确定的为工会成员维权的作用。尽管最高人民法院的相应司法解释明确了工会可取得社团法人地位,但实际上多数工会都沦落为单位的附庸或其下属机构,唯资方的眼色行事,对劳方的权益视而不见,这样的工会怎能很好替职工维权?

故而,我国工会法在保障工会的独立性①上应加强制度设计,明确工会与党政机关、与单位管理层的界限及相应关系,并明确限制党政机关与单位管理层的行为来保障工会的独立地位。这在我国一直是讳莫如深的话题。我国只认定工会为社会团体,要将工会还原到具有公益性的私法人②的本来面目尚待时日,不以制度保障工会的独立性,工会难以正常行使职能。另外,工会在劳资关系中应正确定位。劳资双方尽管存在此消彼长的利益对立关系,但还存在利益协调的统一关系。劳资双方并不完全只是矛盾的,也有利益一

---

① 虽然 2018 年修宪已将党的领导确定为中国特色社会主义的最本质特征。但加强工会的独立性并不意味着一定就否定党的领导,党仍然在工会工作中发挥领导作用。若是形式采取得当,党的领导作用肯定还会加强。

② 黄越钦:《劳动法新论》,中国政法大学出版社 2003 年版,第 295 页。

致的一面。在此背景下，工会作为社会经济矛盾，特别是劳动关系矛盾的产物，理应正确定位，应把握好双方的利益平衡点，以便达至均衡。而工会与资方及管理者的关系应是对抗与合作的关系，在对抗下合作，合作也需要随时准备对抗。双方对抗与合作的动态平衡可促使社会、企业、劳动者走向良性发展，这是一种多赢的结局。

②我国工会组建的形式并不完全符合农民工的特点，存在不适应性，工会组建的形式理应创新。一是习惯性地将单位工会理解为我国工会组建的唯一形式。工会的组建一直是按"单位工会"的模式来组织，在外企、民企依然如此。[①] 本来依据1992年修订的《工会法》第3条的规定，农民工作为劳动者可以参加工会，但该法第2条的规定把农民工长期排除在工会之外，农民工因身份阻碍被关在工会大门外。因为传统上认为农民工不是职工，即使被企业、事业、机关这些单位临时雇佣，也不得加入该单位的工会。现在我国已正式明确了农民工的职工身份，现阶段各级政府要做的主要工作，就是把农民工这个"新工人阶级"组织到工会中去。尽管让农民工加入工会，已是目前的主流认识。但遗憾的是，很多时候却成了一种政治安排，而不是法律操作，相关法律依然是滞后的。2001年《工会法》修改时对本书前述组建工会的三种形式，都没有采纳。笔者要说明的是，目前我们组建的工会这种"旧瓶"，不能很好地装入农民工这种"新酒"，具有不适应性。我国的工会法没明确规定社区可建立工会，而不少省市为实施《工会法》颁布的办法却突破了上位法的规定，[②] 允许社区设立工会，这种工会的社会化可能会给传统体制带来一些冲击，但确实是工会发展的正确方向。我国的工会应从"国家化"的阴影中走出，大步迈向社会化。

因此，我国的工会法应作出相应修改，把社区工会等组织形式吸纳进去，否则会影响到《工会法》的权威性，也可能对我国的法治化进程构成挑战。

[①] 刘大洪、张晓明："农民工权益保护的法治化途径探索"，载《湖南工程学院学报》2006年第3期。

[②] 笔者发现，有不少的省、市，如四川、安徽等地颁布的实施《工会法》办法规定了社区可建立工会，但要求"职工较多的社区"才可建立工会。其他的一些省、市如北京、山东等地则在其实施《工会法》办法中规定了"其他组织可建立工会"，社区应该可说是一种"其他组织"，故实际上也允许社区建立工会。

《工会法》若做这些修改，会实现基层工会的多样化，打破单位工会的垄断地位，给单位工会造成一定的竞争压力，这也有助于单位工会的改造。由单位工会垄断的一元化工会不符合工会发展的国际趋势，也给农民工入会造成诸多人为障碍，而单位工会、社区工会、农民工工会竞争发展将造成同一单位、同一企业中可能存在多个工会，大大增强了工会的活力。工会的多样化尽管也存在负面效应，但就我国目前情况来说，应该是利大于弊的。①

③可考虑在未来的《工会法》中设置一些例外规定，对农民工进行特别保护，以照顾性地保护农民工等弱势劳工群体。适合农民工特点的工会在成长中遭遇各种阻力。一些地方为吸纳农民工入会，简化了入会手续，免掉了会员费，这与工会法会员有交纳会费义务的规定直接冲突。尽管以前的改革可能允许突破某些法律，但社会对"良性违宪""良性违法"尝试的质疑使得改革举步维艰。而在强调"重大改革必须于法有据"后，这些工会维持运转的难度在加大。最直接最为可能的结果是一些农民工工会在建立时轰轰烈烈，转而慢慢沉寂，再是渐渐消亡。

笔者认为，未来我国在修改《工会法》时，可为农民工这个庞大的弱势劳工群体做一些例外规定，进行特别保护。因为农民工现象的存在不是短时间的，农民工问题的彻底解决应该说需要一段较长的时间。因城乡二元体制等因素的影响，占全国工人总数 2/3 以上的农民工的权益长时间不为我国《工会法》所注重，《工会法》理应为占劳工很大比例的农民工做一些改变。我们认为，《工会法》为农民工作出一些例外规定是必要的、应该的。《工会法》在未来应对建立"农民工工会"作出例外规定，这样可解决很大数目的农民工的入会及权益保障问题。因为很多农民工的雇佣方依法不必建立工会，能建或已建的工会又与农民工的特性不适应，使得这些农民工的结社权及权益保护都处于虚置状态，可能只有专门的农民工工会才能很好地解决存在的问题。再者，不收会费的工会该如何长期维持下去？我们认为，目前解决的一个办法是由政府对这些工会提供财政支持。实际上，《工会法》虽有"工

---

① 我国明确反对工会的多元化，在参加相关国际条约时作了保留，但基层工会的多样化与工会的多元化是有本质区别的，只是一种基层工会组织形式的创新，基层工会的上级工会仍是一元的，且都在中华全国总工会的领导之下。

会的经费来源由人民政府补助"的规定,① 但在现行财政政策下农民工工会不容易得到这样的经费资助。要解决的话,只有法定化,在《工会法》及相应法律中增加例外规定。我国的一些地方在建设专门的农民工工会的探索中已积累了一些成功的经验,这在制定《工会法》的例外规定时可以适当参考。总之,《工会法》不能把数目如此庞大的农民工这个弱势劳工群体纳入,就难以体现其代表性,也不能算成功的工会法。《工会法》若在此方面不作修改,估计只能是停留在"纸面上的法",缺乏真正的实践意义。

(四)农民工权益法治化保障途径的未来展望

国家应对工会的组建形式进行创新,尽可能地组建适合农民工特点的专门工会,在适当的时候再修订《工会法》,将进城农民工的利益保护纳入国家法治化的保护轨道。② 从人口"红利"与刘易斯拐点等看来,农民工的命运和国家的命运是联系在一起的,保护好农民工从一定意义上说就是保护好我们这个国家。按农民工的实际情况组建专门工会,提高农民工的组织化程度,为农民工提供更好的组织性保护,让农民工获得更多的政治信任感与社会认同感,让农民工的结社权得到正常行使,农民工的权益在法治化的途径中得到更好的保障,这定会推进"法治中国"建设,也定会促进经济和社会的持续发展与国家的繁荣稳定。

二、保护女职工的反"性骚扰"条款比较分析

在弱势劳工保障立法的制定过程中,立法权的行使现状到底如何?现以弱势劳工中的女工较易遭受的"性骚扰"为例,对我国一些省、直辖市、自治区对国家法律《妇女权益保障法》细化的实施办法,以及一些省会城市等较大的市的《妇女权益保障条例》③ 为蓝本,探讨我国地方立法权的行使现状及存在的典型问题,以便探寻解决这些问题的可能方法和路径。

---

① 即《工会法》第 42 条关于工会经费来源的规定。
② 刘大洪、张晓明:"农民工权益保护的法治化途径探索",载《湖南工程学院学报》2006 年第 3 期。
③ 还有叫其他名称的,譬如《济南市妇女权益保障若干规定》《青岛市实施〈中华人民共和国妇女权益保障法〉办法》。

（一）问题引出

2007年9月底修订的《四川省〈中华人民共和国妇女权益保障法〉实施办法》有一条"性骚扰，单位有过错要赔偿"的规定，在社会上引起争论，公众基本上分成观点截然对立的两派，一派支持"性骚扰，单位有过错要赔偿"，另一派则予以反对。① 当然，这不仅是个例，其他省份的《实施〈妇女权益保障法〉办法》的修订，都引起了媒体和公众的热烈关注。其中的原因，一方面是因为"性骚扰"这类话题与百姓生活的相关程度比较高，媒体上也时常有这类消息并邀请网友讨论；另一方面就是地方立法机关在立法时，可能是为了追求一种"眼球效应"及"新闻效应"，搞了一些别出心裁的创新。

有学者认为2005年8月修订的《中华人民共和国妇女权益保障法》所涉及的义务主体仅限于性骚扰的加害人和公安机关。如此窄化义务主体，其后果必然偏离立法初衷。② 而细化《中华人民共和国妇女权益保障法》的地方实施办法引发争议也是情理之中的事情。这些地方立法创新是否都是地方立法权合宪合法行使的结果，会不会超越了该有的限度？再有，这些立法创新是否合适？是不是经得起推敲，是否都符合法学原理？在此搜集了西藏、四川、广东、北京、湖南、上海、天津等十多个省、直辖市、自治区的《实施〈中华人民共和国妇女权益保障法〉办法》，以及一些省会城市等较大的市的《妇女权益保障条例》，进行对比分析和论证，答案可能会令法律人不安。③

（二）地方立法中的反"性骚扰"条款比较与评论

在国际上，"性骚扰"被视为职场上针对女职工的常见性别歧视形式之一。在2005年对《妇女权益保障法》进行修订时，由于对什么是"性骚扰"，如何界定性骚扰行为等问题专家学者们还达不成一致意见，故而修订

---

① 张晓明："地方立法权行使现状的实证分析：以地方性法规中的'性骚扰'条款为例"，载《人大研究》2008年第2期。
② 谭琳、姜秀花主编：《社会性别平等与法律研究和对策》，社会科学文献出版社2007年版，第247页。
③ 张晓明："地方立法权行使现状的实证分析：以地方性法规中的'性骚扰'条款为例"，载《人大研究》2008年第2期。

后的《妇女权益保障法》只是在第 40 条对"性骚扰"进行了宣示性规定，具体规定为"禁止对妇女实施性骚扰。受害妇女有权向单位和有关机关投诉"。由于"性骚扰"在法学理论上还有很多问题没有很好的得到解决，若仅是模仿外国法律或判例，那是绝对不够的。有部分学者怀疑"禁止对妇女实施性骚扰"规定的实际效果，它能否真正遏制"性骚扰"现象的发生。故而有专家称该规定只是立法的"初级阶段"，"性骚扰"立法还有待进一步完善。①

在中央的相应立法行动完善之前，地方的有关立法已经大多完成，主要表现在一些地方出台的《实施〈中华人民共和国妇女权益保障法〉办法》中。《妇女权益保障法》修订后，增加了禁止对妇女进行"性骚扰"等重要规定，地方的《实施〈中华人民共和国妇女权益保障法〉办法》当然要做相应修订。我们收集了天津、四川、广东、湖北、上海、天津、贵州、安徽、江西、黑龙江、陕西、湖南、新疆、辽宁等省、直辖市、自治区的实施办法。据我们的统计，除辽宁外，其他省、直辖市、自治区的实施办法都增加了对"性骚扰"的规定，但这些规定之间存在比较大的差别。笔者以一定的标准或方式对这些资料进行梳理，情况如下。

1. 实施性骚扰的具体形式不同

除新疆、西藏等地的实施办法没有规定具体形式外，笔者所收集到的其他实施办法都规定了性骚扰的具体形式。在性骚扰的具体形式规定上，各实施办法的相同点是都规定有语言、文字、电子信息三种形式，而且都有"等"字，为将来可能出现的新的形式留有余地，以便适应新的情况。

不同点则表现在：

（1）在表现形式的规定上存在文字表述不同的细微区别。如在图片（像）类形式的规定上，规定"图片（像）"形式的有安徽实施办法，而四川、广东实施办法将图片、图像分别列为形式，湖北的相应规定是"图片图像"，青岛的相关规定则为"图片影像"，《成都市妇女权益保障条例》则规

---

① 张晓明："地方立法权行使现状的实证分析：以地方性法规中的'性骚扰'条款为例"，载《人大研究》2008 年第 2 期。

定的是"图片声像"。而规定"图像"形式的有北京、陕西、贵州、上海、天津的实施办法,《济南市妇女权益保障若干规定》也规定了"图像"形式。另规定"图片"形式的是江西、黑龙江、湖南等地的实施办法。而在行为动作类形式的规定上,规定"肢体动作"形式的是江西省实施办法等,规定"肢体行为"的有湖北、天津、北京、陕西、四川、安徽、贵州、上海的实施办法,及《济南市妇女权益保障若干规定》《青岛市实施〈中华人民共和国妇女权益保障法〉办法》等。而黑龙江的实施办法相应规定的是"身体动作",湖南、广东的实施办法规定的是"行为"。尽管这些词的内涵和外延差别不大,但明显看出"肢体行为"是最具共识性的词汇。这些规定确实是存在一定差异的,但这种差异可能看不出是由省情不同造成的。[①] 另应提及的是,从法律语言学的角度来说,陕西的实施办法所规定的两个行为重复,似乎欠缺严谨。

（2）具体表现形式的排序有所不同。在性骚扰具体表现形式的排序上,各实施办法表现得有点随意,看不出立法逻辑之所在。据我们观察,尽管在字眼上有细微差别,最常见的排列顺序是语言、文字、图像、电子信息、肢体行为,湖北、天津、四川、陕西、上海等省市都是这种排序。安徽的实施办法为"肢体行为、语言、文字、图片（像）、电子信息等形式",湖南的规定也是采取类似的排序方式,将行为放在最前面,然后依次是语言、文字、图像、电子信息。按通常理解,法律条文并列内容的排列顺序是件严肃的事情,可不像某些文学作品那样可以随意。在法律上并列内容是根据一定的标准,如严重程度、出现的频率大小等来排序的。[②] 我们分析,在排序上各实施办法作出不同的选择,前述地方立法机关可能存在自身的考虑,但这种考虑估计跟地方的具体情况没有什么联系。但也不排除有学者分析的另外一种可能,一些地方立法机关在立法时,常将兄弟省市已制定出来的实施办法作为参考,又要表明自身不是在机械模仿,故意将顺序打乱。

2. 是否加以一定条件的限制

对于一种行为是否构成"性骚扰"？或者"性骚扰"与不构成"性骚

[①] 张晓明:"地方立法权行使现状的实证分析：以地方性法规中的'性骚扰'条款为例",载《人大研究》2008年第2期。

[②] 同上。

扰"的一般的玩笑行为之区分，各国的立法操作和司法实践中的做法都有所差别，但一般认为，应当掌握适度的标准，若因过于严厉的认定标准和处罚将会在客观上导致将"性骚扰"不适当地扩大，其结果反而是可能加剧了工作场所两性关系的对立，反而违反了"性骚扰"法律规制和防范的本意。[1] 也就是说，对于"性骚扰"必须是具有一定的标准，但过于严厉的标准那估计是不合适的。

在我国，以语言、文字、图片、电子信息、肢体这些行为打扰妇女生活，是只要有这些行为，就构成"性骚扰"；还是要符合一定条件，才构成"性骚扰"。各省的实施办法规定各异。部分省市，诸如上海、贵州、黑龙江、四川的实施办法没有条件限制。有条件限制的省份，其条件大致可分为两种类型：一种类型是违背妇女意志或意愿，另一种类型是带有与性有关的内容或是含有淫秽色情内容的。江西的实施办法要求"违背妇女本人意愿"，北京、安徽、天津的规定类似，要求"违背妇女意志"。而湖南的实施办法则要求"禁止违反法律、伦理道德以具有淫秽内容"，湖北的规定要求"具有淫秽内容"。陕西、广东的实施办法则要求两个条件同时具备，陕西的规定要求为"违背妇女意愿，以含有淫秽色情内容或者性要求的"，广东的规定则要求"违反妇女意志以带有性内容或者与性有关"。[2] 各实施办法有的没有条件限制，有的设置一个条件限制，有的设置有两个条件限制，从法逻辑学的角度来判断，差别是比较大的。极有可能出现的结果是，同样的行为，在一些省市可被认定为"性骚扰"行为，在其他省市则可能不是"性骚扰"行为。那这如何保证法的统一？即使是"性骚扰"在不同的地方有严重程度的不同，但判断"性骚扰"的标准应该统一，地方立法主体如此不同地对同一条款做具体化，可能是不合适的，这样做违反了公民受到同样对待的平等原则，也损害了法的统一。我们认为，对于"性骚扰"，应有一定条件的限制，没有一点条件限制则可能太严苛了，易导致打击的范围过宽。并且，国家在出台法律过程中，对于一些争议性还比较大的具体制度，只能作出原则性规

---

[1] 靳文静：《性骚扰的侵权责任》，中国政法大学 2006 年博士学位论文，第 25—26 页。
[2] 同上。

定时，应当在合理的时间内，即要赶在地方推出实施办法之前，通过法律解释，常见的是通过司法解释，来表明国家的立场和态度。① 否则的话，只能是徒增地方立法的混乱与困扰。

3. "性骚扰"的范围和义务主体不同

（1）"性骚扰"的类型范围是否应明确区分？本来，在法学理论上"性骚扰"一般分为单一型"性骚扰"和工作场所"性骚扰"。单一型"性骚扰"是工作场所"性骚扰"之外的、由行为人自己实施的、能构成一般侵权行为的性骚扰，由行为人自己承担法律责任。工作场所"性骚扰"是指雇员在从事职务活动或者与职务有关的活动中发生的"性骚扰"行为，工作场所"性骚扰"在法律上是特殊侵权行为。② 我们习惯上将工作场所"性骚扰"称为职场"性骚扰"，并称单一型"性骚扰"为公共场所"性骚扰"。在防止"性骚扰"的义务主体规定上，安徽的实施办法规定为"用人单位和公共场所的管理单位"，《成都市妇女权益保障条例》《青岛市实施〈中华人民共和国妇女权益保障法〉办法》等则规定为"用人单位和公共场所管理单位"，将"性骚扰"明确分为工作场所"性骚扰"和单一场所"性骚扰"。陕西、江西的实施办法规定的是用人单位，而湖南的实施办法指的是各单位，并且湖南、陕西明文规定了工作场所的"性骚扰"，四川则要求"用人单位制止工作场所的性骚扰"。可见，这很容易让人误认为前述地方性法规限定性骚扰为工作场所性骚扰。不过，我们认为，另外一种说法还是可以成立的，"性骚扰"泛指所有的"性骚扰"，但还特别强调了用人单位反"性骚扰"的义务。天津的实施办法规定为"有关部门和单位"，上海的实施办法规定为"有关部门和用人单位"，湖北则相应规定为"有关部门和用人单位"，西藏、广东、贵州、新疆的实施办法以及《济南市妇女权益保障若干规定》等则是泛指的，可以认为包括了工作场所性骚扰和公共场所性骚扰。我们认为，应该要指出的是，法律用语应该尽量明确，而一个最低的要求则是至少不要造成误解。

---

① 张晓明："地方立法权行使现状的实证分析：以地方性法规中的'性骚扰'条款为例"，载《人大研究》2008 年第 2 期。

② 靳文静：《性骚扰的侵权责任》，中国政法大学 2006 年博士学位论文，第 28 页。

(2) 义务主体不履行义务应承担的责任分析。在已收集的所有实施办法、妇女权益保障条例中,目前只发现四川规定了义务主体不履行义务应承担的责任,即在工作场所发生"性骚扰",单位或雇主有过错的将承担民事赔偿责任。在这里探讨两个问题,其一是作为地方立法主体是否有权或是能否作出这样的规定;其二是作出这样的规定是否合适,① 即如此规定是否符合法学原理?

对于第一个问题,地方立法主体当然可作出具体规定,但能否作出上位法中没有的具体规定?这涉及不抵触的问题,为避免重复,我们留在后面的部分进行探讨。在这里先讨论第二个问题。工作场所发生"性骚扰",单位或雇主有过错的要承担民事赔偿责任,这涉及的则是雇主责任的问题。在"性骚扰"中引入雇主责任,在其他国家已有成例。目前,已有不少国家在相关法律中确定了"性骚扰"侵权行为中的雇主责任,其已成为受害人进行救济的比较重要和较为有效的途径。故我国在相关立法中引入性骚扰的雇主责任应该是可行的,但问题是在民法还是劳动法中予以规定,或是在以后专门的性骚扰防治法中予以规定。四川的相关规定要求单位或雇主有"过错"的要承担民事赔偿责任,在法学理论上这是否能够得到支持?从国外的相关立法来看,雇主责任的归责原则,规定的分别是过错责任、无过错责任等。而从国内现有的研究看来,理论界在此问题上也是不大统一的;有学者认为雇主责任的归责原则是严格责任的;但也有人认为"性骚扰"的雇主责任与一般的雇主责任不同,其归责原则应是过错责任,在"性骚扰"的雇主责任中,一般要求雇主存在过错,通常雇主的过错表现为没有采取适当的防范措施及监督措施,构成法定义务的违反,即为承担法律责任的主观要素。若雇主采取了适当的防范措施,就可免责。② 从国内现有的法律规定看:首先,当时适用的《民法通则》③ 第 121 条,以及《最高人民法院关于贯彻执行〈民法通则〉若干问题的意见(修改稿)》第 174 条、《最高人民法院关于审

---

① 张晓明:"地方立法权行使现状的实证分析:以地方性法规中的'性骚扰'条款为例",载《人大研究》2008 年第 2 期。

② 靳文静:《性骚扰的侵权责任》中国政法大学 2006 年博士学位论文,第 69 页。

③ 《民法总则》已于 2017 年 3 月 15 日通过,并于 2017 年 10 月 1 日正式实施。

理人身损害赔偿案件适用法律若干问题的解释》第8、9条，前述条文规定了国家机关、法人及雇主对单位工作人员的职务行为或雇佣活动承担责任。故而"性骚扰"领域的雇主责任都将"性骚扰"行为往与职务有关的行为上靠，原因或在于个人行为由行为人自己承担责任。"性骚扰"行为是否都是与职务有关的行为，在有正式的规定之前该说法还是存在疑问的。退一步讲，即便能通过一定方式认定其是与职务有关的行为，前述法律条文规定并不要求必须有过错，而此处"性骚扰"领域的雇主责任规定过错才担责。[①] 笔者认为，"性骚扰，单位有过错要赔偿"是对前述法律条文含义的背离，可以说是违背了上位法的规定，我们认为不太适当。

（三）地方立法权的行使及对其的适度限制

1. 我国地方立法权行使的现状分析

我国的地方性法规是省、直辖市、自治区以及较大的市、设区的市[②]的人民代表大会以及人民代表大会常务委员会根据本地区的具体情况和实际需要，在不与宪法、法律、行政法规等上位法相冲突的情况下，依照法定职权与程序制定并颁布的在本地区实施的规范性文件。我国广义上的地方立法，除了地方性法规外，还有地方政府规章、民族区域自治地方的自治条例和单行条例等，但在这里只针对性地讨论地方性法规。在我国的法律体系中，地方性法规所起的作用不容小觑。地方性法规不但数量众多，而且内容详尽，通常能符合地方的实际情况，可操作性也比较强，在司法实践中成为运用比较频繁的规范性文件，在社会生活中扮演着较为活跃的角色。并且，中央允许地方拥有一定的立法权，是允许地方在一定程度上发挥其积极性和主动性，表征着中央放权、地方分权的程度，是政治民主发达程度的一种表征。地方性立法对于"法治中国"的建设起着较为重要的作用，但也存在许多不能忽

[①] 张晓明："地方立法权行使现状的实证分析：以地方性法规中的'性骚扰'条款为例"，载《人大研究》2008年第2期。

[②] 2015年修改《立法法》规定设区的市可行使一定的立法权。即《立法法》第72条第2款规定：设区的市的人民代表大会及其常务委员会根据本市的具体情况和实际需要，在不同宪法、法律、行政法规和本省、自治区的地方性法规相抵触的前提下，可以对城乡建设与管理、环境保护、历史文化保护等方面的事项制定地方性法规，法律对设区的市制定地方性法规的事项另有规定的，从其规定。

视的问题。与地方立法的具体性、灵活性相伴而生的则是规范性、统一性的不足。① 从前面对"性骚扰"条款的实证分析我们或不难看出，地方立法可能因过于注重局部而忽视整体，忽视应该保障的统一性；对同一问题的规定相互之间相差比较大，而这些差别既不一定有成立的充分理由，又未能充分考虑到与上位法的衔接和契合程度。既存在与其他地区地方立法的横向冲突，也可能存在与中央立法的纵向冲突，影响了法的统一性和效果。再就是立法的随意性比较大，文字的措辞也比较随意；喜欢搞一些别出心裁的所谓创新，这些创新性的规定可能并未经过充分的论证，既未曾仔细斟酌是否合适的问题，也未曾仔细斟酌是否合法的问题。② 总之，地方立法的水平和科学性还有待进一步提高。只有如此，才有可能符合新时期依法治国的"新十六字方针"之"科学立法"的要求。

2. 地方立法的创新与限制

体现地方特色是地方立法的水平和科学性的集中反映。也就是说，地方性法规反映出地方的特点，要能解决地方的实际问题。国家地域的宽广度，地区之间经济发展的不平衡，决定了中央立法多选择原则性、抽象性的条款，体现出"框架式立法"的特点。③ 地方性法规主要是在内容上对法律、行政法规等予以具体化，而具体化的过程也就是一个细化或详细丰富的过程，从而增强法律、行政法规等规定的可操作性，保证其在本地区的良好实施。这个过程是一个积极的而不是消极的过程，允许有一定程度的有限制的创新，但创新必须是合宪性、合法性创新。故而，制定地方性法规必须达到合宪合法、实用有效等基本要求。

（1）地方立法创新的必要性分析。立法创新，可分为中央立法创新和地方立法创新两种。立法创新对当代中国来说是完全有必要的。立法创新理应是我国建设创新型国家的需要，也是建设中国特色社会主义法治社会的基础

---

① 张明艳等："入世后我国地方立法权探讨：以江苏省有关地方立法为例"，载《南京社会科学》2002年第7期。

② 张晓明："地方立法权行使现状的实证分析：以地方性法规中的'性骚扰'条款为例"，载《人大研究》2008年第2期。

③ 同上。

环节。我们认为，立法创新，一定要符合科学立法的要求。

地方立法的创新，主要体现在创制性地方性法规的出台上，执行性地方性法规的制定中不是完全没有创新，只是创新虽有但不能超过必要的限度之限制。创制性地方性法规的制定，是指我国允许在国家还没有制定法律、行政法规的情况下，除《立法法》第 8 条规定的事项外，由地方立法主体根据本地区的具体情况和实际需要可以先行出台创制性的地方性法规，为以后上位法的制定积累一定的经验，此即所谓地方立法的超前性。① 但需要注意的是，这种超前性指的是整个法规的超前。② 当然，这种超前也是有限度而不是随意的；即不得违反宪法和法律的原则性规定。③ 并且，在国家制定的法律或者行政法规生效后，地方性法规同法律或者行政法规相抵触的规定无效，制定机关应当及时进行立改废。执行性地方性法规主要是针对地方实际进行查漏和补缺，立法的创新也就在这方面进行，且必须注意以"不抵触"为原则、为限度。

（2）地方立法创新的限制。毋庸置疑，地方性法规在效力等级上具有从属性，是根据宪法、法律、行政法规等所规定的权限和授权制定的，在内容上不得与宪法、法律、行政法规等相抵触。按 2015 年修改后的《立法法》第 72 条的规定，为执行法律、行政法规的规定，需要根据本行政区域的实际情况作具体规定的事，具体化只能在法律、行政法规允许的弹性限度内进行，必须注意不得逾越法律、行政法规划定的红线。也就是所谓的"不抵触"原则。④ "不抵触"原则的含义是什么？在地方立法实践中，对不抵触原则存在有不同的理解，不抵触就是地方性法规不得与上位法已有的明文规定相抵触

---

① 据 2015 年修改后《立法法》第 72 条规定：设区的市的人民代表大会及其常务委员会可以对城乡建设与管理、环境保护、历史文化保护等方面的事项制定地方性法规。设区的市的有限立法权并不能就弱势劳工保障领域制定地方性法规。
② 张晓明："地方立法权行使现状的实证分析：以地方性法规中的'性骚扰'条款为例"，载《人大研究》2008 年第 2 期。
③ 在习近平同志 2014 年强调"凡属重大改革都要于法有据"后，已基本终结了那种关于违宪改革、违法改革以及违宪违法创新的争议。
④ 张晓明："地方立法权行使现状的实证分析：以地方性法规中的'性骚扰'条款为例"，载《人大研究》2008 年第 2 期。

外，还不得与上位法的基本原则和基本精神相抵触；也就是说，既不能直接抵触，也不能存在间接抵触。① 而且，这种理解是通说观点。依照该观点，地方性法规在不与上位法的明文规定、基本原则及基本精神相抵触的情形下，还是可以作出上位法里没有的规定。当然，这个上位法并不一定只是一部法律，可能是一系列法律。譬如《实施〈妇女权益保障法〉办法》的上位法不仅是《妇女权益保障法》，还有《劳动法》《刑法》等。我们认为，"性骚扰，单位有过错要赔偿"是对当时的《民法通则》等有关条文的修正，已与上位法的明文规定相抵触，已超出立法权行使的限度，理应被撤销。②

为防止地方立法权的过度扩张，保证地方立法的合宪性与合法性，维持法的统一，必须进行立法监督。立法监督正是促使立法自身的协调与统一，以及促使社会资源与利益分配合理化的重要保证。③ 多元立法主体存在的现实，以及地方立法主体为追寻地方利益及获得政绩的冲动，可能促使地方立法主体的立法行为偏离立法目标，导致地方立法的无序和混乱。建立以权力机关为主的立法监督体制，有效启动立法监督，完善立法备案、立法审查、立法撤销等制度机制，改变立而不备、备而不审、审而不决的状况，防止对地方立法权的监督虚置，④ 维护国家的法制统一。当然，我国的备案工作已取得一定的进展和成效。相关数据显示，自十二届全国人大以来，法制工作委员会共收到公民、组织提出的各类审查建议1527件，其中，2017年就有1084件，占五年以来全部建议的七成。而且，法制工作委员会已多次开展专项审查。2017年12月举行的十二届全国人大常委会第三十一次会议专门听取备案审查工作情况报告。⑤ 确实，因为中央有要求、社会有关注、法律有规定、公民有诉求，备案审查工作取得成效。

---

① 姚明伟："结合地方立法实际对不抵触问题的思考"，载《人大研究》2007年第2期。
② 同上。
③ 曹海晶：《中外立法制度比较》，商务印书馆2004年版，第423页。
④ 同上。
⑤ 陈菲、熊丰："人大常委会法工委公布多起备案审查典型案例"，载新华每日电讯，http://www.xinhuanet.com/mrdx/2017－12/25/c_136849899.htm，2018年4月8日最终访问。

(四) 反"性骚扰"立法要注意的问题

"性骚扰"行为案件的加害人是完全义务主体,国家和雇主是部分义务主体;从承担义务的时间来划分,国家、雇主和社团在不同阶段分别为事先预防义务主体和事后救济义务主体。① 在反"性骚扰"的义务主体确定上,用人单位承担责任的前提,应当是其违反了法定义务且无免责情形。香港《性别歧视条例》第46部分第1项规定:按照该条例的目的可以解释为在他或她受雇佣过程中任何人对她或他进行的性骚扰都可以当作雇主的行为,不管雇主是否知道或批准该行为。② 还有,工会等社团可作为反"性骚扰"的义务主体。工会不但参与集体谈判,而且参与制定预防和制止性骚扰的规章制度,还可以受理投诉、代理诉讼等。工会等社团还有义务代表原告提起反"性骚扰"公益诉讼。

不论是全面推进依法治国,还是厉行法治,其前提是有制定得比较好的法律,即良法。我们制定的法律是否都是良法,大概没有人敢作出这么有底气的回答。我们应该设计一些真正起作用的制度机制,通过完善的程序来保证立法,特别是地方立法的"产品"是良法。当然,立法不是一个孤立的过程,也不是法律一通过就大功告成或万事大吉。以前有不少人总认可立法"有比没有好",这在立法较为缺乏的年代还是挺不错的想法。但此一时彼一时也。经过对地方立法"性骚扰"条款的比较,觉得在有了新规定之后,含糊、不确定的新规定在没有相关制度配套的情形下,也不见得就比过去没有好。单纯有立法并不绝对意味着制度的建构与完善,应该还需要有一个体系性的、周密的安排,是一个系统工程。无论是"性骚扰"对女职工这个弱势劳工类型的保护,还是其他的立法对弱势劳工群体的保护,都需要走向系统化。我们希望陶醉在法律胜利通过的喜悦之中的立法者不要忘记这一点,更不能还停留在有法就行的意识层次上,而是要注重科学立法。

---

① 谭琳、姜秀花主编:《社会性别平等与法律研究和对策》,社会科学文献出版社2007年版,第247页。
② 同上书,第256页。

三、弱势劳工职业培训的法源疏漏与修法填补

（一）法源依据与职业培训的现状

在《宪法》第42条规定了"国家对就业前的公民进行必要的劳动就业训练"后，劳动权立法以及国家或地方的惯常做法存在怎样的问题和弊端，致使国家提供劳动就业训练的义务被虚置及不恰当转移，导致作为公民的高校毕业生获得劳动就业训练途径被限定或虚置，从而出现"考证热"作为替代出口等怪象。

在1982年《宪法》的第42条规定了"国家对就业前的公民进行必要的劳动就业训练"后，在1994年出台的《劳动法》的第八章"职业培训"里具体有第66、67、68条三条相关规定。《劳动法》第66条、第67条都有"增强劳动者的就业能力和工作能力"的内容，从字面含义来说，应该包括了劳工的就业前培训。但从紧随其后的第68条来看，第1款规定是"用人单位有计划地对劳动者进行职业培训"，第2款规定则是"从事技术工种的劳动者，上岗前必须经过培训"。[①]从该条规定中"职业培训经费"的提取看来，劳动者已被隐蔽地限定为"与用人单位建立劳动关系或即将建立劳动关系的劳动者"。从当时的实践看来，至多就是用人单位还对确定招录的劳动者进行岗前培训。换句话说，《劳动法》的第66、67条规定只是原则性的规定，包含了公民就业前培训的内容；而第68条则是具体的规定，却几乎不涵括公民就业前培训的内容。即以具体规定否定了前面的原则性规定。这从当时盛行的"单位人"观念来观察思考，我们认为，立法者并不是有意地疏漏。[②]而1996年出台的《职业教育法》第14条所定义的"职业培训"包括了转业培训、从业前培训以及其他职业性培训。应该说，从业前培训与就业培训的含义还是比较接近的。而从《职业教育法》第20条规定看来，从业前培训是企业等用人单位对准备录用的人实施的培训，以及从事技术工种的

[①] 张晓明："劳动权立法完善的合宪性控制"，载《东岳论丛》2013年第10期。

[②] 我们认为，这可从《劳动法》的第2条"在中华人民共和国境内的企业、个体经济组织（以下统称用人单位）和与之形成劳动关系的劳动者，适用本法。国家机关、事业组织、社会团体和与之建立劳动合同关系的劳动者，依照本法执行"推出。

职工上岗前必须经过的培训。我们认为,《劳动法》和《职业教育法》在很大程度上缩减了《宪法》第 42 条第 3 款所规定的"就业前"培训范围。并且,《职业教育法》第 28、29 条两条规定了企业应承担对本单位的职工及准备录用的人员进行职业教育的费用,还规定了"责令改正""可以收取企业应当承担的职业教育经费"的惩罚措施。企业等用人单位多不愿承担这些职业培训费用,于是普遍性地设置"要求若干年相关行业的工作经验"的招聘门槛。企业去高校招聘应届生,却普遍性地要求有"多年工作经验",被理论界批评为"缘木求鱼",是完全不切实际的要求,将其定性为"工作经验歧视"[1],也是不为过的。尽管存在违宪违法就业歧视涉嫌,高校学生几乎没有人愿意去与企业较真,通过维权活动去维护自身权益,大多动用自身的资源提前做好预备,去满足用人单位的这些条件,于是就逐渐出现了"回炉读技校""考证热"等吊诡的现象。

在《就业促进法》于 2007 年出台后,其第 46 条规定出现了"就业前培训"的字眼,[2] 面向高校毕业生的就业前培训看起来是包括在内的。不过,《就业促进法》通过时的立法说明并没有涉及第 46 条"就业前培训"的内涵。另《就业促进法》第 48 条所规定的劳动预备制度是针对初中和高中毕业后的学生的,是把高校毕业生排除在外的。《就业促进法》第 49 条所规定的针对失业人员的就业培训是可适用于未就业的高校毕业生,可说是针对部分高校毕业生的就业前培训,并为其设置了失业的前提。但失业人员首先要登记失业,出于各种原因,高校毕业生主动参加失业登记的意愿不高,部分未就业的毕业生并没进行相关登记,导致实际上未就业的每年数十万高校毕业生难以享受此种就业培训。故在 2013 "最难就业年",一些地方出台的应对措施之一就是加强对高校毕业生的失业登记,试图解决这个问题,但效果

---

[1] 学者们总结的歧视具体表现形式有工作经验歧视、性别歧视、健康歧视、户籍歧视、籍贯歧视、身高歧视、外貌歧视、学历歧视、年龄歧视、血型歧视、姓氏歧视、属相歧视、色盲歧视等。而工作经验歧视,通常是指用人单位拒绝招收没有工作经验的应届毕业生,要求应聘者必须有工作经验,而节省人力资源方面的培训成本。

[2] 该法第 46 条为"县级以上人民政府加强统筹协调,鼓励和支持各类职业院校、职业技能培训机构和用人单位依法开展就业前培训、在职培训、再就业培训和创业培训;鼓励劳动者参加各种形式的培训"。

似乎也不理想。如何改变统计失业率与真实失业率的差距，国家2018年有了新举措。① 总的说来，《就业促进法》与前述《劳动法》等的问题是一样的，有"就业前培训"的原则性规定，但具体性规定较为缺乏。立法的缺乏导致包括高校毕业生在内的公民就业前培训机制简单，缺乏实效，不同地方推行的措施差别过大。也可以说，《就业促进法》并没有很好地完成将宪法规定具体化的任务，② 致使包括高校毕业生在内的公民的就业前培训没能通过立法予以妥善落实。③

实际上，一段时间以来，高校毕业生获得就业前培训的愿望较为强烈，对就业前培训的需求比较旺盛。我们不时能听到看到高校毕业生想学技术而不得其门的慨叹。而就业前培训的缺位使得高校毕业生不大适应劳动力市场的需求。有智库学者不久前撰文指出：现在的高校毕业生难以胜任市场需求的情况也极为普遍，企业普遍反映现在的高校毕业生缺乏基本能力，"不好用"。劳动力供给与市场需求不匹配，这一矛盾让中国解决就业问题时十分棘手，故中国须强化职业教育。④ 强化职业教育的瓶颈是什么？以就业前培训的费用为例，《职业教育法》规定用人单位须承担准备录用的人员接受职业教育的费用，用人单位为转嫁成本则规定应聘者需具有多年工作经验，让劳工承担劳动就业训练费用。《就业促进法》中没有明确就业前培训费用的承担者，但从其第44条中"国家鼓励开展职业培训"，以及第49条"地方各级人民政府鼓励和支持开展就业培训"这些规定看来，国家并不完全承担就业前培训的费用。而《就业促进法》第49条规定失业人员只能享受政府培训补贴，也就是失业人员自身需要承担所有费用，然后通过所享受的政府

---

① 我们认为，2018年"两会"后实行的调查失业率或在一定程度上改变这一点。调查失业率是通过城镇劳动力情况抽样调查所取得的城镇就业与失业汇总数据进行计算的，具体是指城镇调查失业人数占城镇调查从业人数与城镇调查失业人数之和的比。通常调查失业率更全面地反映就业状况，包括那些没有登记的失业群体情况，从而促进更高质量和更充分就业这一目标的实现。
② 2018年4月，在网上一篇颇引起网友关注的文章就是"就业促进法十年：难以消除的性别歧视"。
③ 张晓明："劳动权立法完善的合宪性控制"，载《东岳论丛》2013年第10期。
④ 贺军："中国需要匹配'世界工厂'的教育体系"，http://business.sohu.com/20130605/n378090975.shtml，2013年8月6日最终访问。我们认为，因为我国有职业教育法，而无职业培训法。所以很多人试图从职业教育的完善来打开缺口。但我们认为，最好从职业培训的角度去打开缺口。

培训补贴来冲抵部分费用。那高校毕业生等群体在就业前获得一些劳动就业训练是否需要支付费用呢？而权威劳动法教材也纷纷把培训费用合理分担作为职业培训立法的原则，即"就业前的培训应当由国家承担基本投资，劳动者则应自费就培"。① 也就是说，国家投资拨款建立培训机构，劳动者通过付费或部分付费获得相应的培训。

实际生活中，高校毕业生的就业前培训费用大多是由其本人承担的。在前面所列举的读武汉技校的高校毕业生也是需要缴费的，一年至少1.5万元，按国家规定享受免费政策的除外。国家目前的就业前培训体系中，劳工不付费，目前常见的只有针对农民工的部分培训项目，以及某些针对未落实工作单位的毕业生的项目，其他的免费项目就比较少见了。应该说，宪法规定了"国家对就业前的公民进行必要的劳动就业训练"，是国家对就业前公民应承担的国家义务，应该由国家承担费用。这可解读为宪法的原意。因为这是在公民与国家框架下，公民在劳动就业训练方面的权利所对应的国家相应的义务。② 本来，公民概念的核心部分是指公民享有一种面对国家的资格、地位或权利。更确切地说，从反面来诠释公民的权利是指国家对其成员所应尽的义务。③ 公民只能以权利的形式从国家这个共同体中拿走其以责任形式置入的东西。公民既可通过自身的宪法权利行为制约着国家权力行使的方式、目的和效果。故而，保障公民获得必要的就业前劳动训练，是国家的义务，国家应该承担公民就业前培训费用，这确实是有其理论根据的。④ 世界上很多国家，有发达国家，也有发展中国家，都有国家承担公民就业前培训费用的机制。

总的说来，从《劳动法》《职业教育法》到《就业促进法》，这些涉及了劳动就业训练的相关立法没有很好地体现《宪法》第42条第3款规定的原意，没能很好地实现合宪性控制。而高校毕业生基本上被排除在现有的职

---

① 分别参见林嘉：《劳动法和社会保障法》，中国人民大学出版社2009年版，第236页；王全兴：《劳动法》，法律出版社2008年版，第366页。应该提及的是，该两教材都明列出的是"培训费用合理分担原则"。而高校转型职业教育，笔者也会出现一个与现有费用缴纳机制相冲突的问题。
② 张晓明："劳动权立法完善的合宪性控制"，载《东岳论丛》2013年第10期。
③ 许纪霖主编：《公共性与公民观》，江苏人民出版社2006年版，第258页。
④ 张晓明："劳动权立法完善的合宪性控制"，载《东岳论丛》2013年第10期。

业培训机制外，难以享受到系统性的劳动就业训练，不利于劳动者质量的提高。这驱使高校毕业生只好自寻门路去获得劳动就业训练，才会出现"回炉读技校"等现象，不利于促进就业目标的落实。这其中的原因，可能是因为立法者在一定程度上缺乏宪法意识及宪法忠诚所致，导致合宪性控制的落空。

（二）职业培训合法性改革的出路与探索

为解决前述难题，在全面深化改革的背景下，2014 年 2 月 26 日召开了国务院常务会议部署加快发展现代职业教育，确定了加快发展现代职业教育的任务措施。主要是促进形成"崇尚一技之长、不唯学历凭能力"的社会氛围，激发年轻人学习职业技能的积极性；打通从中职、专科、本科到研究生的上升通道，引导一批普通本科高校向应用技术型高校转型；提升人才培养质量，积极推进学历证书和职业资格证书"双证书"制度，做到学以致用。应该说，此次国务院常务会议之所以如此确定现代职业教育的发展方向，是对社会生活需要的一种合适回应。因为高校毕业生难就业，社会上不时冒出高校毕业生回炉上技校的新闻。笔者在网上以"高校毕业生读技校"进行搜索，可得到 100 000 000 个结果。其中较为典型的新闻有《大学生"回炉"读技校　武汉技校重开大学班》《青岛大学文学硕士因工作不理想进技校学焊工》。前者讲的是曾在 2009 年于全国技校中率先开设"大学生班"而名噪一时的武汉铁路桥梁高级技工学校于 2013 年 5 月 28 日宣布，重开大学班，并因就读人数超过百人而扩招为两个班。[①] 高校毕业生回炉上技校让部分人质疑高等教育的价值，会误认为高等教育无用，给出大学"白读了"的结论。尽管前述结论并不是对此种现象的准确解读，但以讹传讹，确实会影响高等教育在社会上的形象，说穿了是一种严重浪费资源的重复教育。一些人归结的原因就在于，高校毕业生的工作太难找，而技校毕业生却有着令人羡慕的高就业率。[②]

[①] 原载 2013 年 5 月 28 日《武汉晚报》，http：//wh.bendibao.com/news/2013528/39388.shtm，2017 年 8 月 8 日最终访问。

[②] 我们认为这其实是一种误读，也是一些职业院校和部分媒体各取所需的宣传所致。因为我国的经济结构和就业结构问题，高校毕业生不愿从事那些低端职业而宁愿失业，而职业院校的毕业生却愿意从事，致使出现职业院校就业率高、招生火爆的假象。

此做法应该说是可行的。但在全面推进依法治国的目标下，还需要完善相应的法律制度机制。合宪性是宪法制度中的重要价值判断机制，以宪法原则和宪法规范作为评价事物和行为对错的标准，通过制度化的手段对不符合宪法规定和宪法价值的行为进行必要的防范和纠正。[①] 对于宪法而言，通常有转化职能、信息职能、规制职能和疏通职能四种共同的职能。应该说，在这些职能转换过程中既推进了宪法实施，也可以实现合宪性控制。也就是说，作为根本法的宪法凭借合宪性这个途径，在国家的法制建设过程中始终在场，并能起到"整合"和"系统化"的作用。修宪与释宪程序或是促进合宪性控制的途径。[②] 意即为了实现宪法理想，实现对立法的合宪性控制，必须维持一个运作正常的修宪或释宪机关。运作正常的修宪机构可随时修正宪法委托，使得不至于形成无法执行的宪法委托。并且，在我国，及时修宪可减少所谓实际存在的"良性违宪"的争论。而释宪机构则使宪法委托明确化，更利于宪法委托的执行。但是否进行修宪，无论在哪个国家，它都是一种非常谨慎的判断；否则容易引起社会的纷争和法治的动荡。具体到弱势劳工等的劳动就业训练方面的修宪建议，估计暂时还排不上日程。而此时释宪机关所进行的宪法解释，则是很有必要的。因为宪法解释与宪法文本是相伴而来的，有了宪法也就开始了宪法解释的历史。[③]《宪法》第 67 条规定，全国人大常委会有权解释宪法。针对"国家对就业前的公民进行必要的劳动就业训练"的条款，存在公民应包括哪些群体，哪些是必要的劳动就业训练等问题，是否可采取"概括+列举"的模式予以解决。在解释时，可采用文字、目的等解释方法，尤其是该条款所要实现的提高公民职业能力的目的，进行宽松式解释。宪法上的规定含义清楚了，立法者完成宪法委托的任务，则可少走弯路。当然，在这个过程中，也可更好地实现立法的合宪性控制。但迄今为止，全国人大常委会尚未正式行使宪法解释的权力，国家机构也尚未向其提出审查要求。[④] 若对《宪法》第 42 条第 3 款进行释宪，目前的状态，我们认为，用

---

① 莫纪宏：《实践中的宪法学原理》，中国人民大学出版社 2007 年版，第 497 页。
② 张晓明：《劳动权立法完善的合宪性控制》，载《东岳论丛》2013 年第 10 期。
③ 周叶中主编：《宪法》高等教育出版社、北京大学出版社 2000 年版，第 376 页。
④ 张千帆：《宪法学导论：原理与应用》，法律出版社 2008 年版，第 191 页。

最形象的话来说,就是"路已修好,但还没正式通车"。[①] 而在党的十九大报告明文提出"合宪性审查"后,且 2018 年修宪将法律委员会改名"宪法和法律委员会"后,我们期待构筑好的路径早日能够"通车运行"。

  在修宪或是释宪还没能完成时,完善劳动权保障立法以便更好地符合广大民众的惯常生活方式。这种生活方式因具有正义性而符合宪法原意,进而实现合宪性控制。理由在于,宪法是公民的生活方式。而宪法通常都面对两个任务,一个是"正义的生活",一个是"好的生活"。从社会契约的角度说来,宪法与公民生活存在密切关系,紧密地融为一体。毕竟,任何宪法都保护基本权利和价值,我们可通过宪法去探寻构成政治共同体的民众的共同本性之所在,以便公民能在宪治秩序下自由活动与安适生存,幸福地享受生活。而将宪法具体化的劳动权保障立法,应是公民生活方式在劳动方面的具体体现。劳动权保障立法的完善,无非就是法律修改与制定新法两个途径。制定新法,我们认为,可借鉴德国等国家的做法,制定《职业训练法》与《就业训练促进法》等法律。若是修改法律,是针对《职业教育法》等法律的法条等所存在的合宪性问题予以弥补。在《职业教育法》修改征集意见过程中,有专家建议规定企业应该承担为实习生提供免费培训的责任。[②] 有中华全国总工会副主席在 2013 年政协全体会议上所做的发言中则强调,"应进一步明确职业教育和培训是政府的责任与义务;并应开展全员全方位的职业培训,实行严格的就业准入制,未经培训不得上岗"。[③] 应该说,这些建议是基于生活的需要而作出的,源泉就是公民的生活,可促进包括高校毕业生在内的公民的劳动就业训练得以落实。因此,我们可以说,公开征集意见,强化公众参与,从民众意见中发现其生活方式的脉络,是立法过程中实现合宪性控制的一个适当程序。[④]

  [①] 张晓明:"劳动权立法完善的合宪性控制",载《东岳论丛》2013 年第 10 期。
  [②] 周洪宇:"修改职业教育法,规定企业为实习生提供免费培训责任",http://www.npc.gov.cn/huiyi/dbdh/11_3/2010-03/11/content_1560634.htm,2017 年 8 月 8 日最终访问。而笔者认为,仅免费培训还是不够的,还需要给实习生提供相应的生活补贴,保障其基本生存。
  [③] 段敦厚:"建议抓紧修改完善《职业教育法》及其配套法规",http://www.tech.net.cn/web/articleview.aspx?id=20130308084445329&cata_id=N039,2017 年 8 月 8 日最终访问。
  [④] 张晓明:"劳动权立法完善的合宪性控制",载《东岳论丛》2013 年第 10 期。

当宪法实际上缺场，立法修改又没完成时，当然还可通过出台国家政策在一定程度上予以弥补。尤其是深化政府机构改革过程中确定的政策，进行不违宪的改革应能实现合宪性控制。而不违宪的改革，从高层的强调和要求看来，现在基本上是有保障的。因为重大改革都要于宪于法有据。具体对就业前培训而言，国务院2010年发布的《国务院关于加强职业培训促进就业的意见》要求"健全面向全体劳动者的职业培训制度"，以便"切实提高职业培训的针对性和有效性"。我们认为，国家的大学生就业前培训应该是针对所有高校毕业生的培训。基于目前的条件，从未落实工作单位未就业的毕业生着手是可行且有效率的，但培训对象只限定为此类群体则是不可取的，也难以发展壮大。而2015年中央政府工作报告指出："全面推进现代职业教育体系建设，引导部分地方本科高校向应用型转变。"在我国，相关政府机构主动去改变，主动将高校转型职业教育。应该说，方向是正确的，也确实是有其必要性的。国家通过政策的颁布来构建劳动权保障立法中没有的制度机制，当制度发展成熟后再固化为法律，继续那种从政策到法律的模式。故当法律还没出台时，行政主体可代表国家去履行还没被法律具体化的概括性义务。我国的各级政府在深化机构改革过程中，通过积极行政去履行一定的国家义务，在实践过程中是较为多见的。在劳动就业训练方面，政府可通过积极引导及行政指导，尽量将学历教育与职业教育结合起来，让高校协助学生去获得相应的职业教育，这是行得通的，也是有其理论基础的。理由在于，现代行政机关对基本权利保障不仅负有不侵害的消极义务，还有保障其实现的积极义务。行政机关可通过给付行政等方式促进高校毕业生就业，促进其劳动权的实现；其行为可以是具体行政行为，也可以是抽象行政行为，目的在于履行国家保障义务中的实现义务，即国家有义务通过提供便利或直接提供帮助以实现高校毕业生的劳动权等权利。行政主体的积极作为，出台应对"就业难"的措施落实高校学生的劳动就业训练，是出于对其合法性和正义性基础的维持。当然，在修订后的《行政诉讼法》实施后，还应注重行为的合宪性与合法性，以免出现合宪性及合法性危机。

即便是相关行政主体不采取相应的行动，高校学生为了自己未来的发展，应主动通过实习、考证等活动获得一定的劳动就业训练。代表国家的相关机构怠于履行相应义务时，就业前的民众应自己主动去补救。即便在此时，合宪性控制确实存在问题，但缺乏立竿见影的改变手段或途径，但社会生活不会出太大的问题，依旧会平稳向前发展。只不过，我国长期让这些现象存在，不但会让民众觉得憋屈而缺乏幸福感，感觉美好生活无从向往，而且可能会让"坚持依宪治国、强调宪法实施"的目标在某种程度上落空。

余论　劳动宪法引领弱势劳工保障立法走向系统化

弱势劳工的权益保障是民生问题中的重点之一。

中国在推动改革开放的过程中允许一部分人先富起来，但先富者其实是负有义务的，即须"先富带动后富"，最终实现共同富裕。但实际上先富并没能很好地带动后富，社会上的贫富差距却是日益扩大。而我国经济要避免"拉美化"[①]，必须要缩减贫富差距。而提高劳工收入，减小收入分配差距是我国应该采取的一个重要步骤。

实际上，我国一直在致力于解决前述问题，所采取的途径和步骤更是越来越成熟。譬如，"十二五"规划纲要中"改善民生行动计划"总计有十个方面的内容，其中的扩大城乡就业规模、提高最低工资标准、提高养老保障水平、完善就业和社会保障服务体系以及实施城镇保障性安居工程等现实生活中亟须解决的民生问题，都与弱势劳工权益保护密切相关，也是弱势劳工最为关心的问题。提高最低工资标准等一揽子改善民生行动计划的提出，标志着民生关爱已成为集中明确的"国家行动"，给民众带来新希望。而"十二五"规划则是"规划先行、民生为本"。民生被确定为全面建成小康社会的题中之意，全面建成小康社会则是"十三五"规划的总指向和总目标。而在党的十八届五中全会公报指出，"人民是推动发展的根本力量，必须坚持

[①] 学者们长期在争论中国是否会走向"拉美化"？问题的关键是，什么是中国的"拉美化"问题？或者说，中国首当其冲的拉美化领域到底是什么？在一些学者看来，中国当前最突出的拉美化问题首先应该是分配问题，而不在别的什么其他领域。作为转型国家，中国在改革过程中出现某些拉美化问题，在所难免。参见本力主编：《崛起？！中国未来10年经济发展的两种可能》，社会科学文献出版社2007年版，第152页。

以人民为中心的发展思想,把增进人民福祉、促进人的全面发展作为发展的出发点和落脚点"。习近平同志再三强调把增进人民福祉作为发展的出发点和落脚点。"实现好、维护好、发展好最广大人民根本利益是发展的根本目的",必须坚持"六个必须"。而其中的"第一个必须"是"实现好、维护好、发展好最广大人民根本利益是发展的根本目的,必须把增进人民福祉、促进人的全面发展作为发展的出发点和落脚点"。① 党的十九大报告则指出:"民生是人民幸福之基、社会和谐之本。让人民过上幸福生活是社会主义社会的本质要求,增进民生福祉是我们党立党为公、执政为民的使命所在。"确实,保障和改善包括弱势劳工在内的所有人的民生没有终点,只有连续不断的新起点。

对于弱势劳工系统保障所存在的问题,国家该怎样努力去承担好应承担的义务?除了立法、行政保障和司法救济措施所存在的宪法影响外,宪法还应该以其他的合适方式存在,不应作壁上观。② 而社会现实需要通过宪法把稍显琐碎的立法、行政保障和司法救济措施整合成一个井井有条的体系。而这可通过部门宪法的适当构建而实现。因为现代宪法的理想早已不能满足于仅作为一个政府组成法和人权保障书的形式存在。而以制度性保障、保护义务和第三人效力等理论为基础而逐渐勾勒出来的部门宪法,可从部门的角度去解释基本权利③的内涵,或区别基本权利的保护,这在德国联邦宪法法院已经行之有年,并无原则性的争议。④

第一节 系统、系统化和部门宪法的发展

为认真对待宪法的规范性,就应采取形式意义上的宪法概念,并因此严格限定规范性宪法的范围。但作为宪法释义学一环的"部门宪法"论述,却

---

① 郑志祖:"习近平精准扶贫方略进十三五规划,关乎人民福祉"http://www.thepaper.cn/newsDetail_forward_1390095,2017年8月8日最终访问。
② 张晓明:《宪法权利视野下的劳动权研究》,知识产权出版社2013年版,第249页。
③ 原文为基本权。因为名词术语的差别,笔者会把相关引文中的基本权等词调整为基本权利等大陆地区的常用语。在此不一一指出,恳请见谅。
④ 苏永钦:《部门宪法——宪法释义学的新路径》,元照出版公司2006年版,第12—13页。

不会因此自缚手脚，这是因为可在宪法与宪法的解释两个层面进行区分。而宪法解释还要从规范领域汲取养分，自然就不会再拘泥于形式意义的宪法，概念抽象、条文片段的宪法文本只是宪法具体化的出发点——当然是有拘束性的出发点，而非全部，在宪法具体化的进程中则可以从多方得到论证的资源。① 部门宪法一方面保留了部门的结构原则，即所谓异质性；另一方面建立了联结国家和各社会领域的共同价值观，即所谓同质性；而这也是德国宪法法院一再使用的价值秩序。② 若是宪法的价值贯穿了社会各领域，包括宽容、开放、人性尊严与自我发展等，而不去动摇企业等这些用人单位的结构原则，就算恰如其分地发挥了现代宪法的功能，而这正是部门宪法所要追求的合中有分、分中有合的境界。我们可以肯定的是，部门宪法并非一种新的解释方法，而毋宁新的"体系化方向"（分析面），从而也影响到实务整理（实证面）与批判（规范面）的方向，由于它并不是要替代，而只是对传统（主流）宪法释义学进行补充，希望经由不大一样的规范分析，提出一些新的问题。③

确实，法释义学对于遵循大陆法系传统的国家或地区的确重要，阿列克谢（Robert Alexy）认为法释义学有三个面向——分析、实证和规范。而在任何一个成文法体系，法释义学都承担了解决法律适用的问题，同时也提高了体系精密度、可预见性以及回应弹性的功能。④ 而宪法释义学，顾名思义是对于宪法文本意义的探求，因此必然预设了特定的宪法概念。且宪法释义学可改变对宪法所存在的普遍性的错误认识，即宪法在国家生活中惯常被当成一种主义，一堆理想，而不是与民主、刑法一样是可以实际适用的法律。⑤ 这凸显了探讨"宪法也是法"的实践意义。而在未来实施特定社会状态宪法的要求而赋予宪法一个核心的任务：务必让社会拥有自我调控、自我学习及

---

① 张嘉尹："宪法、宪法变迁与宪法释义学——对'部门宪法论述'的方法论考察"，见苏永钦主编：《部门宪法》，元照出版公司 2006 年版，第 51 页。
② 张晓明：《宪法权利视野下的劳动权研究》，知识产权出版社 2013 年版，第 250 页。
③ 苏永钦："横看成岭侧成峰——从个别社会部门整合宪法人权体系"，见苏永钦主编：《部门宪法》，元照出版公司 2006 年版，第 158 页。
④ 张嘉尹："宪法、宪法变迁与宪法释义学——对'部门宪法论述'的方法论考察"，见苏永钦主编：《部门宪法》，元照出版公司 2006 年版，第 3 页。
⑤ 苏永钦："横看成岭侧成峰——从个别社会部门整合宪法人权体系"，见苏永钦主编：《部门宪法》，元照出版公司 2006 年版，第 251 页。

自我形成的能力与能量,让它能够自己处理在不同时代所存在的不同形式与强度的变迁,继续的追求社会的进步,同时能够透过社会力量的自主形成,自我的促成这样的进步实现。① 因而,部门宪法论述,想要先从实存秩序着手,以使宪法释义学能够更合理,可以说也分享着同样的基本态度。② 针对宪法的不同部分——基本权利与国家机关的组织与权限,应该有不同的解释原则。③ 而劳动权(工作权)这个基本权利解释的难题,也是宪法解释的难题之一,凸显出宪法释义学的不足,虽然宪法释义学存在明确宪法文本的趋势。从我国台湾地区所进行的历次有关工作权的解释引起的争议来看,可说是再清楚不过了。另从相关学者的论述可看出,基本上是用基本法职业自由的解释来诠释工作权。④ 所以,当宪法文本与社会现实存在差距时,借助宪法释义学可调适规范与所规范事实之间的距离,要借由解释将新的社会事实吸纳入规范内涵。而基本权利具体化的实践与基本权利解释,可作为建构宪法释义学的基石。这样不但可以将许多规范领域的要素纳入考虑,使得宪法文本的形式可以与其规范领域的实质相互补充,而且借由对过去宪法解释经验的批判性重建,也有助于宪法解释的稳定化,最终也许会有助于宪法变迁的稳定化。⑤ 而在劳动权领域,则被认为是进行劳动宪法的构建。

来源于古希腊语的"系统"一词,是指由部分构成整体的意思。系统论的创立者冯·贝塔朗菲将系统描述为,"系统是相互联系、相互作用着的诸元素的集或统一体,它是处于一定的相互关系中并与环境发生关系的各个组成部分的总体"。⑥ 系统论的基本思想方法是将所研究的对象当作一个系统,分析系统的结构和功能,研究系统、要素、环境三者的相互关系和变化的规

---

① 林佳和:"劳动与劳动宪法",见苏永钦主编:《部门宪法》,元照出版公司2006年版,第366—367页。
② 张嘉尹:"宪法、宪法变迁与宪法释义学——对'部门宪法论述'的方法论考察",见苏永钦主编:《部门宪法》,元照出版公司2006年版,第36页。
③ 张晓明:《宪法权利视野下的劳动权研究》,知识产权出版社2013年版,第251页。
④ 即劳动权。参见李惠宗:《宪法工作权保障系谱》,见刘孔中、李建良主编:《宪法解释之理论与实务》,1998年版,第347—392页。
⑤ 张嘉尹:"宪法、宪法变迁与宪法释义学——对'部门宪法论述'的方法论考察",载苏永钦主编:《部门宪法》,元照出版公司2006年版,第48页。
⑥ [美]冯-贝塔朗菲:《一般系统论自然哲学科学问题丛刊》,1997(1—2)。

律，使系统达到最优。它的核心观点是，系统具有整体性、相互关联性、等级结构性、动态性四大特征。这些特征既是系统论所具有的基本思想观点，也是系统方法的基本原则，表现了系统论不仅是反映客观规律的科学理论，也是科学方法的含义。系统论的这些观点对我国弱势劳工保障具有非常强烈的意义。弱势劳工保障机制，需要在系统论的引领下消除相互之间的冲突或抵触，形成一体化体系化的机制。

有学者认为，教义学研究在法学中居于基础和核心的地位，建构和完善宪法教义学体系应当是当前宪法学的一项重要工作。[1] 原因在于，以宪法文本为中心的教义学研究的积累，可有助于实践中出现的宪法学典型争议问题的解决。实际上，在任何一个成文法体系，法教义学都承担了解决法律适用的问题，同时提高体系精密度、可预见性以及回应弹性的功能，社会的分殊程度越高，法教义学承受的负担越重。[2] 其实，法教义学也可用来指称部门法学。换句话说，部门法学可说是法教义学。而部门宪法则可归属为宪法教义学。只不过，无论是部门法学，还是部门宪法，均属于教义学的一种新路径。这或可有助于弱势劳工保障体系的系统化和一体化。

一、部门宪法概念的提出

部门宪法的具体提法，在喜欢营造概念，细到锱铢必较、毫芒必争的德国，早已经不算新鲜事。某些具体的部门宪法类型，譬如财政宪法、军事宪法等，已经有相当长的历史。而有些具体的部门宪法，譬如经济宪法，则成为争议较多的话题。但在德国，并没有成为主流学说。[3] 除德国外，其他的德语系国家因受到德国影响，也存在此类概念。譬如瑞士学者多谈论经济宪法、社会宪法等。奥地利学者则喜欢讨论文化宪法。不过，从总体上说来，大多是讨论问题取向的零星文章，诸如部门宪法这种概括性的提法，倒是尚不多见。故在将部门宪法作为一般宪法教义学的研究路径这一点上，显然还

---

[1] 张翔："宪法教义学初阶"，载《中外法学》2013年第5期。
[2] Luhmann, N.. Rechtssystem and Rechtsdogmatik, 1974, passim.
[3] 苏永钦："部门宪法——宪法教义学的新路径"，见苏永钦主编：《部门宪法》，元照出版公司2006年版，第11页。

是未成气候的。故我们可以肯定的是，这些循着宪法学有关宪法定位的讨论，主张宪法应该是有关某一政治秩序的所有整体性的决定，很自然地倾向于把宪法的效力延伸到社会各领域。另从司法实务看来，从部门的角度去解释基本权利的内涵，或是区别基本权利的保护，在德国联邦宪法法院已经是行之有年的事情，并不存在原则性的争议。只是对于进一步建构某种对应社会次体系的部门宪法，特别是在有关经济宪法的议题上，宪法法院则存在相当程度的保留。①

一些学者之所以提出部门宪法的论述方向，作为教义学的新路径，一方面希望借此把宪法的适用拉回到文本，正视规范内部整合程度不足的问题；另一方面也在既有的教义学基础上，通过对个别部门的整体视察，而以更全面的诠释循环来理解宪法的内涵，使它面对快速变迁的社会，仍能发挥适当的规范和引导功能。应该说，作为教义学新路径的所谓部门宪法，其内涵和意义应该已经有了大致的轮廓。② 而托依布纳认为，福利国家概念正确地强调，国家应当创造各种部门宪法的架构，与此同时，只有尊重部门宪法的自治，这种架构才是正当的。③ 社会之中，宪法无处不在，不只是格劳秀斯所强调的"有社会就有法"，而且是有社会就有宪法。法律必须发展为"多边宪治"，即不是单边地以国家宪法或者经济宪法模式约束各种社会子秩序，而是分别采用适应于不同社会子秩序特色的各种宪法。④

二、部门宪法的具体应用

在德国及我国的台湾地区，自 20 世纪 90 年代以来，有关于劳动宪法、社会宪法、环境宪法等的研究与探讨。实际上，各种社会子领域的宪法早已存在于民族国家时代，并非伴随着全球范围的功能分化出现。⑤ 而政治、法律和各社会子系统之间，部门宪法正扮演着重要的新角色。

---

① 苏永钦："部门宪法——宪法教义学的新路径"，见苏永钦主编：《部门宪法》，元照出版公司 2006 年版，第 12 页。
② 同上书，第 29 页。
③ [德] 贡塔·托依布纳：《宪法的碎片：全球社会宪治》，陆宇峰译，中央编译出版社 2016 年版，第 41 页。
④ 同上书，第 42 页。
⑤ 高鸿钧主编：《清华法治论衡（第 21 辑）：全球化时代的中国与 WTO（下）》，清华大学出版社 2015 年版，第 289 页。

劳动宪法是部门宪法的具体应用之一。也就是说，在劳动权领域，则是进行劳动宪法的构建。原因在于，更全面的宪法理论将宪法扩展到整个经济和社会过程。政治性的"劳动宪法理念"，也就是"在法律或者契约规定的特定范围内，授予雇员共同行使以前仅限雇主行使的决策权的那种秩序"。①

三、为何要进行部门宪法建构

我们为什么要进行部门宪法的思考？为何要进行劳动宪法等具体部门宪法的建构？我们为什么要进行"部门"宪法的思考，按我国台湾地区学者苏永钦的论述，部门的思考可迫使释宪者努力去掌握不同部门的结构原则，乃至历史条件，而为宪法解释输入更丰富的事实信息，宪法的引导规制才能更加恰如其分。② 部门宪法，并不是扬弃既有的释宪方法和成果，另起炉灶。故部门宪法应从实存秩序切入，去认识整理该秩序的根本性、结构性与最高的规范，而不是仅从规范本身切入，去做体系化的工作。需要对应于实存的结构去作解释，而从部门切入进行的宪法教义，即可使整个宪法的规范体系更准确地对应于其所规范的社会。而部门宪法的提问方式中，必须包括的一些问题是：在部门的范畴中，立宪者呈现于宪法文本中的决定是什么？在部门宪法范畴中，或在可能的部门重叠的交互关系中，譬如劳动宪法或经济宪法，在宪法文本之上所呈现出的决定又是怎样的？宪法上相关的基本决定、宪法原则构成的价值或原则体系的局限又是什么？宪法与现实政治及现实社会权力的关系会带来什么影响？面对现在或未来的劳动宪法部门之实际发展，宪法的规范性决定又有什么内容？而规范性的空间又在哪里？③

因为部门宪法的新颖之处，原不在宪法解释，即经由部门归纳整出来的原则回头去解释宪法疑义，而实在于宪法规范的体系化方式。④ 即便部门宪

---

① ［德］贡塔·托依布纳：《宪法的碎片：全球社会宪治》，陆宇峰译，中央编译出版社2016年版，第32页。
② 林佳和："劳动与劳动宪法"，见苏永钦主编：《部门宪法》，元照出版公司2006年版，第392页。
③ 同上书，第359—360页。
④ 苏永钦："横看成岭侧成峰——从个别社会部门整合宪法人权体系"，见苏永钦主编：《部门宪法》，元照出版公司2006年版，第153页。

法的解释方式，乃是要求释宪者将某一宪法部门所发展出来的功能与特色加以考量。因此，社会变迁对于该部门的影响也必须在释宪者考量的范围之内。① 而致力于宪法规范的体系化，劳动宪法等具体宪法部门的功用最突出的地方可能就在此。

部门宪法是对教义学的再超越，实际上是教义学的升级版。虽然有学者质疑，部门宪法的教义方法到底会有多少新颖性？不过，我们可以肯定的是，部门宪法并非新的解释方法，而毋宁是新的"体系化方向"，从而也影响到实证面分析，与批判性的规范分析的方向，由于它并不是要进行替代，而只是对传统性的主流宪法教义学进行补充，希望经由不太一样的规范分析，提出一些新的问题。② 而部门宪法促使宪法回归本土回归实践。应该说，学者们提出部门宪法的意图，其实就是在教义学发展到今天所取得的成就基础上，再往前跨一步，看能不能从乱中整理出一个头绪。部门宪法不是扬弃既有的释宪方法和成果，另起炉灶；而是尝试把许多拉出来的线头，整合成一幅有意义的图案。简单说来，部门宪法，就是在现有基础上进行一定程度的系统化与发展，可满足系统论的整体性、相互关联性、等级结构性等特性。也就是说，部门宪法是对传统宪法教义学的提炼与深化，实际上所进行的是一个重新体系化的过程。我们认为，允许在不同领域进行各自的宪治化，③ 这正是部门宪法产生和形成的基础。因为部门宪法，在全球化的汪洋之中，也许会浮现宪治的岛屿。

第二节　构建劳动宪法引领立法的系统化

就部门宪法而言，普遍存在的一个疑问是，在什么基础上，部门宪法的提出才更有正当性？意即，劳动宪法这样的部门宪法该如何建立？一般而言，

---

① 李立如、张文贞："认真看待社会变迁的宪法——变迁机制的初步探讨"，见苏永钦主编：《部门宪法》，元照出版公司2006年版，第147页。
② 同上书，第158页。
③ ［德］贡塔·托依布纳：《宪法的碎片：全球社会宪治》，陆宇峰译，中央编译出版社2016年版，第35页。

建构"部门宪法论述"的方法必须涵括下列两个方向,首先是规范与规范领域该如何相互指涉,其次是部门要如何选择、分类与"部门秩序"要如何建构。[1] 因为部门宪法正是在宪法针对不同社会部门开始作区别性解释后,顺势发展而得到的自然结果。在劳动宪法则为了解决在变动迅速的劳动生活领域中法律所必须面对的正当性、适当性的问题,尤其显著。而在宪法的脉络上,这样的问题与现象,又是极为常见的。故而,我们需要去做体系化的工作,需要从部门切入进行的宪法释义,即可使整个宪法的规范体系更准确的对应于所规范的社会。提出部门宪法的提问方式,必须包括一些问题:在部门的范畴中,立宪者呈现于宪法文本中的决定是什么?在部门范畴中,或在可能的部门重叠的交互关系中,譬如劳动宪法与经济宪法,宪法文本之上所呈现之决定为何?面对当代或未来的劳动部门之实际发展,宪法的规范性决定内容为何?规范性空间在哪里?[2] 劳动宪法这样的部门宪法该如何建立?故毋庸置疑,劳动宪法应同其他的部门宪法并无区别。劳动宪法则在变动尤其迅速的劳动生活领域中所必须面对的正当性、适当性的问题,尤其显著。

实际上,宪法虽然透过法律的形成,提供社会一个稳定的、可计算的、可重复的、可维系的制度基础,但是重点却应该在于:宪法也同时释放了追求不断变更与改造的动力,让社会得以在宪法作为理性基础的可掌握性下,去自由地寻求自己不同的生存形式。也就是说,一个符合新时代需求的宪法理解与宪法形式,应该是同时注重安定性与社会的自我变更能力与可能性,而贯穿的主轴则是追求社会进步的持续性。在劳动宪法的脉络中,提出了三项提问后,为了衔接之后有关实际劳动问题的发展,以希望对宪法作出某种程度的反映,寄希望于宪法的规范性提出答案。这里便有必要再度澄清某些理论上的问题,建立一套完整的论述。[3] 故在劳动领域中的宪法理解,必须

---

[1] 张嘉尹:"宪法、宪法变迁与宪法释义学——对'部门宪法论述'的方法论考察",载苏永钦主编:《部门宪法》,元照出版公司2006年版,第52页。
[2] 林佳和:"劳动与劳动宪法",见苏永钦主编:《部门宪法》,元照出版公司2006年版,第359—360页。
[3] 同上书,第366页。

深度放置于劳动的宪法规范部门,也就是传统公法学界所说的社会国原则中来观察。①

故而,劳动宪法,就与其他的部门宪法或整体的宪法一样,须以追求社会进步为其核心目标。劳动宪法,是运用"部门宪法"讨论劳动生活的基本秩序。我们应树立的对劳动宪法的两个理解应该是:宪法中有涉及宪法劳动权或基本国策规定,不一定就有劳动宪法;而劳动宪法不一定存在每一国的宪法中。故我们可将劳动宪法定义为"劳动生活基本秩序的宪法规范"。② 而劳动宪法中对于有关劳动之决定,不论是采取何种方式或何种强度的选择,即主观权利、基本决定、方针条款、宪法委托、制度保障等,对于宪法释义学之工作当然有着重要意涵。

在劳动与劳动宪法的范畴中,它或许是程序的保障、法的程序化形式与制度,或许是特定基本权利的保障与强化。③ 因此,劳动法与劳动宪法所形成的体系,必须直接面对弱势劳工等所遭遇的实际劳动问题,尽量从实际的劳动问题出发。原因在于宪法因应时代的不断变迁而无法逃避宪法的规范性与社会发展等问题,故劳动宪法则在企图找寻宪法主客观上有关劳动的规范或决定,努力梳理其不同的法律意涵与技术性效力之外,发展出宪法的开放性等问题意识。与宪法相比,法律与劳动权领域的社会现实的关系更为接近,更能迅速地回应社会的变迁。宪法上的劳动权规范有着待具体化的很大空间,在宪法所要求及所容许的情形下,立法者皆可以行使其相关权力,充实相关领域的规范空间,以便形成一个以部门为范围的规范体系,即劳动宪法等部门宪法。劳动宪法从横跨宪法区块的社会部门切入,以部门为宪法规范体系的中间目标,应可提醒注意比较的正确方法,则可有利于提升宪法中人权规

---

① 林佳和:"劳动与劳动宪法",见苏永钦主编:《部门宪法》,元照出版公司2006年版,第372页。
② 刘士豪:"我国之'劳动宪法'",见苏永钦主编:《部门宪法》,元照出版公司2006年版,第404—405页。
③ 林佳和:"劳动与劳动宪法",见苏永钦主编:《部门宪法》,元照出版公司2006年版,第366—369页。

范与其他规范的整合。①

应该说，在系统化的场域里，部门宪法的研究对象、任务、方法、视野和学科资源或被推向了一个更加广阔的领地。而因此得到发展的"部门宪法"论述，肯定会促进我国法学研究的系统化和本土化，才有可能回答"中国问题"这个难题，为保障中国的弱势劳工群体，找到妥善的系统性的立法保护路径。

---

① 苏永钦："横看成岭侧成峰——从个别社会部门整合宪法人权体系"，见苏永钦主编：《部门宪法》，元照出版公司2006年版，第157页。

主要参考文献

1. 马克思恩格斯全集：第1卷［M］．北京：人民出版社，1965
2. 周叶中．代议制度比较研究［M］．武汉：武汉大学出版社，2005
3. 李龙．良法论［M］．武汉：武汉大学出版社，2001
4. 李龙．法理学［M］．北京：人民法院出版社，中国社会科学出版社，2003
5. 韩大元，等．宪法学专题研究［M］．北京：中国人民大学出版社，2008
6. 江国华．宪法哲学导论［M］．北京：商务印书馆，2007
7. 陈新民．法治国公法学原理与实践：中［M］．北京：中国政法大学出版社，2007
8. 苏永钦．部门宪法［M］．台北：元照出版公司，2006
9. 江必新．法治国家的制度逻辑与理性构建［M］．北京：社会科学文献出版社，2014
10. 孙立平．断裂：20世纪90年代以来的中国社会［M］．北京：社会科学文献出版社，2003
11. 许纪霖．公共性与公民观［M］．南京：凤凰出版集团，江苏人民出版社，2006
12. 陈成文．社会弱者论：体制转换时期社会弱者的生活状况与社会支持［M］．北京：时事出版社，2000
13. 余少祥．弱者的正义：转型社会与社会法问题研究［M］．北京：社会科学文献出版社，2011
14. 周长时．中国城市弱势群体思想意识研究［M］．成都：四川大学出版社，2005
15. 李学林．社会转型与中国社会弱势群体［M］．成都：西南交通大学出版社，2005
16. 张晓玲．社会弱势群体权利的法律保障研究［M］．北京：中共中央党校出版社，2009
17. 邓正来．自由主义社会理论：解读哈耶克《自由秩序原理》［M］．济南：山东人

民出版社，2003

18. 袁久红．正义与历史实践［M］．南京：东南大学出版社，2002

19. 李林．立法过程中的公共参与［M］．北京：中国社会科学出版社，2009

20. 王益英．外国劳动法和社会保障法［M］．北京：中国人民大学出版社，2001

21. 田思路，贾秀芬．日本劳动法研究［M］．北京：中国社会科学出版社，2013

22. 王锡锌．公众参与和行政过程：一个理念和制度分析的框架［M］．北京：中国民主法制出版社，2007

23. 张树义．追寻政治理性：转型中国的思考［M］．北京：中国政法大学出版社，2013

24. 潘伟杰．制度、制度变迁与政府规制研究［M］．上海：上海三联书店，2005

25. ［英］詹姆斯·布赖斯．现代民治政体：下［M］．张慰慈，等，译．长春：吉林人民出版社，2001

26. ［荷］亨克·范·马尔塞文，等．成文宪法：通过计算机进行的比较研究［M］．陈云生，译．北京：北京大学出版社，2007

27. ［印］阿马蒂亚·森．贫困与饥荒：论权利与剥夺［M］．北京：商务印书馆，2001

28. ［英］奥靳·伊辛，等．公民权研究手册［M］．王小章，译．杭州：浙江人民出版社，2007

29. ［德］沃尔克玛·金斯纳，等．欧洲法律之路：欧洲法律社会学视角［M］．高鸿钧，等，译．北京：清华大学出版社，2010

30. ［美］E. 博登海默．法理学：法律哲学与法律方法［M］．邓正来，译．北京：中国政法大学出版社，1999

31. ［美］迈克尔·沃尔泽．正义诸领域：为多元主义与平等一辩［M］．褚松燕，译．南京：译林出版社，2002

32. ［美］罗纳德·德沃金．至上的美德：平等的理论与实践［M］．冯克利，译．南京：江苏人民出版社，2003

33. ［美］罗纳德·德沃金．认真对待权利［M］．信春鹰，吴玉章，译．北京：中国大百科全书出版社，1998

34. ［美］罗伯特·达尔．论民主［M］．李柏光，林猛，译．北京：商务印书馆，1999

35. ［美］诺曼·杰·奥恩斯坦，雪利·埃尔德．利益集团、院外活动和政策制定

[M]．北京：世界知识出版社，1981

36. ［英］史蒂芬·哈迪．英国劳动法与劳资关系［M］．陈融，译．北京：商务印书馆，2012
37. ［日］荒木尚志．日本劳动法：增补版［M］．北京：北京大学出版社，2010
38. ［英］凯瑟琳·巴纳德．欧盟劳动法：第2版［M］．北京：中国法制出版社，2005
39. ［法］鲍铭言，迪迪尔·钱伯内特．欧洲的治理与民主：欧盟中的权力与抗议［M］．北京：社会科学文献出版社，2011
40. ［美］帕特利霞·H.威尔汉，等．就业和员工权利［M］．杨恒达，译．北京：北京大学出版社，2005
41. ［德］贡塔·托依布纳．宪法的碎片：全球社会宪治［M］．陆宇峰，译．北京：中央编译出版社，2016